U0495468

“神话学文库”编委会

“神话学文库”学术支持

上海交通大学文学人类学研究中心

上海交通大学神话学研究院

中国社会科学院比较文学研究中心

陕西师范大学人文社会科学高等研究院

上海市社会科学创新研究基地——中华创世神话研究

"十二五""十三五"国家重点图书出版规划项目
第五届、第八届中华优秀出版物奖获奖作品

神话学文库
叶舒宪主编

从前苏格拉底到柏拉图的神话和哲学

MYTH AND PHILOSOPHY FROM THE PRESOCRATICS TO PLATO

[美]凯瑟琳·摩根(Kathryn Morgan)◎著
李琴 董佳◎译 雷欣翰◎校译

陕西师范大学出版总社

图书代号　SK23N1141

Myth and Philosophy from the Presocratics to Plato/by Kathryn A. Morgan 2000/ ISBN:978 - 0 - 521 - 03328 - 4

陕版出图字:25 - 2019 - 100

图书在版编目(CIP)数据

从前苏格拉底到柏拉图的神话和哲学 /（美）凯瑟琳·摩根著；李琴，董佳译. — 西安：陕西师范大学出版总社有限公司，2023.8
（神话学文库 / 叶舒宪主编）
ISBN 978 - 7 - 5695 - 3693 - 5

Ⅰ. ①从…　Ⅱ. ①凯…　②李…　③董…　Ⅲ. ①神话—研究—古希腊　②古希腊罗马哲学—研究　Ⅳ. ①B932.545　②B502

中国国家版本馆 CIP 数据核字(2023)第 125843 号

从前苏格拉底到柏拉图的神话和哲学
CONG QIAN SUGELADI DAO BOLATU DE SHENHUA HE ZHEXUE
［美］凯瑟琳·摩根 著　李 琴　董 佳 译　雷欣翰 校译

责任编辑　刘存龙　庄婧卿
责任校对　王红凯
出版发行　陕西师范大学出版总社
（西安市长安南路 199 号　邮编 710062）
网　　址　http://www.snupg.com
印　　刷　中煤地西安地图制印有限公司
开　　本　720 mm × 1020 mm　1/16
印　　张　20.5
插　　页　4
字　　数　352 千
版　　次　2023 年 8 月第 1 版
印　　次　2023 年 8 月第 1 次印刷
书　　号　ISBN 978 - 7 - 5695 - 3693 - 5
定　　价　125.00 元

读者购书、书店添货或发现印刷装订问题，请与本公司营销部联系、调换。
电话:(029)85307864　85303635　传真:(029)85303879

“神话学文库”总序

叶舒宪

神话是文学和文化的源头，也是人类群体的梦。

神话学是研究神话的新兴边缘学科，近一个世纪以来，获得了长足发展，并与哲学、文学、美学、民俗学、文化人类学、宗教学、心理学、精神分析、文化创意产业等领域形成了密切的互动关系。当代思想家中精研神话学知识的学者，如詹姆斯·乔治·弗雷泽、爱德华·泰勒、西格蒙德·弗洛伊德、卡尔·古斯塔夫·荣格、恩斯特·卡西尔、克劳德·列维－斯特劳斯、罗兰·巴特、约瑟夫·坎贝尔等，都对20世纪以来的世界人文学术产生了巨大影响，其研究著述给现代读者带来了深刻的启迪。

进入21世纪，自然资源逐渐枯竭，环境危机日益加剧，人类生活和思想正面临前所未有的大转型。在全球知识精英寻求转变发展方式的探索中，对文化资本的认识和开发正在形成一种国际新潮流。作为文化资本的神话思维和神话题材，成为当今的学术研究和文化产业共同关注的热点。经过《指环王》《哈利·波特》《达·芬奇密码》《纳尼亚传奇》《阿凡达》等一系列新神话作品的“洗礼”，越来越多的当代作家、编剧和导演意识到神话原型的巨大文化号召力和影响力。我们从学术上给这一方兴未艾的创作潮流起名叫“新神话主义”，将其思想背景概括为全球“文化寻根运动”。目前，“新神话主义”和“文化寻根运动”已经成为当代生活中不可缺少的内容，影响到文学艺术、影视、动漫、网络游戏、主题公园、品牌策划、物语营销等各个方面。现代人终于重新发现：在前现代乃至原始时代所产生的神话，原来就是人类生存不可或缺的文化之根和精神本源，是人之所以为人的独特遗产。

可以预期的是，神话在未来社会中还将发挥日益明显的积极作用。大体上讲，在学术价值之外，神话有两大方面的社会作用：

一是让精神紧张、心灵困顿的现代人重新体验灵性的召唤和幻想飞扬的奇妙乐趣；二是为符号经济时代的到来提供深层的文化资本矿藏。

前一方面的作用，可由约瑟夫·坎贝尔一部书的名字精辟概括——“我们赖以生存的神话”（Myths to live by）；后一方面的作用，可以套用布迪厄的一个书名，称为“文化炼金术”。

在21世纪迎接神话复兴大潮，首先需要了解世界范围神话学的发展及优秀成果，参悟神话资源在新的知识经济浪潮中所起到的重要符号催化剂作用。在这方面，现行的教育体制和教学内容并没有提供及时的系统知识。本着建设和发展中国神话学的初衷，以及引进神话学著述，拓展中国神话研究视野和领域，传承学术精品，积累丰富的文化成果之目标，上海交通大学文学人类学研究中心、中国社会科学院比较文学研究中心、中国民间文艺家协会神话学专业委员会（简称“中国神话学会”）、中国比较文学学会，与陕西师范大学出版总社达成合作意向，共同编辑出版“神话学文库”。

本文库内容包括：译介国际著名神话学研究成果（包括修订再版者）；推出中国神话学研究的新成果。尤其注重具有跨学科视角的前沿性神话学探索，希望给过去一个世纪中大体局限在民间文学范畴的中国神话研究带来变革和拓展，鼓励将神话作为思想资源和文化的原型编码，促进研究格局的转变，即从寻找和界定“中国神话”，到重新认识和解读“神话中国”的学术范式转变。同时让文献记载之外的材料，如考古文物的图像叙事和民间活态神话传承等，发挥重要作用。

本文库的编辑出版得到编委会同人的鼎力协助，也得到上述机构的大力支持，谨在此鸣谢。

是为序。

致　谢

出版这本书花了很长时间，在此，向诸多给予我帮助与支持的老师、朋友和同事一并致以诚挚的谢意。在加州伯克利大学，托尼·龙（Tony Long）和马克·格里菲斯（Mark Griffith）教我如何阅读希腊文学，并悉心指导我的博士论文初稿，没有他们的耐心和严谨，我不可能完成这件事。也是在伯克利大学，约翰·费拉里（John Ferrari）在我论文的最后阶段给予莫大的帮助。

很幸运，我的研究得到了几家学术资金的资助。在雅典的美国古典学派研究所学习的这两年，我认识到一切伟大的事物都不是凭空产生的。俄亥俄州立大学的资助使我赢得了教学之外的宝贵时间。最重要的是，大部分的稿件修改都是在华盛顿的希腊研究中心完成的。非常值得庆幸的是，在库尔特·拉夫劳伯（Kurt Raaflaub）和黛博拉·波德科（Deborah Boedeker）两位导师的指导下，我阅读了许多来自历史学家、哲学家、语文学家、文学批评家和考古学家的文献。感谢那年的所有研究员，特别是斯蒂芬·兰伯特（Stephen Lambert）、斯蒂芬·托德（Stephen Todd）和克里斯蒂安·维尔德贝格（Christian Wildberg），他们为我提供了延伸阅读和评论资料。也十分感激加州洛杉矶大学，能让我在这个研究中心度过一年时光。

俄亥俄州立大学以及加州大学洛杉矶分校的同事，一直为我营造着一种鼓励和支持的氛围。在这部书稿形成的各个阶段，一些学者和朋友或整体或部分地阅读这部书稿，提出了宝贵的意见和建议，他们是戴维·布兰克（David Blank）、迪斯尼·克莱（Diskin Clay）、克里斯托弗·吉尔（Christopher Gill）、莎拉·艾尔斯·约翰斯顿（Sarah Iles Johnston）、托尼·龙、理查德·马丁（Richard Martin）、克里斯托弗·罗伊（Christopher Rowe）、艾伦·西尔弗曼（Allan Silverman）、罗纳德·斯特劳德（Ronald Stroud）、斯蒂芬·屈塞（Stephen Tracy）以及威廉·怀亚特（William Wyatt）等。他们不求回报地付出时间，毫无保留地提出意见，我只希望他们能原谅我无法一一采纳所有的意见。还要特别感谢安德烈·南丁格尔（Andrea Nightingale），要将她对这本书的贡献一字不落地列举出来，可能您都会以为我是在夸大其词。对她的这份感激之情，千言万语也难以言表。

责任编辑，剑桥大学出版社的波林·海尔（Pauline Hire），一直致力于推进本书的出版。还有那位匿名读者，这本书稿能得以出版，也离不开您的贡献。最后，也要感谢我在加州大学洛杉矶分校的研究助理，洛瑞·斯威尼（Lowry Sweney），他为这本书也付出了大量心血。

我的父母一直鼓励我相信梦想。带着爱与感激，谨以此书献给我的母亲简（Jean）、父亲戴维·摩根（David Morgan）。虽然父亲无法看到这本书，但庆幸的是，母亲能够读到这些感谢的话。

目　　录

第一章　引言 1

这并不是一本关于“神话思维”的书，虽然书中既涉及神话又谈到思想。对于神话思考的处理，我试图详细分析一些“其他”的思想体系，如原始的、神秘的、幼稚的或非理性的。认识并解释这种所谓的“不同心智”是很困难的，而且对其过程的解释效用也是有限的。[①] 我也并不打算在“哲学”中复原“神话”。比如说，有人认为神话是对经验的前哲学反映，是一种从过度抽象和客观主义的解放，是真理主要的、原始的、本质的形式。[②] 我无法评判这些观点的正确性，因为这本书中所关注的神话是后哲学的。它通过哲学的视角看待神话，并将其纳入哲学话语中。作为真理的一种形式，神话既非原始也非初级。从我们在后续章节中讨论的哲学家的角度来看，用非哲学的神话来讲关于真理的故事往往有害且具有误导性。他们用神话来达到自己的某种目的，比如重构人们观念中文学与文化的权威，质疑不同的语言表述方式，或是创造一种自我反思的哲学感性。

哲学与神话的关系以及对神话的改造，就是哲学与社会习俗和文学传统的关系。诗歌和神话的传统权威长期充当思维框架，本书中的先哲想要改变人们认识世界的方式，就需要重新构筑这种传统权威。但同时，他们仍不得不使用现有的语言和文学资源，因为语言本身就是一种社会习俗的产物，所以他们无
法选择一种不受以往语言限制的新的开始。公元前六世纪到前四世纪是哲学兴 2
起的时代。我认为所有关于这一时期哲学的研究，都是或者大部分是对文学或修辞表达的研究。因为哲学的洞察必然要通过某种媒介进行表达，而从哲学的角度来看，这种媒介始终有潜在的问题。这些先哲们同时又与非哲学的文学传统进行对抗，铸造一种新的哲学性文学意识。哲学书写用与前数代诗人所使用的相同的修辞工具来建筑一种智力活动的形象。神话就是这些工具中重要的一种。不仅如此，我认为（在本书研究的案例中）它可以被视为哲学与文学和语

① 参见 Lloyd 1990。

② 参见 Hatab 1990：3。

言传统之关系的代表。神话所展现的自我意识显示出一种对哲学自我形象的普遍关注：与诗歌传统的纠葛联系和对当前洞察力的渴望，还包括语言本质及功能的不确定性。语言不是一种透明的媒介，它本身就是一种哲学审视的对象；神话代表并且放大了语言有问题的方面。

我们能够区分两个哲学研究可能会产生丰硕成果的领域：一个是对哲学自我呈现的审视；另一个是对神话与哲学动态互通关系的考察，这个领域比以往人们认识到的更广泛、更系统。当然，这两个领域是相关的，而且有必要对各种神话的哲学性衍生物进行一个简单描述。在概念上驱逐神话世界中的诗人，是哲学实现自我认同的一种强有力的形式。对诗人与缪斯[①]（Muse）之间神秘关系的挑战，伴随着对诗人所虚构出的故事的拒绝。因此，克塞诺芬尼[②]（Xenophanes）通过他的怀疑论和道德律剥去了诗歌神圣的根源。巴门尼德[③]（Parmenides）用一个不确定的无名女神取代了缪斯。她也能辨别真理和虚伪，但我们却不知道能在多大程度上相信她的话。柏拉图[④]（Plato）笔下的苏格拉底（Sokrates）引用一些神话并标出不属于他的观点，并且夸大了它们的权威性的来源，而这种夸大恰恰破坏而非增强了缪斯的传统角色。的确，苏格拉底的“命运之神”（daimonion）是缪斯结构上的对应物。它的角色受到限制，而且强化了一种观念，即我们或多或少都是凭借自身才接近了智慧。只有恩培多克勒
3 （Empedokles）依靠传统的缪斯，这是一种妥协的迹象和文化的保守主义，应该进行严谨的分析，而不是将其简单地归因于传统（不管是以前的诗人或是缪斯）。

然而，哲学对诗人的排斥，远超过对缪斯的重构。克塞诺芬尼、赫拉克利特（Herakleitos）、巴门尼德、柏拉图等哲学家构建起一个思想世界，作为诗歌叙事的内容和形式的对立面。在古风时代，诗歌生产往往意味着对神话的使用。史诗诗人们撰写的故事，他们的秘所思（mythoi），充满了神话事件；公共抒情

① 缪斯：希腊神话中主司艺术与科学的九位古老文艺女神的总称。缪斯九神分别是卡利俄珀（Kalliope，英雄史诗）、克利俄（Clio，历史）、欧忒耳珀（Euterpe，抒情诗与音乐）、忒耳西科瑞（Terpsichore，合唱与舞蹈）、埃拉托（Erato，爱情诗与独唱）、墨尔波墨涅（Melpomene，悲剧与哀歌）、塔利亚（Thalia，喜剧与牧歌）、波林尼亚（Polyhymnia，颂歌与修辞学、几何学）、乌拉尼亚（Ourania，天文学与占星学）。——译注

② 克塞诺芬尼：古希腊哲学家、诗人、历史学家、社会和宗教评论家，爱利亚派的先驱。——译注

③ 巴门尼德：生活于公元前五世纪，希腊哲学家，创建了哲学家的爱利亚学派。——译注

④ 柏拉图（前427—前347）：古希腊伟大的哲学家，也是全部西方哲学乃至整个西方文化最伟大的哲学家和思想家之一。他和老师苏格拉底、学生亚里士多德并称为希腊三贤。著有《国家篇》（*Republic*）、《对话录》等。——译注

歌谣表演［例如阿尔克曼（Alkman）、斯忒西科罗斯[1]（Stesikhoros）或者西蒙尼德斯（Simonides）］要么是叙述神话，要么是依赖神话的例证。神话并未被当作一种普遍的叙述类型，然而诗人的世界就是一个神话的世界。他们受批评的也正是这一点。像克塞诺芬尼，甚至柏拉图这样的哲学家，都清楚地意识到并非所有的神话都是有害的，神话中可能包含着道德真理。但他们认为大多数诗人并不具备相应的才华去理解世界的本质；因此，如果他们的作品缺少哲学的监管，就不足为信。诗人所居的世界与哲学家的不同，那里奉行迥异的标准。诗人们对神话素材（mythological material）不加甄别的滥用，表明了这种危险的差异。哲学家讲述的故事暗示哲学和神话之间没有共同点，并将神话贬为非理性的。神话变成“其他”，我们所知的如秘所思与逻各斯（logos）、神话与科学及合理性的对立也随之而产生。在整个西方对古希腊哲学的接受过程中，这种对立思想始终发挥着影响。然而，这种影响也易使我们忽略神话在希腊哲学中所扮演的重要角色。神话并非只是一种衬托，而是哲学思想及其展现的一种模式。

因此，神话和哲学的相互影响是第二个需要比之前更加细致甄别的领域。有人可能会认为，哲学家在对诗歌的灵感模型和内容表示否定后，还会全盘否定神话，然而事实并非如此。一些神话元素的存在，如巴门尼德的女神、柏拉图的灵魂驭手（charioteer）等，都需要进行解释。而这些解释呈现两极分化。第一个解释的方法可以称为“盛蜜之杯”。根据这种解读，神话可以为枯燥、专业、艰涩的材料增添趣味。虽然它软化了哲学无情的轮廓，但基本上是可以从哲学论述的内容中抽离出来的。一旦将神话（或者其他可憎的文学）色彩删去，便会留下纯粹的、未经转述的论述。这类作品常常会假设，如果哲学家有机会， 4
他们会更愿意进行严格的术语分析。增加语境、叙述或者风格特点要么被视为贫乏，要么被当作令人惋惜的失误，神话或者其他文学特征承载哲学意义的潜能被忽视了。一种更为变通的说法是，古代的哲人为了创作出一些更容易被读者接受的东西，不得不采取一些诗人如荷马（Homer）和西蒙尼德斯的做法，并且取代诗人成为文化权威。正如我们将在第二章发现的那样，这是真理的一个重要元素，但并不是全部。我们必须铭记，神话与哲学的不一致，反映的是一些早期哲学家论辩式的自我展示。我们完全有理由不去考虑这些明显的对立，特别是当人们注意到辩论的修辞和并无明确理论化的文学实践之间存在断裂时。

① 斯忒西科罗斯：公元前七世纪的希腊抒情诗人。——译注

本书的任务便是探讨这种断裂。

第二种方法便是承认哲学的神话并不仅仅是文学修饰或者只是为了满足读者的期待，而是确实可以发挥哲学的作用。神话可以传达理性和科学的语言无法传达的东西，并且在哲学无法恰当表达时继续言说。这种方法中存在一些神秘主义的元素。像巴门尼德和柏拉图这些相信存在超验世界的哲学家对这种方法的应用显得十分吸引人。神话可以将巴门尼德所领悟到的神祇的先验性传达给读者，也能暗示柏拉图的形式和无形的灵魂所居的世界的本质。对于这两种方法，我发现第二种更合适。它的优点在于承认了在哲学家的哲学作品中，神话元素不仅仅只是被用来揭示一个分析核心。然而，仅仅如此还远远不够。首先，神秘主义者就其自身而言不足以成为一个哲学家，除非神秘主义是建立在一个理智工程之上，否则它不足以承载哲学的硕果。在柏拉图描述的苏格拉底的对话中，神秘主义的理性基础是一个重要方面，这一点也是我们将在第七章探讨的。其次，神话哲学开始于哲学势弱之际，这一观念暗示神话和哲学是两种可分离的实体，但接下来的章节将揭示神话与哲学的界限必将被不断重绘。我们不仅必须要处理一系列关于语言之真实的层次问题，而且还要处理一层强
5 加于另一层，或者通过材料渗透到另一层的问题。神话和哲学是动态的，而非静态的类别。分析性的语言无法传达而神话可以传达的内涵究竟是什么？为什么神话有这样的能力？神话又是如何表达的？问题出在哪里？如果我们的结论是神话开始于哲学（一个理性事业）的终结，那么我们就回到了将神话视为非理性和非科学的视野，增强了神话思维的荒诞性。可分离的神话与修饰性的神话差距并不大。

接下来的章节将会对神话与哲学之间的动态渗透进行解释。正如我之前提到的，神话是哲学家洞察文学、社会和语言习俗等问题的重要媒介。在哲学的世界里，诗意的生产和技巧需要用到什么？我们应当给予社会信仰——例如在进行政治决策时对大众能力的民主信仰——怎样的威信？对神话例证的现状和适用性的质疑，也是公元前五世纪关于自然和文化或习俗论战的一部分。对习俗地位的思考提醒我们语境的重要性。诗人的神话世界是早期哲学家操作的一个更大的文化语境。哲学家借用神话达到其哲学目的，这就需要我们考虑嵌入式神话在一个更大的哲学语境中的相互影响。的确，有人会说这本书是在探讨神话与哲学的内涵，是在哲学媒介中的语境化神话。只有当明白文学语境的重要性并在此基础上进行论证时，我们才能接近文本的丰富意义。呈现在风格和叙述框架中的那些细节承载着哲学的厚重。当我们专注于在哲学媒介中设置神

话的具体问题时，有一个更重要的问题是神话是如何建构的。我赞同神话元素常常作为一种复调嵌入更严格的分析形式之中。这种复调在论证和神话之间的蕴含式中制造了一种张力，但有时也会显得不和谐。因此，巴门尼德的一元论（monism）的内涵与他建立的神话框架并不协调。智者[①]（Sophists）对神话的使用夸大了修辞的力量和道德教育的效用，尽管他们只是讨论和展示了一些存疑的神话人物。柏拉图也将他的神话设置在让人心存疑虑的语境中，这个语境强调关于人类知识及其表达的可能性的问题。我的方法是结合最近关于柏拉图的研究——它强调细节设置的重要性（并且必须将神话视为文学的一部分）—— 6
来理解其对话中的信息。[②]

然而，如果在哲学中运用神话所产生的效果仅仅是这种张力和潜在的不协调，那么人们也就会承认将神话视为修饰的分析方法是有效的。如此一来，神话的哲学意味就被消解为这种“不协调”。如果我们看到一个修女佩戴着精致的珠宝，就会觉得不协调。我们因此强化了修女应该怎样着装这一先入之见。然而我认为，神话的意义隐藏得更深。第一，在神话素材间的出入转变使我们意识到视角的变化，例如从柏拉图的视角，我们超越了人的一生和世俗身体的局限。这种转变使我们从不同的角度凝视生活任务和智力任务，它无疑是神话的分离作用产生的结果，而这种结果，使我们能够将世俗的、谨慎的理智转化为其他更多的东西。第二，我们势必常常遇到这样的问题，那就是不知道神话到哪里结束而哲学又在何处适时出现。是柏拉图在回忆一个神话吗？巴门尼德对否定的苛责适用于女神给他的启示吗？无论是将“神话书写”作为一个框架［如巴门尼德的做法，也许《国家篇》（*Republic*）也有这种做法］，或者是将其嵌入论证中［例如在《斐多篇》（*Phaedo*）中的灵魂轮回（transmigration）］，我们发现它往往蔓延到我们并没有预料到的地方。神话与论证之间的空间是不稳定的，而这正是关键。这并不是说我们无法在佩加索斯（Pegasus，双翼神马，喻指诗人的灵感）中分辨出一个证据，而是说这种论述超过了我们有限的身体感觉，必须慎重对待。如果我们意识不到自己正在做怎样的推论，就很难有机会得出经得起检验的思想成果。

---

① 智者：公元前五世纪—前四世纪希腊的一批收徒取酬的职业教师的统称。他们以雅典为中心，周游希腊各地，对青年进行修辞、论辩和演说等知识技能的训练，教授参政治国、处理公共事务的本领。智者最早和最主要的代表人物是普罗泰戈拉和高尔吉亚，他们的思想奠定了智者学说的基础。——译注

② 所以，例如 Ferrari 1987，Nightingale 1996。有关柏拉图哲学中对话者的特性的重要性，参见 Blundell 1992，Blank 1993。

哲学著作中的神话元素为作者提供了制造一系列“窠臼”的机会。在柏拉图的作品中，这种筑巢最为复杂：我们将看到，在《蒂迈欧篇》（*Timaeus*）和《克里底亚篇》（*Critias*）中，神话、历史、论证、历史神话和神话理论之间的相互转换和变形。这是一个极端的例子，但是即使在不那么极端的例子里，将不同层次的论述特意并列的现象也比比皆是。对每一个点，读者都必须研究，在从神话到分析的连续体上，这一个点究竟处于哪一个位置，这种研究是哲学性的。它的结果很重要，因为这影响到究竟应把哲学文本中的哪一部分看作权
7 威。神话与论证之间界限的模糊意味着我们永远不能绝对肯定我们观点的正确性。正如苏格拉底在《斐多篇》中建议的那样，即使是在同一个语境中，也必须将其置于不同的情况下一次又一次地重复。只有这样，我们才能得到可以确定的结论。然而这种确信也并不是绝对的：柏拉图认为人类难以获得纯粹的知识，这一方面是因为人类的动物性，另一方面是因为语言本身并非绝佳的工具。秘所思与逻各斯的并置让我们意识到语言的弱点，因为我们会游移在两者之间。本书所考察的前苏格拉底哲学家（Presocratics）和智者非常明白语言的这种弱点，并且试图通过刻意将两者并置来克服它。当然，柏拉图运用的神话与其哲学论证完美融合。论证要求神话不仅作为一种衬托，而且是作为一种反映真实的手段和具有进行哲学分析的可能性的方法。

神话哲学是理性的，是对方法论进行反思的结果，是哲学关注的一种体现。我建议将关注点集中在语言的性质和功能，以及哲学论证的权威性上。对诗人和他们的神话进行攻击是哲学自我展示的基础。这种攻击与对真理的可知与否和对语言的指称能力的猜测有关。这两组关注的交汇是不可避免的，对语言诗意的滥用是一种更广泛的错误。本书所研究的哲学家想要在他们的前辈或者同辈人失败的地方取得成功，然而他们对成功的可能性有所保留。当我们对神话的抗拒更胜于诗人时，我们提出，至少要指出“究竟如何辨别何为真理”这个问题。我们的标准可能在一个论证的内部是一致的，或者是此论证与观察到的事实相符，但是如果我们得到的这个连贯图景不准确呢？当诗人这样做的时候，我们称他们的故事为神话。在这个意义上，哲学理论是否也是神话？对于一个理论，我们该如何放下怀疑，绝对肯定它是正确的呢？对于本书所讨论的大多数作者来说，在我们生活的这个世界上并不存在权威的绝对原则（尽管一些智者可能在不同的文化实践中给出相对的权威）。然而，或许辨别真理的标准存在于日常世界之外。如果可以触及它（虽然可能会很难），我们就有可能到达一个可以获得真知的位置。但是接下来，我们要如何传达这些真知？语言是这个世

界的工具，然而语言常常是苍白的，因此并不足信。这本书的缺点也在于此，8
很难分辨出我们究竟是在制造一个神话还是在进行分析。从这个意义上说，神话是语言之无能的典型例证。

将不同类型的论述与不同层次的权威并置，特别是在这些层次的界限并不明确的情况下，是为了将它们作为问题提出。因此，我在这本书中采取的方法就是指出这些不确定的边界。这种处理方式会引出一个必然的结论：我不应该为了自己的目的来考察哲学论述。我的方法是文学研究而不是理性分析（我所指的理性分析是将一个哲学文本分解成一系列逻辑论证的方法），因此我将把论证视为其文学模型的嵌入物。或许其他人比我更适合写作分析读物，并且事实上顺应那些思路的作品并不少。然而，我现在感兴趣的是哲学论述、神话及其呈现方式之间的相互影响。出于同样的原因，我也不会深入探讨所涉及的每一个神话。比如在恩培多克勒对宇宙及其内涵进行定义的神话上，就不会多费笔墨。这点在对柏拉图作品的讨论中会更加明显，如对《蒂迈欧篇》和《政治家篇》（*Statesman*）中的宇宙论或神正论神话，就几乎没有讨论。要充分理解柏拉图神话，就要对每一段出现神话的对话进行详细阅读，但我只有在分析《斐德罗篇》[①]（*Phaedrus*）时尝试这样做。在其他地方，我尽力在语境化阅读和追寻对话、作者的神话线索的需求之间保持平衡。再次声明，这是由于我对作者如何或暗示或明确地构架和评论他所使用的神话问题更感兴趣。我并不是在暗示文本问题无足轻重——无论是哲学的还是神话的，或两者兼而有之的。在我看来，这只是完全不同的领域。

在接下来的章节中我将要涉及的作者有前苏格拉底时期的哲学家，克塞诺芬尼、赫拉克利特、巴门尼德（以及在一定程度上会提及恩培多克勒）；智者的哲学家，特别是高尔吉亚（Gorgias）、普罗泰戈拉（Protagoras）以及柏拉图。本书将从特定的视角入手研究这些思想家，这一视角与本书所关注的一系列问题，以及神话的价值有关。当然我并不认为这种视角就是研究古代思想家的唯一旨趣，也并不打算再次讨论早期希腊哲学，或是全面展示任何一位希腊思想家。
另一方面，选择他们是因为这些作者更适用于这种分析方法。值得注意的是，9
我所选择的作者都在一定程度上与爱利亚学派的巴门尼德有关系。据说克塞诺芬尼是巴门尼德的老师［亚里士多德《形而上学》（*Metaphys*）*A*5 986*b*］，恩培

①《斐德罗篇》：柏拉图《对话录》中的一篇，被称为柏拉图最伟大的对话之一。它是一种交谈，而不是专题讨论或一连串问答。苏格拉底和斐德罗一起在城外散步，边走边谈，想到什么说什么。——译注

多克勒与他也有联系（DK $_{31A7}$）。[①] 高尔吉亚的思想与巴门尼德的关系也有据可查（第四章）。甚至在一定程度上，柏拉图将巴门尼德视为思想启蒙者。[②] 他们的共同点在于他们将我们所见的世界与真实世界彻底分离的认知。作为一个智者和相对论者，高尔吉亚认为后者是细枝末节而将其摈弃，但是表象与真实的彻底分离使他的修辞理论具有活力。他们都认为世界的表象是不稳定的。这又反过来决定了对待语言的某种态度。因为语言既是世界表象的表达，又是揭示真实或真理的工具，所以它被置于重重压力之下。他们对神话的使用，反映的正是这种压力。

本研究的时间范围是从公元前六世纪末到前四世纪中期。在公元前六世纪末出现了最早的关于荷马和赫西俄德[③]（Hesiod）的诗歌批评。这些批评是对诗化神话进行领域划分的开始。这一进程在柏拉图时期得到充分发展，而他也是我研究的终点。亚里士多德的一些主要作品可能利用了神话，但本书没有涉及。他现存的技艺论无益于本书所实践的解释类型。此后的作者运用神话，多将其作为哲学寓言，这是一个与本书不同的课题。

本研究分为七个主要部分，讨论理论背景、前苏格拉底哲学家、智者和柏拉图。第二章主要探讨一些神话和哲学关系的背景问题。我们应该如何定义神话？是否能够从秘所思转变为逻各斯？这样的转变可能与读写能力的提升有关吗？用什么模型可以解释一些早期哲学家关注诗人的方式？神话的哲学化运用基础何在，与现代的理论关照有何异同？我从荷马和赫西俄德作品中“秘所思”
10 一词的语义场开始，接着审视古希腊哲学崛起之前的传统故事的状态。在哲学论辩出现之前，几乎没有迹象表明秘所思具有任何负面含义，诗化故事也不代表客观和真实的“真理”。这种情况随着第一位哲学家的出现而发生了改变。现代分析常将这种变化归为秘所思向逻各斯转变的结果，但是将秘所思与非理性等同起来未免过于简单。这种等同是由于批评家受到了一位古代辩论者措辞的影响，他反对神话故事的讲述者。最好假定一个模型，即辩论者对诗人的反感，是因为一些早期哲学家希望通过消解诗人，将自我定义为潜在的智慧传播者。

文字对哲学思维模式的影响越来越大，这促进了人们转变看待神话故事的方式。由于大量口传神话开始以文本的形式出现，相比于哲学，神话变得像其

① 有关克塞诺芬尼和爱利亚（Elea）的关系，参见 Kirk et al. 1983：165－166，Finkelberg 1990。

② *Theaetetus* 183e5－184a2；*Sophist* 241d5，242a2.

③ 赫西俄德：古希腊诗人，代表作《田功农时》（*Works and Days*）。——译注

他事物一样更具体，更易被识别。此外，文本中客体化的语言可能促进对神话典型功能的反思。“文本”意识，是神话并入哲学背景的重要一步。我试图将哲学神话（philosophical myth）定义为诗化神话的否定意象。嵌入主要哲学流派的神话，为哲学的权威话语提供了一种对应物。它的影响与现代关注语言喻指能力的解构主义有着某种共鸣。因此在章末，我将通过对比应用哲学神话的目的，简要探讨其与解构主义作为一种阐释方式的对比。

第三章将从对定义和理论的抽象思考转到对个别前苏格拉底哲学家的分析上。我评价了克塞诺芬尼和赫拉克利特对诗化神话材料的排斥，然后分析关于神话自我定位的哲学论战的本质。克塞诺芬尼和赫拉克利特尝试通过重构以及转变诗人与缪斯的关系来恰当定位传统中诗歌的权威。我将对诗人的论辩哲学立场与克塞诺芬尼、赫拉克利特和恩培多克勒等人关注的问题联系起来。他们的语言应该是其思想的真实反映。对语言一致性的担忧明显影响到神话的位置，因为在神话中语言常常不能与之对应。哲学拒绝承认神话的真实性，因此产生
寓言和神话的理性化（rationalisation）阐释，它们表明，神话和真理之间具有潜 11
在的一致性。然而，值得注意的是，这些方法论者是在如克塞诺芬尼等思想家所定义的领域中进行他们的“防御战”。

第三章的第二个部分，是仔细阅读现存的巴门尼德关于理智探索的可能方法的诗歌残篇。这首诗被刻意设置在探索和启示的神话框架之内。然而，在这个框架和哲学结论之间有一种张力，破坏了其文学格式和作为语言产物的哲学的地位。巴门尼德得出结论，只有均同质的“存在”存在。但是，这个结论破坏了读者和叙述者作为独立个体的地位。正如麦肯齐（Mackenzie，1982）所说，同质的宇宙规则排除了辩证的交流。我认为，这种张力异常清晰地突出是由于神话元素的存在，这些存在唤起人们对文本作为一种文学与语言产物的注意。这些元素强调了流派、文本以及语言自身的必要条件是如何改变哲学的本质和我们对它的感知的。因此，我们不能仅仅把神话的陈述当作一种文学修饰而将其剥离。

在第四章，我将对一些智者以及与他们同时代的人使用神话的传统进行评估。哲学家、智者和教师，处于我们认为的哲学、诗人和其他公共表演领域之间的位置。因此，他们提供了观察神话与其他领域互动的机会。他们关心语言，并运用语言来表达这种关心，这使得他们置身于哲学阵营。然而他们也会以一种更随心所欲和外放的方式来展现他们的知识，就像演说家进行公共演说一样。这一章的第一部分关注在公元前五世纪下半叶，作为智者教育结果一部分的文

学/文学批评和训诂技能的发展。当代知识分子最主要的分歧是自然（physis）与习俗（nomos）的分歧。我认为，诗歌/神话传统被同化到了习俗范畴里；当演说者努力建立自己的知识体系时，它作为一种文化习俗成为人们争相操纵的对象。在这一章的后半部分，我将研究那些富于辞藻的神话幻想如何说明智者内心的一些主题。大多数智者只是使用语言表达“真理”或“真实”，而并不关
12 注语言所具有的创造世界的力量。毕竟，它是从为演说者提供机会的语言功效中分离出的真相。矛盾的是，也可能是语言的运用导致了潜在的失败。这种张力与神话的展示言说紧密相关，例如高尔吉亚的《巴拉美德的辩护》（*Defence of Palamedes*），以及奥德修斯①（Odysseus）和埃阿斯②（Ajax）的对唱，因为神话结构与修辞内容是并列的。

第五章将从智者过渡到柏拉图。正如我们从柏拉图的《普罗泰戈拉篇》（*Protagoras*）所知，它包括对普罗泰戈拉关于文明起源的神话的解说。我认为神话在内容上是真正普罗泰戈拉式的，而且它表明，在面对苏格拉底/柏拉图的批评时，智者试图为雅典的民主社会提供一个公理基础。因为无法在论证中展示雅典的政治实践是理性的，所以普罗泰戈拉必须将这一事实隐藏在神话中。然而，这种论述依然存在于更大的柏拉图语境中，许多对话是由苏格拉底对普罗泰戈拉神话策略的揭示组成的。柏拉图从苏格拉底那里学到了神话的某些方面，特别是普罗米修斯（Prometheus）这个角色，并把它们化为己用。在这里，我们可以看到柏拉图神话实践的开端。

本书剩余的三章都用来讨论柏拉图，强调柏拉图神话和论点的整合。就像巴门尼德一样，柏拉图利用人们对神话的质疑，引出语言与现实关系的问题。柏拉图运用的神话反映、承认了哲学操作中的两个主要局限。这两个局限是由语言的性质（由于语言的孱弱和不精确，言语很难做出清晰的表达）和人的存在（困于肉体的灵魂无法直接触碰到真正的真实）造成的。神话内在的象征性，使它成为一种吸引人们关注这些困难的理想方式。第六章建立起一个平台，再次强调在赏析柏拉图神话时语境的重要性。无论秘所思还是逻各斯都不是单一的类别，在我考察的一些例子中，神话似乎就在旁观者眼前。我把柏拉图的神话分为三类：传统类、教育类和哲学类。由于神话材料不同，论证的语境影响

① 奥德修斯：古希腊神话中的英雄，希腊西部伊塔卡岛的国王，曾参加特洛伊战争（Trojan War）。——译注

② 埃阿斯：古希腊文为 Α'ίας，Aías，也译为阿贾克斯，希腊神话人物，特洛伊战争中的希腊英雄，忒拉蒙和厄里斯珀之子。——译注

着真理的类型。柏拉图文集中，秘所思一词的范围从荷马虚构故事中的众神到目的论、宇宙学和其他技艺理论。秘所思与消遣，戏谑和童稚相关——但也因此是哲学的。即使是最具技巧的辩证，也依然受到语言策略的束缚，相比真理 13
的内在真实，也依然是一种游戏。柏拉图对秘所思的使用就像对语言的使用一样，从最朴实、最平凡到最严谨、最巧妙。因此，伴随着它所有的成就和不足，秘所思成为语言本身的典范。

柏拉图中期的神话关注灵魂和来生，这将在第七章探讨。这些神话展现了一个提纲式的、具有伦理导向的对现实的关注，以其知识储备和对自身品质的锻炼而著称。苏格拉底似乎天生通晓某些道德真理（他的“神圣的声音”和“回忆”的洞察力取代了以缪斯为基础的灵感论），但是，能在哲学讨论（philosophical discussion）中置于恰当的位置和被对话者接受之前，它们必须被论证证明。我们发现，自我意识在分散的层次间变换形式，这些层次多多少少具有神话性，而且这些转换本身就是哲学探索的对象。对《高尔吉亚篇》[①]（*Gorgias*）、《斐德罗篇》和《国家篇》的探讨表明，虽然神话不能取代论证，但是可以将其推上顶峰。而且，它还可以补偿和有助于强调某些语境中的困难，这些困难可能来自谈话者的不妥协、死亡的来临或者是不朽的灵魂困于终会一死的肉体的困惑。在《斐德罗篇》中，神话、辩证法和对话的修辞状况都是主题化的。我将这些对话视为在通向更伟大的方法论自觉的道路中，一个阶段的结束。尽管与苏格拉底的观点有所矛盾，但我们看到的是为什么哲学论证需要神话，以及神话如何发挥作用，特别是当我们处理灵魂侵入形而上领域的问题时。

第八章探讨后面对话中的神话。灵魂的神话缺少证据，尽管《政治家篇》和《蒂迈欧篇》的宇宙论神话涉及了一些相同的领域。在《泰阿泰德篇》（*Theaetetus*）、《智者篇》[②]（*Sophist*）和《斐莱布篇》（*Philebus*）的对话中，柏拉图将方法论焦点转移到对语言技巧精度的可能性的关注上来。伴随着这种变化，柏拉图使用秘所思词汇的方法开始转变，它如今可以指哲学的理论和论述。这种转变引出在哲学典籍中真理地位的问题，并且揭示出哲学分析是由社会和文学内涵组成的准叙述（正如我们在《蒂迈欧篇》和《克里底亚篇》中所见）。

---

①《高尔吉亚篇》：柏拉图离开雅典前所写的最后一篇对话录。高尔吉亚与苏格拉底在该篇中争辩有关智者与哲学家的问题。——译注

②《智者篇》：一篇对话体哲学著作，柏拉图晚期的作品。它反映了柏拉图晚期存在论、知识论和语言哲学等方面的核心思想，在古希腊哲学发展史上占有重要地位。——译注

柏拉图让他的对话者探讨了神话和哲学叙述的局限性，到最后，我们会发现，
14 从一个哲学理论中辨别出足够先进的哲学神话几乎是不可能的。所有的语言，甚至是理论语言，都是解释现实的故事。我们必须对神话和理论都进行适当的储备。

接下来并没有一个单独的单元来探讨随后的三个世纪哲学家和思想家的神话。不会有一个明智的人对这样的研究有所期待。即便这一阶段的情况与我们的讨论并不一致，也还是会有相似的方法。这种方法建立在一种共同的认知基础上，即神话是从真理精确的一致性中分离出来的（不论人们认为真理是什么）。正如哲学变化多端，这种感知的果实也丰富多彩，但是神话的效用依然存在。在早期希腊哲学中，秘所思和逻各斯形成对立，并且这种对立始终尖锐。然而，这种启发式的便利不应该阻止我们探索打破它的方法。将秘所思和逻各斯人为地联合给予了我们对哲学方法的宝贵洞察，并且为我们提供了哲学话语有效性被发觉的线索。这一点不仅对现代意义上的哲学家而言，甚至对智者而言也能成立。

古蒂（Goody）在发表对神话的结构主义批评时就曾提到过，批评应该聚焦于个人的创造性行为。所有的神话在一定程度上都是由某个在口头艺术上有特别才华的个人所创造的。[1] 虽然古蒂对神话运用的探讨是在有文字之前的社会中进行的，但是他的观点在这里也很恰当。对神话和哲学的研究，无疑与对作为神话创造者的个人的再次聚焦有关。哲学推动了希腊神话的文本化并从中受益，并促进了第四、五世纪最有创意的神话创造。

① Goody 1977：24.

第二章　理论问题

详述神话在早期希腊哲学中所起的作用是一项冒险的计划。神话是什么？ 15
哲学是什么？我们要如何识别哲学神话？这些类别都可以追溯到公元前六世纪到前四世纪那个充满知识竞争的世界。为了定义这些术语，我们必须了解几个解释性问题的交叠。第一，也是最基本的问题，当古希腊人在使用“秘所思”这个词的时候，我们是如何理解的，他们的表达又有什么意味？第二，什么样的条件有利于引起我们所称的哲学的兴起，以及其所涉及理智工程的性质。第三，我们必须探究在展现哲学的兴起时涉及什么运动，以及哲学是如何与更宏大的诗歌叙述和神话发生联系的。最后一组问题至关重要，因为这种独特的哲学神话的形成是早期哲学家对诗化神话概念的排斥造成的。这种排斥影响到后来的几代哲学家，并且导致现代人对古代哲学家描写的哲学与神话之间的关系产生误解。因为早期的哲学家要求严肃性，拒绝诗歌，所以我们常常认为哲学中的神话元素只是一个过时的思想世界里的装饰品。我们忽视了神话在为某一哲学目的服务的可能性。通过对以上三组问题的考察，我们可以看清被当作严谨哲学来使用的神话。哲学神话显示出存在于诗歌/神话和哲学体系之间的张力，而这种张力正是哲学家们所构想的。

我在这本书中对哲学神话的考察表明，我们涉及的神话诸多优点都具有显著的反转特征。布尔克特（Burkert）将神话定义为一种衍生性的、部分指涉某
些集体意义的传统故事[①]，但是这个构想不足以描述哲学神话的现象。我们从巴 16
门尼德和柏拉图作品中看到的神话并不传统，尽管其中包含着某些传统因素。他们对神话的引用既不是衍生性的，也不是部分的。相反，神话能直接指向哲学中的重要问题（因此，只有得到哲学家的认可，它们对共同体的理智健全而言起至关重要的作用，才能得到彰显）。传统的问题揭露出哲学神话的其他方面。本文涉及的神话叙述极具书面文学的特性；只有在读写传统确立之后，哲学等才能够形成；对它们的接纳，也首先体现为文学文本。它们创造于特定的

① Burkert 1979：23.

哲学语境，且与这种语境保持联系；它们是一种嵌入式的子类，比荷马和赫西俄德使用的神话更脱离传统。我们将会看到为什么一定是这样的：哲学家拒绝了诗人的故事以后，不可能继续接受特洛伊战争的故事。哲学故事往往是新创造的，因此总会有一些点并不适合先前的叙述模式，但更重要的是，哲学家必须展示如何正确地使用神话。他们与诗人所讲故事的不同正在于这种隐含的批评。

然而，更关键的是，由于希腊哲学的早期历史——我们将在这章和下一章进行讨论，哲学中的神话子类必然与更大的文学类型不一致。不论是巴门尼德的文本中为学说服务的、作为框架元素的神话，还是柏拉图的文本中嵌入辩证法的神话，在和它们对立的哲学语境之间始终存在一种张力，这种张力本身就是哲学洞察力的产物。哲学神话在这个语境中是非传统的、文本的、次要的。在更强大的哲学话语范畴面前，它显得如此无力。这种无力证明，对语言权威来源的重构是在哲学兴起之后。我们将会看到，在前苏格拉底之前，神话世界的特点是不可证明的真理和诗的权威；秘所思一词同样与权威、有效和执行话语相关。在第一批哲学家出现之后，神话失去了它的积极含义。它不再具有权威和有效性，只保留着其不可证明的特性，一个琐碎平凡而不是卓越超凡的感觉。神话的积极属性被哲学话语代替，对可能性的标准的论述依附到真理的概念上。准确地说，哲学中的神话，是作为这个神话本身的影子而存在的。它只
17 能在一个被重塑过的形象中苟存和获得认可。然而，这种软弱是具有暗示性的。作为对权威短暂性的提醒，神话在论述中为它的主人——哲学，提供了一种不安定的对立面。地位降低并不是被淘汰，神话依然存在于语言与现实的一致性的问题中，而这正是导致它被哲学摒弃的起因。当哲学话语声称其权威性，并声称语言与事物存在的方式一致时，神话确保我们不会对此报以过于乐观的心态。

接下来，这些开篇的章节会讲述哲学的自我定位和对神话的态度，这种态度经历了从拒绝转变到借用和开发的过程。这个长久持续的动态过程为希腊哲学家提供了能量，一直到柏拉图时期。为了讲述这个故事，我们必须回到在这一章开头就提出的问题。这项清算工作的第一步是回顾神话对古代和古典时期的希腊人意味着什么。相比后人的判断，希腊单词“秘所思”在刚出现时，保持着一个恰当的中性内涵；直到柏拉图时代（正如我们将在最后一章所见），“秘所思”一词才出现其一直以来为人们所熟知的负面意义。并且，即使是在那个时代的语境中，我们也需要对这种说法加以限制。因为秘所思最初的含义与

我们现代所使用的“神话”一词的含义并不相同，我们也有必要描述一下古代对如今通常所称的神话/神话学的看法（像荷马一样的诗人对传统故事的传播）。我认为从公元前五世纪末开始，古代和现代对“神话”一词的使用开始重叠。共有的元素是言语的权威，并且这种权威解释了为什么在哲学突然出现之后，诗歌和神话都面临如此巨大的挑战。

在一个基础的层次上，秘所思仅仅是言语。[①] 在荷马时代，正如马丁（Martin）向我们展示的，秘所思被用于指向某种特定的言语。在《伊利亚特》（*Iliad*）中，秘所思与言说者的思想紧密相关：“言语行为象征权威，在公众面前长时间地进行，这一行为对每一个细节都予以充分关注。”借用布拉格学派的术语，马丁将秘所思定为一对词中的标记成分，而未标记成分则是 epos（词汇，话语）。秘所思所指的并不是一般意义上的词汇，而是一个在语义上受限的、描述权威的言语行为的词汇。因此，术语秘所思或许适用于嵌入在《伊利亚特》的演说中的那类话语，荷马笔下的主人公们也可以说就是诗歌的表演者和创作者。[②] 我引用三个例子：“秘所思”一词曾被用来描绘阿伽门农（Agamemnon）粗暴地拒绝老祭司克律塞斯（Khryes）的请求（1·388），狄奥墨德斯（Diomedes）公开谴责阿伽 18
门农的懦弱（9·51），以及阿基里斯（Achilles）愤怒地拒绝阿伽门农所提供的补偿（9·431）。接着，从早期阶段开始，秘所思就被用于指示某种特定的蕴含权力和效用的言语，并且与具有创造性的诗歌措辞的特殊能力有关。哲学要把这种权威性和有效性的光环挪用过来，使之服务于其自身的创造性理智工程。它将通过站在反对诗和神话的立场上进行自我定义来做到这一点。

在赫西俄德的作品中，秘所思是一个中性词，只有当与否定性修饰语在一起使用时，它才具有负面意义。[③] 有人试图证明它具有“虚构”“谎言”的含义，以此论证秘所思的负面含义是前哲学的。不过，这些论证都是基于不充分的、模糊的证据。可以肯定的是，赫西俄德在《田功农时》中讲述了有关金属的“神话”（106－107），但是他的故事标签是“逻各斯”而不是“秘所思”[④]。并且，为了表明讲述真理的观念，他使用与荷马常用的 ἀληθέα μυθήσαοθαι相反的 ἀληθέα γηρύσασθαι(《神谱》*Theogony*，28)。这是否证明，赫西俄德想

① Hofmann 1922：28－49；Detienne［1981］/1986：46－51.

② Martin 1989：12－16，30，42.

③ 如《田功农时》194 里的“歪曲的神话”。

④ Detienne［1981］/1986：47.

要强调他话语中的真实方面时，会倾向于压制秘所思及其派生物?[①] 这个捕风捉影的论证所依据的数据样本太小，无法进行广泛归纳。ἀληθέα γηρύσασθαι只在赫西俄德的作品中出现过一次，有一个相似的说法 ἐτήτυμα μυθησαίμην “我会说真实的东西”（*Op*·10）。在此，这个秘所思衍生词用于表达真理和精确的概念。我们最好秉持一种保守的立场，即在赫西俄德作品的语义场中，秘所思并没有什么特殊的作用，也不能认为其本质上具有欺骗性。从赫西俄德那里获得的证据是不足取的，尽管荷马的史诗提出一个对神性的设想，但那并不是一个伦理上或诚恳的决定，而是包含了种种权力和表演的成分。

即使在早期哲学家（克塞诺芬尼、巴门尼德和恩培多克勒）的作品中，秘所思也并没有消极的含义。那么，关于其消极含义的断言又是在何时出现的呢?
19 一般认为可能是品达[②]（Pindar）和希罗多德（Herodotos）。不过，像赫西俄德的案例一样，这也只是一个捕风捉影的结论。这些哲学家的作品中很少提到这个词，而且那些所谓的证据也让人难以理解。因此，这些论证并不能让我们得出“秘所思”这一词汇是具有贬义的术语结论。[③] 我们必须把偶尔的否定含义和一贯的特性区分开；前者的确存在，但是并没有迹象表明在虚构的秘所思和其他类型的论述之间有系统的区分。在品达的运动员颂歌中，“秘所思”一词被用了三次。可能最明显的例子是在《涅墨亚颂歌》（*Nem.*）7·23 中，sophia（在此最好翻译为“聪慧”）用神话（mythois）误导大家以行骗。主要的引用并不是在叙事诗里（秘所思可能是奥德修斯为了赢得阿基里斯的武器时使用的巧妙说辞）。这个词汇有时用于表达消极的含义，与具体语境相关。[④] 实际上，在《皮托凯歌》（*Pyth.*）4·298 中，动词“神话化（mythesasthai）”被用于一种十分积极的语境，即描述诗人自己的艺术。[⑤] 两个以 myth-为词根的复合形容词分

① Nagy 1982：779（Martin 1989：13 之前）。然而，纳吉提示注意 *Op*·10 中的词 ἐτήτυμα μυθησαίμην。《神谱》28 备受争议。然而，γηρύσασθαι是指纸莎草及一些手稿，词 μυθήσασθαι也被证实。前者显然读起来较难，而后者定是荷马程式的追述（West 1966：163）。尽管如此，这一变化却很重要。

② 品达：古希腊抒情诗人，被后世的学者认为是九大抒情诗人之首。合唱琴歌的最著名的作者就是职业诗人品达，他的合唱歌对后世欧洲文学有很大影响，在十七世纪古典主义时期被认为是“崇高的颂歌”的典范。——译注

③ 如德蒂恩内所建议（Detienne［1981］/1986：46－47）。

④ 品达的胜利曲诗歌中，另外两处提及秘所思的是《奥林匹亚颂歌》1·29 和《涅墨亚颂歌》8·33，这个词语与一些消极意义的词，如“狡猾的”或者“充满谎言的”联系在一起，因而也具有消极含义。

⑤“当他在最近底比斯嬉戏时，他会发现用什么样的词汇描述（μυθήσαιθ'）春天的芬芳。”

别是积极和消极的用法。[1]

希罗多德使用过两次秘所思，都在他文集第二部的埃及卷。在 2・23 部分，希罗多德提到其拒绝接受对尼罗河发生洪水原因的猜测［有人将其与奥克安诺河（the river Okeanos）联想起来，希罗多德认为这条河是孕育出荷马这样的诗人的伟大的河］。在 2・45 部分，希罗多德提到一个“愚蠢”的故事——希腊人讲述赫拉克勒斯（Herakles）在埃及的牺牲。这些秘所思都是现代读者会想当然地称为“神话”的东西。在历史学家眼中，这二者都缺乏判断力。尼罗河假说的创造者并没有提供证据，并且依赖于诗性地理；希腊人草率地把一些人的牺牲归罪到埃及人身上，而对那些真正的牺牲行为一无所知。这些都是秘所思被摒弃的原因。然而，人们依然在徒劳无益地从希罗多德的作品中寻找一个系统的分类，哪些故事是秘所思，哪些又是逻各斯科学构想的发展。所有三个被引用的关于尼罗河洪水的观点都被认为是希罗多德自己的结论。此外，他在讲述“故 20
事”“叙述”时频繁地使用“逻各斯”，这无疑是有益的。当叙述海伦（Helen）到达特洛伊（Troy）的两个版本时，希罗多德称它们都是逻各斯的，尽管他认为两个版本都不真实（2・116）。在后来的一本书中，希罗多德列举了法老孟卡拉（Mycerinus）女儿之死的两个版本（2・131）；希罗多德也称那个被弃置的版本为逻各斯，他对此版本来源的不屑更胜于前文提到的引用秘所思的作者。[2] 他使用“逻各斯”这个词来表示我们称之为“神话”的传统，这十分可疑。我们可以将所有纲领性的内容都定性为希罗多德所使用的逻各斯，而这无疑令人震惊。希罗多德自称，他在选择素材时并没有一个系统的方法和严格的标准。他相信自己的理性判断以及偶尔的分析，但是比起排除法，他更愿意罗列并取。他并不排除使用荷马作为资料来源，而且他的确将荷马和赫西俄德看作相似的宗教研究者（2・53）。鉴于这样的做法，要在希罗多德关于秘所思以及/或者神话问题中，分辨出其惯用的排除法，其结果似乎不容乐观。“秘所思”一词的缺失虽然有趣但却不能强求结果。

希罗多德的继任者们无疑开启了一个新的阶段，更为招摇地进行科学和客观的历史编著。然而即使是修昔底德[3]（Thucydides，又译修昔诋斯），也不屑于使用荷马以及那些我们称为神话的相关故事作为资料来源［因此，造成例如在

---

① 《奥林匹亚颂歌》13・10：“骄傲，满足那大胆开口（θρχσ ὑμνθον）的母亲”；《皮托凯歌》9・76：“卓越的才能最会引起许多故事”（πολὑμυθοι）。

② 比较 3・3、3・77、7・214、8・119。

③ 修昔底德：古希腊历史学家。——译注

2·29部分，对泰纳斯（Teres）和泰劳宇斯（Tereus）的离题]。修昔底德曾发表过著名的对 μυθ ῶδεϛ“神话元素”的谴责（1·22），这似乎标志着一种新的对神话的严厉态度。但是，精确的历史究竟指的是什么？这个问题依然存在。[①] 修昔底德确实进行了大范围的排除工作，而且他并不信任诗歌叙述，这在一定程度上让我们想起了一些早期哲学家。他并不关心秘所思在语义领域中的名称。接下来，我们将用沉默和一些消极含义的象征来结束这段讨论，但是在秘所思与不实的言语甚至与我们所称的神话之间，并没有一个计划中的联系。进一步的探索必须要等到探讨柏拉图的章节了。

如果秘所思并不是指“神话”，那么在哲学兴起前的那段时间，那些我们称为“神话”的传统故事的地位如何呢？这些故事丰富多彩、变化多姿，被嵌入
21 希腊叙事的典型特点——竞争精神之中。早期希腊诗歌中的竞争特性几乎不需要文献记载。诗人们热衷于对神话故事频繁地进行革新，把旧故事不断演绎出新版本。[②] 一个卓越诗人的定义是其有能力创作出优于原作的作品，因此一个故事不会有标准版本。在《田功农时》中，赫西俄德希望改善他的家族冲突（如《神谱》225f. 所示）。然而这里实际上并没有冲突，而是一个好人（值得效仿）和一个坏人（11－26）。[③] 这种类型的修正最著名的是斯忒西科罗斯的“翻案诗”（*PMG*192），它始于斯忒西科罗斯宣称海伦到特洛伊的神话版本是错误的。在品达“静谧的篇章”中，诗人拒绝一个伦理上不可接受的神话版本（例如《奥林匹亚颂歌》1·52，9·35－41），正是同一现象的例证。

尽管人们意识到诗歌内容有可能是假的，但这并没有使人们在面对众多的神话版本以及诗歌程式时产生普遍的忧虑。近来，一些当代学者认为，像《神谱》27—28 这样的段落（在此处，缪斯对赫西俄德说她们知道如何将谎言说得像真的一样，但同时也知道如何宣扬真实）增加了所有诗歌陈述都是在一定程度上“撒谎”的可能性。[④] 这种批评预设了一个成熟、自觉的对真假种类的构想，尽管是暗示性的，但赫西俄德或许并没有这种构想。变化只是文学竞赛的自然产物。一个诗人大可以宣称他的作品要优于先辈的或同辈的，但作为一个整体，这并不会引起神话或诗歌的真实地位问题。早期的诗人没有关于“神话”

---

① 弗洛里里（Flory 1990：194）认为我们应该将 μυθῶδεϛ译为感伤的爱国故事。

② Griffith 1990：188、196－200.

③ 这种区别可能源于有计划的诗歌竞赛。在《神谱》中，冲突可能是“谎言、词汇和争论”（*Thegomy* 229）的起源；在《田功农时》中，好的冲突与谎言无关。

④ 费拉里（Ferrari）1988 年引用和讨论。

的整体性概念，他们只是简单地进行个人神话创作。这是一个需要强调的区别：直到哲学兴起，他们才有了神话。[①] 当赫西俄德的缪斯说“谎言像真实的一样”（《神谱》27）的时候，他们（和诗人）并不是说神话/诗歌作为一种话语形式可能是真的或假的，而是说他个人的神话作品可能如此。当然，赫西俄德的作品的确比他的前辈优秀。

现代读者对《神谱》中的“真理”这个概念并不熟悉。我们判断真理概念
的标准是由哲学家塑造的，而这些哲学家的目标是解构诗歌的权威。正因为早 22
期的希腊人没有将他们的诗歌主题抽象地定义为“神话”，因此也没有一个正式的标准来决定这些诗歌是虚假的还是虚构的。根据真实和虚假的标准来评价神话并没有任何作用，除非“真”意味着“有效用”和“值得纪念”。对科学标准的认可或驳斥也是不适用的，因为它们并不存在。关于古希腊“真理”（aletheia）概念的二次文献有很多，特别是在海德格尔（Heidegger）对这一主题进行了颇有影响力的处理之后。海德格尔对真理的“客观”看法正如同“揭蔽”一样逐渐让位于一个更“主观的”估计，或者是像科尔（Cole）一样把真理看作一种存在于严谨的报告中令人难忘的品质。正如科尔指出的，早期的真理概念集中于说话者和听众的关系中；直到哲学出现，对一些词汇主要的“客观”认识才开始出现，正如思想家“开始于巴门尼德……假设真正的真实必须如严格和严谨的……论述一样展现出同样的品质”。[②] 在这篇文章中，“真理与方法，沟通中的是什么与如何……是结合在一起的”。[③] 在决定真理运作的过程中，对语境和传播意义的关注是这项研究的一个重要基础。

正如德蒂恩内（Detienne）所言，古代真理的特性与古代诗人的重要性相关。在哲学兴起之前，神话属于无法证明的真实的一个特殊领域，是诗人、智者、国王、预言家的职责。神话和诗人的世界是由真理规定的（其被设想为遗忘而不是虚假的对立面），并且，这个世界与先知和国王紧密相关。来自这个世界的话语是神圣的、预言的，是业已被断言的真理，而非有待证明的真理：如果一个诗人获得了灵感，那么他的辞藻就被打上了真理的标记。[④] 真理只有在与它的宗教系统联系在一起的时候才能被理解：不是作为一个概念，而是作为赞

---

① 对其中的区别，请参看 Detienne［1981］/1986 各处。

② Cole 1983：25.

③ Cole 1983：7（连同参考文献），12。最近的（但是有限的）一次对真理问题的考察，参见 Pratt 1993：17－22。

④ Detienne 1967：6，27.

美与君权的一个方面。如果一个诗人在写成他的神话故事时的确成为“真理的主人”，那也不是因为他避免了虚假，而是因为他发表了某种令人印象深刻的话语形式。古风时期（the Archaic period）之后，文辞开始世俗化，真理的性质也随之发生转变。现在的问题是以何种方式进行证明，语言作为工具对真实性和
23 其他性质都有影响，而话语（和神话）的含混性变成反映这种影响的起点。[①]

另外一个颇有建树的是贝内（Veyne），他认为在古风时期的希腊，真理以多元化的形式存在，一个人可能既相信传说世界的真实，又相信日常生活的真实。如果是这样，那么希腊人会意识到两个世界并不是以相同的方式在运行，但是“一种昏睡症”让他们看不到这两者的区别。[②] 他们没有想到神话世界与他们自身的经验不符，对神话的这种态度直到科学调查出现后才发生改变，科学调查明确地提供了真或者假的选项。[③] 我们不需要把多重的真理观念归因于原始的或缺乏逻辑的思维上，这样的判断往往是将现代分类强加其上的结果。而且，正如我们所见，这种区分依赖于希腊人自己创造的论辩类别。对诸如神话、科学、魔法和隐喻等概念而言，尤为如此。[④] 在哲学的自我意识兴起后，秘所思和逻各斯之间的差别才开始出现。

这些论证中有几点需要强调。第一，诗的话语与权威、效用和记忆有关。第二，改变这个诗歌权威的模式会引出一个更系统、更明确的真实与谎言的类型，并且反映出语言的模糊性。第三，被写入那么多诗歌内容中的神话故事，存在于一种与日常真实不同的真理程式中，这个程式与诗歌语言中的巫术宗教特性有关。它遵循神话模式，与其相关的真理会被视作权威、效用和难忘的记忆。在我们所谓的希腊神话和语义单位秘所思之间，有一种本质上的关联。正如我们所见，秘所思同样具有权威性、有效性，并且与诗意表达相关。这样的关系在早期材料中并不明确。然而，这一点意义重大，神话和秘所思的领域有着相似的特性，并且都与诗歌话语有关。早期哲学家试图剥夺诗歌话语的这些
24 特性，从而占有其功效和真实性。他们通过自我定义的方式来划定诗歌和神话话语的领域。后来的作家开始把“秘所思”这个词应用到这一领域。柏拉图发展并把这个区分正规化。单词“秘所思”和神话的概念随着第一位哲学家出现

① Detienne 1967：51，103，79.

② Veyne［1983］/1988：17 – 18. 参照布尔克特（Burkert 1979：24）：“神话思维既不包含阶级也不是按照真/假的二分法运作，而是一种行为或者行为的后果。”

③ Veyne［1983］/1988：24.

④ Lloyd 1990：7 – 8.

开始交汇，这使得作为话语系统的诗歌和神话话语，站到了诗化真实与神话真实的对立面。诗歌系统的崩塌由此开始，其影响力甚至到达哲学领域。诗歌话语是可操作的、巧妙的这一观点，引发了关于语言真实性的诸多问题。这些问题，哲学也不得不面对。

文本化以及哲学的兴起

到目前为止，我们一直在讨论哲学的兴起及其与诗人世界的关系，尽管那些现象是不言而喻的。现在该转到本章开始时提出的第二组问题上了，即促进哲学兴起的条件。为了这个研究目的，我将关注读写能力在促进哲学自我意识的过程中扮演的角色。读写能力的提高促进了人们的抽象思维，诗和诗性智慧的概念变成文本，人们也因此可以进行学习和批评。文本化作为最重要的线索将贯穿本书。紧随神话材料的文本化而来的是文学批评，接下来，人们开始有机会操作和反驳这些被认为是不变的实体。寓言解说的发展和智术的神话演说（古希腊词汇 epideixis）也源于同样的现象。柏拉图反对荷马和赫西俄德文化文本的权威性。如此一来，将哲学的抽象与诗歌话语的批评联系在一起也就在意料之中了。哲学自身的理智工程，也开始于对文本的加工和解释。因此，哲学对神话的加工成为一种深刻的文学现象。而文本化和文本批评所造成的最重要的结果是，人们意识到文字和现实是无须一致的，而且事实上也常常不一致。这种认识导致了人们对精确度的热情，并在哲学话语中注入了一个不确定因素。尽管哲学家发展出他们自己的方法论和真理标准，但他们也会感到一种威胁，即受到来自他们自己的文本批评的暗示。

写作对哲学兴起产生影响的确切程度仍然存在争议。一个标准是由古蒂提 25
出的，他重新定义了原始、无理性的人与理性、科学的人的二分法，这种对比常常被同化到秘所思与逻各斯之间的对比中。① 他将这个对比作为口头、传统社会与文字读写社会的对比进行重新评估，并提出，纯粹的口传社会并不一定绝对缺乏合理性或理性主义，独立的思想者的贡献在于其智慧被吸收并成为集体知识的一部分。虽然口传社会没有禁止对社会信仰的怀疑论或批评，但也并不存在能让这些怀疑和批评长存的机制。另一方面，文字的发明，发展出不同种类的表达信仰的方式，而且对脱离作者的文本进行细读成为可能。相对地，文

---

① Watt 1963；Goody 1977.

本对象化也可能会刺激、加速批评活动，导致一个科学理性的现代版本的出现。条理化和词汇列表促进了术语的调整和界限的出现，文学类型更加明确和抽象。分类列表催生出二元选择，一个术语必然属于这个或那个类别。[1] 伴随着抽象分类能力的提高，出现了对文字和现实之间关系的不同看法。在传统的社会里，文字与现实在本质上是一致的，但是文本的对象化导致一个认识，即文字和现实可能是各自独立的。[2]

我们在这章以及下一章所要探讨的早期哲学家身上的特征包括：怀疑和批评传统的不断发展，话语作为客体的经验（以及随之衍生出的批评活动），对更明确、更抽象的分类需求，以及对语言指称功能的检讨——语言自身与其所宣称的它可以指称的世界之间，可能存在不一致。读写能力，就其本质而言，刺激了逻辑和理性的发展。这一点显而易见，因此无须展开。这样一个模式（被称为“自主的”模式）在技术上具有确定性，但是更好的办法是采取一种“思想观念的”模式。这样一来，无论在哪种文化中，读写能力的效用都会与社会
26 习俗和信仰的影响联系在一起。[3] 语境可以解释希腊现象的诸多特性，例如希腊与埃及数学的不同，又如为什么古希腊城邦有文字却没有出现文化革命。[4]

很明显，古蒂的方法在确定性方面需要进一步的修正，但这并不意味着我们必须否定读写能力在古风时期影响了一种更科学的心智的发展。一种新的客观和理性的实际表现，往往与人们的鼓吹不同。对此二者做出区分，非常重要。例如，古蒂认为，写下来的史诗文本促使人们质疑它们的真实性，并且人们因此开始对历史和神话进行区分。但古蒂并不需要证明第一代史家“确实”如他们所声称的那样客观和合理。[5] 他们可能并不比周围的人更客观，也不一定像下一代史家那样受制于思想观念。重要之处在于，他们对这种方法论主张的自觉展现。[6] 我们或许会一直讲在处理过去问题时概念的转变，一种观点认为，为了获得更精确的知识（尽管最后得出的结论受到思想观念的影响），人们需要在不同的信息来源中比较不同的版本。同样，丰富的诗歌内容及其文本形式的具化，

---

① Goody 1977：27－37、81－86、104－106. 在此会不可避免地联想到巴门尼德，他认为凡人所有的思想和言语都是在两个互斥的选项间进行选择，“存在（is）”与“非存在（is not）”，如此就直接将我们置于严苛的二元选择中。

② Goody 1977：41.

③ Thomas 1989：25；参考 Street 1984。

④ Lloyd 1987：73－78；Thomas 1992：20.

⑤ 来自斯特里特（Street 1984：53－56）的温和派观点。

⑥ Lloyd 1990：15.

可能促进了批评的比较和文本细读新标准的发展——尽管与诗人的故事相比，哲学家的“真理”更善辩，在思想观念上更深刻。①

因此，即使读写能力不是理性兴起的必然原因，但还是可以说书写便捷的字母和那一代人辩论和论战的实践，是希腊哲学意识兴起的主要原因。书写的便捷性比它在人群中的广泛流传更加意义重大。很可能直到亚里士多德时代，一个受过教育的精英依然受限于读写能力。② 然而，这一小波受教育的精英开始
从事我们现在所说的哲学研究，并且发现了话语文本化中某种可能的内涵。文 27
本激励他们寻求更伟大概念的抽象化以及对语言特性的沉思。希腊从一个文字文学相对较少的社会发展到口头传说相对少的社会（古风和古典时期），在这个时间段内，同时出现了神话学、哲学的概念，而修辞学也在柏拉图时代发展到顶峰。这两个发展在逻辑上存在关联。

现在让我们考虑突然出现的读写能力如何促进前苏格拉底哲学的兴起，并引起人们研究语言的使用和对传统神话和诗歌叙述的辩论。③ 写作使文本对象化，实现文本与意识的分离，这就促使写作者将文本视为一个系统，然后去研究他所生活的世界的综合系统。一旦有此构想，这个系统就会促使前苏格拉底哲学家们去创造一种非个人的、抽象的语言来传达自己的想法。不论文本系统是否刺激了人们在自然世界中寻找体系的热情，看起来，似乎都是文本对象化鼓励了人们将语言的特性作为文本进行思考。哈夫洛克（Havelock）在一部分“坚决反对当前正在使用的语言”的前苏格拉底哲学家中，发现这一点的证据（我们将在下一章中探讨早期哲学家的辩论细节）。④ 克塞诺芬尼和赫拉克利特的残篇就是例证。在克塞诺芬尼关于人格神的批评文章中，他遣责人们认为众神与我们普通人有着相同的话语（DK $_{21B14}$）。赫拉克利特甚至对人们谈话和思考的方式以及曾是他老师的诗人进行了更为彻底的攻击（例如，DK $_{22B104}$）。他们共同

---

① 参见费拉里（Ferrari 1984：201－202）的重要评论，关于赫拉克利特（DK $_{B40}$）对荷马、赫西俄德、毕达哥拉斯（Pythagoras）和赫卡泰（Hekataios）的批评的可能性取决于这些作者对他们对文本的理解。斯特里特认为，对文本的严格比较可以很容易地在口头语境中成型。但是赫拉克利特的批评对象来自不同地方、不同时间。当然，人们可能承认，书面形式的文本促进和鼓励了这样的比较批评。

② Thomas 1992：20.

③ 事实上，并没有证据表明读写出现之前的希腊没有哲学。然而即使有一种语言资源可供他们表达一个系统和提出哲学问题（Adkins 1983：211－220），我们也应该谨记古蒂的观点，即（现代意义上的）科学和理性传统的兴起，并不仅仅依赖于怀疑和批评的潜能，而是依赖一种连续的批评传统，而这种传统不太可能会在口传文化中出现。

④ Havelock 1983：21，15，关于所提及的前苏格拉底时期口头以及书写这一复杂问题我将不做表态。曾有学者对此问题进行了研究，参见 Ferrari 1984。

的认识就是，语言就其天性而言是不可靠的，不能认为它无须检验、天然正确。

在此，哈夫洛克论点的两个方面对我们来说很重要：他关注前苏格拉底哲学家对可获得的语言资源的不满，以及他所观察到的，从克塞诺芬尼到恩培多克勒，都用语言的错误衡量思想的错误。他设想了一个明了的程序，即前苏格
28 拉底哲学家进行论战是因为他们需要一个新的抽象词汇来表达对系统的新看法。这个新的词汇要避开秘所思叙述公式化的缺点，并且能与抽象事实联系而不是讲故事。赫拉克利特抨击人们没有使用他想让他们使用的语言，这种批评也延伸到他们的思维模式上。巴门尼德和恩培多克勒也致力于指出人们思想中的错误以及与之相伴的语言中的错误。[1] 然而，这种模型的第一部分仍然需要细心甄别。如果我们只是将问题定义为抽象话语和叙述话语的冲突，就容易轻视他们批评的深度，并可能将他们对语言的专注定义得太过狭隘。[2] 一些前苏格拉底哲学家认为现有的资源不足，想要对其进行修正并做出改变。但是，就语言能否充分表达真理这一点，他们也可能存在更为基础的、认识论层面的（epistemological）疑虑。

语言是否胜任的问题与话语背后的权威问题有关。这就暗示对前哲学的关注等同于对荷马、赫西俄德等诗人创造出的神话形象的批评。这也就表明，对早期哲学家的研究并不是越抽象越好。语言、神话和诗歌权威的问题是紧密相关的。读写能力的出现对这些领域都有影响，它们都是能引起哲学兴趣的对象。言语的对象化和文本化投下了一道漫长而复杂的阴影，而叙述技巧的非人格化和对词汇“延伸”的新需求只是其中的一部分。

读写能力的出现促进了诗歌的对象化这种假设，有助于我们理解为什么神话和诗歌元素会被一些前苏格拉底哲学家视为可以用于哲学的非哲学话语的象征。对早期诗人的哲学批评表现出几个与读写能力相关的特点：一种持久的批评传统的发展，脱离了写作者而存在的话语观念，以及语言和现实并不相符的认识。克塞诺芬尼和赫拉克利特的哲学对自身的定义部分来自于这类批评。书写不仅能让前苏格拉底哲学家更客观地看待他们自己的论证，也让他们看到了
29 此前通过潜移默化来传播的诗人的文本。现在这些文本可能会经历一种不同类型的检阅，其特点是与文本保持更远的距离。[3] 对史诗中的神学和宇宙论的疑虑

① Havelock 1983：15 – 21. 哈夫洛克强调了在赫拉克利特的残篇中，关于人们交流以及言语中传达的意识的内容占有惊人的比例。

② 比较 Adkins 1983：221。

③ 正如 Detienne［1981］/1986：68。

将会正式化，与顽固的传统进行对抗，并传递给新一代知识分子。史诗本身具有一贯性。对神话世界的哲学批评会引来对诗人的辩护——寓言说——它继而采用一种超然的哲学视角，并把荷马视为静态的和象征性的文本。① 面对如此多元的、需要修正的诗歌文本，一位前苏格拉底哲学家可以运用他释义的专长，通过真与假进行二元对立和排他性的建构，形成一种理解诗化神话话语的补充范畴，以此将其置于自己的对立面加以对抗。他明确地区分先前诗人的作品与他自己的作品，更重要的是，他认为这种区别很大一部分源于神话叙述。这并不仅仅是文本对象化影响到语言体系的观念并延伸到自然界的体系观念上的问题，也并非仅仅是不满于技艺性语言的缺点。文本的对象化并不会直接影响到体系；确切地说，对象化会引起对其他文本的批评、考察和不满，引起人们对这种不满进行分析，并渴望创作出更好的文本，进而在调动语言的同时对神话进行重新配置。神话扮演了一个至关重要的角色，因为早期的哲学界是通过探索神话的不足，从而创造出他们的话语标准。

诗歌叙述及其所表达的神话内容并不相容且充满不确定性，它必然被排斥和征服。因此我们发现，前苏格拉底哲学家在处理神话世界时采取的策略很复杂。一些人对诗人的成果闭口不言，而另一些会对他们自己的内容严苛要求，其他那些本就关注此研究的人，则同化、融合了这些神话人物，甚至采用了诗歌以及神话叙述的元素。这种融合既不是幼稚也不是哲学想象力的匮乏。相反，它来源于一种新的意识，即神话作为文本结构，可以在哲学范畴内改造出新的结局。这种改造既强调了旧知识世界的不足，也强调了新知识世界的统治地位，还将这两个世界所共有的弱点进行戏剧化的呈现。

一致性问题源于诗歌不能令人满意的语言。不仅如此，它进一步提出新的 30
问题：语言的偶然性是被限制的，或者能够受到限制吗？是否始终存在文字与现实之间的一致性问题？这是本书研究的前苏格拉底哲学家始终关心的问题，也是希腊哲学所关注的自身问题中最持久和令人困扰的一个。我们将会看到克塞诺芬尼的怀疑论是如何适用于这种特有的偶然性模式的，这个模式表明，语言与现实所有的一致性都只是一种相似。在巴门尼德的案例中也能看到，语言甚至是哲学语言也只是在设法收拾残局。即使是复杂如赫拉克利特，也可能受到这种模式的影响。赫拉克利特不赞成人类的语言以及语言对人类意识的表达，并创造出一种新的更富有意义的模式来表达他对现实更复杂的看法，但这种模

① 参见 Detienne［1981］/1986：67。

式并不是一种一致性的语言。

从秘所思到逻各斯?

我们始终关注读写能力的提升对哲学兴起的实际影响。一直以来，人们可以获得的语言资源是来自诗人以及他们所表达的对世界的看法，而我们则关注文本化促使人们不再满足于这种模式的可能性。早期的哲学家打算用他们自己的方式取而代之。然而，这场长达数个世纪的知识体系改革步履维艰。它代表了一种从合理到不合理，从原始到现代的心智转变。这种对比常被表述为秘所思和逻各斯之间的对比，秘所思因此成为典型的前哲学世界荒谬的故事讲述形式。对哲学兴起的这种解释，可以追溯到哲学家本身。正如我们将在下一章看到的，他们对诗人的驳斥是恶毒的，同时也是误导人的。数个世纪的学术界随波逐流，认同神话具有非理性的特点。直到最近我们才认识到这种驳斥的本质是什么——它是哲学自我定义和自我展示过程的一部分。对于这一部分，不能仅凭表面来判断其价值。

在这一部分，我研究了一些人们探讨神话的非理性时代时所使用的一些策略。我们可能不会谈及这个时代的所谓“证据”，但是会谈到对这种构想的必要
31 性的认识。对理性时代而言，神话时代的存在就像是一个巧妙的平衡元素。神话有时候或许是非理性的；但非理性并不是它的一个固有特质，它也常常是象征性的。从秘所思向逻各斯转变开始于第一代哲学家的思想，因为他们之中的一些人批评神话传统。一系列并列的发展被解释为单一的因果序列。哲学的兴起就是科学思想的兴起。第一代哲学家批评神话世界。科学是神话的对立面，神话是不科学的，因此神话是非理性的。然而在这个序列中，两个前提之间只存在偶然的关系。一旦我们摆脱神话天然反哲学的观念，我们就能看到神话哲学的可能性。

从秘所思到逻各斯“转变”的标准看法是这样进行的：在人们的观念里，秘所思和逻各斯是两个相反的极端。秘所思是象征性的和图片化的，它显得缺乏推敲，是完全的非理性，而逻各斯，当然体现出相反的特质。[1] 决定性的一步发生在伊奥尼亚（Ionia）的自然哲学家们身上。在他们那里，对这个世界的基本原则的探寻不再满足于一个神话的答案。因此泰利士（Thales）发展出世界来

---

① Nestle 1942：1－2.

源于并且依赖于水的信仰（可能还有水是世界的物质原则的思想）。泰利士可能认为世间万物充满神灵（DK $_{11A22}$），但这些应该被视为自然的力量，而不是人格化的神明。[①] 所以米利都学派（Milesians）归因于“干”与“热”（或者“地”和“火”），而不是像盖亚（Gaia）和赫淮斯托斯（Hephaistos）这样的圣灵。这些品质通过直陈前面的形容词“炎热”“干涸”，变得具体化了。尽管最早的希腊哲学背离了它的神话根源，但是依然标志着古希腊实证主义思想的开始。[②] 渐渐地，科学与理性取代了非理性与超自然。在更复杂的形式内，要谨慎地承认，这些早期哲学在一定程度上，具有当时社会和政治体制意识形态的特点。[③] 在一个新的城邦体制中，社会与自然的分离是理性思想的前提。[④] 全民广泛讨论，知 32
识大力宣传，是城邦兴起带来的剧烈社会变动的反应。原本贵族控制的宗教和法律，让位于城市崇拜和法律出版物。[⑤]

然而，即使是在其早期的学术阐释中，这种变化也造成困扰。奈斯尔（Nestle）可能会断言，理性之路开始于一个人认识到神话的象征性并且提出关于现实的问题。[⑥] 他也被迫承认，这两个极端会相互渗透。逻各斯被视为理智，出现在现存最早的希腊文献中。荷马的众神作为文明和“理性”以及神正论的开端，可以追溯到《奥德赛》（*Odyssey*）（1・32－43）。臭名昭著的赫拉（Hera）欺骗宙斯（Zeus）的滑稽戏场景（《伊里亚特》14・153－360）表明，人们对人格神缺乏崇敬，一种更理性的宗教观正在形成。赫西俄德的《神谱》则在更大程度上致力于生活的系统化和合理调节。[⑦] 有人可能会设想从非理性过渡到理性是一场更广泛的运动，但是，这两种思想状态在时间与性质上的确切界限是难以确定的。没有一个神话是完全非理性的，也没有一种哲学（至少是在亚里士多德之前）是完全没有神话元素的。奈斯尔指出荷马史诗中存在理性元素，强调他是史诗传统发展的结尾和顶点。[⑧] 他把“神话时代”推回到一个缺乏证据的

---

① Nestle 1942：81－82. 关于泰利士的水是物质元素的观点的一个简要调查，参见柯克等人（Kirk 1983：92－95）。

② Vernant［1965］/1983：343－350.

③ 参见劳埃德（Lloyd 1990：43，58－66）关于科学崛起的过程中社会和政治因素的重要性研究，以及在民主崛起的辩论语境下，科学合法化的论述可能的范式。劳埃德自己并不同意将神话和理性的概念作为解释。

④ Vernant［1965］/1983：356－358.

⑤ 关于平等主义对法律出版物产生影响的可能性的不同处理观点，参见 Thomas 1996。

⑥ Nestle 1942：2.

⑦ Nestle 1942：24－48.

⑧ Nestle 1942：21.

过去，这种变动值得怀疑。

无论是在反对把秘所思和逻各斯进行简单化的对立时，还是在指出最初的理性概念缺乏逻辑时，都能看到奈斯尔的这种观点。对此，柯克（Kirk）争辩道，正如我们所见，希腊神话是非理性的（荷马和赫西俄德之后的口传史诗已经开始具有理性），但是这种缺乏想象力的非理性被视为一个例外。要么希腊神话是一个“删减、衍生和文学事件”，要么希腊人只是单纯地因为一些原因而不具备神话思维。[1] 如果是第一种情况，那么希腊确实曾经有过“真正的神话”，不过是在一个极其遥远的过去，可能是在新石器时代。[2] 我们所拥有的神话不是
33 自发的或异想天开的，而是只有经过某个特定文学作者的视野才能够看到的。然而，这种观点是应当受到批评的，因为它假定一个神话的书面传播以某种方式扭曲了其意义。[3] 一个神话的讲述总是出于某种目的，而其形式必将受到某种论述类型的影响，无论是书面的还是口头的。[4] 我们不能将神话视为其他文本的衍生物。柯克自己也同意，对神话及其口传性质的连贯性和系统性的否认是有缺陷的；自相矛盾的是，柯克同时也向我们展示出将神话与理性相对立的顽固观念。面对这些即使在它们初具雏形时就已经展现出合理性的神话，他依旧坚持认为，必然存在一段时期，其神话是缺乏理性的，并且把这段时期推回到久远的过去。有时人们已经能够意识到，“科学出现——非理性消退”的图景是有缺陷的。大众的、传统的和超自然的信仰从来未曾被替代。[5] 劳埃德（Lloyd）指出，希罗多德就曾发现，将对自然现象的合理解释与为罪恶复仇的信仰相结合是没有问题的。此外，第一个提出元素论的前苏格拉底哲学家恩培多克勒认为，自己是一个圣人和创造奇迹的人，并向他的听众允诺，他有控制风和令人起死回生的方法。[6]

很明显，哲学与我们所从事的智力活动存在差异。但是为什么这种差异就神话来说会变得更加明显，而神话又与非理性产生联系？为什么希腊的奇迹是从神话中解放出理性？[7] 因为这就是希腊哲学家叫我们去思考的东西。[8] 德蒂恩

---

① Kirk 1970：241.

② Kirk 1970：240，244.

③ Brillante 1990：113；Detienne［1981］/1986：124.

④ Brillante 1990：114.

⑤ Lloyd 1979：5，227.

⑥ Lloyd 1979：29 – 34.

⑦ 参考 Vernant［1965］/1983：343。

⑧ Detienne［1981］/1986；Lloyd 1990.

内对“神话学”概念诞生的研究，揭示出十九世纪以来的神话“科学家”与最初的希腊哲学家之间的相似性。他们都认为神话的概念来自对丑闻的羞愧，是面对与道德、理智等文化元素相背离的不恰当行为时（例如天神的强暴或通奸）的一种反应。[1] 关于这些行为的材料最初并不是用希腊词汇秘所思来辨识的；最初，并没有一个希腊词来指代它，而它对哲学谱系的排斥为神话的概念附上了一层阴影。[2] 我们没办法确定我们研究的是一种真实的东西，还是一种修辞结构。 34

幸运的是，对于本书而言，比起神话是否是一种“叙述理性的普遍传播”这个问题，神话的修辞结构更为重要。[3] 这是因为“神话的诞生”的罪魁祸首是希腊的哲学家，始于克塞诺芬尼，终于柏拉图。如果这些哲学家从严肃的考察中排除高级的文化传统领域，并且如果这个领域是我们所说的“神话”，那么很显然他们是有神话的概念的，不论这个概念在现实生活中的地位如何。神话具有避免普遍化定义的倾向，如果人类学家和宗教历史学家将这个主题作为哲学自我定义的一部分进行研究，造成的困扰就会比较少。劳埃德对这个现象的构想很有用，特别是对自我意识方法论的重要性的强调。他建议，从公元前五世纪开始，秘所思就是你对你的对手或前辈工作的称呼，而逻各斯是你自己所做的工作：

> 逻各斯－秘所思的对比提供了一种明确的类别区分，这种区分可以被援引以降级整个会话的等级，而且也常常这样做。它……提供了一种方法，去诽谤那些从事这种话语研究的人，或者至少是专门地、不恰当地或不自觉地没有认识到自己在做什么的人。例如，至少是在一些人眼中，一般的诗人就是如此。[4]

对神话的定义，既不是根据母题，也不是根据文学形式。我们必须将注意力放在神话传说发生的文学类别中，特别是文学和图像的形式，才能研究它。只有这样我们才能掌握所发生事情的真实图景。[5] 可能神话并不像人们所想的那样缺乏生命力，神话自有其捍卫者，在我们的讨论中，他是不可缺的。但即使

---

① Detienne［1981］/1986：16－21，43.

② Detienne［1981］/1986：xi－xxi，46－53，63。爱德蒙兹（Edmunds 1990：2）反对德蒂恩内的神话没有一个明确的概念的观点。他批评德蒂恩内的语义论证，并且主张如果神话被定义为传统故事的话，那么有一种叙述类型相当于“神话”。这个粗略的构想存在疑问，但是爱德蒙兹把实践和语义同等看待的主张无疑是正确的。

③ 此语出自 Calame 1988：10。

④ Lloyd 1990：44－46.

⑤ Calame 1988：12.

我们的习惯是数个世纪以来的人类学和哲学教条主义酿成的一种修辞上的错觉，我们对这种错觉的敏感也足以表明西方理性主义传统对这个基础的依赖程度。神话从哲学世界中脱离出来，之后又奇怪地与之重组，我们最好是通过这个现象来研究这个复杂的过程。当前的研究试图把神话限定于哲学的范畴——这将是一个成果丰硕的研究，因为是哲学家首先将“神话”作为一种独特的现象加以讨论。哲学家对神话怀有敌意，因此我们需要观察，当他们做出让步，允许
35 神话进入他们的研究领域时，是如何对其加以利用的。如果神话不是哲学，让步又从何谈起？

虽然早期的哲学家热衷于谴责并取代他们前辈的诗歌，但他们自己也很愿意使用神话。区别在于他们对神话的使用是自发的，并且有计划地提出了关于语言使用的第二级问题（他们与诗人都在使用的）。他们认为这个第二级问题的重要性，足以使他们将诗歌话语和神话指责为一种语言弊端。神话叙述模式不仅仅是存在于一些哲学类型之中或是与它们共存（例如，恩培多克勒就认为哲学家和萨满教徒共存），而是被有意纳入其中，并且被当作问题。在接下来的章节中，我们将看到与语言问题相关的哲学问题是在两个层面上表达的。一部分思想家，如赫拉克利特、巴门尼德和柏拉图等都普遍关注话语的表征能力。人们有意识地将不同类别的话语并置，从“科学”术语的论证转变为少分析、多叙述的模式。普罗泰戈拉运用秘所思和逻各斯之间的对立，而其他智者则游戏于同代人的道德和政治习俗中。他们自觉地，有时甚至刻意地误用这些神话范例，这反映出他们渴望获得、传授以及实践这些修辞技能。在柏拉图的作品中，作为一种对哲学话语的地位进行协商和质疑的方式，这种对立再次出现。

如果在柏拉图之前，神话和秘所思的意义并不完全重合，而且如果神话学这个单词在此之前并不存在，那么讨论那段时间之前的神话和神话学是否合理？这些明确的、不言自明的问题，是一个需要谨慎协商的更大的疑难问题的一部分。我们必须坚决反对现代分类对古代证据的影响，尤其是在它们在古代语境中有过明确的表述之前，我们要反对任何强加的解释。然而，像“神话学”“修辞”和“哲学”这些语词，在描述相关范畴时，的确有价值，并且能够合理地用于对大约从公元前六世纪末到前四世纪初这一个半世纪的讨论。正是在这段时间，这些范畴得以发展。[①] 在柏拉图时代，神话和修辞类别的出现是有据可循
36 的。柏拉图以及他所代表的传统曾直言，诸如神话学和修辞学这些实践一直以

---

① 有些包括“小说”范畴（Pratt 1993；或参见 Gill 1993）。

来都存在。鉴于其论辨的语境，我们别无他求，并且这种传统正是我们所关注的。

我将以对诗化话语的最后两个部分的讨论来结束这一部分，它们在哲学中有着纲领性的重要意义。我注意到，在之前的部分讨论的非哲学和前哲学的神话有一个重要特点，它是变化多样的。叙述在许多（非权威）版本中存在。批评传统的兴起，标志着对这样一种多样性的敌对态度的出现。历史学家赫卡泰（Hekataios）蔑视“许多荒唐的”希腊故事（$FGrH_{1F1}$），也是出于对哲学的敌对。[①] 多样性的概念在哲学家那里有着深刻而令人不安的反响。[②] 一个神话的多个版本，加上诗人对所有证实原理的漠不关心，都暗示着对旨在揭示和传播唯一真理的哲学话语的挑战。我们会看到，前苏格拉底哲学家和柏拉图意识到多种诗歌声音的危险，事实上，这种危险是他们作品中的重要主题。他们认为，诗歌叙述近乎可耻的冗长掩盖了核心的形而上学的问题。多样性的问题导向关于权威性的问题。以缪斯为基础的权威是不容置疑的，它不接受任何批评；一个诗人可以说他的版本是世界上最优越的，但是他无法证明这一点。而哲学则致力于主张论证（在原则上）是可行的。诗歌导致大量叙事的出现，而哲学（如果不是在实践上，就是在理论上）致力于辨析不同版本的世界观，直到留下唯一可证的说法。当哲学神话被详细阐释，它便具有了单义性。它被设计成适合特定的哲学语境，只表达一种意义，而且不容易将其提取、重组为新的版本。

我们将要论述的第二个重要方面是作为一种习俗的神话及其重要性。神话的权威性一直以来都扮演着传达无法证明的和神圣的真理的角色，这个角色为古典时期大部分的希腊人所默认。它传达了特定的传统社会的和道德的真理。要强调神话和传统之间的密切关系，不仅仅是强调神话故事都是悠久的因而是传统故事这种老生常谈。习俗，作为社会约定，是我们日常生活的基础。这一 37
基础通常都是未经检查的，而哲学家却想将这些规约置于监督之下。当他们抨击毫无思想的神话习俗时，他们对所有社会公约表示怀疑。这就是为什么对神话习俗的操作——就像智者学派所做的那样——会成为自然与文化/习俗对抗的一部分，这种对抗在公元前五世纪后期的智识世界（the intellectual world）中，占据相当重要的位置。这也导致柏拉图在《国家篇》里渴望重新组合社会的神

① Brillante 1990：95。但是人们不应该夸大历史学家在这一点上的一致性。版本有多种多样，并且很好地保留在希罗多德的作品中。

② 哈夫洛克（Havelock 1983：21）说他们希望摆脱秘所思事件的全景。

话基础。

一些理论上的启示

哲学神话可以被视为在方法上自觉地使用神话素材，从而提出语言和沟通的问题。通过神话素材，我是说故事模式（如人物、出征、退败），母题或是叙述特点，标准的哲学论证和解释的格式被打破。这些母题可能是传统的，如普罗米修斯盗取火焰和特洛伊战争，或者是非传统的（尽管其有着传统的根源），例如巴门尼德的叙述者前往划分昼夜之径的大门的旅程。它们常常与超自然有关。与早期神话相比，它们的区别在于被束缚于论证中。然而，它们依然是附属的，并且处于一种张力之中。哲学论证需要客观和抽象，神话则将我们带回细节和主观。哲学家总想将神话抽离出诗歌实践，而神话则与这种实践有着共鸣。也因此，神话始终是一个不安分的因素。哲学神话的文本性可以从两个方面加以阐述。它是读写能力出现时诗歌话语文本化的产物和反应，而且其本质上是哲学话语中的文学子类。因为它的不安定性和文学性，在众多分析性的哲学解释中，它常常被当作无用的修饰而遭到忽视或摒弃。这低估了神话的哲学潜力。

哲学神话作为一种文学子类是由作者的操作定义的（根据前文所列），这就意味着在理解神话时，其他理论方法的用途是有限的。以神话的结构主义概念为例。结构主义作为一种符号学，是把神话看作和语言一样的沟通系统。独特的神话版本就像是个人化的语句，但是结构主义批评家希望找到语言背后的系
38 统规则。隐藏在个人神话背后的系统是一种“深层结构”；对其进行的分析是通过曝光一系列的逻辑关系，不论是对立、倒置或者平行，来解码这种结构。① 这些经过意义转换的逻辑关系并不为作者的意图服务，而是社会分类的表达。② 尽管结构主义的方法有助于对社会思想结构的分析，但是它并没有阐释清楚哲学神话，因为无论构成神话传统运用的基础是何种结构，都会从根本上改变哲学的操作。这不是说不能对哲学神话进行结构分析，只是这样做会错过使它与众不同的特征。

更为重要的是，神话和哲学的动态关系不仅牵涉对语言特性最古老的思考，也关系到最现代的思考。这种关系使我们接近了当代理论家早已关注的领域，

---

① 特别是在这种语境下，“二元对立”的概念就像是自然与文化或者生与熟的概念一样。

② 希腊神话进行结构主义研究的贡献与局限，参见 Burkert 1979：5 – 18 以及 Graf 1985：47 – 54。

即文本权威性问题，以及内在于文本的对应物和批判性因素。现在让我们转回来简单介绍一下赫西俄德和他的缪斯们——她们知道如何能像说真话一样地说假话，但是同时，只要她们愿意，也能够说真实的东西（《神谱》27－28）。有人认为《神谱》中的这一段落暗示的是语言本身的欺骗性，因为语言在指事时总是变幻莫测，扰乱人们的视听。对于这种观点，费拉里（Ferrari）已经有过批评。这种观点无疑是受到解构主义的启发，根据德里达（Derrida）的说法，语言的“原始”意义总是缺席的。在进行阅读时，缪斯真实的言语和虚假的言辞都是一种模仿。[①] 费拉里通过强调赫西俄德在《神谱》中精密的阐述来反对这种解释：“只有谎言，而不是一般的语言，能做到缪斯所说的‘像真实的’。”对虚假语言可能性的担忧都集中在话语的使用者，而不是词汇和世界的关系之上。[②] 我将以费拉里的立场为出发点，进一步思考在我所研究的哲学家那里神话和语言的关系。赫西俄德否认说真话时话语和世界之间存在任何困难，他认为只有说谎言时才会引起这个问题。那么，哲学家同意这个观点吗？

在我的解释里，这是不可能的。[③] 像克塞诺芬尼和赫拉克利特这些早期的希 39
腊哲学家都有一个共同的信念，那就是语言已经被之前的思想家误用了。罪魁祸首是某些诗人和他们处理过的神话传统。一些哲学家致力于通过创造一种新的哲学话语和一种二元体系纠正这些误用，其中神话是哲学的对立面。然而，他们又有不能彻底排除神话的不可抗拒的理由。第一点就是他们渴望占有诗歌语言和神话的权威性和效用。第二点则与他们在总体上对语言的表达和指事品质有所保留有关。哲学家进行了一系列操作，他们界定、拒绝神话然而又试图将其内化为一种改编的版本。为什么哲学要包含“以假乱真的事物”？如果哲学的兴起需要边缘化整个诗歌传统，且这将导致更普遍的对语言和真实一致性的担忧，那么发现一种在他们的论证中编码这种忧虑的方法，对哲学家来说就是有可能的，尽管赫西俄德没有这么做。费拉里发现语言和世界之间的“鸿沟”在赫西俄德对真理的论述中缺失了，这一“鸿沟”随哲学的兴起而出现。

将先前篇章中勾画出的神话和语言的哲学研究方法与一些基于解构主义的批评方法进行对比是有益的。有两个理由。一是因为这些古代哲学家用一种怀

---

① Ferrari 1988：46.

② Ferrari 1988：47，59.

③ 费拉里（Ferrari 1988：62）认为，尽管指出赫西俄德式真理相对于“形式”的及时性，以及感性世界（the sensible world）的不可信就是对柏拉图的最佳理解，但对“形式”的直觉能否转化为精确的语言表述，又是另一个问题（参见第6—8章）。

疑的方法描绘语言，今天的我们对此依然有共鸣；二是因为他们没有沿着解构的线索来发展这种怀疑。这仅仅是因为观察的时代局限吗？说得直白点，我认为，没有任何早期希腊哲学家是隐形的解构主义者，且柏拉图或者前苏格拉底哲学家都认为语言与真实之间的差距有别于由解构主义辨识出的差距。[①] 克塞诺芬尼的怀疑论和赫拉克利特的晦涩难懂，反映出他们对当前的意义系统的不满意，下一章将对这两者加以分析。哈夫洛克认为前苏格拉底哲学家的语言任务是发明一种新的一致的论述，即哲学话语能与真实相一致，这些哲学家与之恰
40 好相反，他们怀疑这种一致的可能性。柏拉图也有这样的担忧，并且对于精确知识的可及性这一主题有所保留。他认为这种一致性在原则上是可行的，但是操作起来十分困难，而且迄今为止在实践中从未实现过。柏拉图通过神话表达其对语言的担忧，对语言和文本权威性的依据的担忧，这些担忧是本书最后几个章节所要探讨的重点。

解构主义认为语言不稳定或不能被很好地定义，并且绝不可能赋予给定的能指以任何意义。语言与现实之间并不具有天然的联系，超验的意义是不存在的、虚构的，不可想当然。[②]

> 它质疑二元对立的［最］基本逻辑，但不是以一种简单的二元对立的方式……也不是一种“要么/或者”的结构，解构试图阐释一个话语，说它既不是“要么/或者”，也不是“都是/并且”，甚至不是“既不是/也不是”，然而，同时也没有完全摒弃这些逻辑否定。[③]

正如德里达和其他解构主义批评所示，对二元对立论的抨击，是反对西方形而上学最重要的基础，即不矛盾律。[④] 这个规律是古希腊早期哲学家煞费苦心建立的，他们因此不能用解构主义来质疑它。此外，如果解构将这种超验意义解读为虚构，那么就是认为超验意义不存在，而不只是不容易表现或者不能表现。消除语言与世界之间的对立与对这种对立本身的焦虑并不是一回事。

语言表现失真的性质在这两种情况中并不相同。然而，有观点认为，二元对立的断裂有助于阐释本书所关注的哲学家的实践，因为他们确实玩弄了一组至关重要的对立：神话与哲学的对立。这种哲学一经诞生便宣告其与诗化神话话语的不同。它旨在追求抽象、客观，而非叙述性的、矛盾而可疑的伦理道德。

---

① 高尔吉亚可能是个例外。

② 这个总结来自 Eagleton 1983：127 – 132。参见 Culler 1982：110 – 134，180 – 225。

③ Johnson 1987：12.

④ 例如，参见 De Man 1979：120 – 124。

智识界从秘所思到逻各斯的“进步”默许了这种对立，尽管它是偏颇的，因为 41
智识人被困在了哲学利用修辞进行自我定位的努力之中。现代学者相当成功地解构了这种对立，尽管当他们否定神话概念的所有实在意义，仿佛它除了作为理性的对应物之外没有任何实在性时，可能走得太远了。早期哲学将神话构建为哲学的“他者”，但并没有说它没有任何值得研究的材料。

哲学拒绝了神话世界，然而此后的某些哲学家又将其带回了哲学视野中。哲学神话作为一个子类，带有过去的痕迹并且破坏了秘所思和逻各斯之间固定不变的对立。解构主义对哲学拒绝神话的反应可能是寻找什么与哲学相排斥，因为人们总会被告知，人们想要排斥的总是那些不可避免地包括在内的事物。哲学话语中神话元素的发现，表明哲学离开了它的对立面是无法发挥作用的，哲学需要神话性（这个“神话性”应该理解为“非理性”）。[①] 这是很容易做到的，但是仍然有一个问题。对于本书所关注的大多数哲学家（赫拉克利特、巴门尼德、柏拉图，甚至是高尔吉亚）来说，对神话素材的使用并非必须，而是一个关于选择的问题。当哲学家使用神话素材时，他们是按照自己的方式，创造一个特别的子类。他们这样做的一个原因是，想通过证明从属神话，高调地占有诗歌和神话的权威性。解构阅读会将这一举动看作试图塑造一种大一统的哲学话语。这一观点部分正确。不过，为哲学家所吸收的神话所具有鲜明的哲学属性，会证明这种统合努力的失败。因为哲学家并没有从神话中得到他们想得到的东西，即神话性和非理性。并且，就算哲学对神话的吸收确如所言，是一种统一的尝试，这种解释也很可能低估了哲学家对这一尝试所抱持的忧虑——对任何一种神话加以吸收的尝试，可能都会有太过简单化的流弊。哲学神话则不同，正如前文所说，它是作为一种加之于神话的负面印记存在。诗人的神话话语变化多样、难以控制，哲学神话却并非如此。那么，难道哲学家们竟能如梦似幻地控制不可控之物吗？要寻找这个问题的答案，就必须从两个方面来考察哲学神话。一方面，它在哲学文本中的出现揭示了哲学将什么视为其不合理的过去，以及它还具有两种功能。在哲学家的作品中，神话元素被哲学话语围绕其中，这就在形式上确定了神话世界在哲学世界中的附属地位。另一方面，它还含蓄地承认，如果哲学作为一种可理解的话语形式要保持连贯，那么
非哲学神话就既不可能被完全吸收，也不可能被完全排斥。 42

① 这种方法是德蒂恩内（Detienne［1981］/1986：108，117－118）所引用的学者们采取的，这种方法将神话和哲学比作硬币的两面。

像赫拉克利特和克塞诺芬尼这些前苏格拉底哲学家，都不信任语言的能力。他们通过自我定义排斥神话世界和诗化语言，因为他们意识到这两者在传达真实方面的不足。神话与哲学之间固有的张力，使这样一种焦虑呈现在我们面前。不过，哲学中的神话并没有因此代表一种非理性，而是一个在语言无法指明真实时出场的话语体系。即使是被运用到最高尚的哲学目标，神话，因为其独特的思想史背景，将一直提醒我们，围绕着它的哲学话语无法赋予我们的是什么。有人会说，它有助于保持哲学家的诚实。那么人们也要看到，对神话哲学的运用主要局限于那些有语言偏见的哲学家。赫拉克利特、巴门尼德、高尔吉亚和柏拉图都深陷什么可以沟通，什么不可以沟通的问题中。那么，如果这些哲学家关心语言与现实之间的隔阂，如果神话就是当这一隔阂天然且确实存在时绝佳的应对之策，那么哲学神话就是这种应对之策的典范。使用神话的哲学家是那些意识到语言的缺点并将这些缺点置于作品中的人。

对话语与世界的隔阂的认识，有三种可能的回应。一种是忽视它。这是希腊时期最常见的解释。一种是停止所有在绝望中沟通的尝试。另一种是为这种差异构建一个符号来将其包括在内（例如神话），然后竭力经营。然后我们必须问，哲学实践有什么帮助，它能提供一个摆脱语言问题的方法吗？并且，将解构主义批评的观点纳入比对是有帮助的。在“白色神话”中，德里达考虑过一种三方模式，其中无意义（语言缺失）是真理领域的对立面，在真理领域里，语言会实现并抹去自己。而语言处于这两个极端之间，“当意义出现，但真理依然被错过时”。这个区域也被隐喻的概念占据，意义处于一种可以获得的状态。① 在这个意义上，所有的语言都是隐喻。并且，作为转义的隐喻会使人们忘记语
43 言是隐喻这个事实，这时语言的不确定性就成了“替罪羊”。② 如果将这种关于隐喻的分析扩展到神话，神话就会成为无意义与真理之间的中间地带。这样一来，神话就代替语言，成为哲学家们投射焦虑的“替罪羊”。对德里达来说，这样的程序并不能摆脱困扰，只是在回避问题。然而，在这方面，隐喻和神话仍然有所不同，语言不可避免地具有形象性和隐喻性，但却不是天然地具有神话性。神话的一个优势正在构建，而不是天然的范式体系。它并非一种遁词，而是总能提示语言与真实间的隔阂，揭示使其所以然的那种意向，以此保持它作

① Derrida 1982：241.

② 参见约翰生（Johnson 1987：37－38）的言论，德曼（De Man 1979：111，151－153，198）关于隐喻的分析。

为一种符号的力量。不过，虽然神话能够揭示哲学焦虑对语言的迁怒，它却无法在自身陷入这一境遇时澄清自己。

德曼（De Man）多次处理过文本摆脱解构阅读的矛盾的可能性。是否有可能将这些矛盾包含在能够包括它们的叙述中？让我们考虑一下德曼对尼采（Nietzsche）《悲剧的诞生》（*Birth of Tragedy*）的处理。德曼认为，在《悲剧的诞生》中，在对普遍真实的主张和质疑这种主张的方式之间存在一种张力。之后他提出一个问题，即我们是否只能研究一个将其矛盾隐藏在糟糕的修辞中的矛盾文本？答案是否定的，因为解构在文本中发现其论据。因此，文本不能被视为盲目的。此外，解构并不是发生在文本的陈述之间，而是在关于语言修辞特性的元语言陈述和对这些陈述的破坏之间。这种破坏残留下来的意义也是一种陈述：

> 这种来自阅读的非权威的次级陈述必然会成为对文本权威的限制性的陈述。这种陈述不能被当作原始文本阅读，尽管它已经充分地准备以不适于原本的整体性的、意义的残余领域的形式呈现出来。[1]

在这一分析中，修辞理论与实践之间的中断导致一种解构，创造出一种关于文本权威性的局限性论述。它指向一种类比，其对象就是神话的哲学化运用。44
尽管一些哲学家运用神话元素和神话叙述，但哲学拒绝神话作为一种自足类型的实践。这种中断可能受限于解构，但是它并不仅仅是一个矛盾，因为它并不是仅来源于矛盾陈述的并置。此外，理论与实践之间的冲突产生了对文本权威的限制性含蓄陈述。在这种情况下，如此有限的权威性属于哲学话语。

这会是理论无限倒退问题的答案吗？对解构主义者来说，并不是。德曼指出，即使是哲学关于语言权威性的界定，也难摆脱修辞，不过只是将其引入一个更复杂的修辞中。再次反转并没有好处，文学是带有欺骗性质的，因为它自己都承认自己的谎言（或者就哲学来说，它自身缺乏权威性的可能）。解构永远不会结束，因为它是在用指称的方法陈述指称的谬误："任何人都摆脱不了它，因为文本建立起的解构不是我们能任意决定做或不做的事情。它总是与语言的运用同在。"[2] 然而即使哲学不能在解构的方法中证明自己，它对神话的使用也更便于承认问题并草拟解决方法。由于神话与哲学间特有的张力，神话特别适合这样一个角色，因此许多哲学家运用神话作为外壳，然后改造并引入哲学内

---

① De Man 1979：99.

② De Man 1979：110－125.

核。解构很有可能在陈述指称谬误时陷入同样的陷阱，哲学神话的优势则在于从一开始就没有指示性，而且它是一种虚假不一致的话语。这就是为什么它可以作为一种代表语言和真实的隔阂的有效符号。如果神话是哲学家可以选择用或不用的东西，那么它在哲学文本中的存在本身就启发性地指明了关于语言的问题意识。它没有明确的所指，也不会像隐喻和其他隐喻性语言那样让作者不自觉地掉进陷阱。不过，这种解决方案本身就与解构有着莫大的关联，它精巧、微妙且拥有方法论上的自觉。

本章的讨论包含了多对对立：逻各斯与秘所思，理性与非理性，哲学与诗
45 歌，文字与口语。所有的概念体系都被古代哲学家或现代学者各怀心思地追溯到古代材料之中。对每个体系进行梳理，了解它们在古风或者古典时期是怎么回事是有帮助的，但也会有过于简单化的危险。需要注意的是，对于这些对立概念的任何一方有所倾向，都会导致其对立面崩塌，从而二者融合。秘所思倾向于与非理性、口语和诗歌相结合，而逻各斯则吸收了理性、文字和哲学。这样的简单化，正如我们所见的，低估了双方相互渗透的程度。既然如此，为什么要不厌其烦地进行概念分类？因为在面对这些对立面的时候，我们需要意识到，如果想要明白哲学对既包容又游离的神话的运用，那么多种体系渗透彼此之间的方法是最重要的。我们必须警惕赫拉克利特和巴门尼德吸收神话元素的原因，因为他们都以某种方式陷入口语和诗歌的思维模式中。他们仅仅部分地摆脱了这种思维模式，或者他们对神话的运用本就是为了使得一部分非理性返回到哲学中。此外，那些存在问题的概念分类及其逻辑关系的建构主要是来自哲学的自我展现及其为鼓吹自身合法性所做的修辞。研究它们如何在早期希腊哲学思想中延续，将有助于我们看到哲学组织其思想体系的方式并决定我们如何组织自己的思想。当早期哲学确立秘所思和逻各斯的对立时，它的确是非同凡响的。

第三章　前苏格拉底哲学家

引　言

在之前的章节中，我研究了与神话领域划界有关的问题。我概述了如何使 46
用“秘所思”这个词，最初与权威话语相关，后来发生了转变：渐渐地，它与传统故事（神话）开始联系起来，而神话故事是权威的社会习俗的传播媒介。最初的哲学家为了他们的理智工程，想要占有这种权威性，希望他们的作品能够取代传统的智慧来源。随着读写能力提升开始的资料文本化，哲学家在反对诗歌多样性时能够发展出一种方法上的自觉。他们探索了话语权的新来源，其中有人呼吁将哲学论证与以缪斯为基础的灵感论进行对比。对诗歌的文本化、划界、排斥的一个重要方面是担心前人对语言滥用。我认为，这种关注会导致对语言的偶然性的担忧。某些前苏格拉底哲学家对诗歌神话世界持排斥的姿态，我们现在要对这种姿态的本质进行更为详尽的探索。本章将关注由克塞诺芬尼、赫拉克利特、恩培多克勒和巴门尼德等人给诗歌思想和语言带来的挑战，以及更主要的是针对这种挑战所做的反应。[①] 我们将持续关注巴门尼德关于存在的诗歌，因为它既是对普通思想和语言的批评，又是一个在神话框架中建立起的批评，因此很适合呈现神话与哲学之间的张力与可能性。

或暗示或明言，克塞诺芬尼、赫拉克利特和巴门尼德都反对先前的诗歌神
话话语。他们的自我定义与对神圣、超验的书写传统的反对态度紧密相关。我 47
们将研究所有这些思想家对待诗歌灵感这一传统主题（topoi）的方式，并且考察克塞诺芬尼和赫拉克利特对诗歌的论述。本章研究的几位前苏格拉底哲学家通过操纵对诗歌与缪斯关系的传统期待，或者通过操控传统的神话/诗歌中的人物，表达了一种看待现实的新视角。他们发现自己处于一种自相矛盾之中。他们发现话语与现实并不匹配，但却又必须使用这种不健全的工具。因此，克塞

① 尽管伊奥尼亚的自然哲学学说对任何希腊哲学兴起的评估都具有重要意义，但是却未构成当前话题的讨论。

诺芬尼对想象的普遍存在有一篇纲领性的陈述，并且将他的怀疑论体系与人格神神话的不道德联系起来。赫拉克利特用矛盾的表意夸大诗歌风格和文本之间的问题。巴门尼德创造出一种既包容了诗歌与神话，又与之为敌的悖论哲学。只有恩培多克勒准备向传统的话语方式妥协。我们将会看到前苏格拉底哲学的批评对神话材料进行寓意化、理性化改造所收到的效果。这两种方法都为早期哲学家重新解释神话的意图服务。寓言说将神话阐释为固定的文本，这两种方法都与神话中的真理标准问题密切相关。同时，他们还导致了（非哲学的）解释的大量出现，以及一种过度的、脱离哲学严谨的语言一致性。十分奇怪的是，唯有保持这种问题的一致性，才能保持严谨。

排斥的姿态：克塞诺芬尼、赫拉克利特和恩培多克勒

我们的故事从克塞诺芬尼开始。他的哲学有两个很重要的方面：一是他对像荷马和赫西俄德那样的神话传统中的道德持保留意见，二是他的怀疑论。这两个关注点相结合的结果，是诗歌权威资源的重组。克塞诺芬尼活跃于公元前六世纪后半叶，他本人就是一个史诗吟诵者和专业的诗歌表演者，通常情况下都是表演荷马或赫西俄德的诗歌。克塞诺芬尼也会表演他自己的作品，根据第欧根尼·拉尔修（Diogenes Laertius，9·18 及其后 = DK $_{21A1}$）的记载，这些作品
48 包括史诗、挽歌和抑扬格诗。对自己的诗歌的偏爱，是否暗示他对荷马和赫西俄德的众神抱有明显的不满？他抨击史诗对神圣的描写：荷马和赫西俄德把人类所有应当指责和埋怨的行为都归罪于众神：偷窃、奸淫和彼此欺骗（DK $_{21B11}$）。由于诗人是希腊社会的老师［所有人都向荷马学习（B10）］，这是一个严厉的指控，因为人们会因此将不公正的行为作为他们的典范。克塞诺芬尼准备自己充当导师的角色，迫于道德的原因也不得不如此做：荷马的众神是不道德的。克塞诺芬尼不想他的结论仅仅沦为一种理论兴趣。在他的一本文集中，有一首关于正确行为的挽歌，建议人们用纯净的词汇和吉祥的秘所思来赞美神（B1·14）。[①] 参与者不要去歌颂前人发明的泰坦十二神（Titans）、巨人（Giants）和半人马（Centaurs）的战争故事，因为这些故事都没有任何用处（第 21—23 行）。人们应该只歌颂有用的东西。

到目前为止，克塞诺芬尼的批评都是纯粹的道德说教，但是接下来会有更

① 关于秘所思和逻各斯之间对比的特性，参见 Lesher 1992：48 – 49。

多内容。他不赞成人们对神明的人格化展现。每个种族都按照自己的形象塑造神明（B16），那么如果动物也可以创造它们的神，神就会是动物的形象（B15）。然而，神（One god）是伟大的，与人类没有任何相似点，无论是外形还是精神。他不会变化，但是他的思想力量将会影响万物（B23，25，26）。克塞诺芬尼的道德批评一直以来都与他对人格神论的批判有关，并且这也是我在此要采用的线索。现在有些学者认为，很难假设先前取得的进步理所当然地来源于后者。如果神，或者众神完全不同于人类，那么把美好的品德赋予他们是否合理？[①] 克塞诺芬尼对人格神论的攻击的本质，在这里受到了挑战。克塞诺芬尼主张的是神与人彻底的不可比性还是他们之间的差异？什么感知使它确信谓 49
词“仅仅（just）”适用于神明？[②]

没有证据表明克塞诺芬尼想要构想一个超越道德称谓的神明，或是认为神明的公正与其在人间的对应体并不相称。知识和美德不一定要被看作是人类或者个人的品质；因此，其作为神圣属性也就不一定与对人格神论的摒弃不符。将克塞诺芬尼的道德批评和他的神学分离，将会把关于众神的诗歌限定在一个自给自足的文学世界里，在那里，他们符合某种良好的社会美德（B1 中的“吉祥的秘所思”）标准。但是，这种角色并不意味着他们真实存在。这种彻底的分离需要假设克塞诺芬尼作为哲学家和教诲诗人的身份是割裂的。尽管柏拉图在这种分离的基础上创造了一个理想国家，在那里，非哲学的大众通过道德的、纯粹的神话得到教导，只有精英去探索哲学知识；但克塞诺芬尼史诗吟诵者的职业表明，事情在他这里还没有发展到那种程度。我们对他神学发展的语境一无所知，也不知道他的陈述在多大程度上是受表演语境和风格特点的影响。但是尽管如此，他的各种作品表明他并没有在绝望中从城邦世界隐退，而是一直在努力影响他的追随者们。

在克塞诺芬尼的“哲学”信息与他判定诗歌对神的表现标准之间划分界限的渴望，对我们意识到的诗歌/神话和哲学陈述之间的张力而言，是一种极富说

① 对 B23 的解释存在疑问。一些人认为这意味着有一个至上神和各种等级较低的神。这个问题很复杂，原因在于无法确定形容词“一”是定语还是谓语。最近的关于多神的观点来自莱舍（Lesher 1992：96－102）。芬克伯格（Finkelberg 1990：146，n. 101 及各处）认为有一个强大的（埃利亚人的）一神教。他介绍的古代撰述传统清楚地表明，克塞诺芬尼通常被古代解说者认为是一个一神论者。（关于试图将古代哲学纳入哲学解释范畴的尝试，也可以参见 Albertelli 1939：29－31）有趣之处在于，由唯一神、众神以及人类之上有至高神等主张所制造出的张力，正是哲学宣言和诗歌程式化语言（“众神和人类之上”）之间张力的一部分。多神论所引起的问题相对比它能解决的问题多得多。

② Lesher 1992：93－94.

服力的见证。此外，秘所思与逻各斯的对立亦使秘所思自身得以显现。然而尽管克塞诺芬尼反对之前的诗歌思想世界，但没有迹象表明他想要废除神话和诗歌陈述所暗含的可能性。在这方面，本书所探讨的许多思想家中，他采用的步骤是具有纲领性的：神话是静止的，但是它的意义却会随着它所受批评的道德而改变。然后，克塞诺芬尼认为前人对神的描述是有缺陷的，无论是把行为归因于神的做法，还是他们对神的形态构想。他的描述试图通过贬抑人类的视角来纠正错误。反对人类中心说就意味着抓住了人类知识、语言和人类习俗影响
50 的不可靠性。因为诗人是导师，诗歌习俗在措辞和内容层面都必须展现他们（缺乏逻辑）的推论。我们将看到克塞诺芬尼通过处理诗歌和他的权威资源之间的关系来发展他的怀疑论。

在 B34 中，他宣称：

> 没人看到过清楚的东西，也不会有任何人知道神和我关于所有主题所说的任何话。因为即使有人碰巧完全说出了已经完成的东西，他本人对此也一无所知。猜测（dokos）在所有情况下都会出现。[①]

这个残篇必须与 B35 联系起来看，通常的解释是，即使是克塞诺芬尼的意见，也只是像真理：“让那些被认为是相似的东西变得货真价实（ταῦτα δεδοξάσθω μὲν ἐοικότα τοῖς ἐτύμοισι）”。我将这两个残篇看作是对人类知识的普遍怀疑。即使 *B*34 真如之前讨论过的，为所掌握的知识建立一种感觉作为标准，神学领域依然是特定知识所无法触及的。[②] 事实上，残篇像是将关于神的知识作为一种全部人类知识的范例。因为对人格神论的排斥，克塞诺芬尼否认神会降临人间处理事务，或者凡人可以升到众神之境，或者凡人可以成功做出预言。[③] 没人知道关于神的真理，至少所有的诗人和预言家都不知道。诗人错误的本质显而易见。他们把神和神的世界看得过度一致：他们让神完全与人类相似，一样的平庸无能。然而对克塞诺芬尼来说，一致或相似的关系是对理智的一种谨慎表达，而对诗人来说，则是叙述真实（narrative truth）的表达。在“这像是真

---

① 这段残篇的翻译存在争议。它被视为人们没有标准去辨别真实信仰的强硬立场，或者是表达即使我们无法获得肯定，但是也可以理解真理这种中立的立场（Lesher 1978：2；1992：155 – 169）。弗兰克尔（Fränkel［1925］/1974：127）将其视为严谨的实证主义的一种表现，但是第 1 行和第 4 行未加限制的引用却暗示出一种普遍的怀疑论观点（Lesher 1978：5 – 6；1992：162）。关于古代哲学典籍传统的分析，参见 Turrini 1982。

② 莱舍（Lesher 1992：166 – 168）当前倾向于研究由于人类经验不完整造成的知识的局限。这个残篇阅读的含义是“神圣的没有显现的领域，就如同自然科学的深远概括一样，是无法知晓的［真理标准］”。

③ 此论点来自 Lesher 1978：11 – 15。

理”和“神像人类”之间有很大的不同。[①] 我们可能会说，诗人失去了他们神 51
话中的隐喻性，而这会导致肤浅和不道德的比较。神话的问题也因此与语言、隐喻、真实和一致性问题紧密相关。

人们早已认识到，克塞诺芬尼对人类智慧谨慎的评估有利于在神和人类的知识之间进行对比。人们尤其容易想到《伊利亚特》2·484—492的歌唱者：凡人一无所知，除非有神相助。[②] 然而，在B35中，他改变了这一主题。当宣称他的想法“就像确实的事物一样（ἐοικότα τοῖς ἐτύμοισι）”时，他回忆起赫西俄德对缪斯的著名评论：她们知道如何把虚构的故事说得像真的（ἐτύμοισιν ὁμοῖα，《神谱》27），而在《奥德赛》19·203中对奥德修斯也有同样的描写。在后面的两种情况中，言语（words）所指的都是诗歌（或奥德修斯）的话语具有将假的东西说成有真实的力量。克塞诺芬尼对这个俗语的改写是生动的；由于赫西俄德讲到谎言的逼真性，克塞诺芬尼认为他的理论就像“真的一样”。[③] 他有计划地比较了自己有节制的表述和诗人的说法。[④] 尽管这两种说法都认为人类智慧对最重要话题的思索只是猜测，但克塞诺芬尼去掉了诗歌的结尾。诗人宣称：“如果你，女神，不给予我帮助，我将无法表现。”哲学家改变条件语，将其变成一个简单的陈述句：凡人无法对世界做出确实的判断。这个陈述中没有神祇，神与人类知识相对比的主题也被改变。克塞诺芬尼构成了一种新的从启示和缪斯灵感之根中脱离出来的诗歌，并且否定了讲述不合逻辑和有害故事的诗化倾向。[⑤]

因为“感觉”“似乎”或者“猜想”都是实践中人类的普遍状态（B34），任何人的话语，即使是克塞诺芬尼的，最多也不过是类似真理。因此克塞诺芬尼否定存在一个诗化真实的特别领域。在这个领域中，沟通可以在脱离人类语境的情况下发生。我们要应对的全都是自己猜想的产物，或多或少合乎逻辑或

---

① 参见21B23，克塞诺芬尼的唯一神无论在形体上还是思想上都与凡人类似。

② Deichgräber 1938：22－24；Snell 1953：Chapter 7；Guthrie 1962：398－399；Turrini 1982：130－131.

③ 因此Lesher 1992：173，追随Guthrie 1962：396n。

④ 如格思里（Guthrie 1962：396n.2）所怀疑。参见Deichgräber 1938：24。

⑤ 具有讽刺意味的是，克塞诺芬尼对诗歌灵感的否定，被后来的斐洛（Philo）用来辩驳他（*On Providence* 2·39，42＝DK_{21A26}）。

52 合乎道德；因此，一套用来规范这些猜想的统一标准就显得尤为重要。① 对人类中心主义和关于神不道德的描述的拒绝，出于对这套标准行之有效的推测。克塞诺芬尼对诗歌描述诸神的那种方式的批评，来自一种连贯的神学/哲学立场，这种立场意味着对诗化言说有效性和权威性的否定。诗人的故事并不权威，因为它们来自猜想而不是神明的灵感。它们并没有效用，因为它们没有建立起一个好的范例。我们应该注意对“感觉”（dokos）的使用的更深远的意义。这个词语意味着“看似”或者“猜测”，我们还可以梳理出更进一步的含义：凡人必须应付猜想，但是我们习惯性地将其作为获得的真理；因此它就变成了“习俗”。神话作为习俗的重要性已经在前面的章节描述过。我们现在能更好地领会作为习俗的神话和作为习俗的语言是如何被联系在一起的。人们所获得的关于神的诗歌描述是以诗歌语言为媒介的。两者都没有逻辑基础，并且都成为习俗；必须要对这种习俗做出挑战和改变。

这并不是巧合，因此，随着对人类知识存疑的天性的反思和表达它的术语的结合，出现了对在诗歌中使用神话这一行为的批评。诗人创造了一个世界，在那里，真理在本质上是一种修辞结构。克塞诺芬尼不赞成他们若无其事地操纵真实与谎言。他们误解了神的特性和真实话语的基础与可能性，他们错误的严重性表现在对神话材料的运用上。他们不仅没有接近一个神明印证过的真理，而且在神的真实本质与我们对它的构想之间存在的差别，这意味着我们根本无法通过日常经验来洞察神性。② 有两点需要强调：对克塞诺芬尼来说，诗歌神话的问题是与知识及其语言表述问题联系在一起的；另外，他自己的哲学愿望是
53 通过排斥传统诗歌神话实践来定义的。在克塞诺芬尼和其他古代诗人之间有一种基础性质上的不同。我们不仅仅在处理诗歌和神话传统之间的竞争，而且不是说哪个故事因为更振奋人心或新奇独特，或是有道德启示而更好。克塞诺芬尼道德上的和形而上学的异议适用于所有神话传统，并且是来自对所有有效性标准的应用。③ 以神祇－巨人之战为例，克塞诺芬尼用来代替它的，是一个与人

① 芬克尔伯格（Finkelberg 1990：135－146）认为，他的神学并不属于这个批评领域，因为它是建立在逻辑证明基础上的。这种解释的一个依据在于其拒绝对 B34 中“提及的神”这句话进行神学上的引用。他认为，对众神的关注是由于气象，而非真正的神明。然而在 B34 中，克塞诺芬尼对知识的处境进行了全面的论述，并且没有迹象表明批评的领域是受限制的或者他所提到的神是气象的。他说的是“我所提到的神”，而不是“所谓的神”。

② 莱舍（Lesher 1992：115－116）注意到，与其说是克塞诺芬尼主张，不如说他统一他的唯一神的特性。至于反对意见，参看 Finkelberg 1990：136－146。

③ Wipprecht 1902：6；Kahn 1979：11.

格化的神话叙述全然不同的神学体系。他所提出的不是一个不同的版本，而是一个不同的宇宙。[①]

在公元前六世纪末，在比克塞诺芬尼年轻的同时代人赫拉克利特的作品中，也能看到这种排斥的姿态。竞赛精神本来是诗歌关系到神话非常重要的一部分，哲学先贤们奋力想要划定他们自己的地盘，而竞赛精神则超越了诗歌和神话的范围，进入了他们的领域。赫拉克利特轻视他的大部分前辈和同辈。在残篇 DK $_{22B40}$ 中，他指责赫西俄德、毕达哥拉斯（Pythagoras）、克塞诺芬尼和赫卡泰：博学没有为他们带来任何好处。显而易见，赫拉克利特对杂糅的学问（catholicism）并没有任何好感。诗歌、哲学和语词混为一谈；赫拉克利特论及各种各样的作者，表明他热衷于对先前思想的整体谴责。不仅如此，他在另一个残篇（B129）中提到，毕达哥拉斯是一个邪恶艺术的创造者；在 B57 中，他批评赫西俄德，这个“大多数人的老师”，并不知道昼夜的本质。同样是在 B106 中，他批评赫西俄德并不知道每一天的本质都是相同的。赫拉克利特再次强调，诗人是（坏）老师：

> 他们有什么精神和知识？他们相信众人的诗人，并且把杂众作为他们的老师，不知道“众多是基础，而好的是少数”。（B104）

他的一些最激烈的抨击是针对荷马的。他认为荷马和阿尔基洛科斯（Archilokhos）应该被逐出争辩并受到鞭打（B42），并且嘲笑荷马解不开虱子之谜（B56）。有一些抨击并没有提到荷马的名字，但很显然是指他的：在 A22，赫拉克利特指责希望神与人之间的冲突消失的诗人（参见《伊利亚特》18.107）。然 54
而，对赫拉克利特来说，对立冲突才是宇宙和谐的根本。最精妙的典故引喻是对文学主题的反转和精炼。因此，卡恩（Kahn）假设，B17 宣称大多数人都没有按照他们所要求的方式思考，这是对《奥德赛》18.136 提出的人类的心取决于宙斯带给他们的那一天这一观点的修正。[②] 同样，主张战争是“共同的”（B80）也为荷马和阿尔基洛科斯相似的表述提供了更深的意义。[③] 我们也在克塞诺芬尼的作品中看到相似的对文学主题的修正。克塞诺芬尼和赫拉克利特都通过典故引喻来修正主题，但是后者并没有提出一个明确的原则来帮我们决定为什么要抛弃荷马和赫西俄德。赫拉克利特的全部指责都太过宽泛而没有用处，

---

① 普拉特（Pratt 1993：136－140）认为克塞诺芬尼只是在伦理层面对其他诗人进行批评，但是克塞诺芬尼否认诗歌通向神圣领域的方式，这就将真实与近似真实的问题带回讨论之中。

② Kahn 1979：102－104.

③ Kahn 1979：205.

而且在一些细节问题上也有明显的分歧，并不足以成为原则。

考察赫拉克利特处理逻各斯和传统宗教/神话人物的构想的残篇可以发现，他对古代智慧的排斥（甚至包括像毕达哥拉斯这样的哲学家），是与他对语言问题的关注紧密相关的。就像克塞诺芬尼一样，他对真理的获得和表达的问题感到担忧，尽管他们对何为真理有着极其不同的理解。赫拉克利特不是一个怀疑论者，他认为真理是可以获得的，但同时也指出，凡人的语言是一种误传，而其过错主要来自诗人。不同于克塞诺芬尼，他利用风格方面的资源来确定逻各斯的复杂性，以及它的普遍的误传。对一个将普遍一致性原则称为逻各斯的思想家来说，这并不令人惊讶。[①] 逻各斯是公众还是个人拥有的问题（以赞同前者而解决），原来还与诗歌的权威性问题有着紧密而隐晦的关联。

人类、世界以及弥漫于其间的逻各斯之间的关系是什么？不管人们是否听过逻各斯，都并不理解它（B1）。当听到哲学家的话时，他们就像“没有经验的人一样”，尽管他们每天都在经历这些词汇所引起的现实。在此，有讽刺意味的是，相似性的关系本应用于表达人类理解与逻各斯之间的一致性，现在却用
55 来表达一致性的缺失。这是理解与现实之间的脱节。在 B112 中，赫拉克利特强调了理解与言语之一致的重要性，在那里，智慧和美德被定义为“按照真实去行为和言说，按照事物的本质去理解”。[②] 成功的言语反映出普遍的逻各斯的本质。逻各斯最重要的一个方面就是，它是所有人所共有的。这本该是整一性（unity）的根源，但是情况却相反。残篇 B2 描述了这样一个问题：“虽然追随公共事物是必要的，而且逻各斯是共有的，但是似乎大多数人对此有着个人的见解。”[③] 人们强调个人经验而拒绝整一性，并且选择用个人的多元思考取代整一性。

正如上所示，荷马和赫西俄德这样的诗人被视为这种错误的罪魁祸首。当赫拉克利特抱怨人们“相信众人的诗人，并且把杂众作为他们的老师”（B104）时，他就含蓄地指出这些诗人都是没有受过教育的暴民。他们没有任何学识，诗歌权威和缪斯灵感说都被不加审问地驳回。灵感是一种无效的特权请求，因此，个人知识事实上也是没有依据的。从大众（无论他们是诗人还是我们周围的人）中提取我们的知识，这会将我们置于危险之境。所有这一切都处于共同

---

① 逻各斯，作为秘所思的对立面，总是带有一种理性批判的含义（Hofmann 1922：106）。

② 译自 Kahn 1979：43。

③ 我在此使用了柯克等人（Kirk et al. 1983：187）的文本。

的逻各斯暗淡的对立面。如果没有什么是共有的或约定俗成的，那么语言势必会退化到不稳定的状态。每个人的个人理解都会转化成个人的意义和个人的语言。赫拉克利特的目标是使我们脱离这种困境，鼓励我们用自己的话语反映逻各斯，并且拒绝虚假的多样性。这就让我们回到了神话中。正如我们所见，赫拉克利特所反对的神话世界的特点在于多种版本的泛滥。因此，它包含了他所诊断的语言中最可怕的错误。诗人在处理神话时运用的欢乐的不协调变成一种人类思维误区的危险范例。

赫拉克利特需要以一种不同的方式塑造世界。然而，令人震惊的却是，尽管我们本来期待的是一种容易获得的和“所有人共有的”，但他所塑造的模型却因为难以理解而使我们倍受打击。他那人所共知的晦涩难懂，我们无须在此详细阐释，然而却有必要详细介绍一些重要的方面。让我们先来看他著名的残篇B93：“神啊，他在德尔斐[1]（Delphi）的预言，既不是言语，也不是暗示，而是 56
给出一个迹象。”这常用来指赫拉克利特自己预言式的和意义不明的风格，但是可能也可以从中看出普遍的逻各斯的复杂性。在此，我同意卡恩的结论，即这个残篇的重要信息是神谕需要进行解释。[2] 启示的语言一定是复杂的，如果想要解释清楚就会导致对现实复杂本质的篡改。可以确定的是，赫拉克利特认为，在现实的本质和一个人选择用来表达自己洞见的语言类型之间需要保持一致。现实的真理被误解了，尽管它一目了然。先前诗人的方式必然是过于简单化的。先前的作者使用简单的方式，并且（或多或少）清楚他们想要说的内容。但他们只是塑造了表面的明晰。因此，赫拉克利特对他们未能觉察到近在眼前的整一性忍无可忍。

这里明显存在一种张力。世界的真实本质本应该是一目了然的，对赫拉克利特而言，也确实是一目了然的。然而，它被那些使用简单方式的作者忽视了。在潜在宇宙的逻各斯的整一性和本该表达它的语言之间出现了分离。赫拉克利特有什么选择？他的前辈们将明晰用于他们简单、多元的世界观中。他因此必须是晦涩的，原因有二。其一，他不能让步于一种会将他与无知联系在一起的书写方式。其二，晦涩的风格能更准确地塑造现实的本质。这是一个悖论：世界是简单的和一元的（在张力上），但却不能用语言做清晰的表达。因此，晦涩塑造宇宙的对立统一，而明晰则反映了多义和艰涩。另一方面，赫拉克利特又

---

① 德尔斐：古希腊城市，因有阿波罗神殿（Temple of Apollo）而出名。——译注

② Kahn 1979：123－124.

不能太过晦涩，因为完全无法理解也是对逻各斯的歪曲。他必须给出一些迹象，必须在无意义和似是而非的明晰之间找到一个恰当的中间地带。在一个人们无法觉察逻各斯的世界里，他让自己适应他们的不理解。这种在无意义和站不住脚的明晰之间占据一个位置的意图意义重大，也是一种风格上的决断。① 这也让人想到上一章介绍的德里达的解构主义模式，其中也提到语言和隐喻占据真理
57 和无意义的中间地带。但是，它有目的地关注这个领域，意识到意义太多或太少的危害，并且迫使我们具有同样的意识。

语言表意的不确定性问题延续到赫拉克利特对宗教/神话人物的处理上。例如，我们被告知，正义女神（Justice）将要抓住那些发明谎言并为它们作证的人（B28）。我们不能不为这里的正义女神冠以成熟的神话形象的头衔；不过，人格神确实具有象征性。太阳不能超出他的轨道，否则正义女神的使从——爱林尼（Erinyes）就会把他找出来（B94）。在这里，爱林尼的形象象征了保证宇宙规律运行的力量，并且把她们与为血亲复仇的常用语境分开。很明显，赫拉克利特运用正义女神的形象来表达他宇宙观中一个主要的原则，然而她的形象与我们在赫西俄德的语境中看到的并无不同。爱林尼更有趣，因为我们在这里可以看到其与赫拉克利特前期的用法存在较大距离。② 赫拉克利特显然并不担心人格化的宇宙。事实上，他似乎热衷于重新评估传统的神话/宗教人物的角色。为什么会这样呢？我们可以从 B32 开始回答这个问题："唯一真正的智慧愿意，但却不会被冠以宙斯之名。" B32 又一次提到普遍的力量是以神的名字命名，但是这一次明确地告知我们，这并不能令人完全满意。虽然这种含糊暗示出传统赞美诗的主题，即询问神明喜欢哪种言辞，但是它又有所超越。神明并没有被邀请去选择一个更好的名号，是作者负责陈述神对这个标签含糊的赞许。这种含糊源于多余的神话包袱。赫拉克利特的理论体现了传统的名的不足：宙斯既是又不是哲学家心中的好名号。这种模棱两可的话反映了赫拉克利特在前文详细阐述过的对表达方式的态度，并且表达了对语言在愚人世界中被歪曲的担忧。所留下的唯一选择就是给出一个能展示语言与现实之间复杂一致性的符号，并且让读者反思其隐含的不协调。③ "宙斯"的名字只能部分地符合这个现象，因为

---

① 参见 Snell 1926：372；Nussbaum 1972：10 - 11。

② 参见 Kahn 1979：161。

③ 哈夫洛克（Havelock 1983：23）扩展早期语言的模式不足以描述现在正在发生的事情。虽然他正确地注意到赫拉克利特认为逻各斯客观化形成了一种相当于它所描述的环境体系的独立语言体系，但是这种"对应"关系的特性并不简单，并不只是一个将词汇延伸到一个合适位置的问题。

它已经被拙劣的思想阐释过。 58

到目前为止，从这个实例可以总结出：赫拉克利特全面谴责他的前辈，不仅仅是由于他们对神话的处理令人特别不满。然而，对宗教/神话人物的晦涩和修正的处理表明，他对语言和世界之间不协调的关系很感兴趣。就像克塞诺芬尼一样，赫拉克利特关于语言的思想导致了对作为大众导师的诗人眼中的世界一种含蓄的谴责。他们都把自己定义为不审慎的话语传统的对立面。赫拉克利特用悖论、含混和晦涩表明，直截了当的论断不足为信；矛盾的表意说明先前由人类话语构成的那些错误和滥用。像“宙斯”这种命名的优点在于，它可以唤起人们对其缺陷的关注。因为赫拉克利特处于一种与传统智慧不和的处境，同样的事情在他每次使用神话符号或是文学主题时都会发生。对神话符号能否胜任哲学概念对其进行评估的要求，展示了哲学如何将神话设立为一种语言的或者意义体系的范式。神话的本性决定了其表现现实合法性是不可靠的，因此需要注意所有意义体系潜在的不恰当性。虽然在“宙斯”这个例子中表现得特别明晰，但赫拉克利特不仅反对“宙斯”这个名字的传统运用，而且反对所有语言的误用。[①] 反对诗人和他们的神话，这说明他想让语言与世界有一个更有意义的关系。

克塞诺芬尼想要通过赋予诗歌/神话传统一套道德和认识论标准来对其进行改造。赫拉克利特则选择了一种不同的方法。为了建立世界矛盾的复杂性和简单性的模型，他拒绝使用传统的诗歌形式而发展出一种“神谕”风格。西西里（Sicilian）的下一代诗人和思想家恩培多克勒，也同样抓住了解释世界与用语言表达这种解释之间的张力。按照时间顺序，恩培多克勒应放在本章最后部分，在巴门尼德之后。但因为他所关心的宗教、人格神论、凡人的语言和知识的错觉与克塞诺芬尼和赫拉克利特很相似，故在这里把他们放在一起分析。然而，恩培多克勒在这方面的做法又有所不同。他写了一首诗，包含语言使用的激进和传统两个极端，因为它致力于在其教诲中尽可能兼容并蓄。他是一个宗教理 59
论家和实践者，并且展示了对已知语言误用的多种反应的可能性。

恩培多克勒的残篇历来分布在两首诗中，一首诗写自然科学［《论自然》（*Peri Physeos*）或《物质》（*Physika*）］，而另一首是关于宗教的“净化”［《净化》（*Katharmoi*）］。然而，最近有人提出根据残篇来划分诗歌是不可靠的，因

---

① Snell 1926：374.

为这种做法是基于对古希腊哲学家复杂的撰述传统的一种不正确的解释。① 学界逐渐达成共识，即恩培多克勒的哲学需要作为一个一致的整体进行评估。这种做法的一个重要意义，在于使人们明白，恩培多克勒的物理学和宇宙学，会与他对神学和伦理学的解释紧密相关。这些问题在恩培多克勒的语言思想和作为诗人的自我定义中，是如何反映的？

恩培多克勒也相信凡人的语言已经走入迷途。② 人类的思想变得愚钝，尽管他们只能看到人生的一小部分，却吹嘘看到了全部。他们既看不到又听不到，更不理解事物（DK $_{31B2}$，参见 B39）。这让我们想起，赫拉克利特抱怨大多数人生活在一种个人的理解中，尽管逻各斯是所有人共有的（DK $_{22B2}$）。③ 真理是难以抓住的：尽管恩培多克勒的秘所思是真实的，很难对心灵匆忙定罪（B114）。恩培多克勒几次提到人类对名称的认识和使用存在问题。他提出：“聪明人不应随意揣度，似乎只要他们活着，所谓的生命就会存在……”（B15）这里的重点是个人的灵魂在轮回中的持续存在：人们所称的生活实际上只是一个更大整体的一部分。B8 中有相似的描写，我们得知“生成（φύσις）”是由人赐予（ὀνομάζεται）混合和分离这个过程的名字，但其中并没有真正的出生或死亡。他对这个观点的解释也耐人寻味：

> 当它们混合在人身上并形成以太，或被混合于野兽、植物或鸟类的种族，他们就说这是生成；而当它们分离，又被称为不幸的亡故。他们的称呼并不正确（themis），不过我自己也依规从俗（νόμῳ δ᾽ ἐπίφημι καὶ αὐτός）（B9）。④

60 恩培多克勒的物理学揭示生与死的称呼不准确，但是他自己准备向语言妥协。如果知道事情的真实情况，为方便起见，我们可能会使用传统语言。这是前苏格拉底哲学家/诗人准备向传统词汇妥协的第一个迹象。需要注意的是，对语言的不正确使用与习俗（nomos）有关。

克塞诺芬尼认为，正确的话语具有强烈的道德意义。在前面的引文中，我们注意到对“正确”（themis）的使用。恩培多克勒向缪斯祈祷，强调纯正和庄严的话语的必要性（B3，B131）。在 B110 里，他也做了同样的强调。如果听者

① Osborne 1987：24－30；Inwood 1992：8－19。即使是那些相信两种分离的诗歌存在的学者也同意它们的内容是可以相容的（Inwood 1992：9，n. 15）。

② 参见 Havelock 1983：18－19。

③ 这个残篇也与克塞诺芬尼的 DK $_{21B34 \cdot 1-2}$ 有关（Wright 1981：155）。

④ 第 5 行的文本佚失（Wright 1981：177）。

能用“纯粹的注意力”深思某些事情（可能是恩培多克勒的教义①），他们将与他同在。最后，恩培多克勒的命运之神（daimon）受到斗争的影响并被流放，以及他堕入可悲的轮回循环，都是由错误的话语导致的。我们被告知神谕的必要性，由神下达命令，并由誓言密封。无论何时一个命运之神的肢体沾染上血迹和虚假的誓言，他都要遭到谴责，徘徊三万个春秋（B115）。② 神谕、法令和誓言都以话语的约束力为中心。在这样的语境下，虚假的誓言尤其成问题；当一个灵魂发伪誓，他在话语和世界之间造成了分裂，这个分裂接下来必然通过他的肉体与神圣领域的分离得到具化。这一活动是与斗争的影响相关的，这个强力除了让词汇从真理中分离，还将命运之神从神圣领域中驱逐出来，让物理元素互相分离。不正确的话语是恩培多克勒式的罪孽之一，他宗教计划的一部分是让他的追随者像净化他们的生活方式那样净化他们的语言（B3·6－8），避免流血。应当了解，这与爱紧密联合的活动是恩培多克勒宇宙学中另一个主要的力，它不仅让分离的元素重新组合成一个整体，而且恢复了语言的凝聚力。

恩培多克勒让人又回想起克塞诺芬尼的主张，他反对人们构建的神。四个元素，或者“根源”，支配着他的物质——土、空气、火和水，都被赋予了神的名字——宙斯、赫拉、爱多纽（Aidoneus）和讷斯蒂（Nestis）（B6）。③ 但他们并不是人格神。在 B134 中，恩培多克勒宣称，神没有头、腿或阳具，而是一个 61
妙不可言的“美妙的心灵”，其以敏捷的思维贯穿宇宙。人类的早期，争斗的影响产生之前，没有战神、宙斯或波塞冬（Poseidon）崇拜（这些崇拜与流血牺牲的罪行相关），只有掌管爱的力量的库波莉（Kypris）女神（B128）。在 B17 则更明确，爱获得多种名字，其中有“欢娱”和“阿佛洛狄忒”（Aphrodite）。传统的神明可能与人和动物产生的方式一样，是集中元素的混合。④ 因为人类不明白宇宙是爱与斗争的交替，他们在对神明进行崇拜（需要血祭祀的神明，并不是真正的神）和日常生活中犯错（吃荤）。这些错误反映到他们不准确的话语中，爱和斗争影响了人们说话的方式（我们在正确地说吗？我们打破了我们的誓言了吗?）。人类最大的希望是冥想恩培多克勒的教义，并纯粹地说话。

他强调纯粹和正确的话语，那么我们如何解释他赞同传统语言的使用方法?

---

① Long 1966：269－273（真实是物质上的体现）；Wright 1981：258－259。

② 残篇文本的第 4 行佚失，但是这一行的结尾是毫无疑问的：“犯下错误并发了假誓”（ἐπίορκον ἁμαρτήσας ἐπομόσσῃ）。

③ 关于元素名字存在疑惑的一致性问题，参见 Wright 1981：164－166。

④ Wright 1981：254.

在一定程度上，爱的原则与人格化的阿佛洛狄忒并不相似，而且那四个根源也同样是非人格化的，有人可能会说这样的妥协是有害的。同样适用的词汇有“出生”与“死亡”。这个问题与另一个问题有关：我们如何理解恩培多克勒对缪斯的祈祷？当前有一个共识，即恩培多克勒写了两首诗，其中一首可能是关于他物理学方面的成果。作为人类，他使用了呼唤诗歌女神的传统；而在《净化》中，他作为命运之神，便无此呼唤。[①] 如果只有一首诗歌，这条路是走不通的。在恩培多克勒的宇宙学中，缪斯并没有出现，因此，这一定是一个传统。在这个案例中，恩培多克勒再次向传统的做法妥协，正如他所说的出生与死亡。但是如果他是命运之神，并且以命运之神的权威说话，为什么需要妥协？[②]

答案在于恩培多克勒和他的听众的关系上。单独一首诗中的假设意味着我
62 们不能说物理学研究是写给一个专业的观众，而《净化》就是写给一个民间的观众。这些残篇需要统一的阅读。[③] 恩培多克勒不仅是写给阿克拉加斯（Akragas）的公民（B112），更是写给所有人类。另外，还有一个特别的受教人——鲍萨尼亚斯（Pausanias）（B1）。这首诗的宗旨是尽可能地包含他的教义。如果对斗争的影响存在争议，必须要让尽可能多的人避免流血，即使他们不明白宇宙这个球体中知识的细微之处。赞成习俗和呼吁缪斯都是妥协。这也反映了恩培多克勒优越的地位。作为命运之神，他经历了一系列生活，并且获得了智慧（B129，B117）。在轮回的尽头，一个人可能会成为预言家、诗人、医生或领导，并最终成为神（B146）。看起来，恩培多克勒认为至少前面四种职业在他身上是统一的。[④] 前四种功能的合并表明，我们应该从恩培多克勒那里期待一种广泛的诗歌类型，应该借用而不是排斥先前的诗歌传统中的某些元素。克塞诺芬尼认为所有知识都是一种猜想，赫拉克利特认为逻各斯是所有人共有的，恩培多克勒则坚持个人的和独特的理解。这就是为什么恩培多克勒要保存缪斯及其神圣交流的光环的文学主题了。他保存它，理由与他的前辈排斥它一样。然而，他用“妥协”引起他们的注意。我们可以认为，是恩培多克勒精神的慷慨使他告诉我们在语言中的、我们所希望领会的真理。他的诗建立在他的前辈对语言的批评上，但他在某些方面比他们更保守。对诗歌和宗教特权的这种保存，可以

---

① Long 1966：258.

② 这个问题依然存在，即使我们现在不再将《净化》的开篇作为他对自己神性的鼓吹，而是对过度阿谀奉承的反讽（参见 Osborne 1987：34－35；Rösler 1983）。

③ Osborne1987：32－33；Inwood 1992：9－10.

④ Wright 1981：291－292.

看作是通向关于另一种传统的讨论的过渡，这一传统试图保存诗歌权力。

寓言说与理性化

寓言说与理性化让步于前苏格拉底哲学家对运用新标准判断神话的必要性的批评。不道德要被消除，不可思议的超自然事件要被驳倒。寓言说寻求保卫高级诗歌智慧的可能性。在这短短的一段中，我认为它为我在第一章提出的神话文本化提供了补充证据。我需要进行辩护的是，寓言的兴起是保护诗人免遭 63
哲学攻击的一种手段，而不是早期哲学驱逐荷马的一种尝试。前文讨论过前苏格拉底哲学家对语言问题的关照。最后，我要概述一下为什么没有方法可以满足这种关照。

我们所知道的最早使用寓言说的是莱吉翁（Rhegion）的塞阿戈奈斯（Theagenes），他可能生活于公元前六世纪末。他致力于为荷马辩护，声称荷马的文本有两重含义，一种是表面上的，另一种是隐藏的。其方法的一个例子在《伊利亚特》20·67（=DK 8.2）的注释中。在众神相互斗争的战争描述中，作者对其中一些神具有明显的冒犯，因此他辩护道：

> 对他们所说的干与湿，以及热与冷、轻与重的战争……称呼火为阿波罗（Apollo）或赫利俄斯（Helios）或赫淮斯托斯，称水为海神波塞冬或曼德罗斯（Skamandros）……同样，有时候给这些神的名字一些特点：雅典娜（Athena）的名字被给予智慧，阿瑞斯（Ares）是蠢笨……这种辩护方式非常古老，可以追溯到第一个描写荷马的塞阿戈奈斯。

从这个片段中我们可以看到，塞阿戈奈斯既关注将神定义为物理元素的物理学寓言，又关注将众神与道德相关联的道德寓言。[①] 关键的是，它表明神话可能隐含众多解释层次，这就为神话“思想的”和“修辞的”使用方法开辟了道

① 谨慎是必要的。从其他的一些资料中我们可以看到，梅特罗多洛（Metrodoros DK 61A2）是第一个开始研究荷马的物理学的人，并且法伊弗（Pfeiffer 1968：10）注意到，材料似乎是部分来源于斯多葛学派（Stoic）的。

路。[①] 寓言说隐含某种对待神话世界的态度。它要求解释者不要把神话看作一种可变的故事，而是把它们当作固定的文本和亟待解决的问题。这样的文本化反映了读写能力的进步和传播。神话叙述变成一种有自己规则的文类，并且代表一些其他东西。根据一些哲学批评（它本身具有可解释性），神话不表达它看上
64 要表达的东西。寓言说提供给神话附会上一个可以让人接受的解释的机会，这使它成为一个有力的工具。后来的思想家也正是这样对其加以利用。[②]

然而，对于早期寓言的来源和目的仍然有一些争议。很难确定寓言说的兴起是在荷马和赫西俄德开始受到攻击之前还是之后。[③] 它最初是否是一种占有荷马伟大权威性的积极的哲学思考手段？或者是以一种哲学的目的，间接地保护荷马免受像克塞诺芬尼等人的攻击？[④] 由于奥利金（Origen）断言费雷居德（Pherekydes）把《伊利亚特》15・18 的诗文“理解”为神的词句，六世纪早期，泰特（Tate）把寓言对荷马的解释归因于费雷居德。[⑤] 鉴于这个文本是在西尔撒斯（Celsus）对这段话的解释之后出现的，我们不由得怀疑各种版本的解释被混为一谈了。但无论如何，这只是对费雷居德关于寓言断言的一小部分。[⑥] 更有意义的推断是，寓言原本的目的是积极地释经，而不是辩解：由于早期哲学将自身置于与诗歌的对抗中，它想要占有诗歌神话，假装荷马也是个哲学家。那些哲学家“运用神话语言传递他们的教条，可能最早把诗歌传统说解释成自觉的寓言的，就是这种被认为具有象征性和寓意性的语言”。[⑦]

---

① Veyne［1983］/1988：43；Detienne［1981］/1986：67－68. 也可参见 Brillante 1990：96。我们在此可能会对比特德洛克（Tedlock 1983：234－236）所描绘的祖尼人（Zuni）创造的口头解说的叙述形式。这种叙述本身在每次表演中是口头上一致的。解说的工作由不同的表演者承担，他们同时复述故事（以固定的文本）并且用自己的（灵活的）语言进行评论。在祖尼人的语境中，没有任何迹象能说明解释用的是辩解、补充还是破坏。相反，他们的重点是为了使观众更容易接受。在这里考察的希腊材料中，论战的背景更为明确。

② 关于斯多葛学派对语言的运用（或不适用），参见朗（Long 1992a：41－66）。道森（Dawson 1992），关于寓言如何被用于重新解释文化和社会这一问题给出了一个令人信服的证明。值得注意的是，他认为斐洛和克莱门特（Clement 2，91）利用了意义的含糊性。如果真是这样的话，这些作家的寓言作用就类似于他们的神话了。

③ Pépin 1958：93.

④ 关于前者，参见 Tate 1927，1934；关于后者，参见 Pfeiffer 1968：10。

⑤ Tate 1927：214.

⑥ 费雷居德生活的确切年代仍然存在争议。参见希布利（Schibli 1990：2）认为费雷居德的主要活动时期是在公元前 544—前 541 年。希布利并没有排除费雷居德的寓言，但是同时他认为，神秘的表述不足以成为一个寓言家。同时他认为，奥利金（Origen 99，n. 54）的文章中“对西尔撒斯的反映”很有可能是在揭示费雷居德的“阴间”。

⑦ Tate 1934：105－107，1927：215.

正如在前文对赫拉克利特的讨论中提到的，哲学需要（至少部分需要）象征性地运用神话语言。但是将神话作为一种符号的念头，来自对之前的字面意义的抛弃。因此，哲学对神话的拒绝必然是在将其作为符号使用之前。哲学对世界的记述是将它自己树立为一种不同寻常的高级话语，而不仅仅是在神话话语的框架内（作为众多版本之一）与神话竞争。这种暗含着的决绝与对诗歌含 65
义进行解释这一积极目标并不相容。对神话的寓言式阅读是以在此之前的字面含义为先决条件的。神话表达，或对神话语言的符号化运用，与寓言式解读并不是一回事。挪用传统也与对其进行解释不同。在“当荷马说它时，意味着这样”与“我认为在这个情况下是这样的，而且荷马也是这样的”之间，有很大的不同。事实上，在早期哲学家中并没有第二种程式的迹象。但这才是真正珍贵的遗产，应当留传于火药味不再那么浓烈的后世。[①] 寓言说不是挪用，而是作为一种文本解释存在，它们背后的动力有关却又有所不同。[②] 任何寓言的或符号的处理，无论它的目标是防卫或是挪用，都在上面所概述的对神话和语言的批评之后。

寓言说并不是唯一用来挽回神话传统颜面的新方法。理性化试图剔除神话中不可信的元素以恢复其背后的历史事件。这套方法的兴起恰好是由于历史学的兴起，它将神话的过往置于批判性考察之下，并将真与假作为唯一的标准。[③] 这种方法大多用于英雄神话。我就不再多加举例，只引用米利都学派（Miletos）的赫卡泰和阿各斯（Argos）的阿古斯劳斯（Akousilaos）两个例子。赫卡泰，活跃于公元前六世纪中期，是希腊最早的散文作家和伊奥尼亚历史专家之一。他的残篇表明，他在历史学和处理神话时有非常强的论辩倾向。他在序言中说希腊人的记述都很可笑。[④] 尽管有人会告诉赫卡泰，赫拉克勒斯是如何从泰纳隆（Tainaron）的地狱带回克尔伯罗斯（Kerberos，又译刻耳柏洛斯），那条著名的地狱猎犬，而赫卡泰会说，一条可怕的蛇住在泰纳隆，并且被称为哈迪斯（Hades），

---

① 斯多葛学派似乎已经进行过这种应用（Long 1992a：50－57）。

② 泰特（Tate 1934：107）认为哲学家无须将荷马视为寓言家，他们对神话这个方向上的处理已经足够了。这种模糊的区别太过宽泛。哲学家们没有寓言化，这是因为如果那样做就等于是给了荷马太多让步。

③ Wipprecht 1902：8；Nestle 1942：127，133－135；Veyne［1983］/1988：14，32－33，46.

④ 他在序言中使用的词语是有指导意义的：“米利都学派的赫拉克利特以这样的方式进行叙述（μυθεῖται）：我写这些东西并不是因为它们在我看来是真实的，因为希腊人的故事（逻各斯）在我看来是可笑的。”以 myth 为词根的词汇进一步证明了秘所思/逻各斯这些词汇到目前为止还没有固定意义。还需要注意的是多个故事的重点，即一种向更庞大的缺少诗意的真理构想方向发展的趋势。

66 被咬一口就会致命。这条蛇是赫拉克勒斯带给欧律斯透斯（Eurystheus）的（*FGrH* 1 F27）。其模式很明确：神话英雄和怪物都是历史人物，并没有三头的猎犬。阿古斯劳斯放弃史诗，特别是赫西俄德的史诗，从事散文写作，对他认为错误的元素进行修正。[①] 在他那里，欧罗巴（Europa）并没有被化身为牛的宙斯载着跨越大海，那是一头真正的牛。后来赫拉克勒斯选择他的工作也是一样（*FGrH* 2 F29）。阿古斯劳斯对理性化的运用是不一致的。尽管他删除了一些神话中不可思议的元素，但留下了其他一些完整的神话［所以斐亚克人（Phaiakians）的出现是阉割乌拉诺斯[②]（Ouranos）的结果，*FGrH* 2 F4］。显然，他的挑剔并不是针对神话本身，他似乎更愿意运用新的方法论工具来创造新版本。

理性化与它的神话对象之间的关系很复杂。神话并不是明确地被拒绝，而是被加工。[③] 正如贝内的评论，理性化一开始承认神话是与日常世界分离的，然后又消除了这种差异。[④] 因此，寓言化和理性化都对神话持一种含糊的态度，这种含糊最终成为它们缺乏严谨的原因。由于两种方法所对应材料的篇幅和种类从一开始就不尽相同，它们并不能得出具有统一性的结论，并把传统转化为一个整体。总有一种叙述过剩、不易受到解释的影响。正如苏格拉底后来所说，一个人一旦判断了（或者我们可以补充为寓言化）神话的一个方面，接下来就一定会对整个神话做同样的事（*Phdr.* 229de）。然而，人们永远不会如此。因此，最后的结果是不可控的解释不断增加，而非出现一种“正确的”理解。由于寓言说是对神话更为“哲学的”辩护，而理性化则是历史主义，前者更有力地挑战了针对神话的哲学批评，也就不足为奇了。它为处理语言的问题提供了另一种可能的方法。如果文本主要的字面意义不符合观众的期待，那么它就会被牵强附会。寓言说提供了一种不可控的过量的一致性。从哲学的角度来看，隐藏起来的这种程式是将解释的权威从作者转移到读者身上，但哲学的目标是传达一个权威的景象。如果废弃严格的一致性，就可以将注意力从寓言化的神
67 话转到寓言化的语言，它很接近解构实践，并且它的语言叙述阐释了故事的不可读性。[⑤] 哲学无法置身于语言或者其他任何可能取代其自身权威性并指向开放式解释的东西里。当哲学破坏其自身权威性的时候，它以一种严格控制的方式

① Nestle 1942：133.

② 乌拉诺斯：从大地母亲盖亚的指端诞生，象征希望与未来，并代表天空。——译注

③ 对这种理性化方法更为详细的处理，参见 Brillante 1990。

④ Veyne［1983］/1988：18.

⑤ De Man 1979：205.

抢占了大量不可判断的作品。

巴门尼德

对巴门尼德哲学诗歌残篇的研究涉及人类问询的可能种类，这为深入分析前苏格拉底哲学对神话的暗示性的使用提供了机会。我们已经讨论过，克塞诺芬尼通过排斥诗歌/神话来实现他的哲学愿望。为了让人们注意到传统神话作为一组恰当的意义体系的不足，赫拉克利特则占用和转化神话元素。这两位哲学家都关心语言和现实之间不确定的关系。然而在这两个案例中，诗歌和神话虽然重要，甚至是关键的对象，但并不是他们神话中的结构性原则。但是当转到巴门尼德的残篇中时，我们则进入了一个不同的世界。虽然巴门尼德的神话是非传统的，但他对知识的研究却是通过与传统神话相似的追问与启示的主线，以及神话中的神圣人物来传达。他通过六音步史诗来传播智慧，让我们回到荷马和赫西俄德的诗歌与神话领域，虽然这样常常会被视为笨拙平庸。[1] 那么，巴门尼德的世界究竟是什么样的？

在这一部分，我将描述巴门尼德谈论他关于“存在”这一问题的洞见时所选择的方法。巴门尼德的处理，有时候意味着诗歌的神话结构是一种掩护，可以剥去以揭示其纯粹的哲学论证。相反，神话元素是论证中的一部分，并且对它们情况的解释，是诗歌中至关重要的哲学问题。将巴门尼德的秘所思从逻各斯中分离出来，我们将看到其与克塞诺芬尼的文学伦理学和神学的解释具有相同的倾向：整理哲学（从逻各斯中分离出秘所思）的愿望。这样，它就能与其题 68
材和方法的当代观念相符。文学的陈述可能有哲学的入口，这一观点一直被忽略。逻辑没有二分法，隐喻和神话也没有。这种争论与巴门尼德无关。神话体裁与哲学内容的问题不仅仅只是相似，它们是同一困难——思想及其表达之间的关系——的不同体现。当巴门尼德专注于作为所有语言固有困难之象征的神话时，他重走了前辈的道路。

巴门尼德希望他的听众能意识到“虚无”的非指称性。他通过逻辑论证和发展违背他论证结论的神话人物来达到目的。论证和文学陈述都是观众地位的问题化，在我们所生活的世界与唯一同质的“现象世界”之间有一种矛盾的不连贯。这些困难体现为诗歌叙述者［“年轻人”（the kouros）］、巴门尼德和解释

---

① 巴门尼德的作品中或许也包含一些俄耳甫斯元素，这将有助于在传统中再次形成一种有利的方向（Mourelatos 1970：42）。关于巴门尼德中的俄耳甫斯主义的研究（虽然缺乏说服力），参见 Böhme 1986。

真理的女神之间不确定的关系。这位女神取代了缪斯，但灵感来源是不确定的。让我们先来研究这个启示的特点，它强调思想与存在之间紧密的联系，以及叙述中劝阻和定罪的关键主题。我们将细读这些诗歌的神话框架，以展示其如何在诗歌的其他部分构建和阐释这两个主题。最后，我们将考虑诗歌作为一种嵌入的虚构故事促使人们关注语言与现实之关系的问题，以及神话框架的例证问题。

巴门尼德以第一人称，向我们展示了其游历昼夜之径大门的经历。在那里，叙述者遇到了一位女神，她告诉他，无论是“不可动摇的核心的圆满真理”，还是那些常人意见，都全无真理可言。女神为他指一条通向真理之路，“是［is（ἐστι）］”之路。这首诗通常被称为《真理》（*Alrtheia*）。最后，女神展示了代表凡人有关现象世界之观点的宇宙学［被称为《意见》（*Doxa*）］。这首诗由史诗六音步组成，并且有许多传统史诗措辞。更重要的是神话人格的出现。巴门尼
69 德的六音步诗从未达到荷马的高度，但诗歌创作的传统让他可以运用微妙的呼应和暗示，这在公元前五世纪的散文中可能是没有的。[①] 意象和语言的细节都有重要意义，因为它们在诗歌中可能起到多方面作用，而不仅仅只是一种修饰。此外，在一系列相似的意向中也有重要的联系，例如，在诗歌中光明与黑暗的并置，是《意见》中火与夜的原则的预期指示。[②]

在《真理》中，女神的哲学阐述的核心，是在仅有的两种可能的思想之根——“是（is）”与“不是（is not）”之间进行选择（krisis）的必要性。“是”是无生无灭，无始无终，单一，不动，完整的（B8）。这个选择有三个方面对我们来说很重要。第一，它由确信和信念的修辞概念构成，表明“实在”和一个人对它进行可以让人接受的构想能力是多么紧密相关。“是”的道路就是确信的道路，因为它必然伴

---

① 巴尔内斯（Barnes 1979：155）发现，对韵文的选择“不可原谅”，但是关于巴门尼德如何使用传统史诗材料，以及将旅行母题作为“对新思想的思索”的一种媒介，可以从莫雷拉托斯（Mourelatos 1970：39）的观点中看到一些较好的评论。麦肯齐（Mackenzie 1982：7）认为，诗歌的适应性通过暗示性的应和和文字游戏引发了个人思考。关于莱舍（Lesher 1994）对巴门尼德如何利用希腊抒情歌谣的诗歌语言，有敏锐的考察。考克森（Coxon 1986：11）断定，“诗人暗中依赖于他的听众对荷马语境的熟悉，这样才使得他的诗歌意义明确”，尽管史诗措辞会带给我们熟悉的感觉，但是我们不需要通过假定特定的方式去理解巴门尼德的文本。

② 对比库鲁巴瑞西斯（Couloubaritsis 1986：41；109－110），他发现了不同简化意象的出现和表述学术觉醒之间建立稳固关系的方法。他说相反，一词多义是理解巴门尼德所使用意象的关键。然而这远非一个绝望的忠告，在神话和通过意象表现的哲学概念之间寻找一种有意义的相互联系，事实证明这是富有成效的。库鲁巴瑞西斯（Couloubaritsis 136－152）试图用普罗普（Proppian）的结构分析和一种“逻辑的矛盾”来替代这种方法，但是并不成功。

随着真理（B2·4）；而“非存在”的道路则不可以作为研究的对象（B1·28），因为人们既无从得知又无法述说不存在的事物：这是不可能实现的（B2·6–8）。① 此外，因为“非存在”是不可能思考和言说的，它也无法确信，因此缺少真理最基本的结论。“信念的力量”（B8·12）不会允许任何事物来自非存在。真理的信念驱散生成和灭亡（B8·28）。这种正确道路的修辞概念产生的结果是给人类的感知和表达提供了一个批评的角色。第二，我们要注意巴门尼德语言的生动。“确信”和“信
念”几乎是人格化的：前者与真理相随，后者驱除生成。它们不仅仅是准拟人化的。 70
正义女神不会把她的锁链放松，任凭生成或毁灭，而是把“存在”（being）牢牢抓紧（B8·13–15），强大的必然定数女神（Necessity）把存在禁锢在这个锁链里，这个界限从四面八方包围着它（B8·30–31）。第三，思想忠实于存在，反之亦然。思想和存在是相同的（...τὸ γὰρ αὐτὸ νοεῖν ἐστίν τε καὶ εἶναι,B3）。② 心智的指引力量让我们能够觉察到缺失的东西，如果存在的话。没有什么能从它自身中被分离出来，因此，对心智而言，实在的事物都公平地存在（λεῦσσε δ' ὅμως ἀπεόντα νόῳ παρεόντα βεβαίως，B4·1）。所有关于思想与实在的宣言都开始于残篇 6。言语和思想应该是“是的［what is ἐόν］”，因为它们存在，但是却被认为是并不存在的虚无（χρὴ τὸ λέγειν τε νοεῖν τ' ἐὸν ἔμμεναι. ἔστι γὰρ εἶναι | μηδὲν δ' οὐκ ἔστιν）。③ 此处，精神活动和言语需要强大的存在论地位，因为它们存在于自身中，而且不可避免地存在（如果我们无法思考或言语，它就不会存在）。在贯穿 B8 的严密论证中，即使是在论述确信和信念的主题之时，巴门尼德也继续强调在建立实在的标准中，思想发挥着至关重要的作用。④ 鉴于凡人思想的力量，对信服的言辞力量的强调也就不足为奇。B8·34 尤其令人感兴趣：在思想与思想

① 或许这里的关键在于巴门尼德对 τό γε μὴ ἐόν 的运用。μὴ是“对意志和思想的否定”（Smyth 2688），并且虽然 τὸ οὐκ ἐόν 所暗示出的非存在的事物并不依赖于任何意见，但是 τό μὴ ἐόν 却表明不存在的事物仅仅存在于作者的意见之中。τὸ μηδέν 一词因此变成希腊人对抽象的“虚无”概念的表达（Kuhner and Gerth 1904，2.2：197）。关于 μὴ ἐόν 和 μηδέν 的等价，参见 Coxon 1986：182。这是一个不言自明的真理，即人们无法构想出任何被认为是非存在的事物。

② 对这段的翻译存在争议。柯克等人（Kirk 1983：246，n.2）提出“相同的事物是人们都会思索和存在的”。幸运的是，这些版本都导向同一个结论。我们都只能思考存在的事物，并且我们的思想证明了我们自己的存在。

③ 或者是“这里想要说的和考虑的必须是：它是存在的，而不是非存在的”（Kirk et al. 1983：247）。我的翻译将 τὸ λέγειν τε νοεῖν τ' 理解为一种衔接性不定式（关于这种可能性的研究，参见 Gallop 1984：61）。考克森（Coxon 1986：182）在残篇 4 中，将 τό 作为 τό...αὐτό 的代词，以及动词不定式 ἔμμεναι' 的主语。

④ 例如，B8·7–9，17–18，34–36。

对象之间没有不同（ταὐτὸν δ᾽ ἐστὶ νοεῖν τε καὶ οὕνεκεν ἔστι νόημα）。矛盾的是，只有完善的思想可以达到它的目的，而它又是不可移动的。它与单一的存在是一样的。①

那么，普通人是在哪里误入歧途的？大多数人的精神过程都是彷徨不定的，因为他们将存在与非存在等同起来（B6・8－9）。普通人的思想道路与叙述者不同（我们需要回到前面）。他们不是由神灵引导，也没有“确信”陪伴他们；而
71 是“由无奈指导着他们漂泊的心”（B6・5－6）。他们无力在“是”与“不是”（ἄκριτα，B6・7）之间做出选择，而且尽管他们也沿着开端（φοροῦνται，与第6行 φέρουσιν，Bl・1・25）中叙述者的道路，但是他们一无所知（第4行），不同于“知道一切的人”（B1・3）和下达给“年轻人”必须学习所有知识（B1・28）的命令。他们无论到达何方都会回到这里；他们也不会到达目的地，因为没有目的地让他们抵达。正确的思想之路是知识之路，产生信念的确信伴在左右。但是知识、确信和信念都来自概念上的严密。确信和信念（*pistis* 和 *peitho*）的母题，首先被理解为认识论而不是宗教术语，尽管序言中的意象和前文叙述过的母题调度都带有一些宗教共鸣。②

因为“是的”是完整、不动的，人们信以为真的那些东西，都不过是人为的名称（B8.39）。③在没有真理的地方，确信又该如何生效？现在看来，确信和真理之间的联合比人们所想到的要复杂得多。在 B1・30 中，女神说在普通人的信仰（doxai）中没有真正的信念，并且在“真理的核心”和常人的意见之间进行了比较。在对立的两极中，读者被分派给确信的一方，而否定另一方。然而在残篇 8 中，人们被迫处理假的信念。这是由人的思维导致的，也多亏了它的指引能力，为存在论的地位提供了思考的对象。人类智力的道路占据了非存在与存在之间的中间地带。“非存在”不能作为思想的对象，而“存在”是精神活动唯一的焦点。

在 B6 中，女神明确了常人思想的天性，在此，“年轻人”被告诫要远离两

① 同样参见 Mackenzie 1982：7。关于 B8・34 的研究，参见 Wiesner 1987。

② 布兰克（Blank 1982）认为，“从某种意义上讲，对道路的选择决定了是否信仰女神的世界。进而扩展为，让听众决定是否信仰巴门尼德的世界”。有人可能会推测巴门尼德是运用宗教信仰的确定性来服务于他的逻辑思想这一新的体系，正如布兰克在他的结论中所证明的那样。但是这就意味着要取代“信念”的基础，而不是加强“信仰”的重要性。

③ 阅读 B8・38 中的 τῷ πάντ᾽ ὄνομ(α) ἔσται。关于 τῷ πάντ᾽ ὀνόμασται的替代阅读，参见 Woodbury 1958。

条道路。第一条，正如我们所预料的，是“不是（is not）”的道路（B6·3），但第二条却是常人不知不觉中走出的路。在这两种情况中，他们都对自己所处何地和所做何事一无所知，也没有什么洞察力（B6·4）。问题不是我们故意将不存在的东西赋予存在（这是在探索中最先要废除的方法），而是将单一式的实 72
在当作了“非存在”（not-being），并几乎对此一无所知。结果就是我们相信存在与非存在相同而又不同（B6·8－9）。因此，在思想的混乱中，我们混淆了存在与非存在，以及它们独特的属性，真实与虚假。① 我们创造了错误的信念，尽管我们坚信它是真的：我们所勾勒出的虚假来自“非存在”的道路，而信念来自真实的道路。在我们智力的作用下，两条道路被混淆在一起，并且创造出女神在 B6·4－9 中所说的第三条路，即使我们对此一无所知。常人的意见与女神的知识之间的差异，在《真理》的诗行中巧妙地总结起来（B8·50－52）。她停下她值得信赖的话语（一种创造信念的话语：πιστὸυ λόγου），开始充满欺骗地编造词汇的序列（κόσμου... ἀπατηλόυ）。只有关于真理的论述是真实的，其余仅仅是谎言。

《意见》的开头是有一个人决定给两种形式命名，尽管他本来只该给一个命名（B8·53－54）。② 哪个形式是这个人本不该命名的？这是个无足轻重的问题；正如弗兰克尔（Fränkel）指出的，它所创造的二元性会造成困惑。③ 因为现实是一个整体，没有必要为对立面命名。然而，一旦命名，它们就被给予了符号：火/光和夜。④ 读者在文学层面和直观层面都很熟悉《意见》的世界。在《真理》的世界中居住的神圣人物也出现在《意见》中。在残篇 10 中，必然定数女神将天堂束缚在包含界限的群星中（B10·6－7）；在残篇 8 中，则恰到好处地用语言的束缚与限制来描述存在的形式。我们也知道（B12·3）有一个神在操纵万物［被认为是掌管公正的艾修斯（Aetius），他掌管着钥匙和必然定数女神⑤］。毫无疑问，形式的拟人化，如公正、命运和必然，都完全融入诗歌的

---

① 我被布拉格（Brague 1987）关于 B1·32 末尾的构想吸引住了。不同于通常人们所接受的 πάντα περ ὦντα［如柯克等人（Kirk et al. 1983：243）翻译的“弥漫在万物之中”］，他认为 πανθ’ ἅπερ ὄντα 是为了强调我们所看到的事物（他将ἅπερ 理解为“作为”），虽然它们并不是ὄντα，然而却与它们有着相似的关系。

② 关于第 53 行及以后各种可能的翻译版本，参见 Long 1975：89－92；Woodbury 1986。

③ Fränkel 1960：180。问题的两个形式并不是“存在”与“非存在”，因为它们都是虚无的（B9·4）。因为人们无法意识到二重性假设的含义，也就无法假设“非存在”。（参见 Long 1975：90－91）

④ 莫雷拉托斯（Mourelatos 1970：241－244）指出日与夜是如何拥有了“存在”与“非存在”的特点的，这使得我们无法将这个矛盾的任何一方归为“存在”。

⑤ DK $_{28A37}$。

73 认识论结构中。它们在诗中被介绍，并且贯穿了现存的残篇，它们引导解释，并且不断地强调在宇宙和语言之上有一个统治者，他既是个人的又是抽象的。这些神话形象因此有助于叙述和宇宙的构成。立于所有主题之外的是传达启示的女神。她是如何处理的？现在是时候回溯到诗歌，研究“追问—启示”框架所扮演的角色了。序言介绍了诗歌其他部分的主要主题：一元论和二元论的对抗，以及对真理理解的障碍。这也表明叙述者超越时间以及人类路径。对于这种超越的特性的追问，将会带领我们进入神话框架的问题核心。

序言（DK 28B1）

我乘坐的驷马高车拉着我前进，极力驰骋着，我高兴，后来它把我带上天下闻名的女神大道，这条大道引导着明白人走遍所有的城邦。[①] 于是我被马车载到这条道上，拉车的马儿十分聪明，载着我前进，少女们为我指出途径。车轴磨得滚烫，在轮箱中发出震耳的啸声，因为它的两端被旋转的车轮带着飞速翻腾。那时太阳的女儿们离开夜宅，掠过头上的纱巾，把马车赶向光明。

白天和黑夜的道路在这里分判，两座大门矗立在两旁，上面嵌着门楣，下面是石头门槛。巨大的门扉雄踞以太之中。正义女神掌管着大门启闭的钥匙。少女们低声细语地恳求她，劝诱她打开锁牢的门闩。于是门闩除去，两根嵌着钉子的黄铜门轴在轴函中一根接着一根转动，门道洞开。少女们驱着驷马高车笔直地走进门来。

女神亲切地迎候我的到来，她执着我的手说：“年轻人啊，欢迎你有不朽的驭手陪伴，乘着轩车来到我的庭院。并非邪恶送你走上这条道路（因为这里离人间的小径太远了），而是公平正直。你应当学习所有事情，不仅有圆满真理不可动摇的核心，还有那些毫无真理可言的
74 常人意见。然而尽管如此你也要学习这些东西是如何被接受的，彻底钻研所有的事情。”[②]

这首诗开头并没有祈祷，而是突然带我们进入媒介中，并由读者寻找它的方位。在此并没有谈及灵感，尽管由不朽的驭手带领的旅程清楚地表明叙述者

---

① 对 κατὰ πάντ' ἄ（σ）τη 推测的辩论，参见 Lesher 1994。

② 这里的最后一句话的翻译采取了柯克等人（Kirk，et，al. 1983：243）的版本。

受到神的青睐。叙述者身份的不确定也增加了这种迷惑。在 B1 · 24 中，他被称为“年轻人”，这就为我们留下了疑问，这个角色是否就是巴门尼德本人。这个叙述者的谦逊值得注意[①]，并且在哲学上也是至关重要的。女神直到第 23 行才直接对第一人称叙述者“年轻人”说话，这样营造了诗人在这一部分强烈的参与感的印象。作为诗歌作者的巴门尼德和叙述者的“年轻人”，与彼此以及女神的形象存在于一种不稳定的张力中。营造这种不确定性的目的是什么？将个人的观点作为一种非人格的真理展示的渴望，或许能够解释为什么要将启示经由权威女神之口说出[②]，但是这种张力在面对其他更为传统的对诗歌灵感的处理时，则起到纲领性的陈述作用。

如果巴门尼德想让他的“年轻人”参与一个标准的神圣启示和灵感的模式，他在处理过程中是有例可循的。例如，采取《奥德赛》22 · 347 中吟游诗人弗米欧斯（Phemios）与鼓励他的天神之间的关系。弗米欧斯自学成才，而神为他轻唱了所有种类的歌曲。[③] 或者是在赫西俄德的《神谱》30—34 行中的诗歌传授仪式。在这两个例子中，诗人被赋予鼓舞人心的力量和才华，然后用自己的声音创作诗歌。然而，巴门尼德笔下的“年轻人”的情况与这些都不同。在残篇中我们可以看到，他是那些外部知识的被动接受者。例如，他并不是奇迹般被赋予了构建曲折故事的能力。他是一个报道者。[④] 巴门尼德选择由神来说出真正的知识，而不是经由凡人传达神的才华或洞见。“年轻人”处于明显的沉默状态，因此不能等同于诗篇的构建者巴门尼德。巴门尼德也没有在诗歌中认可他的话语。现在要回到这部分的结尾处，重新思考作者的沉默。

赫西俄德和巴门尼德有关灵感的模型中还有其他差异。对赫西俄德的缪斯 75
来说，偏爱或者意愿是真理的仲裁者。只要她们愿意，她们可以说谎言或者真理。而巴门尼德则不容许真理或虚假的信念相互混淆。[⑤] 克塞诺芬尼等人对赫西俄德的程式进行改编，表达一种怀疑论的观点，并拉开自己与灵感的诗歌版本的距离，而巴门尼德则改变了与赫西俄德的关系。他的女神既可以说真实的事物又可以说虚假的，但是将它们严格地区分开，这样做是因为她受到论据的束

① Mourelatos 1970：16.

② Taran 1965：31；参见 Couloubaritsis 1986：158；Gallop 1984：26 – 28。

③ Mansfeld 1964：250；Fränkel 1960：159 – 160.

④ 在此对比曼斯菲尔德（Mansfeld 1964：251）的观点。他认为，这个启示是巴门尼德洞察到“存在”与“非存在”分离的一种隐喻。

⑤ Mourelatos 1970：219.

缚。言外之意是，巴门尼德的两副面孔的人已经被诗歌/神话话语给腐化了，这些话语树立了一个真理话语的错误模范。由缪斯代表的真理与虚假之间的动摇，威胁着哲学的明朗和一致性。①

我们细读这篇序言可以发现，有计划地取消二元意象是巴门尼德采取的重要的文学策略。他对意象的调度反映出他的哲学结论，即我们必须跨过二元性才能到达一个完整的愿景。这些意象在其他残篇的哲学陈述中比比皆是，并且为解释创建了参项。它们也为巴门尼德神话的作用提供了线索。正如序言中的二元意象，它们预示着一个完整的愿景，并且必然会被运用于这种愿景中，所以神话与真实的宇宙之间不协调的并存最后也会变成强调的对象。解决这种由不协调造成张力的是读者的追问，这一追问通向巴门尼德的哲学。②

这首诗的前三行没有给出叙述者的旅程和使命的专有特性（在随后的第27—32 行揭示）。马车载着他到达灵魂才能抵达的远方，沿着一条“天下闻名”
76 和“满是歌声”的道路③，并且这条路引导着明白人。④ 女神后来说这条道路远离凡人的路径，这就颠覆了对这条路轻松乐观的印象。随着他的旅程，轮轴发出声响和火光，因为两端的轮子压迫着它。太阳的女儿们，赫利阿得斯（Heliades）陪伴着他，她们拨开面纱，为叙述者送行（第 8—10 行）。这个举动表明她们周身发出光芒，加强了她们的光明，以及“燃烧”的轮轴发出炽热的光。当他们抵达昼夜之径的大门时，赫利阿得斯必须轻声细语地说服正义女神狄凯（Dike）打开门。她拨开门闩，并且打开大门。这里的言语让人回想起前面马车尖啸的车轮。在这两种语境中，巴门尼德强调二元性：大门以轮轴为中心转动（第 19 行），而车轴则被两边的车轮挤压（第 7 行）。同样的策略用来描写正义女神“交错”的钥匙（第 14 行）和昼夜之径（第 11 行）。⑤ 因此，序言这一部

① 对比普拉特的意见（Pratt 1993：110－112）。

② 考克森（Coxon 1986：13）认为，巴门尼德（在序言中的）旅程恰好发生在意见世界，是因为序言中拟人化的神灵的出现，而我们知道拟人化的神灵是存在于意见世界的，但是这个解释将真理从它的神话语境中隔离出来，并且忽视了在序言中起重要作用的二元意象的消除。

③ Mourelatos 1970：3.

④ 双轮马车、马以及赫利阿得斯的明确特性依然存在疑问。并没有一个简单的寓言式阅读能让人满意，但是考克森相信马与 θυμός有联系，赫利阿得斯与智力相关的观点似乎是合理的。然而我们无须考虑，序言中的女神是 αἰθήρ 的拟人化（14），或者巴门尼德的道路必然是毕达哥拉斯式的（16）。

⑤ 伍德伯里（Woodbury 1966：614）注意到，巴门尼德强调“思想转换”。然而，对他而言，强调这一点的目的在于“这种转换所暗示出的……平等”，并且他将日与夜转化与平等视为物理世界的实质统治原则，而不是凡人的幻想。

分的策略，是制造一种相似的意象或者局面，通过词语重复强调这种相似。正如马车轮轴和大门的旋转，赫利阿得斯从她们的脸上拂开面纱，狄凯从门上拔下门闩（ὠσάμεναι，第10行；ὤσειε，第17行）。开启大门和揭开面纱都象征启示。①

在描述赫利阿得斯的道路时，诗人改编了（在其他文献中）赫西俄德的《神谱》748—757行，关于昼夜交替的入口。《神谱》里并没有掌管大门的女神，只有一个入口，在其后有一间屋子，两个神等待着交替穿过大地。在此，事件发生的地点更加明确，强调的是位置的交换而不是界限本身。而在巴门尼德的作品中，则强调了大门：当它们打开时产生巨大的裂痕②，它们的装饰，以及大门的守护者——狄凯。交换的主题依然存在，但是诗人强调穿越大门的艰难（而不是赫西俄德的自然交换）。对分离的强调十分符合前面提到的二元性，但它的意义仍然是含混的瞬间。太阳的女儿们离开夜宅（第9行），并且护送叙述者到达昼夜之径的门边。在第22行，我们又一次看到夜宅。③ 赫利阿得斯的 77
出现有一部分可以用赫西俄德的典故解释。就像白天等着轮到自己穿过大地一样，太阳的女儿们可能是在夜宅休息。④ 那么，为什么她们要戴面纱？发现黑夜或者她的孩子带着面纱不足为奇。在《神谱》中，她的房子乌云密布（745），她本人也是同样形象模糊（757），但是太阳的女儿们则应该保持明亮。在夜宅中戴面纱表明，她们兼具昼夜的属性。正如在《真理》的世界里任何昼夜的二分法都是误导，在序言中，试图将赫利阿得斯赋予含糊的光明属性也是不会成

---

① Fränkel 1960：161.

② 这道裂痕让人想起《神谱》740，在这里面 χάσμα 是指塔耳塔洛斯（Tartaros）。

③ DK，以及 Furley 173：2。第9行的夜宅似乎是第11行的 ἔνθα 最好的指示物，因为在此之前的最好的候选者是第10行的φάος，但是它是非常模糊的。弗利认为“旅行并不是一个新型的语言，而是败退到一种熟悉的种类中”。然而这种败退的框架并不排除象征的内容。而且更为重要的是，即使路程是一种败退，也是熟悉的种类中较难的一个。奥德修斯或俄耳甫斯所下降的阴间在地理上并不确定（在某种程度上，至少那是作为目的地的一个特有的名字）。在巴门尼德的作品中，Νυκτός和 φάος的紧密并置确实模糊了文本中的地域。

④ 然而，应当注意的是，要理解夜宅，并不一定需要《神谱》的相关知识。巴门尼德将多种元素融合到他的朦胧的地域中（包括《奥德赛》10·86）。考克森（Coxon 1986：161－162）认为，荷马式风格作为赫西俄德式风格的对立面居于首要地位，巴门尼德通过隐喻和推断的方法描述了一扇通向永恒光明领域的大门。接着他将这扇大门和意见世界的守护神的条件联系起来，意见之路涉及“两条道路，即灵魂下降到 εἰς γένεσιν（出生），以及上升到 εἰς θεούς（众神处）”。这种解读是预先假设我们通过意见的宇宙观来解读这则序言，是一个不证自明的产物。在一篇充满史诗引用的文章里，这无益于我们去接近那个超越一切的隐喻。

功的。如果揭蔽是启示，那么它无疑就在这里，诗人不仅让赫利阿得斯揭去她们的面纱，而且通过这一举动揭示两个原先对立概念的整一性。[①]

当女神展示火与夜是意见世界的统治原则时，赫利阿得斯作为光明与黑暗的意象的意义变得更加深远。凡人只需要为一个原则命名，但是却给两个原则都命了名。赫利阿得斯似乎也在黑暗与光明的世界之间摇摆，但是又将两个对立面统一在她们身上。因此，在序言一开始，“年轻人”穿过路径，这条路的起点是常人观点的道路（任何人都可以走的）；他的过人才智，将它转变为通向真
78 理的道路，这种转变的标志就是面纱的揭开和大门的洞开。现在，关于巴门尼德的故事发生地的谜语已经不言自明了。对于这场魔幻之旅是发生在地狱还是在天堂有许多争议。莫雷拉托斯（Mourelatos）的观察是正确的，作者对故事发生地点的描述极其模糊。[②] 人们会看到，区域的划分会走向凡人在意见世界所犯的错误：不是将地狱与天堂、光明与黑暗导入它们原本的整一，而是把它们分开。

昼夜之径的门扉洞开也意味着启示。这似乎是显而易见的，“年轻人”必须穿过它们才能学到真理。[③] 这个行为也具有深远意义。狄凯也是互惠女神：她有“众多要求（πολύποινος）”，掌管“互惠钥匙（κληῖδας ἀμοίβους）”[④]，并且作为“交换（ἀμοιβαδόν）”打开了她守护的大门。她掌管着大门，因此赫利阿得斯必须轻言细语劝说她打开大门（第15—16行）。[⑤] 这一点恰如其分，因为狄凯的职责就是区分和确保所有等式两边是平衡的，她打开门的行为意味深长。[⑥] 序言中狄凯所掌管的大门，预示着B8中存在的完整性是有界限的。这道门的界限由门楣和石门槛划出（καί σφας ὑπέρθυρον ἀμφὶς ἔχει καὶ λαϊνος οὐδός，第12行）。此后，狄凯掌管（B8·15）存在，而阿南刻（Ananke，必然定数女神）围绕着它（B8·31）。序言中，狄凯所掌管的（门的）界限本身就是有界限的。界限的坚固性因此有了双重的确定性和意义，它既是分离的手段，又是一组连贯界限的范例。大门打开的可能是一种整一性，这种整一性否认在普通人的意

① 在另一个层面，我们应该同意布兰克（Blank 1982：169－170）的观点，即赫利阿得斯的面纱并不足为奇，因为所有温和的希腊妇女在走出家门的时候都会戴面纱。他无疑正确地揭示了，她们通过移动面纱给予青年人启示，这创造了一种异常亲密的时刻并且表明她们是值得信赖的向导。

② Mourelatos 1970：15－16.

③ 柯克等人（Kirk et al. 1983：224）认为，大门是从凡人的意见中逃离的障碍。

④ ἀμοιβούς的含义有些模糊。它可能意味着“报应”或者表明钥匙能依次打开大门（Coxon 1986：163－165）。在这两种情况下，含义都是顺畅的。

⑤ 最初，狄凯的含义是“边界，分界线”（Gagarin 1973：83）。

⑥ 比较 Fränkel 1960：165。

见世界中狄凯所起的作用。她通过她的行为向读者展示了另一种消除分离的图景，并且在B8中，她那掌管单一式存在的、人们观念中的正义女神形象也发生
了改变（第13—15行）。[①] 确信的力量并没有影响她（B12－13）；她在存在与 79
非存在之间做出了最终的选择，并不允许任何违背前者的程序。[②]旅程的语言贯穿整个序言，也支配着我们的解释。特别是在此之后，巴门尼德让他的女神谈到确信往往伴随着真理（B2·4）。真理的随从进行劝说的图景让人回想起赫利阿得斯护卫“年轻人”的路途，特别是赫利阿得斯她们十分擅长于劝说（B1·15－16）。这种联系相应地丰富了我们对这则序言的理解：如果确信与真理为伴，那么狄凯必然会被劝服去打开大门，因为“年轻人”就是为了追求真理。那么，探寻的正确路径，和“年轻人”所走的路径，实际上就是同一条。[③] 在女神谴责“不是的（what is not）”时，她说：“信念的力量绝不允许从‘不是的’中有任何东西生出。因此狄凯并不松开它的锁链，任凭生成或毁灭，而是把它牢牢抓住。”（B8·12－15）在此，狄凯与确信和信念的联系得到加强。因为信念是确信的对应物，我们很自然地会对比赫利阿得斯对狄凯的劝说（使狄凯相信她们，并践行她们的信念），及其对“非存在”的主张（没有信念）。[④] 在序言中，狄凯打开大门，却并没有放松监视。这不足为怪，因为确信仅与真理为伴，一条无可言明的道路并不是真实的途径（B8·17－18）。即将到来的生成与毁灭已经远离，因为它们并不在通向真理道路的尽头。甚至不允许它们接近，因为它们不具备使人信服的力量，因此不能允许让它们通过大门的信念产生。事实上，真正的信念将会驱逐它们（ἀπ ῶσε，B8·28）。就像B6·6中那些摇摆不定的凡人，生成和毁灭无法效仿“年轻人”在他的探寻之路上所取得的成功。

对推开或驱使这些隐喻的运用提醒我们，其与序言更深一层的联系。这个
动词（ὠθέω）此前的用例包含或暗示启示的意味，表示打破凡人世界信仰和真 80
理之间的障碍：赫利阿得斯揭开面纱，狄凯打开大门。这则残篇为了反映一个相似的启示而拒绝了凡人世界的信仰。生成和毁灭这一组对立被驳斥为毫无意义，正如夜与日之间的距离一样毫无意义。将它们纳入考察范围是为了揭开蒙

---

① 弗利（Furley 1973：4）在夜宅看到一个类似的意义，“对立面难以分割的交汇之处”。

② 关于独立出现的狄凯之间的联系，参见 Woodbury 1966：610－611。伍德伯里认为“她所掌管的……无疑是平凡可见的世界”，但是这一点在巴门尼德的文章中并没有被证明。

③ 考克森（Coxon 1986：12）指出，通往大门的道路在一个层面上不同于确信的轨迹，因为如果是这样的话，“它假定在巴门尼德实际已经走过这条道路之后，女神才告诉他应该走这条路”。序言中的旅程只是起步，但它也是类似的：巴门尼德已经在追求真理，但是还没有被告知正确的方法。

④ 关于更多的确信和信念的关系，参见 Mourelatos 1970：146－153。

于现实之上的面纱，腾清探索真理的道路。就像狄凯，必然定数女神不会放松真理上的锁链（她掌管存在，“把它用锁链四面八方捆着，不能越雷池一步”，B8・30－31）；为了获取它，人们必须放下多余的才智包袱。只有这样，人们才可以继续在正确的道路上行进，抵达那唯一可以抵达的目的地。严格的逻辑推演过程不仅是为了使存在安于其位[1]，而且是为了使我们保持正确的方向；假定思想具有指引功能，人们可能会认为必然定数女神的两个方面并没有什么显著的不同。在担保固定性和不变性以及证实最终走向静止的灵魂之旅上同等用力，这似乎会引起悖论。事实上，这是对一个更大的悖论的反映，其中，辩证的语境（在此是指精神之旅）似乎是因为《真理》（固定性、不变性及其他）的推论而无效的。我们将会回到这一点。

巴门尼德运用重复的词汇来强调双重性，他因此而制造出的极性（polarity），则通过昼夜之径上大门的洞开得以解决。在一个更为理论的层面，人们可能会认为二元意象元素并不适用于《真理》中的单一式存在，将这些元素引入序言中，是为了提供一个文学模型来消除可见的距离，正是这种距离形成了人们对周遭世界进行理智认识的基础。序言中模拟的自然“双重性”可以与凡人假定的现象世界对看。并且，将前者导入整一的解决预示着思想的重塑，也就是《真理》中的“一”（One）。正因如此，才有了两个轮子和一驾马车。光明与黑暗通过戴上和揭下面纱而发生交替，这种交替的产物并不会影响它们的本质，是紧闭的大门隔绝了两个世界——尽管大门也会打开。对序言的阅读是有预期的，因为到女神的启示为止，二元论并没有在逻辑上被排除；但是正如我们所见，在整个《真理》的逻辑论证中，序言的模式都在引导读者。尽管如此，
81 我们还是会被那些恼人的已经排除在外的存在所干扰。毕竟，二元论并不真实。“一”并不适用于“不是的”。这些意象，或者说这些人格化的文学形象，究竟占据何种位置？

悖论

对于一些人来说，对史诗形式和神话人物的应用并没有问题。可能有人，比如莫雷拉托斯会主张用传统语言作为对现实构想的一种新的媒介。虽然女神的语言既含混又充满讽刺意味（《意见》那迷惑人的言辞对《真理》具有强烈的吸引力），但是她完全能够掌控它。在她的话语中，她既满足了无知的凡人，

---

① B8・37 中的命运女神莱伊拉（Moira）这个形象表达了同样的思想。

又满足了更具才华的“年轻人”（正如我认为恩培多克勒所做的一样）。① 口头回忆的线索连接其序言和诗歌随后的两个部分，因此这种连接的存在有助于理解巴门尼德的信息并且为女神提供便利。另一种方法是区分对象语言和元语言。诗歌中的元语言包括如女神和驭手等人物，以及多种意义的语言实例。对象语言则是“是的”的逻辑启示语言。② 读者是否会被对立、二元意象、神话的人格化（并不适应于“是的”的非生成性同质化）的表象所迷惑？巴门尼德的语言是否符合他自己的正确话语原则？对于那些不这样认为的人，不协调是一种自我参照，并且是对语言的虚弱无力这一真理的展现。然而，另有一些人指出，这里缺少一个明确的信号来授权反讽阅读。我们得到元语言可能违反了典型话语的规范结论，是因为无法得知正确的言语规范。因为它被用于一个更高的目的，即为“年轻人”的启示做准备，因而可以排除这一点。语言被挤压在它的真实内核之外，而矛盾仅仅只是这个事实的一个符号。另一方面，对象语言则具有一致性，并且遵循正确话语的规则。

事实上，对象语言与元语言之间的差距，是秘所思/逻各斯这组对立的另一 82
体现。元语言对应了神话的修饰，作为优秀的现代哲学家，我们都希望能将这种修饰去除。然而我们也必须记住，在《真理》的陈述中，巴门尼德自始至终都在强调人类心灵的指引能力，以及它在确信和信念的修辞策略中的含义。这表明，将诗歌的任何一部分作为巴门尼德哲学批评之外的修辞表达而不予考虑，都将会是一种冒险的行为。很明显，像正义女神、必然定数女神等神话人物都是有力的符号工具，用以表达存在的必然性，这种必然性有着如整一、固定和不可生成等特点。不过，如果根据《真理》的结论而考虑神话展示的合理性，则会引起更大的问题。因为神话人物是存在的整一性的外部体现，而不是对其进行的阐述，它们违反了其整体性。③ 虽然神话框架适用于《意见》，但是从那些宣称唯一正确的思维模式是去思考存在，以及存在是整一、同质和不可分割的人口中听到这样的话依然有些奇怪。

麦肯齐注意到另一个相似的症结，《真理》的前提是基于人们可以做出哲学

① Mourelatos 1970：222 – 224.

② 奥斯丁（Austin 186：12 – 17，40 – 42）认为，这种区别以及对它的引用，使巴门尼德避免了自我指涉前后矛盾的指责。奥斯丁主要关注的是巴门尼德对否定的应用（就是说，巴门尼德所使用的否定的语言与他对虚无的否定不相符）。

③ 库鲁巴瑞西斯（Couloubaritsis 1986：45）认为窘境在于：如果女神是真实的，那么她是矛盾的；但是如果她是虚构的，我们就要冒险将巴门尼德的论述理解为虚构的文学作品。

选择，这个选择意味着只有“存在”（being）是存在的，而这一前提却被它的结论证伪了。出现悖论的原因，在于巴门尼德论证的前提是“你可以想和说”。对第二人称的使用贯穿《真理》的始终，并被认为是不言自明的。不论是女神和“年轻人”，还是巴门尼德和读者，主客对话结构的二元辩证语境使之成为理所当然。巴门尼德随后要求我们作为思想家去区分存在与非存在。然而，在一个接受了这种论点的同质统一的世界里，不可能存在一个作为“我”的对立面而进行思考的“你”。正如麦肯齐指出的，在真理的世界，“论断‘他者’是在做无用功——所以既没有别的思想又没有辩证法”。[①] 不论是女神与“年轻人”之间对话的辩证框架，还是驾驶马车和太阳神的女儿们这种神话框架，看起来似乎都是对完全的整一性的反驳，并且似乎是在断言人们确实是在以一种表达
83 真理的隐喻方式在争论和言说。塑造这些形象的结果就是强调了沟通这一行为，那么，为什么还需要辩证或隐喻？

从其他角度来分析残篇 B2，我们可能会接触到陈述与哲学内容之间的张力问题。在对辨认、传达思想路径的可能性进行理论批评的语境中，存在一个悖论，残篇的词汇运用可以总结出这个悖论。女神指出了思考的唯一道路，是去思索“是”与“不是”。她指出，后者是无法探寻的（τὴν δή τοι φράζω παναπευθέα ἔμμεν ἀταρπόν，B2·6)。为什么？因为“不是”是你不知道也指不出的（οὔτε φράσαις，B2·8)。女神如何指出那些无法指出的东西？怎么可能牵扯到那些无法涉及的东西？悖论可视为对女神所指出的“不是”的非指称性的认可。如果我们继续深入，问题又会回来。如果这条道路不通，那么其何以成为一条道路？然而女神却这样说。[②] 此处动词（φράζειν）中人物与语气的转变意义重大。女神对她自己的行为是用第一人称和陈述语句，对追寻者的行为则是用否定语气的祈使句和第二人称。对于“我”指出的东西，“你”不能这样做。第一人称的何种特质允许这样的陈述性语言的表达？是女神的神话地位。因为她站在凡人询问者的领域之外，拥有我们根本不被允许的语言的可能性。一个神话的产物，因为

① Mackenzie 1982：1－3，6.

② 曼斯菲尔德（Mansfeld 1964：56－61）第一个提出，B2 中包含一个我们前面探讨过的内部矛盾，尽管他没有将问题定位在φράζειν 上。相反，他指出，在第 2 行，我们被告知有两条思想之路，但是到了第 7 行，却只有一条道路了。曼斯菲尔德发现这个问题的解决方法是重建巴门尼德的逻辑实践，即将巴门尼德残篇的论证作为三段论的原始版本。尽管曼斯菲尔德找出了真正的难题，但是我们对他诉诸逻辑（尽管是原始的）的解决方法保持怀疑。“A 和 B，但是不是 B，因此是 A”这种信息是如何传递出来的？我们失去的是重要语境、演说者和听众的身份。这个残篇并不仅仅涉及逻辑过程，而且涉及思想和交流的过程。

它是神话，无须像我们一样承担关于指称性的义务。如果一个人写一首关于凡人思考、指称和沟通的正确途径的诗，为了避免“年轻人”因表述不可表述之物造成断裂，反过来利用非凡之人对错误途径的表述不失为一种好办法。[1] 女神的存在作为一种形象，使得没有积极的存在意义的“不是的”得以展现。毕竟 84
女神超脱于现实之外。

这种论述是否只是重新配置了剥离问题特性的元语言？如果还记得女神与“年轻人”，巴门尼德和读者之间的辩证语境就会知道，答案当然是否定的。女神是一个含义明确的形象。我们或许会把非指称性的问题加之于她，但这只是在拖延时间，因为我认为，我们想要看到的是把对神话人物的使用作为语言固有问题的象征。在《真理》中对不同语言表述的使用，是人类偏离了计划的产物，即让人们深感困惑的：对存在与非存在的混淆。那么，神话形象问题是否区别于作为整体的语言问题？问题的本质并无区别。神话框架的问题比语言问题更明确；将注意力集中于前者，也是一种指向后者的办法。运用神话的困难在于，它象征着我们被置于有瑕疵的语言运用的困境中。如果没有语言可以表达现实呢？如果是这样，那么我们视阈中源于明显的非指称性形象的非指称性语言就是一个特别的典范。把非指称性问题放进神话领域是轻而易举的，因为哲学的一个基本立场就是使神话失去指称性。然而，女神并非只谈论“不是的”。她把大部分精力都用于阐述“是的”。但是，如果女神是一个意义明确的形象，那么她所阐述的存在处于什么地位？是否不能将其与神话的缺点一概而论？我们又从另一条路回到了麦肯齐的悖论。巴门尼德的现实并不承认辩证语境，也不承认女神，甚至不承认指称的空间。“我”或任何一个神话人物都不能在“此处”指出“彼处”，也不能用“此”来指涉“彼”。这样的空间并不存在。

一方面，比起哲学叙述者的第一人称陈述，我们可能较少严肃地（指称地？）关注神话人物的观点。另一方面，秘所思和逻各斯、元语言和对象语言之间的差别，意味着我们要认真对待女神明确的言辞，并且承认她所说的对象语言的权威地位。但女神是一位嵌入的叙述者，她的话语是被转述的。在她背后，还有整体结构的叙述者和更有距离的作者的幽灵，这个作者可能为了达到某种目的插入一个神话叙述者。正如为了能够对世俗进行评论，女神必然被描绘为 85
超越世俗，所以她的地位就像一个插入框架中的元素，引导我们在框架之外，

① 参见 Couloubaritsis 1986：184。

评论这首诗作为一个文学作品的成功和连贯。元语言将普通语言挤出其真球（正确范围）的陈述也应该让我们停下来。[①] 什么是语言的真球（正确范围）？事实上，这个球体的隐喻使人想到狄凯将存在束缚于一个滚圆的球体内。它显示出巴门尼德选择神话语言的问题。普通语言的真球是否属于统一、整一的存在？如果神话的和修辞的语言属于“普通的”语言，那么它当然不能算是存在的语言。“真”和“普通”语言的领域根本是不稳定的。不能简单地将女神归类为一方或者另一方。如果可以选择一个位置，其语言资源大大超过普通语言，我们或许应该选择诗歌的对象语言（存在特性的启示），而不是序言中的元语言。

当巴门尼德提出神话和诗歌灵感世界的时候，他说它与个人的沉默存在差距。我们明确意识到神话框架是一种叙述结构，并且因为这种外在的框架而难以接触到真正的启示。[②] 女神并没有以一种未经调节的方式直接代表巴门尼德讲话，并且很清楚，她也没有代表“年轻人”讲话，无论他是谁。相反，她与他对话。任何启示，必然以语言为媒介，而并非直接传达给我们。女神则代表这种媒介。在这个范围之外她是不可分离的，因为语言本身是从思想中分离出来的。因为有沟通，所以不可分离。然而，在女神启示的核心中，存在一个语言否定自身的梦境，一个坚固、统一的存在；在能指与所指之间，也不存距离。

诗歌从神话到《真理》再到《意见》的发展，是一系列嵌入的虚构文学。神话围绕、弥漫着《真理》和《意见》，而非一个从真实发展而来的或者相反的进程。这便是语言和沟通的首要问题的症候。这可能有助于我们去理解《真理》与《意见》之间奇特关系的本质。莫雷拉托斯证明了诗歌的这两部分是如何通
86 过相似性和对立性相连接的；《意见》效仿真理，因而具有欺骗性。[③] 我认为，《真理》与框架元素具有与此相似的关系。这篇序言在意象的层面解决了凡人的二元论问题，并且预感到《真理》的结论，然而其神话元素也存在于这种由《真理》结论所带来的张力中，但这个结论在逻辑上是否定这些元素的。《真理》与框架之间的关系不同于《真理》与《意见》的关系，因为后者并存于女神的叙述中，而前者包含着两个叙述层（叙述者以及叙述内容）。然而，《意见》是《真理》的衍生物，正如《真理》取决于神话框架。《意见》对世界的解释虽然依赖《真理》，但却是不真实的。它是凡人可以提供的最佳说法，但从根本上就

① Austin 1986：40 – 42.

② Couloubaritsis 1986：66.

③ Mourelatos 1970：222 – 226.

有缺陷。同样地，《真理》对世界的解释是语言所能做得最好的，但它不能成为一个真正精确的解释，就因为它是一种叙述（account）。我们知道《意见》是虚假的，因为我们有《真理》。我们知道《真理》并非全部，因为框架让我们意识到，这个被报告的真实是通过引用神话世界和诗歌灵感得到的一种叙述结构，而这与真实报告并不相符。

女神代表的文学框架元素对应了女神内在的框架元素，即狄凯（正义女神）和阿南刻（必然定数女神）。[①] 我们已经看到神圣的狄凯是如何在《真理》和《意见》中出现的。狄凯紧攥着单一式的存在（B8. 13 - 15），她可能也作为《意见》中掌管一切的神而著名。与之相似，《真理》中的阿南刻则将存在禁锢在一个界限之内（B8. 30 - 31）；而在《意见》中，阿南刻则将天堂限制在群星的范围内（B10）。通过将存在（Being）架构于严密的逻辑范围内，《真理》中的神话框架，通过对语言的掌控和尽可能保证词汇与哲学真实相符，实现了语言的单义性。另一方面，在《意见》中，神介入人类之球并对其进行改造。[②] 通过自然的变化，它创造了一个多样性和解释的空间（就像赫西俄德的缪斯女神一样）。神圣人物的形象通过介入而变得不那么具象。序言中的意象和女神的评论教我们接受的只有第一个解释性的选项，即单义性。然而，狄凯和阿南刻言语的同一性让我们敏锐地意识到，施加于解释之上的束缚不仅来自严格的逻辑， 87
而且还来自语言本身。正义女神和必然定数女神可以被看作逻辑话语[③]的形式样态和活跃的神灵。这些话语没有区别。我们既不能因为《意见》的错误而对后者不予理会，也不能因为它们在《真理》中只是一种形式就对前者加以轻视。在巴门尼德那里，没有什么只是“形式”。我们所使用的形式、语言的种类都制约着解释。狄凯和阿南刻的重复强调这种制约，并且因为重复是一种嵌入式的叙述元素，而女神自身有可能被解释为形式，所以读者不得不追问她自己的解释策略和她所有叙述的准确性。

巴门尼德向我们展示了神话表现如何成为一种具有哲学内涵的文学思维模式。我们已经看到序言中的神话与论述的发展如何紧密相连，并为其提供了一种模型。文学结构的阐明，同时也具有方法论和哲学上的意义。[④] 在人们看来，凡人对神话的思考要么是作为一种文学，要么是作为一种隐喻性的真理（在一

---

① 狄凯的形象与那位女神无须完全吻合。（参见 Taran 1965：15 - 16；Mourelatos 1970：161）

② Mourelatos 1970：235.

③ 比较 Austin 1986：111。

④ Woodbury 1966：609 - 610.

定程度上，他们将其完全作为一种真理，而不仅仅是一种变幻莫测的诗歌发明）。一旦人们接受《真理》的结论，那么它可能两者皆不是。它不是一种字面上的真实，甚至不是真理的象征性表现。它因此也不适应于表现现实，倒是对混淆了存在与非存在的思想路径进行了卓越的论述。① 因此神话注意到了自身的虚假，并且中和了其在意见世界的错误运用。它并没有揭露真实（reality），但是却建立了一条让凡人的思想接近它的道路（就像揭开赫利阿得斯的面纱和打开昼夜之径上的大门）。巴门尼德描写了从一个地方到另一个地方的旅程，但是他也仅仅在想象的王国移动，结合了运动和它的缺失。

结　论

通过本章对前苏格拉底哲学家的研究，我们发现，话语作为一种从言说者
88 那里分离出来的东西，可能有着自己的生命力。话语的对象化（以及由此产生的异化）、知识的文本化以及哲学领域抽象化的发展，在前苏格拉底哲学的发展中全都发挥着自己的作用。通过诗歌语言的对象化，哲学家可能“知道了他们的敌人”，但也因此，知识能够高价售卖了。如果他们把诗歌语言从真理中抽离出来，那么他们也必将面对其语言遭受相同命运的可能性。因此，他们并不是简单地排斥诗歌神话的一切而是采取更加微妙的手段。他们保留并改造了神话元素，而非从秘所思到逻各斯的进步。我们已经看到诗人与缪斯女神是怎样的关系，这种建立在诗歌的权威性上的关系，只是起到了压制缪斯的角色和确保真理敏锐的逻辑思维的传达的作用。他们幻想过去，并发挥其新用途。通过对“是的”的包含——在某种意义上则是对其进行排除——他们表现出对异化问题的意识。这一点我们已经清晰地从巴门尼德那里看到。他的《真理》摒弃消极的阐述（“不是”）、神话表现甚至人物对话，然而所有这些却都包含在他的诗歌中。他唯有通过包容才能展现全景。哲学家们制造出越来越多的解释：克塞诺芬尼承认推测所扮演的角色，赫拉克利特抱怨个人知识的泛滥，巴门尼德则认为我们应当定义一的时候却定义了二（或更多）。随着诗歌传统开始不受控制的泛滥，它开始显现出明显的劣迹。我们只能看到一种有效的应对策略。现在，是时候进入一个与此前不同但又相关的策略了。

---

① 即使在神话以隐喻的方式完美地达成了其表述真理的功能时（也就是说，即使是假设某些话语体系和真实神话也能够表述真理），由于其特性，它在用虚无表述现象世界的时候依然混淆了存在与非在。当然，这是隐喻整体上的失败。

第四章　智者及其同时代的人

引　　言

前苏格拉底哲学家通过挑战诗人在话语中建构起的权威性来塑造他们自己。 89
由于没有确实可依的标准，这一代神话衍生出众多诗歌版本。对智者来说，诗人显然太过轻率。诗歌神话被载入浑浑噩噩的文化习俗中，并且主宰着教育。前苏格拉底哲学家通过创造神话和神话人物来进行回应，它们符合真假二元的“科学”标准，并且反映应用这些标准时的潜在问题。对神话和诗歌状况的关注，与语言的特性和效用等问题紧密相关，而神话则用于集中体现这些问题。不过，并不是要从哲学词汇中将神话语言剔除，而是因为它所涉及的内容已经发生改变。我们可能将这种看法称为神话的“转型”。我称智者和他们同时代人的方法为神话的“挪用”，因为传统的故事保留其原有形式并被运用，而没有人对其产生怀疑。随着人类进入五世纪后半叶，我们发现，对神话的观照开始成为一种思想上的推测：对语言的特性和力量的推测，以及对诗人及其神话的地位的推测。不过，这些思想实践的语境并不相同。雅典成为希腊的智慧中心。①
雅典的统治权以及发达的民主的崛起，为公民提供了更多获得政治利益和财政
收入的机会，而那些公民也渴望获得有影响力的地位。影响力是在公民大会、 90
法庭以及无数的社团和氏族等地方会议上获取和运用的。其手段是具有说服力的言辞。这就为那些有能力教授这些技能的人提供了一个现成的市场。② 如果语言对一些早期思想家来说是一个问题，那么它现在则变得具有直接和实际意义了。

① 我所说的“智者”是那些有大批付费学生作为追随者的游学老师和演讲者。然而，在公元前五世纪（正如一些现代学者）智术在旁观者眼中，以及“智者”这个术语可以应用于所有咬文嚼字者，比如苏格拉底。关于智者的学费和这个称谓的含义，参见 Guthrie 1969：27 - 40；Kerferd 1981a：24 - 28；Blank 1985。关于柏拉图和伊索克拉底（Isokrates）眼中“贩卖”智慧的含义的研究，参见 Nightingale 1995：22 - 25，30 - 37，47 - 52。

② 关于更多的智者活动的雅典语境的拓展研究，参见 de Romilly［1988］/1992：18 - 26。

智者把他们的学生教导得多才多艺，并在城邦中取得成功。他们发展出一系列控制文化传统的技巧，其中神话诗歌是一个重要的部分。作为修辞学和文学老师，他们将早期哲学家的理论倾向，与一种更为轻松的对诗歌和神话重要性的接受方式结合。他们必须吸引学生，并且教会他们如何使用手头的文化材料，同时成为表演者和学者。如果《普罗泰戈拉篇》可信的话，在316d中，柏拉图借普罗泰戈拉之口说自己的职业与诗人具有极大的差别。普罗泰戈拉将诗人们描绘成智者，将他们作为一个漫长的传统的一部分，而这一传统的高峰，正是普罗泰戈拉自己。这是一个占有文化权威和诗歌名誉的尝试，并且强调了教育史的连续性。普罗泰戈拉也许批评过那些前辈，但是缺乏一种论辩的基调。这并不是说他们满足于对伦理学、认识论和宗教学的传统态度。很明显，一些智者的挑战代表了对传统信仰根本上的破坏。[①] 但这并不妨碍他们在发展批评理论的同时进行注解，例如对荷马的训诂。诗歌文本是传统习俗的一部分；而诗人和神话的世界又是智者售卖的他们知识的一部分。[②] 事实上，在他们的影响下，诗歌表演变得更加理智，以至于像伊安（Ion）这样的荷马诗歌的吟唱者不再满足于传神的朗诵，而是需要能够解释诗歌。在一篇以他的名字命名的与苏格拉底的对话中［《伊安篇》（Ion）530c8 – d3］，他说："至于谈论荷马，我认为谁也比不上我，无论是朗普萨柯人（Lampsakos）梅特罗多洛（Metrodoros）、萨索斯人（Thasos）斯特西洛图（Stesimbrotos）、格老康[③]（Glaukon），还是其他任何一位还活着的人，都不如我有那么多好见解，能把荷马的思想表现得那
91 么好。"这些好思想的关键在于给观众留下深刻影响，解释活动的"表演"至关重要。[④]

公元前五世纪下半叶的表演环境下囊括了所有类型的表演者，从医生到史诗吟诵者再到那些我们称为智者的人。每一场表演的特性都会根据表演者的特点以及他们所希望演讲达到的效果而改变。有些人，比如伊安，在他的解释中

① Muir 1985.

② 参考夏帕（Schiappa 1991：161），他把赫拉克利特和巴门尼德的实践与普罗泰戈拉的进行比较："在这两种情况中，逻各斯都被理解为合理的秘所思，并且用来反对传统的秘所思。在普罗泰戈拉的情况中，秘所思成为分析的对象——一个可以被分析、批评和改变的文本。"

③ 格老康：古代雅典哲学家柏拉图的堂弟，在《国家篇》中出现。——译注

④ 劳埃德（Lloyd 1987：83 – 102）对智者们的演说的狂欢气氛进行过很好的解释。劳埃德对恩培多克勒的评论十分有趣（100 – 101），恩培多克勒显然是奥林匹亚的吟咏诗人，并且喜欢出现在化妆剧表演中。有一次，恩培多克勒的地位转变使得他被感知；从同样的源泉中汲取语言习俗来作为圣人和史诗吟咏者的装饰。智者们在更大的节目中也会采用激进的装饰策略（O' Sullivan 1992：66 – 67）。关于高尔吉亚和恩培多克勒在文学风格以及装饰上的相似性，参见 Diels［1884］/1976。

并没有太多的理论问题作为支撑。像高尔吉亚、希庇亚（Hippias）、普罗迪科（Prodikos）和普罗泰戈拉这些智者，则都从他们的教学基础上发展出理论兴趣。他们不仅是在阐释一个文本，而且是将这种阐释用于支持他们自己的观点。因此，每个表演者所运用到的技术范围，会随着正在传达的实证学说的程度而发生改变。没有哪一种单一的方法可以适用于任何一类解说者；我们所要处理的是一个解释性的连续传统，而不是分离的智力子集，但是对于现代历史学家来说，分离的方法可能更方便。决定一个个体到底是史诗吟咏者、智者、演说家还是哲学家，在当前的语境中都未必准确。即使是在那些看起来很容易做出判断的例子中，实际上也并非如此容易。阿里斯托芬（Aristophanes）的作品《云》（*Clouds*）的观众，可能会接受苏格拉底是一个危险的智者的描述。时至今日，学者仍然在热烈讨论适用于高尔吉亚的标签。他是一个哲学家（这意味着我们赞成他）吗？是一个智者（可能有人会不赞成）吗？或者两者都不是，而是一个演说家和雄辩术老师（事实难辨）？[①]

公元前五世纪末，知识分子对诗歌和神话的处理方式可以分为三个方面。第一种是把神话和诗歌作为文本进行分析。诗歌文本的分析能够训练智者所教授学生的思维，为他们提供展示才华智慧的机会。整个世界变成一个文本，供专业人士阅读、解释和操作。第二种是将神话人物和场景用作伦理原型，智者们以此来宣传他们的道德品质和所传授知识的益处，同时也展示他们的修辞技
艺。第三种（虽然与前一类有部分重合）是以高尔吉亚、希庇亚、普罗迪科和 92
安提斯泰尼（Antisthenes）为代表的对神话更加随心所欲地挪用，如演说及公开展示作品。有些作品，也可以说是所有的这些作品，都是在运用预先存在的神话框架所制造出的张力，创造一种反讽的效果，这种效果既是对话语力量的展示，也是对它的破坏。[②] 因此在智者的思想中，神话的角色是含糊的。作为表演者以及表演者的训练者，他们若想要左右城邦中的公民，就必须要利用神话资源。然而，为了成功地做到这点，他们就必然不能被自己“采用”，而必须进行没有信仰的操纵。他们必须要破译神话的“文本”。

将神话视为文本并不能让人们相信传统中的各个故事与其他故事是一致的。与其说它证明了故事及其诗歌表述的态度，不如说是一系列预先存在的信息片段。对它们进行解释，必须致力于说明其成立，而非加以怀疑。这个对“文本”

---

① 关于高尔吉亚的各种文章，收录在蒙托内里（Montoneri）和罗马诺（Romano）1983 年的文集中。

② 普罗泰戈拉关于文明起源的神话演说保留在柏拉图的《普罗泰戈拉篇》中，将在下一章讨论。

的讨论与诗歌传统的文本化有紧密的联系。我认为，这种传统的对象化背后的根本原因在于读写能力的提升，这反过来又引起了构想语言与现实之间的鸿沟的可能性。在先前的章节里我们已经看到这种鸿沟如何集中于神话元素和表现。现在，随着书籍文化变得愈加重要，读写能力的提升带来了进一步的文本化。确实，智者或许已将书籍上升至一个新台阶，“因为它们引进了一种新的处理过去的语言和文学的精确性的标准”①。

智者承认神话中的含混，这种含混作为一种重要的文化力量和知识分子操纵的客体，反映了塑造他们这一代人的思想世界的一个基本差异，即自然和法律/习俗/文化之间的差异。② 关于习俗是好事还是坏事有很多讨论。对于那些像普罗泰戈拉的人来说，习俗是将人类社会凝聚起来的力量。对另一些人（以及我们在此想到的那些来自柏拉图的《高尔吉亚篇》和《国家篇》的可怕的年轻人）而言，它代表暴政的弱点多过优势，而“自然”权利曾用于证明最野蛮的
93 强权政治。在先前的章节里，我们已经看到早期哲学家是如何运用习俗的力量将诗歌神话统一起来的。赫拉克利特和克塞诺芬尼抨击“众人的诗人”和大众，巴门尼德和克塞诺芬尼则揭露人们对所“见”的依赖（感觉和意见）。理解诗歌话语习俗的历史，意味着无论是否认为习俗是好事，智者们都承认神话是一种文化产物，是对（人们认为的）习俗和意见的表达。在一个大多数人依然认为神话毫无疑问是“真实”（存在于“自然”中）的文化中，这种做法为他们提供了政治上的优势。神话是社会历史的一部分，将城邦凝聚起来。但是当习俗从自然中分离出来，对诗歌/神话习俗的研究就脱离了真理内涵。前面提到的语言与现实之间的鸿沟，可以根据习俗与自然的对立进行重新描述。“事物真正的运作方式”属于自然领域，并且对于像高尔吉亚和德谟克里特（Demokritos）这样的思想家而言，这个领域是可分离的。③ 这种可分离性让那些不可知论、无神论和进行语言分析的智者们可以使用神话习俗。好的演讲者必须承认并有效利用诗歌、神话和语言习俗。于是不难发现，在诗歌、神话和语言习俗这三项中，任何一项的弱点，同时也是其他两项的弱点。语言也是一系列的习俗。

语言的力量是智者们首要关注的，但他们的态度不会降低到去宣扬逻各斯

① O’Sullivan 1996：115－121.

② 有关这个课题的大量参考文献，我在此推荐三个翔实的综合研究（英语）：Guthrie 1969：55－134；Kerferd 1981a：111－130；de Romilly［1988］/1992：113－133，148－161。

③ 比较德谟克里特（DK $68_{B9, 125}$）：“甜和苦是从俗约定的，冷和热是从俗约定的，颜色也不例外，只有原子和虚空是实在的。”

的卓越性。他们对神话传统的调度同时显示了语言的能力和无能。巴门尼德通过创造一个不能包含他的哲学内涵的神话框架，生成了一种反讽的张力。在这个章节要考察的演说中，至少有一些演说包含具有相似张力的神话框架。然而，在这些情况中，这种张力来自观众对话语之外的传统的知识储备。神话素材的文本化愈演愈烈，使新的词汇和世界之间的反讽成为可能。由于智者们关注的是传授有效的话语，这种反讽似乎有点适得其反。“真实”与语言有效性之间所有必然联系的颠覆性分离，吊诡地为演说家创造了一种通向新世界的可能性。 94
对柏拉图来说，这种可能性是一种诅咒。当柏拉图重新处理语言和真实的问题时，他重申了两者必要的联系，尽管不完整。他的做法大部分缺少传统神话的依据，并且在《国家篇》中，他把著名的神话素材从他理想的城邦中驱逐出去。

哲学与训诂学

在《普罗泰戈拉篇》（338e6 – 339a3）中，普罗泰戈拉宣布：“在我看来，一个人的教育的最重要部分是成为诗歌方面的权威。这就意味着能用理智评论一首诗歌中好（ὀρθῶς）的方面和不好的方面，知道如何区别好坏，当有人提问时，能说出理由来。”这一段话介绍了对西蒙尼德斯诗歌中所谓的语言矛盾进行的拓展批评，以及对现存部分进行训诂的各种有竞争力的尝试。尽管如此，在柏拉图的戏仿场景中，一些确定无疑的元素会被当作对智者这类论述的一些特点的标识。训诂包括苏格拉底为了建立“存在”与“形成”之间的语义区别（340d）而对赫西俄德（*Op.* 287 ff.）的引用，还有荷马对劝告的引用（《伊利亚特》21 · 308），对普罗迪科的同义词理论的呼吁（340ab），以及苏格拉底用他的道德理论对诗歌进行的荒诞解释（342b – 347a）。① 对于普罗泰戈拉和其他智者而言，诗歌是有益的。因为它提供了一个磨炼自身才华，进行自我展示的机会。② 对言辞的研究是对批判性思维的联系，而且对诗歌发表评论是一种实践口头陈述的好方法。批评并不是唯一好的智力训练，但是，一个人通过熟悉诗人的作品，可以接近人们所认可的智慧。在这篇文章中还有一点值得注意，就是

---

① 希庇亚原本也有解释，但是被阿尔喀比亚德（Alkibiades）抹去（347b）。

② 苏格拉底对解读诗人的作用的解构是在 347c – 348a。他说，在竞争性的解读中不可能得出一个结论，因为没人能够问一问诗人他所说的是什么意思。在自己观点的基础上去坚持主张更有利可图。当然，人们常常有意地忽略这一点，即这种训诂常常并不是用来找出诗人的本意，而是去为他们自己的立场寻找支持。

它对表达的批评的强调和对思想的批评差不多一样多。[①] 智者们对措辞和命名的正确性的兴趣也是有据可循的。普罗泰戈拉对语言规范的兴趣，普罗迪科对近
95 义词的谨慎区分，都是著名的例子。看起来，这些研究并不是为了追求他们自己的目的，而是生产让人印象深刻的演讲者这一宏大工程的一部分。[②] 当然，在《普罗泰戈拉篇》所采用的批评技巧是为了在一个更大的问题中赢得胜利，美德是否是一部分，如果是，那么它是属于何种类型的。如此一来，诗歌对于教育文化的贡献跨越了形式与内容两个层次，是不可或缺的。

通过引用来评估诗人的权威性对一个人的帮助，可能是处理诗歌历史最直观、最古老的办法。因此，在柏拉图的《高尔吉亚篇》484b 中，卡利克勒（Kallikles）为了捍卫他的观点——公正是强者的权力——引用了品达著名的“习俗乃万物之王”。[③] 卡利克勒所需要的并不是一个神话，而是一个格言。从《普罗泰戈拉篇》中西蒙尼德斯的论述中很明显能够看出，正是早期诗人的这种格言段落，使得他们更容易被记住。[④] 对诗人格言的挖掘是前文提过的文本化的一个明显迹象。传统被视为一系列的引用，所以人们可以宣称“赫西俄德所言”或“西蒙尼德斯说的”，并且根据人们想要证明的东西在多种多样的权威话语中进行选择。

希庇亚将这种文学开发发挥到了极致。他的“百科全书”是这种方式最好的范例，即将诗歌/神话传统系统化，并把它降格为一系列为研究和展示服务的语录。[⑤] 他似乎创建了一套引用合集，将所有相关材料都并置（例如，那些认为

① 注意前文所引用的《普罗泰戈拉篇》中重读的正确使用。关于智者对正确的发音（ὀρθο ἔπεια）和名字的正确性（ὀνομάτων ὀρθότης）上的兴趣，参看例如 Classen［1959］/1976；Guthrie 1969：204 - 223；Kerferd 1981a：68 - 77。

② Classen［1959］/1976：246 - 247.

③ Pfeiffer 1968：34 - 35.

④ 比较《荷马和赫西俄德的争辩》，75 - 94，其中荷马以精辟的话语回答了赫西俄德的发问。辩论中的一些材料可以回溯到公元前五世纪。参见 Hess1960：56 - 66；O’Sullivan 1992：63 - 105。

⑤ 斯内尔（Snell［1944］/1976）进一步发展了帕兹（Patzer 1986）的理论。在一个复杂的论述中，斯内尔证明了亚里士多德是从希庇亚那里知道泰利士的磁石理论的，并且他对泰利士的评价也主要来源于希庇亚。接着他把希庇亚对泰利士的处理同 DK 86_{B6} 联系起来（希庇亚的百科全书）。从柏拉图的《大希庇亚篇》（*Hippias Minor*）368b（DK 86_{A12}）中，我们可以看到希庇亚说他采集了很多奥利匹亚颂歌、史诗、悲剧和散文。这加深了我们对他的印象——一位狂热的百科全书的编纂者。对希庇亚的讨论通常包括史诗、悲剧和酒神颂歌（Kerferd 1981a：47），但是来自《大希庇亚篇》的这篇文章不需要这个结论。鉴于斯内尔的理论，我们最好能确定希庇亚的选集中他为奥林匹亚创作的作品 DK 86_{B6}（比较 O’Sullivan 1996：116 n.7）。希庇亚创作诗歌的最好证据是 DK 86_{B1}（= Paus. $_{5 \cdot 25 \cdot 4}$），其证明他为塞尔维亚的雕像群创作挽歌。

水是世界本原的人），从奥菲斯（Orpheus）、穆塞（Mousaios）、荷马、赫西俄德到其他诗人，以及希腊或非希腊作家的散文。这是我们引用的第一证据，不是为了同意或不同意，而是作为思想史。同时，它也是神话传统被分解的证据。希腊教育需要文本的完整记录和分析，比如，如果一个人想要论述养成道德的 96
困难，那么他就要有体现这种思想的诗歌材料的储备并用来支持自己的观点。那些受教育的人无时无刻不在挖掘诗歌中的格言来为他们的论述添加趣味。然而，当希庇亚将这一过程延伸到哲学领域时，借用古人智慧的渴望致使这些材料的展示脱离了它们原始的语境。希庇亚预先对材料进行了归类、加工，所以这些材料可以直接为人所用。这就需要剥离它们原始的语境，并将主旨归于新的解释，这样才能适应于它作为思想性材料的分类。[①] 这并不是立刻显而易见的，当荷马把大洋河流之神奥克安诺（Okeanos）和德蒂斯（Tethys）说成众神的父母时，他是想说水是“第一原则”（或本原），但是这样的材料似乎已经被提出过。诗篇的重新解释导致了它们像艺术作品一样，变得碎片化。

智者时代也可以看到文学的不断发展，并且不出所料，大部分作品是关于荷马的。批评活动从词源学到语言要点解说，到对令人费解的段落的训诂，再到对荷马所说的主旨的广泛陈述。[②] 语源追溯是诗歌论述传统的早期特征。[③] 萨索斯人斯特西洛图和德谟克里特分别对酒神狄奥尼索斯（Dionysos）的词源（$FGrH_{107F13}$），以及关于雅典娜的别名“Tritogeneia”进行了研究（DK 68_{B2}）。朗普萨柯人梅特罗多洛、德谟克里特和希庇亚都试图解决荷马语言学上的难题。[④] 比这种对文献的猜测更为普遍的，是对某些存疑的篇章的含义和文学规范所做的研究。德谟克里特写了许多包括诗歌、韵律及和谐等问题在内的“音乐”的文章。尤其是在他所写的《论荷马》（*On Homer*）或《正确的修辞》（*Correct*

---

① 比较第欧根尼·拉尔修（Diogenes Laertius 9·52）：普罗泰戈拉“忽略了思想并且谈到了这个词”。正如克拉森提到的，这就意味着普罗泰戈拉“通过忽略语境而歪曲了单个的词”（［1959］/1976：224）。克拉森认为，普罗泰戈拉这样做是为了向他的学生展示语境的重要性，但是可能还有其他解释。

② Richardson 1975。关于智者在学术史上对语言学和文学做出的贡献的详细讨论，参见 Pfeiffer 1968：33－56。

③ Griffth 1990：195。也可以比较泰瑞西阿斯（Teiresias）对《酒神》（*Bacchae*）第286—297页中为什么凡人相信酒神狄奥尼索斯被缝进了宙斯（Zeus）的腿中这个问题进行的语源学解释。

④ DK 6_{1A5}；68_{B22}（Philippson 1929）；86_{B20}.

Diction, DK 68_{A33}）中，他论述了荷马的措辞得当。[1] 另外一些作家则对为什么只
97 有涅斯托耳[2]（Nestor）可以举起他那著名的杯子进行了不同的解释，其中有格老康、安提斯泰尼［残篇 55，德克来瓦（Decleva Caizzi）］以及斯特西洛图（$FGrH_{107\ F23}$），他们写了一整套关于荷马问题的书。[3] 普罗泰戈拉也在文献（DK 8_{0A29}）[4] 和解释层面（DK 8_{0A30}）对荷马进行批评研究。对荷马作品中所塑造的形象和更广泛的主题考察也越来越多。阿那克萨戈拉[5]（Anaxagoras）似乎是第一位说荷马的诗歌是关于美德和公正的（DK $_{59A1 \cdot 11}$），而后来的安提斯泰尼则对荷马作品中的意见与真理的标准进行了区分（残篇 58，德克来瓦）。正如我们所见，德谟克里特写到诗歌灵感的话题，并将荷马包括在内（DK $68_{B17,18,21}$）。克里底亚（Kritias，DK 88_{B50}），斯特西洛图（$FGrH_{107F21,22}$）以及高尔吉亚（DK 82_{B25}）则推测荷马的世系、出生地和在世期。

上述例子表明知识分子对诗歌传统的观点的转变。解读聚焦于对形式和主题的关注，并且神话研究是在文学批评的视角下进行的。荷马变成了一个权威而非对手。然而，赫拉克利特却将他从狂想的内容中驱逐出去，普罗泰戈拉将他用作教育的工具。当智者们研究神话时，他们零碎地处理使他们产生兴趣的内容，但是并没有发现传统本身存在的问题。对于前苏格拉底哲学家来说，那么宏大的真理问题似乎逐渐失去了其卓越的地位。但我们也无须为此感到惊讶。鉴于第三章所研究的形象集中于一个形而上的抽象真理，智者们发现这个概念会引来更多的麻烦。[6] 那些对真理问题最感兴趣的思想家普罗泰戈拉和高尔吉亚，则对神话进行更有创造性的应用。普罗泰戈拉的作品之一即命名为《真理》（DK 8_{0B1}），以相对主义而著名，强调自我是万物的尺度。高尔吉亚尽管并不否

---

① 例如《伊利亚特》7 · 390 中 DK 68_{B23}。克拉森（Classen［1959］/1976：243 - 244）推测，他关于荷马正确性的标准是“诗人的表达是否与他的哲学学说相符”。鉴于他的文学研究的范围，或许德谟克里特对诗歌习俗和语言的问题特别感兴趣。然而，克拉森是正确的，他认为德谟克里特将荷马作为他自己理论的支撑材料，尽管他采用了“荷马写道”这种形式。

② 古希腊贤哲，涅琉斯（Neleus）的十二个孩子之一。——译注

③ 关于鉴别格老康和蒲尔斐利（Porphyry）作品 *Quaest. Hom* 中解决了涅斯托耳之杯问题的格劳孔，参见 Richardson 1975：76 - 77。

④ 斐林（Fehling［1965］/1976）在这个材料和 DK $80_{A1,27,28}$ 的基础上，重建了普罗泰戈拉对荷马的批判样本。如果他是正确的，那么普罗泰戈拉对荷马语气和自然性的语法评论就是建立在对荷马的措辞分析的基础上。

⑤ 阿那克萨戈拉：出生于伊奥尼亚的克拉佐美尼，古希腊哲人，原子唯物论的思想先驱，米利都学派的哲人阿那克西美尼的学生。——译注

⑥ 关于智者的相对主义以及他们对语言的兴趣之间的关系，参见 Classen［1959］/1976：222 - 224，228。

认真理的可能性，然而，正如我们将要看到的，他对它的可沟通性甚至相关性都心存疑虑。

寓言

一种对神话和诗歌几乎不争论的态度也反应在公元前五世纪末的寓言化阐 98
释中。我在第二章提到过，最早的寓言家是荷马和诗人的辩护者这些知识分子抵抗哲学家对荷马和诗人的攻击，而不是想要通过诗歌的权威性来证实他们的猜测。如今这些攻击已经减弱，寓言家可以作为伟大的权威来反映现在的哲学思想。这既可能被当作私人哲学课程的延伸（如安提斯泰尼），也可能作为解释性的卖弄（可能在梅特罗多洛的例子中）。智者时期最臭名昭著的寓言家是朗普萨柯人梅特罗多洛，他对荷马的语言兴趣在前文已经提及。他是阿那克萨戈拉的学生，并且是柏里克勒[1]（Perikles）的同学，根据“物理”与“自然”研究来将自己与诗人联系起来（DK 6_{1A2}）。有证据表明，寓言解释是阿那克萨戈拉学派的一个特点，并且 DK 6_{1A2}表明，阿那克萨戈拉自己就在对荷马的文本进行道德的寓言解释。[2] 阿那克萨戈拉“解释神话的众神：宙斯是心灵，雅典娜是技能”（DK 6_{1A6}）。理查德森（Richardson）发现阿那克萨戈拉教义的自然寓言痕迹反应在欧里庇得斯（Euripides）的《俄瑞斯特斯》（*Or.* 982 ff. 和柏拉图的《泰阿泰德篇》153c 中）。从这些文献中，他重建了《伊利亚特》篇章中的寓言，宙斯是指挥宇宙的“心灵”，而黄金的锁链等同于燃烧的 aither，即阿那克萨戈拉理论中的太阳。

然而，梅特罗多洛有点极端主义。塔蒂安（Tatian）说他将寓言运用于荷马是“非常的天真”，因为他将一切都寓言化，不仅是天神还有英雄。塔蒂安轻蔑地总结了他的方法：

> 因为他说赫拉、雅典娜和宙斯，并不是为他们建造圣坛和神庙的信徒们所说的那样，而是自然物质和元素排列。无疑，你接下来会说赫克托耳（Hector）、阿基里斯和阿伽门农，并且事实上是所有与海伦

---

[1] 柏里克勒：约公元前 495—前 429 年，古希腊奴隶主民主政治的杰出代表，古代世界著名政治家之一。——译注

[2] Richardson 1975：69 – 70。评论说，DK 6_{1A2}并不能说明阿那克萨戈拉走上了道德寓言的道路，即使梅特罗多洛也如此。然而，一直以来人们都认为梅特罗多洛的作品是对阿那克萨戈拉学说的延伸，但即便是这样也不足以得出阿那克萨戈拉也从事道德寓言的推测，特别是梅特罗多洛仅仅在文章的末尾将对自然的（寓言的）思考作为一种额外的活动。

> 和帕里斯（Paris）有关的希腊人和外国人，都是相同的自然实体，是为了创作才放进诗歌中，而不是因为这些人都真实存在过。①

99 赫斯格昂斯（Hesykhios，DK 6_{1A4}）则更精确。阿伽门农被解释为 aither，阿基里斯是太阳，海伦是土地，帕里斯是空气，而赫克托耳是月亮。至于众神，他将得墨忒耳（Demeter）与肝脏，狄奥尼索斯与脾，阿波罗和胆等同起来。相比阿那克萨戈拉将雅典娜视为工艺的代表这种平凡无奇的观点，梅特罗多洛确实走得太远了。很难看出来梅特罗多洛是否想将他的解释发展为一个更大的哲学计划的一部分。在古希腊哲学汇编传统中没有记载表明梅特罗多洛有自己的科学理论。② 我们听说他时大多都是与荷马有关（柏拉图《伊安篇》530c9 - d1），他的寓言则出现在他的作品《论荷马》（DK 6_{1A3}）中。如果荷马仅仅是用于说明梅特罗多洛的理论，人们或许会期待他的书有一个不同名字。此外，如果塔蒂安对梅特罗多洛的解释是准确的，那么原文的要点是对当代宗教的颠覆而不是科学说明：众神并不是他们所认为的那种落后的东西，而是自然的某个方面。这让我们更多地想到德谟克里特的合理性而不是阿那克萨戈拉。上文所引用的《伊安篇》中，梅特罗多洛在和斯特西洛图在交往中，将对方归类为巡回表演的荷马主义者。③ 他的寓言展现了那些投机取巧的知识分子是如何利用当时的哲学投机来夸耀他们自己。他们也提到这种行为不再被视为对荷马地位的威胁：诗歌和哲学传统巩固了彼此。

这种增补也常常很难让人确定某一思想家是否在运用寓言。以德谟克里特为例。④ 前文已经提到过他对文学的兴趣范围。德谟克里特被保存下来的最好的寓言候选是 DK 68_{B24} 和 68_{B25}。残篇 25 来自欧斯塔修斯（Eustathius）对荷马《奥德赛》12 · 63 的注解："有些人认为宙斯是太阳。仙肴蜜酒是太阳滋养而成的水汽，这也是德谟克里特的观点。"如果从句"这是德谟克里特的观点"是修饰"仙肴蜜酒"，那么德谟克里特就是一种寓言化；但是如果它是"是太阳滋养而成的水汽"的从句，那么他就不是。在对《奥德赛》15 · 376 及以后的评论中，欧斯塔修斯（p. 1784 = DK 68_{B24}）称，有多个名字用于称呼猪倌尤迈俄斯（Eumaios）

---

① 惠特克（Whitakerl 1982：43）翻译 DK 61_{A3}。

② 理查德森（Richardson 1975：69）推测，特洛伊战争的解释可以反映出梅特罗多洛发展了阿那克萨戈拉的物理学说：地球是宇宙的中心，空气环绕其间，正如海伦是战争的中心，帕里斯紧随左右。

③ Richardson 1975：68.

④ 菲利普森（Philippson 1929）研究了这个问题，并得出结论：德谟克里特从来都没有寓言化，尽管他有时会引用荷马作为先导。

的母亲以作为对她的评论。德谟克里特称她为 Penia（贫穷）。在这里很难界定 100
语言和文学解释的区别。“让尤迈俄斯成为现在这个样子的贫穷，是他的母亲”，这样的陈述只有在直接指代文本中他的母亲这个角色时才成为寓言。显然，德谟克里特（和他的伦理关注点一样）关注道德以及荷马的自然学作品，但是语境是至关重要的，而这恰恰是我们不能恢复的。在荷马的批评的书中，虽然并非必然，但评论很可能是寓言化的，所以德谟克里特可能只是在科学文本中引用荷马的权威性来为他自己的理论服务。

人们如何将荷马的文本和神话传统作为踏板应用于自己思想的扩展，对于这一问题，安提斯泰尼有着特别浓厚的兴趣。他与柏拉图同时代，但年龄更长，与苏格拉底相仿，在此之前，他似乎一直是名修辞学老师。[1] 他的很多作品都是在讨论荷马和神话课题（Diog. Laert. 6 · 15 – 18），它们成为他的伦理学兴趣的媒介。[2] 安提斯泰尼的寓言化并没有确切的证据，但是他从事与此紧密相关的活动。他处理了形容词“多重意义”的伦理含义，并将其应用于奥德修斯（残篇 51 德克来瓦）：这一词汇暗示出话语的多种模式的知识，以及以多种方式满足人们需要的能力。这种能力让我们能够将奥德修斯描述为“明智”，尽管这个词汇并不是完全正面的。在他的著作 *On Kirke* 中，喀耳刻（Kirke）似乎被当作一种隐喻来表示人类快乐工作的一种方式；运用诡计和法术，而不是力量。[3] 将涅斯托耳视为自控的典范，雅典娜的英明，赫拉克勒斯的智慧和勇敢，这样的解释认可了神话的典范地位，但是却并没有将它的本意置之不顾。[4] 安提斯泰尼一神论的主张要求他必须将神话寓言化。[5] 德谟克里特对神话的理性化没能制止他谈论神圣的启示，普罗泰戈拉的不可知论也没有制止他在想要探讨社会起源的时候使用神话陈述（柏拉图《普罗泰戈拉篇》320c 行及以后）。诗歌传统的重要文化意义意味着，使用诗歌和神话形象但不暗示个人信仰是可能的。

阿那克萨戈拉、德谟克里特和安提斯泰尼等人运用陈述的方法与寓言很接近，即使他们并不是寓言家。这种选择暗示出关于他们与文本之间关系的一些
东西。人们可能会认为一个思想家越专注于他自己的独创性和贡献，就越不太 101
可能会通过“荷马的意思是”这样的表述来陈述自己的思想，而是会使用“这

[1] Rankin 1986：4.

[2] Rankin 1986：174.

[3] Decleva Caizzi 1966：85.

[4] Tate 1930：6 – 7.

[5] Richardson 1975：78.

是我从荷马中看到的”。差别在于，是荷马的阐释还是借用。美德和公正是我们解读荷马时最重要的问题，这种认知可以用两种方式来表达。有人可能会说“荷马的诗歌是检验美德的寓言”（这是指诗歌如何被构建），或者“我认为美德和公正是我们理解诗歌的关键”。在第一种情况中，解释的重任被抛给了荷马，尽管个人的理解也是值得赞美的；第二种情况中，解释者将自己暴露在聚光灯下。寓言或许是对解释意图的反映。荷马的训诂学可能会寓言化，将荷马带入知识的偏见中，但是当一个人想要把自己的思想与荷马的相比较的时候，他就要对其非寓言化地引用。鉴于支离破碎的文献材料，我们无法证实这一点。然而人们是否进行寓言化的问题，是一个文学表达方式的问题。对于荷马和五世纪后期哲学的连续性问题的基本洞见，并不会受是否将这种哲学归之于荷马这一因素的影响。现代学者常常倾向于否定德谟克里特和阿那克萨戈拉这些“严肃”哲学家的寓言，但它只是一种展示方式，而非思想。关键在于荷马训诂学对哲学家的接受，而同时哲学家也把荷马带回到视野中。而克塞诺芬尼和他的传统则急于斩断他们与荷马的联系，在本章中，他们的继承者承认了他在习俗传统中的分量，并且将其转化为他们的优势。

理性化和无神论

当操作者不受对传统和神话之真理的信仰干扰时，承认和运用文化传统和它的神话元素是最有效的。公元前五世纪末期，习俗（nomos）和意见（doxa）的类别的概念变得越来越重要，这使得智者们将诗歌和神话从他们宣称真理的基础中分离出来，并且将它们从社会习俗修改（或编纂）为社会的“好（good）”，或者驳斥个人的利益。知识分子因此可以致力于一种双重的景愿，即他们“说”的神话语言是为了接近并且影响社会的大众，而保持和传授个人信
102 念就与这些公约背道而驰了。这种倾向并不仅仅出现在对文学文本的训诂和改写中。对宗教神话理性化的解释与无神论的兴起有关，无神论将整个自然界和传统宗教作为一个文化文本。我们能看到，理性化有一段活跃的历史，能够回溯到公元前五世纪的早期。它如今成为德谟克里特和普罗迪科的有效策略。

德谟克里特将宗教的起源理论化，并且试图将神话化的过去和他自己的哲学体系一体化。我们的材料提供了一个很好的证据，即他认为众神是一种发明：人类将自然现象神话化。在一篇论述中，德谟克里特把我们对神的观念归因于对“意象”的处理（εἴδωλα，B166）。在另一处，我们又被告知，古人观察到气象现象，如雷鸣、闪电和日食等时，他们感到恐惧，于是断定这些现象由众

神在掌管（DK 68_{A75}）。[①] 这个理论在另外一个残篇 B30 中又出现：

> 一小部分有学识的（λογίων）人指着那个我们希腊人现在称为“空气”的方向，并且说：“所有这些都是宙斯说的（μυθέεται）。他们看到所有东西。他给予他们，又把他们都带走，他是万物之王。”

希腊人现在所称的天空被叫作“宙斯”，并被赋予特定的属性（全知全能）。命名行为用动词 μυθέομαι来描述，这个动词在这里首先采用的是它的中性内涵——“去说，去发音”，但是也暗示了对宙斯的创造是神话化的一种实践。

理性化是一个强大灵活的分析工具：人类对自然的反应范围是巨大的，因此可以形成众多的神。在 A75 中，对众神的感知与恐惧情绪有关；在 B30 中，它则与 λόγιοι 相关，即人类的逻各斯。这个词汇的含义是矛盾的：“精通叙述”“有学识”“逼真的”。[②] 众神的创造是一个从现象到原因的合乎逻辑的推演吗？又或者是雄辩和信仰的展示（如此一来，就会与智者联系起来）？鉴于想象的场景那富有辞藻的特点，它更有可能是缺乏敬意的解说。“先贤们”对苍穹做了个戏剧性的手势，并提出了一个大胆的假设。天空被呈现在文本中，并由那些擅长此道的人进行解说。神话化的过程因此走向了两个层面，一种是出于无知的恐惧，一种是那些熟于逻各斯的人。对他们来说，神话化是一种知识组织的一 103
个方面。很容易想象到，这样一个组织是如何转化为社会控制，将恐惧传给大多数人的。德谟克里特想象着少数人的解释成功地强加给了大多数人，这说明他确实属于那个时代。在知识分子的论述中，可能确实存在一个神话之境（只要不将其与现实混淆），而这就解释了为什么我们看到德谟克里特要使用例如“诗歌灵感”这样的传统的神话基础概念。

普罗迪科也创造了对多神论的理性解释。他得出结论：“古人认为太阳、月亮、河流和泉水以及几乎所有有助于生存的事物都是神，因为它们有益处，就像埃及人认为尼罗河是神一样。”因此开始称呼粮食为得墨忒耳、酒神狄奥尼索斯、海神波塞冬、火神赫淮斯托斯，以及其他有益于人类的东西（DK 8_{4B5}）。通过对古人撰述的碎片的细致考察，亨里克斯（Henrichs）证明，普罗迪科认为神的创造分为两个步骤。第一步，人们认识到大自然如同神明一样慷慨地给予，于是开始崇拜它们。然后对神明的命名便扩展到人类的恩人。因此神明起初并

---

① 同样参见亨里克斯（Henrichs 1975：96－106）对残篇 16（*Pherc*·1428）的讨论。

② LSJ s. v. λόγιος.

非实体，而是人类社会的副产物。[①] 普罗迪科对古代神话人物的理性化处理导致了激进的无神论："民间信仰的众神根本不存在，他们缺乏知识，但是……先民（出于赞美而神化了）大地的产物实际上是所有促成他们生存的东西。"[②] 当众神和英雄的故事转化为宗教体系的基础时，他们的恐吓掩盖了这个世界的真正的知识，因此必须被解释清楚。

普罗迪科对宗教起源的看法设想了一个社会优先权的法典。我们神化了我们的恩人。德谟克里特的景愿变成了恐惧以及（或者）智力操纵。这种对社会习俗的操控力在所谓的"克里底亚残篇"中清晰地崭露头角。这个残篇可能来自滑稽剧，塞可斯都·恩坡里柯（Sextus Empiricus）在论述无神论时引用了它（DK 88_{B25}）。我们被告知作者为克里底亚，著名的三十暴君之一，他在希腊的伯
104 罗奔尼撒战争（Peloponnesian War）之后造成许多痛苦的寡头集团。其他一些材料则将这个表演的标题叫作《西绪福斯》（*Sisyphos*）。[③] 西绪福斯（Sisyphos）说，从前的生活是杂乱、野蛮并且服从于暴力的，公正和刑罚的建立是为了阻止不公正的行为。由于它没能阻止隐秘的犯罪，于是一个聪明人创造出对众神的恐惧，这样人们可能会恐惧，即使是在他秘密行为或者思考时。因此宗教提出了不朽的全知的神，并且为他们找到一种可能会引起人们恐惧的征兆，苍穹——产生雷鸣和闪电之地。"我认为，"他总结道，"某个人最先开始用这种方式劝服众人信仰神族。"

这个残篇集合了关于众神发明的理性主义理论和社会契约理论，我们将看到它在《普罗泰戈拉篇》的神话中也有体现。在建立社会规范以引导人们的行为和规范人们的宗教信仰之前，生活是野蛮的。[④] 如果这样的观点出现在滑稽剧幽默的语境中，说明这一观点是如何深深地植入当时人们的知识话语中的。不幸的是，作者身份的不确定以及滑稽短剧的语境，让我们不能够对其含义进行更深一步的思考。如果克里底亚是一个无神论者和作家，那么有趣的是，他很愿意将自己的反宗教的观点插入一部受欢迎的戏剧作品中[⑤]，但是看上去他更有

---

① Henrichs 1975：111 - 112.

② 普罗迪科断然否定神的存在，他通过宣传他们缺乏其存在的最重要属性而将他们贬为虚无（17）。

③ 关于这个残篇究竟出自欧里庇得斯还是克里底亚之手，有相当多的争论，而这个问题或许永远都不会有答案。关于作者的身份，参见 Dihle 1977（欧里庇得斯），Sutton 1981（克里底亚），Winiarczyk 1987（克里底亚），以及 Davies 1989（克里底亚）。在任何情况下，一个戏剧人物的言论都不必与作者的观点相符。

④ 参见 Davies 1989：19 - 20 的相似处。

⑤ 正如戴维斯（Davies 1989：30）所说的，滑稽短歌剧并不是一个适合引发严肃问题的平台。

可能只是把无神论的观点放在一个喜剧语境进行嘲讽。[①] 西绪福斯是一个在阴间接受惩罚的有名的罪人，他的无神论无疑让自己最终尝到了苦果。在当时的语境中，更重要的是对这种陈述的嘲讽。宗教是社会控制的一种形式。这种语调让我们想起了柏拉图笔下的卡利克勒和塞拉西马柯[②]（Thrasymakhos），他们鄙视传统道德，将其视为那些天生处于优越地位的人强加给下层有野心的人的禁锢。德谟克里特对弱者进行智力操控的构想，变成了一种束缚强者的理论。当然，这全都有赖于人们是否相信社会控制（习俗）是一件好事。然而，无论其道德如何，基本的教训是那些对习俗有智力掌控能力的人会获得利益。因此，关于神话的清晰认识具有一种独特的价值。

作为宗教信仰基础的神话和作为训诂和操纵工具的神话之间的差别，解释 105
了为什么普罗迪科和德谟克里特都可以在某些地方愉快地用哲学术语讨论［例如在《赫拉克勒斯的选择》（*Choice of Herakles*）中］，而不是在其他地方，即不是在有现实问题与约定俗成的神话形象的存在相反之时。这种关于宗教和神话的双重视野贯穿整个公元前五世纪末。大众相信神话的真实性似乎持续不变，即使是在智者的理性化和像欧里庇得斯这样的诗人能越来越自由地谈论传统之时。[③] 像阿里斯托芬的《云》这样的戏剧和各种各样针对知识分子不敬神的控诉表明，对宗教的理性处理已经遭遇到挑战。[④]

简而言之，公元前五世纪末知识分子对神话的态度是以文化传统的文本化为基础的。安提斯泰尼的伦理阐释乃至梅特罗多洛勉强的寓言都标志着一个领域的结束，这个领域起源于对荷马文本的语言研究，继而发展成为对荷马的文学方法和含义的考察。一个相关现象是无神论者对神话信仰的合理化，这有赖于对作为“文本”的同代人的宗教信仰的阐释。这种方法的目的在于教育（好的或坏的）和自我宣传。事实上，这两个目的有着千丝万缕的关系。为了获得听众和追随者，智者、教授和哲学家所要做的第一件事就是让人们对他们的学识留下深刻印象。人们可能会说，对知识的狂热崇拜可能在某些方面是为了获得“智慧”（sophos）的头衔，而被迫去精通、体系化那些由诗人传承下来的文化智慧宝库。这种热情被老师和学生假定为基础。他们都从事对传统文化文本

① Sutton 1981：37 – 38.

② 塞拉西马柯：来自黑海港口卡克冬的一位外邦修辞术士，或曾代表卡克冬出使雅典，为其失败的反叛辩护，以避免雅典残酷的报复。——译注

③ 关于神话真实的民间信仰，参见 Verdenius 1981：125；Veyne［1983］/1988。

④ Muir 1985；Wallace 1994.

的阐释，期望通过这种活动能够让他们在演说技巧以及管理、理解自己和他人的生活上有所收获。

神话的展示

这一章的重点仍然是文本化和训诂学，这也就意味着我还有许多展示演说
106 的重要材料没有考察，这些材料是智者发明或者创造的神话变体。这些神话展示组合成修辞技术及其伦理和社会的共鸣阶段。就像他们那并无雄心进行训诂研究的同辈一样，智者也是在玩弄语言的规律，只不过是以另一种方式。除了习俗，他们夸大语言的力量和不可靠，将演说文本包裹在神话文本中，并对有时产生的令人炫目的结果感到自得。我在本章第二部分所关心的影响，是通过神话的角色扮演实现的。这种现象在对智者的演说的评估中极少被注意到，特别是它影响了柏拉图对苏格拉底的塑造。在演说中我首先要考虑的是那些关于普罗迪科和希庇亚，智者为了扮演他们作为古希腊教育的继承者的角色，而借用了“给年轻人意见”的古老风俗。一个神话的年轻人面临着他该如何度过他的人生的建议。教育在神话中的处境类似于智者和他们的学生在现实生活中的处境，并且因此，智者/老师可以把自己和那些传统故事中充满智慧的人物等同起来，如涅斯托耳，甚至是更令人疑惑的奥德修斯。当辩护的演说（例如高尔吉亚的《巴拉美德的辩护》）出自神话人物之口，并且思考劝说言辞的条件和危害时，也会涉及神话角色扮演。高尔吉亚的《海伦颂》（*Encomium of Helen*）就是这种剧情的一个变体。这些篇章中的神话框架能够对它们的修辞功能进行第二阶段考虑，事实上它们被分成了不同阶段。

伦理范式与修辞展示

普罗迪科的《赫拉克勒斯的选择》和希庇亚的《特洛伊的对话》（*Trojan Dialogue*）就是两则例子，它们都没有被完整保留下来，并且一定是广为传播的智者的演说，是传递给即将成年的年轻人的道德建议。努力工作和避免邪恶行为的建议，即使是对最保守人士来说也是可以接受的，因此这是智者的一种特别有效的宣传形式。克塞诺封（Xenophon）的《回忆苏格拉底》（*Memorabilia*）2.1.21 –34（ = DK 8_{4B2}）中有关于普罗迪科的演说最完整的记录，尽管演讲者

声称并没有准确地重现其原话。[①] 在此我们知道智者是在众多观众面前进行演
讲。克塞诺封叙述道，当赫拉克勒斯成年之后，他独自离开，去思索人生应该 107
如何度过。当他思考之时，有两个妇女出现在他面前，一个打扮得华而不实，一个严肃庄重。前者冲向他并首先开口，为英雄提供一种快乐的生活，即无所拘束地纵容他的欲望。当被问及姓名时，她说她叫幸福女神（Eudaimonia），但是同时也承认她的敌人称她为卑鄙或堕落女神卡喀亚（Kakia）。[②] 美德女神（Virtue）没有许诺快乐，但是向英雄担保他通过辛勤劳作会获得好名声以及与众神的联合。克塞诺封完成了他演说的叙述，但是并没有告诉我们论辩的结果，尽管我们从别的资料中得知赫拉克勒斯选择了美德女神（DK 8_{4B1}）。

《赫拉克勒斯的选择》是理想的公众表演，因为从其中可以提取出一连串有利于个人的美德（在这种情况下），就像可以从高尔吉亚的《巴拉美德的辩护》的演说中提取出修辞规则。普罗迪科没有运用一种预先存在的神话情境（正如我们所知的），但是他发明了一种处于语言边界的冲突。[③] 他可能感觉到了对这种发明的需要，因为他想要以一种最严厉的措辞来刻画美德与恶德之间的区别。而不仅仅是让著名的神话人物将善良和基础的品德表现出来，那样的传统可能会产生混乱，普罗迪科在陈述中将众多变量减少到一个，即赫拉克勒斯的性格。

赫拉克勒斯仍然是一块白板，我们只知道遗传赋予他的潜能。或者，普罗迪科的赫拉克勒斯会变成一个哲学英雄，诸如我们将在安提斯泰尼那里所看到的那样，至少是一个文化英雄。一个人们熟悉的征服了愤怒、欲望和贪婪等情感的角色，赫拉克勒斯在幕后忍受了非常多。[④] 接着，在普罗迪科构建他的演说的过程中，他消解了整个传统，让他的叙述超过任何我们自认为所了解的赫拉克勒斯。我们本打算铭记赫拉克勒斯的潜力，但是选择却先来了。我们是否一
定要这样想象：由年轻的赫拉克勒斯自己做出的、对美德的选择的效果，又被 108
热情的赫拉克勒斯削弱了？赫拉克勒斯的性格始终是含糊的；除了喜剧人物，

---

① 格思里对这个演说的评论是，它“似乎想要让一个智者在听众之中形成一个独奏以保证真实性，通过简单地吸收最流行的传说人物作为媒介来传达一种基本的道德训诫”。关于克塞诺封的演说如何复现普罗迪科的参考文献，参见 Guthrie 1969：278，n. 2。

② 即使是在“神话”内，普罗迪科也关注名称表面的正确性。

③ 比较赫西俄德在《田功农时》第 286—292 页中的隐喻性语言，其中他提到通往邪恶的通畅捷径和通往美德的险峻长途，而人一旦到顶峰就变得容易了。这段文字可能来自普罗迪科（Untersteiner［1949］/1954：217）。

④ 野蛮的赫拉克勒斯是旧喜剧和滑稽短剧里著名的人物。当然，他以这样的形象出现在欧里庇得斯的《阿尔刻提斯》（*Alcestis*）、阿里斯托芬的《蛙》（*Frogs*），甚至索福克里斯（Sophocles）的作品中，他的欲望促成了整个悲剧。

甚至悲惨、暴食者和强奸犯都是品达《涅墨亚颂歌 3》中那位保护了世界的英雄。[①] 总会有一个赫拉克勒斯可以选择去代表的选项。在公元前五世纪末和前四世纪初，赫拉克勒斯通过辛勤劳作和美德所获得的不朽的美誉开始占主导地位。赫拉克勒斯决定避开卑劣的乐趣，这标志着一种重新构成哲学上的英雄（由安提斯泰尼继承）的新趋势的开始。[②] 在他的演说中，普罗迪科把赫拉克勒斯带回到伦理的基础中，并且防止了消极一面的发展。即使观众铭记激情洋溢的赫拉克勒斯，但是这种对比让赫拉克勒斯的形象更有力。

因此，这段演说的传统标题——《赫拉克勒斯的选择》十分恰当：这不仅是品质的选择，也是普罗迪科对赫拉克勒斯所代表的形象的选择。选择的主题精妙地宣传了智者的艺术。将简单的美德行为列表转化为一场辩论，用美德的益处来抵制华而不实的恶行的吸引力。每一方都必然试图通过辩论取胜。那么，教育就不仅仅是对戒律的同化，它是教导人们从众多论点中正确识别出一个正确的论点，而智者正是教导人们构建和识别这些论点的人。传统的格言教育在现代被扭曲了。此外，赫拉克勒斯选择美德而非恶德，对于那些认为智者的教学威胁到传统美德的人来说，这无疑消除了他们的疑虑：赫拉克勒斯的决定是对普罗迪科的总结。这个道德结构在阿里斯托芬的《云》中的倒置，说明这个观点已经被采纳，并且开始对它产生怀疑。“公正”和“不公正”发生过类似的辩论，但是结果并不乐观。这个表演建立起一个情景，即不诚实是学习辩论技巧的唯一原因，并且不公正的辩论更容易获胜。[③] 另一方面，在《赫拉克勒斯的选择》中，智者的技巧被用于在结尾处进行赞颂。任何情况下这都是一种启示。并且这种启示与克塞诺芬尼和品达不无关系，当他们断然拒绝相信邪恶的神（或者在一些情况下，一个半神）存在。神话化历史的多样性和丰富性，使得传
109 统信仰和宣传论证重要性的热情，有可能形成一种结合，并收获硕果。

希庇亚的《特洛伊的对话》建立了一种相似的情景，尽管在这里没有辩论。在柏拉图的《大希庇亚篇》(*Hippias Major*) 286a－b（＝DK 86_{A9}）[④] 中我们看

① Galinsky 1972：30－38，81－98.

② Rankin 1986：107－108.

③ 阿里斯托芬的《云》889－1114，尽管喜剧是假设，但是剧中人物以及注解会为他们打上“公平”或“不公平”的论述，他们彼此成为“强”与“弱”的论述。斯瑞西阿德（Strepsiades）称呼弱的论述为“不公平”（116、657、885）；比较 Dover 1968：lvii。通过使论据互指为强与弱，亚里士托芬与普罗泰戈拉联系起来了（DK $80_{A21,B6b}$）。

④ 比较 DK $86_{A2·4}$。

到，希庇亚就年轻人应该有的高尚追求这个话题进行了一场为其赢得巨大声誉的演说。这场演说的绪论是这样的："特洛伊失陷以后，涅俄普托勒摩斯（Neoptolemos）问涅斯托耳，值得一个人在年轻时就全身心投入以获取最高声望的这项光荣而又美好的工作是什么？轮到涅斯托耳回答的时候，他向涅俄普托勒摩斯解释了一系列良好的生活规范（νόμιμα）。"由于演说是残篇，无法进行详细分析，但幸运的是，这在当前的研究中并非必须；这个神话语境十分有趣。柏拉图用ἐν Τροίᾳ ἁλούσῃ对其进行描述，而在我们看到的其他材料中，则用ἐπειδὴ ἡ Τροία ἥλω。在前面的英文翻译中，它被翻译成"在特洛伊倾覆之际"，但是更准确的说法分别是"在被占领的特洛伊"，或者"特洛伊被占领之后"。它变成一个象征，让我们回想起特洛伊被占领时涅俄普托勒摩斯的形象。他因杀死躲在宙斯祭坛后的普利亚姆（Priam）而名誉扫地，并且，这种负面评价在后来的传统中很难消除，而实际上，他应获得伟大的名誉。[1] 因此在与希庇亚对话的神话语境中，涅俄普托勒摩斯询问涅斯托耳如何能够获得良好的声誉，但他的双手还是（隐喻性的）沾染上渎神的血。

这种不协调是如何影响我们阅读的？涅斯托耳的演说全文可能会让事情更清晰。因为其中可能会假设各种各样的解决方法。我们可能会说，首先，希庇亚并没有意识到这个问题。这倒是与柏拉图在他的对话体著作《大希庇亚篇》和《小希庇亚篇》（*Hippias Minor*）中描绘的希庇亚的形象相符，他以讽刺的自我陶醉的形象出现，并且对苏格拉底最尖锐的讽刺都毫无觉察。这就要我们对其进行重新建构，他的语气似乎很沉静，涅俄普托勒摩斯非常像一个学童。对话的巨大声誉使我们确信，这是被认可的；正如高尔吉亚的《巴拉美德的辩护》 110
被认为是修辞的手册一样，许多人也将它解释为道德准则的教科书。如果这是真的，就进一步证明了神话传统碎片化为一系列的场景，相关语境也变得无关紧要。我们已经看到希庇亚百科全书式的文本是如何一定会造成语境的消解的。另一种方法是将希庇亚重建为一个修正主义者，即否认将涅俄普托勒摩斯所做的邪恶行为归咎于他，或者将其塑造为一个感到后悔和焦虑、希望改正自己的行为的人。希庇亚大概想要根据少数人对涅俄普托勒摩斯的解释，例如品达的

[1] 关于涅俄普托勒摩的名誉，参见 Most 1985：160－162，特别是 n. 113："一些文章，通过最大限度地削弱史诗和忽视古代作品，得出一个过于美好的涅俄普托勒摩斯的形象。"莫斯特向我们展示了奥德修斯在特洛伊倾覆之际对涅俄普托勒摩斯的评价（《奥德赛》11·506－540），但这种评价并不全面，他还向我们展示了在其他作品中他被描述为一个凶手。他说在古代诗歌中证据是"不多但是一致的"，同时"这种形象化的证据……是明显的"。

《涅墨亚颂歌7》来调整他自己。这样的目的可能会让希庇亚和普罗迪科的《赫拉克勒斯的选择》一样，预先设定消极的描述，然后宣称教育的积极作用。拒绝消极的刻画也不必是明确的；而在我们的材料中，并没有丝毫程式化的拒绝。希庇亚堂堂正正。

这个场景剧的另一版本更吸引人。很明显，如果希庇亚想要创造一个年轻人向年长者学习的场景，那么神话中的其他一些时刻就会有用处。人们很有可能会想到半人马喀戎（Chiron），他作为希腊英雄的老师，在神话中拥有卓越的名声。① 然后，选择特洛伊失陷之际作为背景似乎是进行过深思熟虑的。希庇亚想要制造一种残暴少年追寻美德的悖论。然而这样的名正言顺却远远不够。对矛盾和意外的偏爱似乎是一些智者演说的一个特点。我们听说过对死亡和风趣的颂歌②，并且我们马上就能看到最著名的矛盾的赞歌之一，高尔吉亚的《海伦颂》。这种为意想不到的神话人物重新恢复名誉是智者的一个特点，是一种对修辞技巧威信的展示。涅俄普托勒摩斯并非普通的学生，而是有特殊的含义的，即希庇亚的教育可以驯服一个甚至毫不妥协的人，或者至少能够公开地重新改造。

神话不协调的构建服务于多种目的。涅斯托耳的演讲包裹在数量惊人的传统说教规诫中，这样能够赢得人们的普遍认可。③ 这种不协调展示了智者掌握、
111 改编传统的能力，以此推广他们的修辞技巧和教育的力量。希庇亚教育的使命和涅斯托耳给涅俄普托勒摩斯的建议之间的联系，进一步印证了我们在《大希庇亚篇》中所考虑的，希庇亚运用涅斯托耳的建议为他自己服务。他宣称“我最近名声（ηὐδοκίμησα）更大了，因为我在那里详细地提出了一项青年们必须为之献身的光荣而又美好的工作”（286a3－5），但是这个记录实际上是出自涅斯托耳之口（286b3－4）。此外，涅斯托耳的话回答了涅俄普托勒摩斯关于什么习惯最能让年轻人成名（εὐδοκιμώτατος）的问题。这个学说同时让学生（涅俄普托勒摩斯或者他公元前五世纪的套用者）和老师（希庇亚或涅斯托耳）成名。涅斯托耳对希庇亚来说是一个密码。

智者和神话原型混为一谈的潜在可能性，被柏拉图在《斐德罗篇》（261b2－c2）中的交换所证实。苏格拉底提到由涅斯托耳、奥德修斯和巴拉美德（Palamedes）

---

① 关于诗歌的建议，参见 Kurke 1990，尤其是 89－94。

② Nightingale 1995：100－101.

③ 从这个观点来看，神话仅仅是夸大了论述（Untersteiner［1949］/1954：273）。

在特洛伊战争的闲暇时间写下的“演说的艺术”。斐德罗（Phaidros）怀疑涅斯托耳是高尔吉亚的伪装，而奥德修斯则由塞拉西马柯和狄奥多罗斯[①]（Theodoros）假扮。这是否是在暗示有些智者借由神话人物发表了“演说的艺术”？像高尔吉亚的《巴拉美德的辩护》这样的文章可以被挖掘为修辞的典范，而巴拉美德的演说是戏剧性的，并不是一篇理论性的论文。这可能是柏拉图开的一个巧妙的玩笑：高尔吉亚同时写了借神话人物之口说出的富有修辞技巧的演说和“演说的艺术”，而柏拉图将它们混为一谈。或者我们可以通过字面含义来理解《斐德罗篇》：“演说的艺术”是神话人物发表的。或者富有修辞技巧的演说本身就被认为是“演说的艺术”？[②] 后面的两种可能性无论哪一种被接受，苏格拉底的评论都反映了智者运用神话人物作为修辞教学的媒介，就如同《特洛伊的对话》和《赫拉克勒斯的选择》来承载（在一个完美的修辞环境中的）伦理教学一样。

智者和神话人物之间的区别，质疑了涅斯托耳的学生和涅俄普托勒摩斯的关系。人们可能会怀疑这是柏拉图式的反讽：就像一个不道德的智者对他的学生的道德健康漠不关心，涅斯托耳向一个不道德的年轻人发表获得良好名誉的演说。因此希庇亚不会去分析其内涵，但是在某种意义上，在公元前五世纪末，涅俄普托勒摩斯作为一个野心勃勃的年轻人十分适合这个人物角色。在恣意甚 112
至是必要的残暴和所需的良好名声之间保持平衡，通过修辞技巧来调解它们之间的对立，这引出了政治谈判中令人犯难的课题。涅俄普托勒摩斯是一个有问题的年代里有问题的典范。在战争年代建立的公众形象和帝国都需要智者的技巧。希庇亚对神话传统的运用反应和总结了这种困难的构建。

还有最后一种可能性需要考虑。是否有可能是柏拉图创造了希庇亚的演说，为了展示其神话无用的观点？菲洛斯特拉图（Philostratos）的证言（DK $86_{A2.4}$）即取自柏拉图。反对这一观点的人会主张，大量创造希庇亚的作品会削弱柏拉图的陈述；他不会试图强调这种不协调，而是会转移到对道德定义的考察上。我们可以对比他在《小希庇亚篇》的步骤，布伦戴尔（Blundell）已对此做过很

① 狄奥多罗斯：希腊数学家，生于北非的昔兰尼。他是毕达哥拉斯学派的成员，也是哲学家柏拉图和数学家泰特托斯（Theaetetus）的数学老师。——译注

② 肯尼迪（Kennedy 1963：62）认为，从亚里士多德的 *Soph. El.* 183b36 描述来看，高尔吉亚的作品并没有包含任何对修辞的系统讨论。授课是通过演说和收集的陈腔滥调。关于是否存在智者对修辞的理论化处理这一问题，参见 Cole 1991，他否认在智者时代有过抽象的修辞规则或修辞手册。

好的阐释。对话是发生在希庇亚对荷马的主题发表演说之后。[①] 他说荷马打算把阿基里斯塑造成赴特洛伊战场的英雄中最伟大的一个，涅斯托耳最为智慧，奥德修斯最为多才多艺（364c4－7）。他通过钻研荷马的注解的研究，发现大量的对话是对阿基里斯和奥德修斯道德品质的考察。正如在《特洛伊的对话》中，希庇亚和涅斯托耳都是圣人建议的智慧传播者形象。[②] 另一方面，苏格拉底的目的是贬低这些文学形象的道德模范作用，阿基里斯和奥德修斯都达不到知识渊博的标准。布伦戴尔指出，奥德修斯的多才多艺是如何成为公元前五世纪末雅典民主和希庇亚自身聪明和变通性的潜在范式的。[③] 通过对奥德修斯的控告，苏
113 格拉底也发出了对民主和智者的控诉。最后，希庇亚和苏格拉底都具有奥德修斯和阿基里斯的某些方面：这表明，神话范式是不能以这样一种简单的思维方式套用的，就像希庇亚所做的。[④]《小希庇亚篇》处理了许多《特洛伊的对话》中隐含的问题，并没有关注神话范式潜在的不协调。这表明《特洛伊的对话》中的不协调并不是柏拉图构建的。柏拉图运用神话范式和教育内容之间的张力，并不能证明希庇亚的健忘，但是这种张力的表达是智者教育中所固有的。智者处理这种张力的技巧，证明他在复杂的政治环境中发挥作用的能力，即将传统神话和传统道德与政治野心编织起来的能力。

我们已经探讨过，神话展示的重点在于传统习俗的道德适应当时世界对传统习俗成功的追求。这一进程在安提斯泰尼的神话作品中得以延续，他就像普罗迪科一样，用赫拉克勒斯解释对卓越的追求，并且在关于埃阿斯和奥德修斯的两次演说中，夸大了道德、修辞和实用主义的交集。朱利安（Julian）将他对神话的运用方面与柏拉图和克塞诺封联系在一起：“克塞诺封，以及安提斯泰尼和柏拉图都明显常常使用秘所思。所以很明显，神话书写（μυθογραφία）适用

① 布伦戴尔（Blundell 1992：135）认为，这篇演讲就是《特洛伊的对话》，而我却认为未必如此。在《大希庇亚篇》中明确提到，这篇演说最关心的是《伊利亚特》和《奥德赛》中荷马对人物的构建。涅斯托耳和涅俄普托勒摩斯的对话并不在这些史诗中，但是会在与《特洛伊倾覆之际》（*Fall of Troy*）有关的某些地方被提及。《大希庇亚篇》的演说倾向于对荷马的批评，而《特洛伊的对话》则注重格言的罗列。然而，布伦戴尔是正确的，这些演讲都关注了角色构建的问题，前者讨论了效仿的模型，后者则罗列了可取的做法。

② Blundell 1992：142.

③ 关于文学人物作为道德的典范以及在当代的应用，参见 Blundell 1992：151，166。它告诉我们，在柏拉图的《斐德罗篇》中，斐德罗要选择一个智者作为奥德修斯的对应者时，他选择了智者塞拉西马柯（他因在《国家篇》一开始的论述中说出“正义是强者的利益”而著名）（《斐德罗篇》261c1－3）。

④ Blundell 1992. Hippias and Odysseus：151－152；Hippias and Achilles：167；Sokrates and Achilles or Odysseus：164，168－169. 柏拉图将对神话人物的赞美延伸到对话的参与者身上，这个行为是《普罗泰戈拉篇》的复写，这一点将在下一章进行讨论。

于某一类哲学家——即使并不是犬儒。”（*Or.* 7 · 215c；216d－217a＝残篇 B8b，8c 德克来瓦）简而言之，他强调神话在构建道德范式中的运用：

> 安提斯泰尼、克塞诺封和柏拉图在处理伦理问题时，自觉地将神话书写混合（在他们的哲学中），它们互相融合，而并不是作为一种附属物。如果你确实想要模仿他们，那么你应该找到像忒修斯[①]（Theseus）或珀尔修斯（Perseus）这样的名字，而不是赫拉克勒斯，并且在其上标记上安提斯泰尼的方法，也不是建立一个普罗迪科为两个女神建立的场景（参见《赫拉克勒斯的选择》），你应该在你的戏剧中引入另外一些相似的场景。

该演说的信息作为一个整体，被它的接受者——犬儒赫拉克略斯（Herakleios）当作不敬和无礼的神话版本。然而，这篇文章名义上（毫不夸张地说）强调了神话的变化和道德主题的延续，而不是带着敬畏之心处理某个神话典范 114
的必要性。[②] 后来的神话收集者所传递的信息将会雷同，改变的只有名字。[③] 显然，古风时代晚期，用神话的外衣装饰道德劝解成为老生常谈。朱利安论述的语气表明，任何神话英雄都可以实现这一目的。在此我们看到了这个去语境化过程的结束，因为个人英雄失去了他们的独特性，变成了“主角”。我们可以在安提斯泰尼关于赫拉克勒斯的作品中看到这个过程吗？这个角色的著名程度足以使他成为文学创作的传统主题，一个可以和普罗迪科的《赫拉克勒斯的选择》相提并论的人物。正因为它有着这样持久的影响，所以才值得进一步研究。[④]

在安提斯泰尼谈论赫拉克勒斯的作品中，他说人生的目标是与美德共存（残篇 22 德克来瓦）。赫拉克勒斯努力去实现这个目标。当他拜访半人马喀戎时，他的动机是爱，并且没有伤害他（对比他遇到另一个半人马），而是遵循他的话（残篇 24A）。在残篇 27 中，普罗米修斯对赫拉克勒斯说他考虑太多关于尘世的问题。他将无法成为一个完整的人，直到他意识到世间还有许多高尚的事情。那时他将如野兽一样无知。兰金（Rankin）重构了一个故事，其中兽性原始的赫拉克勒斯，就像在许多旧式喜剧和滑稽剧中一样，需要来自喀戎的精

---

① 忒修斯：雅典传说中的著名人物，相传是他统一了雅典所在的阿提卡半岛，并在雅典建立起共和制。——译注

② 德克来瓦（Decleva Caizzi 1966：88）认同后一种可能性。

③ 因此安提斯泰尼对于岌岌可危的道德律并没有多少崇敬。

④ 希罗多德是安提斯泰尼同时代的人，他写了十七本关于赫拉克勒斯的书，据说其中包括寓言式的解释（Rankin 1986：107－108）。

神重生。因此，这些作品的主题之一就是教育，并且多少会有些普罗迪科的痕迹——就像《赫拉克勒斯的选择》。[①] 这个残篇的证据并不充分，并没有确定的迹象表明存在一个需要教育的原始的赫拉克勒斯。如果抛开普罗迪科的比较，我们可能会认为一个天生英才的人探访那些能够告诉他如何安排他的人生的人。这个作品中最有可能的形式是追问那些践行美德的英雄，而这非常符合赫拉克勒斯神话的结构。

安提斯泰尼关于赫拉克勒斯神话的版本，运用了他阐释荷马的作品时所使用的方法。挖掘传统材料并应用在伦理课程的教学中。然而，彼此允许的操作数量上是存在差别的。在阐释荷马的作品中，安提斯泰尼联系荷马的文本，表
115 现得像一个注解家。这是他的优势，因为荷马在人类存在的所有方面都是一个卓越的权威，安提斯泰尼的伦理和修辞理论都是建立在他的保护罩之下。然而这样的保护也是一种束缚。有时创造一个自己的材料进行注解可能更方便。然而在公元前五世纪末，对荷马的阐释显然是任何一位思想家建立知识权威都不可避免的一个方面，对于那些想要与神话有一种更为动态的关系的人来说，荷马的文本太过静止而不能让他们有更多创造性。从安提斯泰尼的例子中我们可以看到一种自然的转变，即从“学术性的”方法到对神话更具创造性的操作。这并不是说安提斯泰尼“发明了”赫拉克勒斯与普罗米修斯和喀戎的相遇，而是说在一个预先存在的框架中，他可以自由地创造这个举动的动机和细节。[②] 然而，英雄的形象完全服从于道德的使命，却并没有属于自己的生活。朱利安上面引用的文章的一种含义可能在于，安提斯泰尼的《赫拉克勒斯》中的事件，都是《赫拉克勒斯的选择》中两位女神展示的场景的变体。这种道德使命的力量克服了任何不协调的可能性。

神话的演说与《演说的艺术》

关于埃阿斯和奥德修斯的演说，情形略有不同，表现为在比赛结束时阿基里斯的武器。这场竞赛在漫长的文学历史中可以追溯到史诗集中。[③] 岌岌可危的恰恰正是所谓“最好的”亚该亚人（Achaeans）。[④] 从一开始，这个问题就围绕

---

① Rankin 1986：105 – 106.

② 格里菲斯（Griffth 1983：302）推测，在安提斯泰尼的《赫拉克勒斯的选择》的场景中，普罗米修斯引导年轻的英雄做一个正直的人，这可能要归功于普罗米修斯·吕美诺斯（Prometheus Lyomenos）。

③ Stanford 1954：92.

④ Nagy 1979：22 – 25，43 – 49.

着身体的力量和聪慧之间的对立，前者的代表是埃阿斯和阿基里斯，后者则由狡猾的奥德修斯代表。将武器授予奥德修斯导致埃阿斯受辱并自杀，并且还有一个明显的传统，即这场胜利是通过纵容和违规获得的（例如品达的《涅墨亚颂歌》8·21－34）。我们从上文可以看到，希庇亚围绕荷马的哪一个人物是最好的以及表现在哪些方面的问题，构建了一篇演说。特别是突出了奥德修斯这个人物，他是多才多艺的智者和公元前五世纪末的雅典人的对应形象。在安提斯泰尼的辩论中，对同一个问题也存在争议，并且更加激烈。此外，伦理问题还关注恰当的卓越范式，安提斯泰尼含蓄地强调了在做出决定的过程中，修辞 116
技巧发挥的作用，并且因此把神话情境带到公元前五到公元前四世纪。

埃阿斯的演说表现出对演说力量的深刻怀疑，言语并不是批判现实的真实标准。卓越（德行）有赖于行动而非言辞，因为没有行动，就无法赢得战争的胜利（7－9）。埃阿斯鄙视奥德修斯的狡猾和能言善辩，并且看不出卑鄙的行为有什么可被认为是光荣的，例如奥德修斯乔装打扮从特洛伊偷出雅典娜神像的行为（3，6）。埃阿斯对言辞的怀疑超越了对奥德修斯口才的反对，甚至延伸到当前他所参加的比赛中。他宣称，他的判断并不具备现实的真正知识，因而也不具有真正的权威（1）。他们都不过是投机者（δοξασταί，8）。即使是他的同僚、国王们，也不具有美德的知识，否则他们不会将这样一个决定的权力交给陪审团（4）。因此埃阿斯制造了这样一种局面，即只要拆除判断的框架就能获得胜利。通过反对司法权威的能力，甚至是他最受拥戴的能力卓越的袍泽，他得出一个在任何情况下都不可能的答案。

这是知识的失败，因为只有认可言辞是现实的媒介，才有可能实现人们的合作。埃阿斯在逻各斯和行动（ergon）之间创造了一种二分法——言语和行动，但是他却没有考虑到言辞可能本身就是一种行动。如果陪审团没有做出正确的决定，他们“将会认识到，言语（逻各斯）在行动面前虚弱无力”（7）。这个宣言想表达的是，与行动相比，言语相对无效，但是它也提出了（虽然不是向埃阿斯）言语和行动的一致性问题。错误的判断让语言脱离现实。这种脱离立刻变得危险，它是智者修辞技巧的荣耀。埃阿斯的担心是对的，但是他将逻各斯和行动分离简单化，这不足以阐述课题的复杂性。如果他可以，他就完全不需要语言。埃阿斯用他的主张——“战争并非取决于言语而是行动。当你和敌人对峙时，你无法反驳（οὐδ’ ἀντιλέγειν ἔξεστι）他；你必须在沉默中战斗并且取胜，或者被俘虏”（7）——制造出一种类似的效果。埃阿斯的意思是说，在战斗中，雄辩的技巧并无用处，单这个句子的措辞就让我们想到一个著名的智者的悖论，即反驳是不可能的（οὐκ ἔστιν ἀυτιλέγειν）。当有人说某物不可能如此，他的言语并无所指，而他也根本没有谈论。[①] 埃阿斯猝不及防地提出了关
117 于语言指涉内容的问题。因此，他的演说涉及一些修辞学的基础问题，但是埃阿斯以这样一种天真的方式强调了只有具有洞察力的听众才能有更进一步的反响。公元前五世纪末的人们未能理解埃阿斯语言的含义。神话的不一致强调了语言和世界之间令人质疑的关系。

演说的听众感觉到了由于英雄缺乏洞察力而造成的僵局。这种感觉被神话传统所提供的辩论的语境所证实：埃阿斯的自杀证明他无法忍受他所处的社会。事实上，除非对其命运有先验知识，否则不可能理解其演说，在我们超前的知识和埃阿斯对世界的洞察力之间有一种张力，这让他的演说深刻，并且意味深长——这是人们所熟悉的戏剧反讽。我们是否认为埃阿斯天生卓越而奥德修斯天生卑劣，这都不重要，因为神话语境证明埃阿斯错了：奥德修斯没有卖盔甲，而埃阿斯说他将如此（3），而且奥德修斯的诡计确实是特洛伊失陷的主要原因。

埃阿斯的态度代表了一种政治以及才智上的失败。人们可能会为他的演说加一个副标题"如何不去理会雅典陪审团"。安提斯泰尼将关于武器的论辩转化成关于司法设置的，这让人们想到希腊的法庭上，众多的陪审团成员坐在那里，审判他们的同胞。在这样的情况下，埃阿斯是一个必须要争取公民支持的贵族。但是在雅典的法庭上，无论被告还是原告都表达了他们对陪审团智慧和能力的信任，并且试图去说服他们，而埃阿斯却特意疏远了他的法官们。[②] 他否认他们有关于事实的知识，因而也否定他们有能力去审判他。任何一位陪审团都渴望了解事件的第一手资料，然而这是不可能的，通常这也不会被用来质疑他们的审判。[③] 埃阿斯出言不逊并且蛮不讲理。由于他的同胞们比大多数人对他都熟
118 悉，并且在这种情况下他们有权力对他如此。因此，埃阿斯或者任何一位雅典

① 柏拉图在《欧绪德谟篇》（*Euthydemus* 283c－286d）中同意这一主张，而亚里士多德认为它是由安提斯泰尼提出［《形而上学》（*Metaphys* 1024b32）；《题旨》（*Top*. 104b21）］。它同时也与普罗泰戈拉和普罗迪科有关（Kerferd 1981a：88－90）。

② 参见 Lysias 3・2，其中，演说者称他在其他任何一个法庭前说话都会感到胆寒，但是希望能从现在的陪审团那里得到公正的对待。

③ 在他坚持要用事实说话而不是凭空猜想时，甚至当他的同胞作为法官而无能，从而导致他被判决时，埃阿斯可能是受到苏格拉底或柏拉图的影响。普通雅典民众在政治知识上的无能是《国家篇》和《政治家篇》（*Statesman*）共同的主题。关于陪审团，比较《泰阿泰德篇》（*Tht*. 200d－201c）以及伯恩伊特（Burnyeat 1990：124－127，165）。残篇 196（德克来瓦）曾描述了安提斯泰尼批评雅典人在选举将领时，不考虑他们是否具有相应的资质（比较 Rankin 1986：155）。

的精英对这种权威的反对，都会招来不满。[1] 我们将在高尔吉亚的《巴拉美德的辩护》中看到，要想做出公正的判断并进行毫无歧义的传达是多么困难。高尔吉亚和巴拉美德的困难是认识论上的，但强调的是谨慎的判断，而不是对审判资格的否定。

在一个神话化的语境中，主要角色可以随意地创造，埃阿斯就是这样一个例子。对于一个像安提斯泰尼这样对修辞和伦理感兴趣的“智者”来说，埃阿斯为其提供了一个机会去构想在演说中道德效用的问题，并且尝试让荷马的英雄现代化。[2] 想要夸大演说的重要性并且展现在公元前五世纪的雅典，还有什么方法能比将一个缺乏修辞能力和政治敏感的英雄置于法庭的情境中更有效?[3] 选择埃阿斯表明，有些英雄无法现代化，史诗中的英雄并不适用于当时的雅典。他以卵击石般冲击着由修辞和民主筑成的高墙。因此安提斯泰尼将这种神话框架所具有的反讽的可能性应用于他的教学，并且谨慎地尽可能去强调这种反讽。高尔吉亚的《巴拉美德的辩护》和希庇亚的《特洛伊的对话》都展示了在演说的语境和神话内容中的这种反讽的行为，后者削弱了这种语境。[4] 奥德修斯的演说，不出所料地依赖于为达目的不择手段的前提。[5] 这场战役的目的是征服特洛伊，并且如果这个目的需要卑劣的伪装和一定程度的狡猾，那么这种伪装和狡猾就是正义的。埃阿斯对言辞和陪审团的不信任体现为恐吓，并且他自己也被指责为愚蠢和嫉妒。奥德修斯说即使没人称赞他也想要有所助益，这种宣言隐晦地（ἀδοξία）暗示出犬儒派的观点，即默默无闻和落魄现象比光荣和野心更能暗示出卓越。[6] 他在不知不觉中捉弄了埃阿斯的命运（当他预言了埃阿斯可能 119
会陷入某种迷障中时）以及他将来在史诗中的不朽丰碑，因为他为自己贴上了“更不朽”“智慧”“狡猾”等荷马式词汇的标签。[7] 奥德修斯并没有详述演说的问题，而是将其整合进公元前五世纪末的修辞文化中，这也不会是在他所擅长

① 在这个故事的一些版本中，陪审团是由特洛伊的战俘组成。然而，安提斯泰尼对希腊领袖的态度让我们不太敢相信他会对军人有任何敬意。奥德修斯的言辞将埃阿斯对陪审团的议论解释为一种恐吓（5）。

② 因此，安提斯泰尼的做法类似于悲剧作家所采用的。

③ 在《申辩篇》（*Apology*）中，柏拉图将这一情况的道德意义完全倒置了。苏格拉底的申辩表明，智者的道德范式是去神话化的。我们拥有苏格拉底的同时不需要埃阿斯或赫拉克勒斯。

④ 比较巴凯（Bacch 5. 162 – 175）的戏剧的反讽，其中墨利埃格（Meleager）将得伊阿尼拉（Deianeira）介绍给赫拉克利特作为妻子，这桩婚姻成功引起了赫拉克利特内心的波澜，并且导致后续情节的中断。然而在此处诡辩的例子中，情境的反讽削弱了所要言说的知识和道德语境。

⑤ 比较奥德修斯在索福克里斯（Sophocles 108 – 111）的《菲罗克忒忒斯》（*Phil.*）中说的话。

⑥ Stanford 1954：98；Rankin 1986：169.

⑦ Rankin 1986：166，171.

艺术探讨领域的优势。相反，他专注于埃阿斯的世界观暗示出的道德问题，表明他本人作为一个（已被启蒙的?）实用主义者将被安提斯泰尼的听众所熟悉。

因此这两篇演说在当代雅典的判决场所中，对两个神话角色进行了处理。一个英雄可以适应环境，另一个不能。[1] 这两篇演说成了成功和不成功的演讲术的范例，它们充分说明了在论述神话角色时，智者表现出的对修辞原则的实践。通过运用神话框架，安提斯泰尼能最好地实现他想要的效果。因为埃阿斯和奥德修斯都是史诗、抒情歌谣和不计其数的悲剧的常用题材，而他的信息却因反讽而让人费解。在希腊人的意识中，过去的神话总是和现在的神话混淆；通过调整过去的声音，来述说当代的安提斯泰尼所关注的问题，这样的并置更有意义。他也对将神话人物树立为一种典范这样的行为提出质疑。埃阿斯对言辞的力量和效果的不信任，是过去的神话和现在的世界之间不协调的一个缩影。只有更变通的奥德修斯才可能是智者和雅典人的多才多艺的始祖。然而，对埃阿斯之失败的表现，成为未来成功的典范。如果学习演说教学的课程，我们可能会做得更好。埃阿斯和奥德修斯之间的辩论，同时宣传了语言的效用与不可靠。埃阿斯既失策又不切实际，但是一个老生常谈的问题仍然存在，即关于一个事件真相的知识。我们将把对这种张力的探讨延伸到高尔吉亚的展示中。

《巴拉美德的辩护》

120 巴拉美德因得罪奥德修斯而被指控叛变（DK 8_{2B11a}），高尔吉亚的《巴拉美德的辩护》，是巴拉美德从特洛伊带给希腊人的辩护词。这篇演说试图通过严密的逻辑证明真相（巴拉美德的无辜：一个神话的假设）。巴拉美德承诺证明他既无动机、手段，又无机会去作案。为了实现这一承诺，他为一个理智的人在任何给定的情景中的行为制定了一个标准。[2] 这篇演讲和《海伦颂》都“被绘制的一种先验的区分推动，并且将它们与心理逼真结合”。[3] 巴拉美德的演说与安提斯泰尼关于埃阿斯的演说一样，都包含着对言辞的可能性的关心，而不是反驳其重要性，巴拉美德意识到了其中的问题。对他的指控是毫无根据的，他也因此语塞，除非他能从真理本身中学到如何为自己辩护（4）。他必须以某种方式将他对真理的意识传递给陪审团。而且，他知道他的原告对事实一无所知：

---

① 当然，即使只是在史诗和英雄的层次评判埃阿斯，他也是不成功的；但是在安提斯泰尼的描绘中，最重要的一点是他对演说重要性的纲领性坚持（埃阿斯未能成为演说家），以及对贵族道德的含蓄辩驳（埃阿斯作为英雄是失败的）。

② 关于这篇演说中论述技巧的详细分析，参见 Long 1984：233 – 241；Cosenza 1983。

③ De Romilly［1988］/1992：61.

“我不知道一些人是如何知道一些未发生的事情”（5）。

巴拉美德的两个问题赢得了智者的青睐。对事物的知识如何通过演说从一个人传递给另一个人，以及一个人如何说不存在的事物？第一个问题与交流的可能性有关，并且我们知道高尔吉亚对这个问题十分着迷。在他的专著《论非存在与自然》（*On What Is Not Or On Nature*，DK 8_{2B3}）中，他试图证明虚无是存在的，如果人们无法理解存在的任何事物，那么即使它能够被理解，也无法传递给别人。为了支持这些命题，高尔吉亚还触及第二个问题，认识论的问题：虚无是不存在的。因为如果虚无存在，那么它既存在又不存在：就它不被认为是存在而言，它不存在；就它被认为是存在而言，它又存在（67）。这导致了荒谬。这个问题与前文提到过的矛盾的不可能性的争论有关：如果某个人说什么并非如此，那么他的言语空无所指，相当于压根没在谈论。奥德修斯这样说了；因此就存在一种风险，即他的言语将被采用作为一种参考。通过说和思考某物，他创造了它。一个人可以说一个他一无所知的事物。“一个人如何知道‘存在’，这个事实上并不存在的东西？”巴拉美德的问题是合理的，但是他碰到了言语赋予现实的力量。

正如巴拉美德惊讶于奥德修斯谈论不存在事物的能力，他关注自己传达事 121
实的能力。所幸他没有读过《论非存在与存在》（*On What Is Not Or On Being*），因为那样的话他的怀疑将被强化：“我们告诉别人的时候所使用的是逻各斯，逻各斯不是主体和存在物，所以我们告诉别人的不是存在而是逻各斯”（84）。巴拉美德和奥德修斯的演说在认识论的问题上不分伯仲，并且这个案件的结果不容乐观。演说的神话语境并没有鼓舞我们，甚至巴拉美德都感到沮丧。他总结他的辩护，恳求道：“如果通过这番话能澄清事实真相，使听者得到清楚的印象，那么判决是很容易下的。如果不是这样，你们可以把我监禁起来，关很长的时间，然后再按照真实情况做出判决。”（35）在构建了一个详细的论证之后，他退步并呼吁法官能够等待，直到他们可以判断真相的时候。然而，并不清楚他们是以何种标准做出的决定。逻各斯似乎并不能揭示真相。巴拉美德强化了理性主义信仰和怀疑论者的态度之间的张力，前者将所有问题都归类到理性的分析和解决中，而后者（现在我们已经很熟悉）认为言语并不足以成为现实的媒介。只有当人们忽视了这种张力，巴拉美德的演说中的论点才发挥作用，这一点有时被当作正确的修辞和行动中积极的理性范例。这篇辩护远不是被用于盲目复制和模仿的修辞学教科书。没有理由否定高尔吉亚的作品有一个完全积极的推动力。①

言辞神话化的语境证明了这一点。人们很难认为言辞代表着理智和演讲术的胜利，特别是当人们回想起巴拉美德尝试为自己辩护却以失败告终，奥德修斯取得胜利而巴拉美德却被不公正地处决。在智者时代及之后，巴拉美德都是一个著名的司法谋杀案例。② 巴拉美德希望他自己、他的法官以及他的同胞能够奉行理性原则，但是他没想到奥德修斯对他怨恨的程度，以及伪造证据的可能性。在评估奥德修斯的动机时，他以一种十分公正的方式陈述了可能性。如果
122 奥德修斯知道或者想象到他是有罪的，那么他的起诉让他成为最好的人，但是如果他出于嫉妒或邪恶而起诉，那么他就是最坏的人（3）。然而，巴拉美德并没有一个接一个地选择，他的整个辩护是建立在这样一种前提之下，即奥德修斯因为“他认为的事情如此”而指控他（5）。当直接写到奥德修斯时，他暗示对方是一个无足轻重的人，但又试图通过逻辑论证来反驳他。（奥德修斯要么知道，要么是依靠想象。但他实际上并不知道，并且当他一无所知时相信猜测，他是愚蠢的。）最后他宣称并不打算因为奥德修斯所有的罪行而指控他；他希望他被判明无罪不是由于奥德修斯的邪恶行径，而是由于他自己的良好德行（27）。他并不是对奥德修斯的表里不一一无所知，而是希望越过这一点，让事实为自己说话。但是这一点恰恰是事实（facts）无法做到的。

巴拉美德显然不知道奥德修斯捏造的来自普利亚姆的信和埋在他帐篷里的黄金。这增加了更深一层的讽刺：当他挑衅他的反对者出示证据时（22），他注定要失败。不理会奥德修斯不理性的恶意，导致他精心阐述的逻辑世界倾覆。而且，奥德修斯的证据并非目击者，而是没有生命的实体，不会言说或推理，任由创造它们的人摆布。高尔吉亚构建的演说在两个层面上是有益的：它教给听众，如何在可能的（εἰκός）基础上阐发一系列逻辑上可行的论述，并且对忽视人的灵魂中非理性因素可能造成的危险发出警告。神话语境的暗中破坏，在情节层面重新显示了巴拉美德在演说领域证明自己清白的难度。因为在埃阿斯和奥德修斯的言辞中，观众们卓越的知识创造了一种戏剧性的反讽，并且强化了高尔吉亚的观点。那些草率地将其视为“修辞的艺术”的人会从中受益，但是却容易忽视其深层的内涵。而警觉的听众则能了解到逻辑和言辞的局限性。

---

① 西格尔（Segal 1962：119）认为，《巴拉美德的辩护》标志着高尔吉亚在《海伦颂》之后思想的进步。在其中，高尔吉亚早期关于心灵的非理性动机的热忱消退，取而代之的是作为一个理性的有机体的心灵概念。但是它忽略了言语的反讽含义以及巴拉美德失败化语境的失败。

② *RE* 18.2，2503.

《海伦颂》

《海伦颂》（DK 8_{2B11}）更明确地回到了语言问题。分析高尔吉亚演说中的心理学（或者是“心理教育”）的任务，已经有其他人做过很好的研究。我将关注的这篇文章，能够让我们更好地理解高尔吉亚对于神话以及演说的力量之间关系的态度。[①] 这篇文章的目的在于赞美海伦，并帮她从坏名声中解脱出来（DK 123
$8_{2B11 \cdot 2}$）。他证明在她与帕里斯逃往特洛伊的罪行中，她是无辜的。海伦是迫于命运和神意才这么做，是命运的无辜牺牲品（6）。如果她是被暴力挟持，那么她同样也是无辜的（7）。如果她是被言语打动，她是无辜的，因为语言是有魔力的，具有不可抗拒的力量，它是必然的一种形式（8－14）。最后，如果她是受到爱情的驱使，那么她是无辜的，因为爱情既是一种不可抗拒的神圣的力量，又是一种疾病，在这样的情况下，这是一种不幸，而不是一种罪（15－19）。高尔吉亚以一种自我祝贺结束了这篇文章：他将海伦从不公正的指责和无知中解脱出来，撰文赞颂了海伦，聊以自慰（21）。

《海伦颂》更像是对逻各斯而非海伦的颂歌。这篇文章的神话框架有意识地文学化和技艺化，“它的设置来自最早的文学、诗学传统”[②]，并且是评论高尔吉亚的媒介工具。在这篇演说中，高尔吉亚运用颂歌传统的价值，开始了他的自我定位。他说，真理变为话语（κόσμος…λόγῳ…ἀλήθεια，1）；我们应当适度地赞扬或指责。对演说来说，真理被视为κόσμος（“秩序”“装饰”“名誉”）意味着什么？真理和言语的秩序（在真实的言语中存在一种适应性）、名誉（真实道德上的证实言语）和装饰（真实是言语极具魅力的装饰物）的一种。“真实”本身并非言语的支配原则，而是附属的一个方面。这一点恰如其分，因为它的特性是具有修辞性的效果。κόσμος的概念在道德和美学之间搭建了一座桥梁，但是后者占主导地位，因为即使言语是虚假的也可以使人信服和沉醉，只要它足够漂亮。[③] 因为希腊语句法的灵活性，所以“真实对话语来说是一种κόσμος”。这个句子可以被倒置而具有了新的意义：“秩序（即合理地展开论证）对话语而言是一种真实。”这篇演说的剩余部分表明，高尔吉亚认为真实并不是一个伦理问题，而是认识论问题，是从对逻各斯力量的严密考察中提取出来的某物。逻各斯决定真实，或者更有甚者，高尔吉亚运行着真实的两个观念，一个是真实的，一

① Segal 1962；de Romilly 1973；Rosenmeyer 1955.

② Segal 1962：102，119－120.

③ 比较第 13 部分：“用技巧写作，但是不用真实说话”。

个是主观的。建立前者的难度，导致对后者作为一种标准的强调。

演说在开始的部分就提醒我们，巴拉美德的演说中强大的逻辑锁链。高尔
124 吉亚建立了一个标准以帮助人们做出判断，就是在他的演说中加入批判（λογισμόν）。作者只能运用他自己的资源，通过分析媒介来得到真相。[①] 这种自我分析让他重构了真相。无疑，这是“他的”真相。但是，知识的相对难以接近，实际上意味着个人真相更容易被接受。正因为真相是对媒介参考的补充，所以它更有可能是有效的。言语的力量可以克服人类的无知，这完全是一个逻辑的问题。到目前为止，一切顺利。然而，这里还有一个问题。我们在上面看到巴拉美德是如何在他辩论的结尾撤回他对理性论证力量的乐观主张。在《海伦颂》中也有一个相关的举动，高尔吉亚从对命运和暴力可能扮演的角色的思考，转到对言语和爱的力量的考察。在 8—14 部分，高尔吉亚的论点解释了逻各斯是如何成为观众灵魂的魔咒和药物。言语是一种强大的力量（8），因为它依靠必然律的力量。高尔吉亚将高尔吉亚的关注点从实证主义的真相调整到对猜测的力量的认可上，通过这种方法，他的说法变成了自我参照。与巴拉美德不同，他的逻辑考虑到了非理性。

非理性的因素是意见。我们从别处知道，高尔吉亚认为，“当存在与形象不一致，存在是晦涩的，而当形象不符合存在，形象又是不可靠的”（DK 8_{2B26}）。这也在《海伦颂》的第三部分有所反映：宙斯“似乎是他的父亲，因为他是”，而廷达瑞俄斯（Tyndareus）被否认“因为他被说成是”或者“因为他说他是”（διὰ τὸ εἶναι ἔδοξεν，ὁ δὲ διὰ τὸ φάναι ἠλέγχθη）。这种对立是珍贵而有意义的。宙斯是海伦真正的父亲这一事实更容易让人信服（如果存在与形象不一致，那么存在是晦涩的），相反廷达瑞俄斯的主张仅仅依靠言语（当形象不符合存在，形象又是不可靠的）。言语本身并不够，而是必须要依靠其他一些东西，而问题在于，要依靠什么？即使它依靠于存在也无法让人信服，因为存在和形貌，真理和意见，都是相互依存的。这个问题在第 11 段被充分处理了。那些被虚假的逻各斯被说服如此行事：

他们用虚构进行说服的实例是数不清的；因为如果每个人都能记

---

① 德罗米里（De Romilly 1973：158）也将品达的权威视为高尔吉亚的楷模，并且敏锐地指出，神圣的话语权已经从缪斯转给了作者。诗人的权力获得更高的评价，所以缪斯的权力变小。

住过去、知道现在、预见未来，那么语言的力量就不会那么大了。[1] 但 125
是实际上人们并不能记住过去、知道现在和预见未来，所以欺骗就容易了。许多人误将意见当作是对灵魂的忠告，然而意见是不可靠的，它将使接受它的人陷入捉摸不定的厄运之中。

我们要注意到，这些陈述并不是绝对的：问题在于缺乏普遍的知识，以及获取知识的困难（并非不可能）。高尔吉亚没有否定真理的存在，只是发现它相对不易获得。事实上，修辞可以掩盖真相，因为当他谈论到公共辩论的时候，他说，有技巧的演说能够让人信服，尽管它并不是“用真理书写的”（13）。我们对知识的相对缺乏造成了一种类似于我们知识状态的逻各斯。这是一种推测性的逻各斯，因为我们依赖猜测，而猜测是受非理性因素摆布的，例如爱。

高尔吉亚强调意见和知识的不确定性，这让我们想起克塞诺芬尼是如何将怀疑论观点（“一切所制造出来的都不过是意见罢了”DK $_{21B34}$）与对诗歌灵感的排斥结合起来的。高尔吉亚也反对知识的特权来源。他在开篇就宣布，海伦遭到普遍指责，被那些全都有罪的诗人指责，他们听任（2）灵感的支配，并且暗示诗歌都依赖于道听途说。[2] 前面对第 11 段的引用，让我们想到了赫西俄德的缪斯女神说的可以洞察现在、未来和将来（《神谱》38）。高尔吉亚反对诗人的这种理解，尽管他引用虚假的逻各斯来让人信服的观点无疑来自于缪斯让虚假的事情像真实的事情一样的能力（《神谱》27－28）。那么，我们用什么来替代灵感？合理的方法是用逻各斯，即 λογισμός（批判，参见第 2 段“我愿对逻各斯做批判性考察”）。然而这种批判是把双刃剑。它既是一个让人们获得知识的过程，又是一个让他人信服的谨慎的劝说结构。为什么逻各斯更具说服力时会被定义为虚假？因为逻各斯对所有人而言并不是完全相同的。我们必须运用意见来劝服，因为它是人类生存的有效法则（就像巴门尼德的意见，第二个最好的选择，因为人类是混乱的）。逻各斯是虚假的，因为它必然是主观的。

这篇演说，开始便用强有力的严密逻辑赞颂了真实。这是为了强调话语欺 126
骗的力量而进行的修正，并且这个论述自我参照的性质越来越强。劝服的效果产生于在论证中对词汇的有序安排，但是它作用于灵魂，几乎没有办法获取知

---

① 对于 οἷς τὰ νῦν γε 一词的翻译，我采用了代尔（Diel）的设想。关于核心的讨论，参见 MacDowell 1982：38。

② 肯尼迪（见 Sprague 1972：50）翻译为“灵感的诗人的见证”，但是在高尔吉亚的处理中，显然并没有出现缪斯。

识，也不可能通过这种缺陷来达到其目的。海伦的神话非常适合引出这种张力，特别是高尔吉亚所使用的版本。高尔吉亚将他的论述引向对行为的解释层面，而不是行为本身的层面，这是意义重大的。① 这是一种有意的选择，因为希腊有一种古老的传统，即否认海伦现身特洛伊以为她翻案，例如斯忒昔科罗斯的翻案诗。承认她现身特洛伊，并且坚决主张她是完全无辜的，实现了展示话语力量的理念。而高尔吉亚更成功之处在于，论证话语的魔力诱惑海伦做出了她本不该做的事。不过，他的言语并没有那么有效，因为我们意识到他同样在将这种劝服的力量作用在我们身上，让我们相信本不相信的东西。现身在特洛伊的海伦，让高尔吉亚的辩护自我矛盾。②

在神话中，话语的荣耀是通过它施加在海伦身上的魔力实现的；而这篇演说则通过采用一种不大可能的辩护而对其进行赞美。这种悖论会令读者困惑。它辩护成功了吗？如果人们接受一种“主观的”观点，那么它成功了，但是人们依然想知道与之相关的“确凿”真相。高尔吉亚成功地从修辞和逻辑的角度补充了真相。他考虑到了非理性，并将其同时作为论点和技巧。然而，这里存在一些错误，我们隐约能够感受到它。这种不适直接来源于高尔吉亚将他的演说含蓄地描述为欺骗，并且这个结论被证实：“撰写此文歌颂海伦，并聊以自慰（παίγνιον）”（21）。在同一段落里，他说他已经完成了在演说开始时定下的目标，回到了公正和无知的主题上。他除去了海伦身上不公正的指责和无知的猜想，但这最后的搭配给我们的印象是矛盾的；毕竟，意见无疑也是一种无知。他是否宣称要让它明智？高尔吉亚对这篇演说的评论是“聊以自慰”，这反映了一种主观的态度。对一个人的颂词是另一个人的消遣。这个结语破坏了整体但
127 又无法避免，这是由于真知的相对难以接近和幼稚带来的主观性。演说在它最成功的时候失败了。然而，正是在意识到这篇论述是一种消遣的时候，我们有了更好的机会能运用它为我们服务。在对海伦的操作中，高尔吉亚展示出了他与传统的关系中特有的敏感。他既要面对又不用面对从外部活动到内部动机的转变。神话可以用于最严肃的知识启示和最孩子气的消遣。

在高尔吉亚的思想中讨论主观性的作用，让我们回到了巴门尼德的理论。一直以来，学界都认为高尔吉亚关于“非存在”的论述是对来源于巴门尼德的

① Untersteiner［1949］/1954：120.

② 比较 Wardy 1996：ch. 2。

爱利亚学派[1]哲学思想的直接反驳。[2] 我们已经看到，他在这个作品中考察的沟通的认识论难题是如何反映在关于海伦和巴拉美德的演说中的。这看起来就像是“高尔吉亚……在演讲和诗歌中，用欺骗的（ἀπάτη）观点来作为言语的基础，这个观点来自巴门尼德”，他的“对词汇欺骗性的排序”（κόσμον ἀπατηλ-όν，DK $_{28B8 \cdot 52}$）提醒读者不要被《意见》表面的含义迷惑。[3] 高尔吉亚和巴门尼德都声称语言具有欺骗性，但是这种宣言会同时有助于强调和消解主观和客观真相之间的对抗的内在危机。高尔吉亚的一部分解决办法是理性的批判。这就会引导人们去理解人类非理性的动机，教导我们在试图劝服别人时如何使用非理性。任何不考虑非理性的尝试都将会失败，然而这也意味着任何获得“真理”的努力都具有非理性色彩。理性和它的对立面有着千丝万缕的关系，真相总是主观的。因此，尽管高尔吉亚宣称他的文本是真实的，但是这一主张并没有反驳他的语言具有欺骗特性的这个认识；这个悖论是语言和思想的主观性的直接结果。客观的真实（“现象世界”）或许存在，我们或许勇气可嘉地试图用逻辑获得它，并付诸文字，但是《论非存在与自然》却指出每一个步骤都有着让人质疑的特性。[4]《海伦颂》的内在动机反映出我们试图从对客观真实的心领神会
到达对其进行表达的过程。我们对客观真实的个人设想本身就是主观的，并且 128
当我们试图与他人沟通时，语言本身的特性成倍地增强了主观因素。

高尔吉亚对语言问题的分析是直接站在巴门尼德的传统上的。他的“批判”（λογισμός）的概念与巴门尼德对正确路径的追寻相似。他们都承认人类心灵的指引力量，可以在那些此前本不存在以及它不应该存在的地方定义现实。巴门尼德《意见》中的凡人，结合“现象世界”与“虚无”创造了一个表象世界，将它们从真实中切断。高尔吉亚和他的听众徘徊在一个不容易接近真实的、类似于表象和非理性的世界。这些思想家都创造了一种矛盾的结论：巴门尼德坚称自己不存在，高尔吉亚则揭露并破坏了他的劝服力量的结构。然而，他们都从悖论中受益。通过强调现实与语言之间的鸿沟，他们将其一部分包含在内

---

① 爱利亚学派：古希腊最早的唯心主义哲学派别之一，因该学派建立于南意大利半岛的爱利亚地区，故云。其主张唯静主义的一元论（monism），即世界的本源是一种抽象存在，因此是永恒的、静止的，而外在世界是不真实的。该派以擅长诡辩著称。——译注

② Guthrie 1969：192 – 199；Kerferd 1981a：93 – 99；Cassin 1983；Wardy 1996：9 – 24.

③ Verdenius 1981：124 – 125.

④ 蒙塔诺（Montano 1983：120 – 125）指出，这些作品是如何在逻辑和经验之间构建起一道无法逾越的鸿沟，并且指出其与神话作品的相似性，它们都无法提供合理地证明或有罪或无辜的反证。逻辑真相替代事实真相。

并按照他们的意愿改造。[1] 在此我们可以听到斯忒西科罗斯的海伦的回响。在他的版本中，这个女主人公从没有去过特洛伊，取而代之的是一幅肖像（εἴδωλον）。这个肖像是对现实空洞的模仿；当人们把它称为海伦时，实际上这个指称毫无含义。她无法被理解，但是成千上万人为她而死。如果这个形象是高尔吉亚歌颂的背景，那么她就是代表语言（表象）和现实（一种当人们试图抓住它时便会消融在稀薄的空气中难以捉摸的真实）之间鸿沟的完美符号。神话化的海伦无疑是不真实的，作为神话传统的人造产物而服从于各种各样的解释，以及作为其自身存在的影子的角色而言，她无疑是不真实的。[2] 还有什么形象能更好地体现现实的主观特性这一理论？她是最完美的智力玩具。

高尔吉亚为了保住他在语言和解释现实领域的领导地位，运用神话化的传统（作为一个文学假象）进行了论证。巴门尼德在为他作品而构建的神话语言和他所得到的结论之间创造了一种冲突，而高尔吉亚则在他关于话语的结论和他希望我们从一个神话中得到的特殊结论之间创造了冲突——这个冲突具有更
129 广泛的含义。认识论的问题始终与自我宣传和修辞处理并存，前者让后者成为可能。同样地，普罗迪科和希庇亚对伦理问题的陈述与一种隐晦的建议相结合，即智者在对引起的问题进行构想和操作时，必然需要智力技能。

相比形成悖论，智者更多的是对神话不协调的运用。在一个神话框架中展示“理性的”和逻辑的论证，由此质疑理性的成就。秘所思破坏了逻各斯。需要强调的是，我并不认为神话话语是非理性的，但是智者们所继承的传统却这样塑造神话。当高尔吉亚和安提斯泰尼想要强调意见的角色时，他们总会用神话达成这个目的。当高尔吉亚暗示真实服从于修辞手法时，也是通过神话。毕竟，真实的修辞构想不过是早期哲学家对诗歌的谴责。既是诗人又是哲学家的高尔吉亚赋予这种构想认识论的基础，从而打破了神话与哲学之间的二元对立。

这种对立的消解让我们回到了第二章末对解构的讨论中。在区分希腊“哲学”和现代解构分析时，我强调无论是文本还是文本的作者都无视这种矛盾。我们在高尔吉亚身上可以清晰地看到这一点。哲学话语总有一种倾向去统计那些明确的特权，并且试图去控制那些不可控的因素。高尔吉亚就像一个解构主义者，意识到逻辑和理性的运行离不开它们的对立面，并在神话演说中展示出

---

① 波特（Porter 1993：289－290）认为，高尔吉亚的自我颠覆甚至比我所建议的更为激进：“通过质疑语言与现实的关系，高尔吉亚对两者都发出质疑。”

② 将高尔吉亚的演说更为复杂地解读为“在功能上等同于斯忒西科罗斯的幽灵”。参见 Porter 1993：278－280。

这一点。他对修辞的分析既含蓄又清晰，试图找到意义与无意义，“存在”与
“非存在”的中间地带。意见的规则反映出人们无可避免地处于这两个极端之
间。然而，与解构主义者不同的是，高尔吉亚相信一种遥远的（尽管可能是无
法达到的）真实。他承认我们对语言的掌控永远不可能尽善尽美，但是这种认
识化解了许多潜在的问题。神话是这种认识和随后的化解之间的媒介，因为它
是一种属于过去的话语。也因为神话的特点是真实人物的想象、投影，并且只
有修辞真实的主张才能赋予它们真实。高尔吉亚发明了用它们的不协调去代表
语言功能的不连贯。解构主义者“运用能指”在高尔吉亚修辞的“消遣”中找 130
到了对应物，在揭示自身的同时建构和解构。当继续进入柏拉图的研究时，我
们会发现同样要涉及对修辞策略的揭露，但是附加了一个通向无法接近的真实
的计划。他反对智者话语中的主观性和因循性，认为能指的作用是对知识探索
的终结，并且利用了这种洞察。他在承认语言的不稳定性的同时，又认为我们
的思想被引向一种超验的稳定。这个计划的困难意味着讨论是严肃的游戏的一
种形式，并且往往以无可奈何结束，但是我们也应该保持胜利的希望。柏拉图
的怀疑论与智者的不同，并不是以自身的结束或是成为被操控的工具。

结　论

这一章的研究表明，公元前五世纪末期的职业思想家对于神话的态度是绝对不同质的。对神话的操作经历了一系列变化：从对荷马的解释，透过诗歌文本看神话，到对传统神话素材的创造性改编，再到传统的去神话化和对社会根源的理性主义理论化。这些策略的目的是从智力实践拓展到对修辞效用思考的自我展示。神话是一种公认的传统习俗（convention）的工具，而智者并不关心它们的真正价值（除了普罗迪科，他特别关注神话作为一种传统宗教的真正价值）。与这种对真实的漠不关心和将神话视为文学现象的观点相类似的，还有将传统打破为一系列孤立画面。就像书写出的传统可能会被挖掘为格言，神话资源具有诱人的吸引力。神话的文本化使它成为传统习俗的一种形式，并且被智者如此运用。

我们看到，恩培多克勒愿意运用传统的语言来阐明他的观点，并且据称，他的同辈人都很敬畏他的心灵和才华，甚至是魔力和法力（DK $_{31B112}$）。高尔吉亚应该是他的学生（DK $_{31A1}$）并且一样神奇地令人影响深刻。传统习俗的特性和所起的作用是这些思想家关心的主要领域。这就是为什么他们对神话的使用不应

该仅仅被驳斥为传统习俗的；对他们中的一些人而言，语言本身就是一种传统习俗。在神话操作和语言操作之间，存在一种特别亲密的关系。这不仅仅是说
131 我们必须通过语言来操作神话，而是神话操作本就是语言操作的一种形式。我们已经在高尔吉亚那里看到这种例子，但是相比普罗迪科、希庇亚和安提斯泰尼，这种展示只是很小的一部分。分析神话演说，最常用的方法是假定一篇文章的神话框架既是可分离的又是清晰的。这样做的目的往往被视为消遣，而不是如肯尼迪（Kennedy）指出的："减少工作的有用性……许多论点可以提取出来"。① 但是没有论点是脱离文本存在的，在一篇演说中神话位置的精心布置，使人们更容易进入语境中，这并不仅仅是为了增添趣味，而是因为语境非常重要。② 在这些篇章中所考察的框架与语境的不协调，证明这些演说的论证并不是盲目地将难题放置在语境中的，而是反映出他们的反讽意识。这一点甚至出现在普罗迪科和希庇亚的伦理陈述中。在什么样的政治和个人情境中，去表达一个人渴望做好人或者选择女神指出的道路会更有意义？我们之前或之后的行为和期望如何影响我们做出的道德选择？我们的行为如何匹配我们的言语以及围绕在我们周围的道德修辞？世界背叛了巴门尼德的修辞。涅俄普托勒摩有可能背叛了他自己。赫拉克勒斯存在于一个具有修辞潜力的领域，在那里他既可以选择修辞，也可以决定是否实行它。语言或许是神奇的，但它并不是总令人信服，并且即使它是，也并不总能塑造世界。

---

① Kennedy 1963：170.

② 对比两人轮唱的四部曲（参见 Kennedy 1963：170）。在此我们展示出反对控告和辩护的言语，但是它们都没有脱离语境，实际上仅仅是一种概要性的论述。因此，它们没有包含任何其他神话作品中的丰富性和反讽，也没有对言语的效用提出二阶问题。

第五章　《普罗泰戈拉篇》：发展形成中的柏拉图式神话

引　言

在前一章中我们看到，智者如何通过将神话传统视为文本，创造出反讽式 132
的神话演讲。这些仪式上的演讲通过创建和破坏修辞和伦理范式，展示出对语言和社会习俗的掌控。我认为神话式的角色扮演使得智者与这些范式的关系更加密切。希庇亚可以扮演涅斯托耳（特洛伊战争中希腊的贤明长老），安提斯泰尼能够饰演埃阿斯和奥德修斯（希腊传说中的人物）。专注于正确的道德行为范式的演讲，使智者们得以巧妙地接近或操纵那些传统的、非威胁性的所谓社会“给年轻人的忠告”。然而，这里忽略了一点：普罗泰戈拉式的关于文明起源的神话是通过柏拉图的《普罗泰戈拉篇》转述的。因为其中牵扯一些问题的复杂性，《普罗泰戈拉篇》被留作单独处理。翻译解释的问题比比皆是。对我们来说，被柏拉图借普罗泰戈拉之口说出的演说，究竟是普罗泰戈拉式的神话还是柏拉图式的呢？如果是普罗泰戈拉式的，那么它在被嵌入柏拉图的语境时又受到了怎样的影响呢？

接下来，我将论述《普罗泰戈拉篇》中的神话实质上是普罗泰戈拉式的，并且准确地代表了一种与其他堆砌辞藻的诡辩术密切相关的，对神话的诡辩性的运用。我的论证将分为不等的两部分，它们都将表明社会和神话传统习俗的作用。第一部分涉及神话的使用掩盖了传统信仰作为公正社会前提的性质。普罗泰戈拉在对其神话的介绍中认为，秘所思和逻各斯很容易区分开来，并且是两种可以互换的呈现方式。进一步的分析发现，神话是普罗泰戈拉论述的重要支柱，神话式的叙事掩盖了其在严谨性上的缺失。柏拉图证明，如果对状况和
支撑命题的论证方式重视不足的话，就会产生僵局。秘所思无法伪装成逻各斯。 133
第二部分展示出柏拉图如何拓宽了普罗泰戈拉神话的含义。普罗泰戈拉并没有意识到自己的神话说教故事在伦理道德上的推动力，因此，这篇对话批判了智者的轻率，并显示出柏拉图在神话使用上的优越性。

就像我们在本章和其他章节将看到的，柏拉图对神话的兴趣之一是对研究者和神话人物进行比较。在比较中他是继承者，但同时也是对诡辩术的批判者。智者宣称自己是所谓社会“给年轻人忠告”的提供者。在希庇亚的《特洛伊的对话》中，涅俄普托勒摩斯问涅斯托耳如何才能获得好的声誉。得到的答案等同于希庇亚的建议。在《普罗泰戈拉篇》中一开始的情形也是一样的。苏格拉底的一位年轻朋友希波克拉底（Hippokrates）想要出名（316c1），并找到普罗泰戈拉来帮他。普罗泰戈拉同意（319a1－2）了。这两位智者都传达了传统的智慧并利用了这点。在《普罗泰戈拉篇》中，这种知识被看作是一种“普罗米修斯式”的深谋远虑。然而在对话中有一个重要的问题：体现这种“普罗米修斯式”美德的，究竟是苏格拉底还是普罗泰戈拉？事实上，我认为很多早期的柏拉图式对话都可以看作是智者派演讲的替代品，比如《赫拉克勒斯的选择》和《特洛伊的对话》。这也就解释了早期对话的规劝性和道德约束性。而苏格拉底的对话却与那些陈词滥调的老生常谈不同。柏拉图希望年轻人学习如何思考，而不是修辞和道德的传统。与柏拉图藏在涅斯托耳或奥德修斯的身后不同，苏格拉底发出了自己的声音，但这样做使得他与过去的那些英雄变得相似。苏格拉底成了一位遵循安提斯泰尼式哲思的赫拉克勒斯。

早期苏格拉底对话和智者派演讲之间的关系在《吕西斯篇》（*Laches*，又译《李西斯篇》）中显得很明确。两位关心儿子教育问题的父亲问尼昔亚斯（Nikias）和吕西斯（Laches）怎样的课程或训练（ἐπιτηδεύσαντες）能够使他们的儿子成为最优秀（ἄριστοι）的人（179d7）。关于寻找最佳教育方式的词汇反复出现多次（180a3－5、c2－4、181c8），并且让人强烈地联想到《特洛伊的对话》中所用的词汇①。苏格拉底被问到这些问题时，并没有给出常规的回答，而
134 是在对话中大段地讨论勇气的天性。他们期待一场演讲，但苏格拉底却不屑于大段的演说而是使用论辩术。于是我们看到苏格拉底跟那些智者派的学者一样关注教育，不同的是，苏格拉底是在破除而不是在传达那些陈词滥调。他的这种破除是为了建立更牢固的界定，而智者派传达这些传统观念是为了让其学生能够利用它们。智者派更具有颠覆性，但这并不能阻止雅典人责难苏格拉底诡辩术的漏洞。《普罗泰戈拉篇》阐释了智者派方法的长处和弱点，同时将一个柏拉图式的框架放到了取代它的位置上。因此，它是对柏拉图式神话实践的一个

---

① 参见《大希庇亚篇》286b1－2：为了获得（ἐπιτηδεύματα）最好的声誉（ἐνδοκιμώτατος），一个年轻人可能会做些什么（ἐπιτηδεύσας）。

颇有价值的导入。

普罗泰戈拉之“伟大的演讲”

我将以一段对普罗泰戈拉“伟大演讲”的中立性总结为开端，表明它的理性背景。《普罗泰戈拉篇》中讨论了政治才华能否被教授的问题。苏格拉底问智者派教些什么？普罗泰戈拉答，教授有关个人和公共事务中的好建议，这些被苏格拉底描述为政治艺术（*politike techne*）①。但苏格拉底怀疑这些能否被教授。他举出了两条证据：当雅典议会的讨论出现问题时，公民会接受他们所认为的专家的建议而不是非专家的建议；而在国家政策问题上，他们却会接受所有人的意见。此外，即使那些拥有卓越政治智慧的人也无法将其所知传给年轻人。那么很显然，雅典人并不相信政治才能可以被教授（319a8－320c1）。为了证明其在教授政治才能方面的专业性，普罗泰戈拉必须推翻苏格拉底列出的证据。他可以通过秘所思或逻各斯（320c6－7）来说明，显然通过神话来说明更加吸引人。下面这段话包括一则神话以及随后的讨论。

这则神话是关于社会起源的。众神创造了人类之后，又派普罗米修斯和厄庇墨透斯（Epimetheus）赋予他们各种能力。双方约定由厄庇墨透斯负责分配，普罗米修斯负责监督结果。厄庇墨透斯给了所有生灵生存所需的能力，最后才
轮到人类，但此时已经没剩下什么了。于是普罗米修斯从雅典娜和赫淮斯托斯 135
那里偷来了火和工艺技能，但却没能获得政治智慧，因为它一直被宙斯看守着。人类发展出信仰、语言能力以及木工等技术，但一直分散居住直到发现这样无法抵御野兽的袭击。当人们联合起来抵抗时，却又产生了不公，于是又分散开，再次陷入被毁灭的险境中。这全都是因为他们不具备政治的才能（πολιτικὴν τέχνην，322b8）。于是宙斯又派赫耳墨斯（Hermes）带给人类廉耻心和公平正义，这些品质相当于政治才能。这些品质并不像一些具体技能那样只赋予一部分人，而是赋予了所有人类，因为宙斯说“如果只有少数人拥有这些品质，那么城邦是无法形成的”（322d3－4）。如果有人无法在这些品质上与他人达成一致就要被杀掉。普罗泰戈拉就此结束了故事并评论道：雅典人不承认政治专家是正确的，因为前提是所有人都拥有着相同的政治素养（πολιτικῆς ἀρετῆς，

---

① 在319a4中，苏格拉底用了“政治艺术”这个术语，这个用法也被普罗泰戈拉所接受（参见Stokes 1986：200－201）。到323a中，“政治道德”（politike arete）和“政治艺术”似乎可以互换了（参见Stokes 1986：233）。

323a1）。然后他继续给出一个旁证（323a7）：不管是否真能达到，每一个人都主张公正，因为社会要求所有人都得公平，否则城邦就无法存在。

接着他又指出，基于有可能被惩罚的事实，没有人会认为政治才能是与生俱来的。天生的缺陷是不应该被惩罚的；惩罚的目的是矫正，而不公是要受惩罚，因而公正可以通过矫正和教育来灌输，也就是说是可以被教授的。在这一点（324d2）上，普罗泰戈拉明显地抛开秘所思而通过逻各斯来反驳苏格拉底的第二个观点，即为什么贤人无法把自己的美德教给自己的儿子。他说他们确实教过：是社会来教的，通过言论和榜样，而且如果这些还不够，就会通过惩罚。之所以贤人的儿子有可能不贤，是因为每个人政治才能的天赋是不同的。尽管如此，每个人在政治上都是有一定素养的。

公元前五世纪末期出现了大量关于社会起源的讨论。这个问题常常与对道德本质及规约的争论联系在一起。社会契约理论指出一种原始野蛮的情形，并将之与一种不安全性联系起来，从而激发起对文明的向往，并指出政府的合法性。[①] 虽然公元前五世纪的文献几乎没有涉及契约的，但有很多谈到人们“建
136 立”法律或城邦，以及有关人类信仰的起源。所以很明显，普罗泰戈拉在利用一种发达的传统来进行自己的诡辩。而至于其早期论述中是否包含如普罗米修斯等神话人物，或者他们只是虚构的，则不得而知。[②] 最多只能说，普罗泰戈拉的版本很可能是合成的。

我们只是从柏拉图的转述中得知这篇演讲是出自普罗泰戈拉之口。任何解决这个问题的建议必定反映了一个评论家自己对于柏拉图式或普罗泰戈拉式哲学的或赞成或反对的成见，而且现代评论家们的看法都大不相同。看起来柏拉图好像对普罗泰戈拉的演讲进行了合理准确的汇报以便使他自己的批评更加彻底。这在《泰阿泰德篇》中当然表现得更为明显，苏格拉底竭尽全力地公平对待普罗泰戈拉的相对主义，只有在最好的情况下反驳才能有说服力（《泰阿泰德篇》第152—171页，尤其是在第166—167页）。总的来说，我倾向于认为柏拉

① Kahn 1981：93。对后世理论家史前模式的考察，参见 Cole 1967：25–46。另外在《国家篇》358e–359c中，格老康指出了关于法律和正义契约渊源的普遍标志。

②“技术”（technai）在《被缚的普罗米修斯》（Prometheus Bound）中被描述为普罗米修斯的礼物。有关普罗泰戈拉神话与《被缚的普罗米修斯》的相似之处，参见 Kahn 1981：103–104。如果埃斯库罗斯（Aeschylus）是《被缚的普罗米修斯》的作者，那它可能就是普罗泰戈拉的资料来源。然而，有一些是公元前440或前430年代的戏剧。关于日期和真实性问题，参见 Griffith 1983：31–34；1977：9–13、252–254。

图基本上再现了普罗泰戈拉的看法[①]。普罗泰戈拉确实利用了当时流行的关于社会起源的神话，而柏拉图知道这一点，并认为做一些必要的调整且从其口中说出并没有什么不妥。我们知道普罗泰戈拉写了一部作品《论事物的原始状态》（*On the State of Things in the Beginning*），可以看作是柏拉图式处理的一种来源，但同样，借鉴的程度是不清楚的。[②] 外部的证据无法解决这个问题，但普罗泰戈拉式的教育项目里包含着一些与柏拉图的神话很接近的事物。

在前文的描述中，普罗泰戈拉说他的目标是教他的学生如何处理自己的以 137
及城邦的事务，并使他们成为一种政治力量。苏格拉底认为这是在教他们如何做一个好公民，普罗泰戈拉承认这一点。[③] 这表明普罗泰戈拉并没有纠缠于那些细节性的描述，这一点可以从对话开始时希波克拉底的困惑中得到证实。他先是提到普罗泰戈拉能够使他变得富有智慧（310d），然后又说普罗泰戈拉的专长是让人成为一个“聪明的辩手”（312d）。公元前五世纪末期，“聪明辩手”的竞技场就是议会和法院。要成为一个聪明的发言人就是要宣告自己的政治野心。然而雅典式修辞程序的一个特殊性就是知识必须得用伪装掩盖起来；一个人不能显得过于聪明，因为这样会显得不民主。[④] 所以希波克拉底才耻于说他想要能够操纵议会的技能，普罗泰戈拉也不承认这一目的。这就是为什么他允许苏格拉底把他所教的曲解为成为好公民［基于319a1中一处模糊的说法：普罗泰戈拉希望他的学生能成为在演说和行动中“最强（most powerful［δυνατωτ άτους］）”的人，我们或许可以把这个词翻译为“最有能力（most capable）”——这样就能显得没什么威胁性］。普罗泰戈拉教学生学习处事能力，但学生要注意他是如何呈现的。他必须去教授，但又不能太过具体。存在于他教育宣言中的掩饰物便是对神话的简述，包裹着一种社会信仰体系，准备着被他的学生吸收并变成自

---

① Guthrie 1969：64 with n. 1（and bibliography）。关于柏拉图对普罗泰戈拉描述更全面的评论，参见265 – 266。同参见 Taylor 1976：78；Schiappa 1991：180 – 184［柏拉图通过普罗泰戈拉口中说出的话并不是作者的原话（ipsissima verba），而很可能是伊西斯玛箴言（ipsissma praecepta）］。温特施泰内尔（Untersteiner［1949］/1954：58）认为，神话是普罗泰戈拉哲学的体现。我不同意哈夫洛克（Havelock 1957：第4、7—8章，以及散见于全书各处）的观点，即柏拉图的目的是取代并摧毁普罗泰戈拉。哈夫洛克认为讲演中最具神话色彩的要素最不符合普罗泰戈拉风格（88、91 – 94）。然而在神话形式中关于社会契约的法典是一个普遍的诡辩实践。他假设最初普罗泰戈拉的解释是纯粹人类学意义上的，忽略了神学机构在方法论上的意义。神话中对文明的描述是有缺陷和不完整的。因此，柏拉图想要宣称它是自己的，这是不可信的。

② 参见奥沙利文（O' Sullivan 1996：120 – 121）关于标题是否为真的争论。

③ 卢瑟福（Rutherford 1995：128）将交流的含混不清进行了分类。

④ Dover 1974：25f.；O' Sullivan 1992：62.

己的优势。[①] 相同的伪装方式也呈现在上一章的仪式演讲中。普罗泰戈拉改编当时的流行神话来满足自己的特殊目的，即教授在雅典民主政治环境下的政治技能。他对于先前诗人、思想者及教师等所有智者的目的论的观点都表明，他认为人类可以通过使自己成为智者（《普罗泰戈拉篇》，317b）来获得从原始到高级的教育机会。[②]

为什么是神话？结构和假设

138 为什么普罗泰戈拉需要这样的神话呢？它很容易误导并暗示人们：不管是秘所思或是逻各斯都证明政治技巧可以教授。然而，我们得注意普罗泰戈拉设置这些方案（320c2 –7）的方式。苏格拉底通过披露其困惑来设置情景。虽然普罗泰戈拉声称能够教授政治技巧，但苏格拉底认为这不太可能。像其他希腊人一样，他认为雅典人是“智慧的”，他们的做法并不承认政治专家。智者们不应该吝惜展示自己的观点。我们猜想这里苏格拉底是在佯作无知，他不常屈服于民主智慧。他提出的问题把普罗泰戈拉置于优势地位，而普罗泰戈拉的回答更增强了这层暗示。他指出自己年长于他的听众，因此更具权威性：“作为长者，我是应该通过讲秘所思还是通过分析逻各斯来展开我的论证呢?”很显然，在他看来，讲述秘所思的方式更加恰当，这样可以使说理更加平实。随后，他的听众必须遵从他的意愿。通过列举，普罗泰戈拉操纵他的听众，让他选择自己的方法，使其看上去就好像这两种方法是对等且容易区分的。[③] 之后选择秘所思就成了绝对必要的方法，但通过允许选择，他避开了一开始就立刻提出神话可能引起的问题。

神话具有一定的魅惑性，但它将哲学家从两难的困境中解救出来。苏格拉底曾断言政治才能是无法教授的。如果普罗泰戈拉说可以，他就会遭遇苏格拉底的反驳，说这与雅典人的做法不符。鉴于外乡人的身份，他必须承认苏格拉底反语性的论点，同时反驳苏格拉底的结论。另一方面，如果普罗泰戈拉承认

---

① 比较古德伯格（Goldberg 1983：52）关于公开（民主）理性的假设和掩盖（操纵）的普罗泰戈拉式的理性。

② 神话中关于人类有着平和的性格（322a3）以及与上帝有亲属关系（322a4）的描述，在普罗泰戈拉著名的不可知论中引起了怀疑。但神话作为一个整体建立在神话人物的活动之上，而且像凯费德（Kerferd 1981a：168）所说，“事实是正是神话消解了它与普罗泰戈拉的不可知论的任何可能冲突”。另参见 Brisson 1975：8 –9，n. 3。

③ 卢瑟福（Rutherford 1995：127）正确地观察到普罗泰戈拉对快乐的强调是一种典型的以诡辩为目的的修辞。对形式的选择是主观的而不是完整的这种（错误的）含义跟柏拉图的实践形成对比。

政治技巧是天生的，那么他所从事的工作就会受到质疑。他必须找到一个中间位置，这正是神话所能提供的。宙斯赐给人类的政治才能是一个专横的叙事元 139
素，确切地说是神的“旨令”，它既不是天生的，也不完全依赖于教学。

神话巧妙地假设了哲学家们想要证明的命题，继而被用作进一步阐释的基础。把秘所思和逻各斯看成对等物是普罗泰戈拉修辞手法的结果。他们把讲演中的秘所思看成是一个直截了当的寓言。所以凯费德认为宙斯赐予的政治技巧跟其他城邦中的美德是一样的。① 泰勒（Taylor）则认为，“这些宙斯所赐才能的确切含义其实是社会精神的发展延续”②。这虽然离真相近了一步，但仍没有搞清才能究竟是先于社会精神还是教育体系。很难给才能下一个非象征性的定义，因为它所对应的不是社会结构，而是一种使得城邦得以存在的结构的实现。城邦中关于政治技巧的普遍教育是基于公民的信仰，即相信普罗泰戈拉在神话中所暗示的那样。神话之后的逻各斯并不是与神话水火不容，而是它必然的结果。

为了证实这一说法，让我们仔细看看这个“伟大演讲”的结构。我们从一则神话开始。这个神话说明每个人都有一定的政治美德（神话 + 322d – 323a），否则城邦就无法存在。就像 323a – b 中说的那样，不仅仅是美德本身，甚至连美德存在的前提都是必要的，人人共享也越是合适的（323a3）。所有人都认为（τῷὄντιἡγοῦνται，323a5）③ 证据是即使当我们知道某人不公正，如果他自己承认，我们也会觉得他发疯了，因为公正是一种社会职责。④ 普罗泰戈拉在这里暗 140
示了叙述公正的必要性，这就是为什么大部分的讨论集中在探讨社会前提下。我们注意到演讲中动词和社会礼节的普遍使用。承认不公正是一种愚蠢行为，因为“人们都说所有人必须说自己是公正的……理由是每个人都有必要保持公正”（φασὶν πάντας δεῖν φάναι εἶναι δικαίους…ὡς ἀναγκαῖον οὐδένα ὄντιν’，οὐχὶ ἁμῶς γέ πως μετέχειν αὐτῆς，ἢ μὴ εἶναι ἐν ἀνθρώποις，323b5 – c2）。这就表示普罗泰戈拉

① Kerferd 1953：45。这种争论的结果是普罗泰戈拉把美德看作社会生活的条件和产品。凯费德的方案是需要神的介入来开始这个过程，但是这个答案与把神话作为准寓言来阅读是矛盾的。

② Taylor 1976：81.

③ 请注意“真的”（really/ τῷ ὄντι）这个词的位置。我们一般会自然地用“思考”（think/ἡγοῦνται）来解释这个短语，但也可以用“分享”（share/μετέχειν）来解释。因此，普罗泰戈拉可能是说，要么人们真的认为所有人都有政治卓越性，要么人们认为所有人都真的拥有政治卓越性。

④ 古德伯格（Goldberg 1983：20）认为神话暗地里建立起普罗泰戈拉的命题，但没有强调从“必须”到“去做”的转向。卢瑟福（Rutherford 1995：130）指出了这位哲学家后来对这些混乱的态度与这种转向的不一致。

进行的是必要的演讲。社会决定了人们必须这样说，因为这是他们本身存在的理由。但是我们得注意到，这种社会劝诫对于公正来说是模糊的。从某种意义上来说，人们都必须说自己是公正的，这也就意味着没有人不公正。公正的含义不明确；相反，关于公正的论述很详细。公正是人性的前提，却是一个未经详查的前提。

我们从对假设的展示转向对假设的实现。神话后续的部分（322*d*5 –323*a*4）通过一系列基于普遍政治和公正的论述（323*a*5 –324*d*1）得以成功实现。普罗泰戈拉接着断言，政治才能是一种训练（323*c*5 –9）。对于不公正和不虔诚的惩罚是基于社会的推论，即我们都具有公正的能力，而且这种能力可以被惩罚调动起来。惩罚的报复性跟野蛮与非理性相联。普罗泰戈拉似乎回顾了神话中人类通过言语和理性与动物相区别这一点。人类因为教育动机而被惩罚，这一点并不是显而易见的，但却是普罗泰戈拉论述中至关重要的一点，因为其他的惩
141 罚理由都跟人类的存在相关，即使是在原始时期。[①] 正是神话使得这个强烈的反差变得可信。相反，对于惩罚的教育功能的诉求恰恰证明神话中的断言是正确的，政治美德虽具有普遍性但并非人类天生（理性则是人类天生）。这就暗示了政治美德是可以教授的。两个文本就这样互相强化。

在作为对信仰的例证说明的同时，关于惩罚的讨论也充当了过渡到普罗泰戈拉最关心的教育问题的中介，并又提到他曾经的主题，即人们认为政治才能可以教授。这就把我们带到了演讲的第二部分，对苏格拉底第二点质疑的回应，即贤人无法使自己的儿子同样优秀。在这里，普罗泰戈拉明确地舍弃秘所思而求助于逻各斯（324*d*6 –7）。关于逻各斯的基础问题通过另一个问题提出：是否存在一种品质是一个城邦存在所必需的？这个问题应该被看作相当于神话：它说出了一条不言自明的公理，即有一种品质是城邦得以存在的必要物，那就是政治才能。这条公理以条件从句的形式出现，理性分析必须以神话为先决条件。这样普罗泰戈拉才能通过两个前提来驳倒苏格拉底关于贤人无法决定其子孙的质疑。一是所有人必须有这种德行（*arete*）（324d7 –325a5），二是这种德行可以

① 与别的观点不同，普罗泰戈拉从不认为人类像野兽一样生活。与克里底亚（Kritias）DK 88$_{B25}$形成对照。如果人类天生具有兽性，那么人们将天然地遵循互相报复的法则。普罗泰戈拉不会允许如此。科比（Coby 1987：55）认为人类在普罗米修斯从上帝那里窃取智慧之前并不具备理性。根据原始的设计，人类与其他物种并无本质的不同（对比《被缚的普罗米修斯》442—444）。然而普罗泰戈拉口中的普罗米修斯盗取的不是智慧而是技巧（321d1）。文本几乎没有提供给我们关于原始神性设计的线索，但是aloga这个词，如果在原始文本中出现过（对比Coby 1987:192，n.40），就一定是一条线索。

被教授（325a5 - b5）。如果这两个前提成立，那么苏格拉底所说的贤人不把贤德教给儿子的说法就是不可信的（325b2 - 4）。在这两个前提下，唯一的结论就是贤人会把贤德教给儿子。再次，论证按照社会规范的形式出现：每个家庭都会在贤德方面给孩子一些家常的教育，如果家庭足够富有，则会给孩子以正规的教育（325c4 - 326c6）。

这篇论证的修辞结构给人以严格的逻辑顺序的印象。324e2 和 325b4 中陈述
的几个条件（其中五个），以及对解释从句的详细说明，都让人眼花缭乱。然 142
而，我们不应该让这些掩盖了这一论证的临时性。是否存在一种所有公民都必须共有的东西？如果有，而且这种东西就是贤德且可以被教授，那么说贤人不把它教给儿子则是不可信的（325b3）。贤人必定会将贤德教给儿子。这种结构作为论证的基础，很不可靠，让人无法接受。前两个从句是神话性的叙述，第三个则是基于一种并不十分可信的社会实践。也就难怪最后得出的结论令人诧异了。此外，这种诧异也提醒了读者对自我招供者的怀疑。普罗泰戈拉从社会中普通人的所想和所做出发开始辩论。这些规范化的信条依赖于一个被普罗泰戈拉赋予神话中的前提，即每个人都必须在政治美德上达成共识。这个前提成了雅典民主政治得以存在的公理。

即使在讨论为什么贤人没有优秀儿子这一问题时，也需要以这个公理为基础。普罗泰戈拉暗示，如果城邦的存在要求每个人都具有美德（326e7 - 327a2），贤人没有优秀儿子并不奇怪。他用吹笛者的例子指出，天赋的才能对于所有人并不是均等的，但即使是最差的也比没有经过任何训练的强（327a4 - d5）。这里的论证有些缺乏条理[①]，没有沿着神话中所述的政治天赋不平均分配来论证。这个神话结论的全部意义就是政治才能的知识与实用性的工艺没有可比性（322c3 - d5）[②]。吹笛者的例子只是把前提和结论分开的一个障眼法，以便使听众不去注意他模糊不清的推理。“假设我这条公理成立”，这位智者说，“想想其他知识的例子！”这条几乎像魔咒般的公理怂恿着我们去接受，而毫不去质疑政治能力是否也可以如此假设。

神话公理的例证效果制造了一种更加含蓄的论证。再来看看假设：“如果的 143
确是我所说的那样——而且大部分都是——那么去想想任何其他的事业或科

① Stokes 1986：232 - 236；Goldberg 1983：43 - 44.

② 伊内克·斯洛特（Ineke Sluiter）向我指出 327c7 中造物主（demiourgos）的用法，其中普罗泰戈拉断言，任何一个在城邦长大的人都会成为具有技艺的工匠（cf. 327a1 - 2），这实际上颠覆了早期的专业技艺（只赋予一些人）和德行（赋予所有人）之间的对立。

学。”最高级的使用意味着普罗泰戈拉的论证涵盖了所能想到的最宽泛的领域。我们从神话中得知，实用的才能并没有赋予所有人，但必要时，即使是那些没有天赋的人也会获得一定的能力。如果吹笛子对于一个城邦来说是必要的，那么所有人会在这方面比较擅长。吹笛者的例子缩小了天赋才能者的范围，并且推定即使只有小部分人拥有这种天赋，相对的专业性仍可以达到普遍的程度。由神话引出的这条公理更增加了其说服力。宙斯以及所有神话故事的文化权威保证了政治才能的普遍性及其可接受性。[1] 即使从吹笛到政治才能的类推在逻辑上有些欠缺，但叙事结构和神话权威的双重来源重塑了其说服力。这个论证在导出这一类比的同时也破坏了它，这两极之间的混淆指向一个更大的社会混淆，即神话的目的是验证和遮掩。

普罗泰戈拉呼吁天性，认为即使是在一个法制社会里最不道德的人，也比一个在这体制（327c4－d4）外的人要正派，再次把我们带回到开头的神话。法制社会以外长大的人是野蛮的（327d3），在宙斯赐予人类尊严和正义之前，不公正是人类共有的命运，但导致社会无法存在的那种不公正是虚构的。那样的人应该是像勒奈亚（Lenaia）戏剧节上诗人弗洛拉底（Pherekrates）在其喜剧作品《野蛮人》（*The Savages*）中描述的那样。这就更支持了普罗泰戈拉的观点，即所有人都比较公正，而且证实了完全不公正的人是“虚构的”。这也让苏格拉底看起来好像他活在虚构世界中一般（327e1）。因此，在神话运用中，普罗泰
144 戈拉使用把社会描写为不公正的虚构形式。在勒奈亚戏剧节上，雅典人用喜剧描写的方式来驱除野蛮行为。普罗泰戈拉提到了两个几乎成为不公正代名词的雅典人，尤瑞巴拓斯（Eurybatos）和福里翁达（Phrynondas）（327d6－7）。如果苏格拉底生活在真正的野蛮世界中，他一定宁愿与像这样的坏人打交道。事实上，这样的人已经被阿里斯托芬写进喜剧《诗人和女人》（*Thesmophoriazousai*）中了。[2] 雅典喜剧用虚构的方式对反社会行为做出反应，因为这在雅典的自我形象中无法被容纳。普罗泰戈拉式的文学创作适合多数雅典人对于公正的论述。他把不公正驱赶到神话般的过去，意识到所有人都认为公正是基本原则。虚构的神话是呈现不公正最好的方式，因为它无法在一个现实存在的社会中被呈

---

① 宙斯的才能并不代表美德上的普遍教育，而是被赋予政治美德课程上的价值。宙斯的天赋暗示着社会将正义摆在最强调的位置。正义和长笛演奏之间的区别在概念上仅限于语用的范围。这两种技能是因为我们赋予它们不同的定义而不同。

② 参见 Taylor 1976：98。泰勒假设在弗洛拉底的戏剧中一定会有相同的提法，但这会削弱普罗泰戈拉的观点，这是真实的和虚构的不公正的对比。

现。这种虚拟是对雅典以及一般城邦的一种微妙的赞美。无论生活看起来多么不公正，还是有比它更糟的情况。于是普罗泰格拉基于自己作为外乡人的利益，宣扬某种程度上的满足，同时招揽潜在的客户①。接着，演讲的结构从呈现一种假设转移到这假设在社会中实现的画面，然后以智者的教育结尾。这篇演讲是一个高效的统一，因为其中的逻各斯运用并发展了秘所思的基本前提。

那么，是什么让我们认为在一篇讲演中，秘所思和逻各斯是对等且可以互换的呢？在这里，二者都显示美德可以教授，并解释了个体美德的差异。理性分析中给出的美德的普遍指导，是神话中尊严和正义的另一种说法。神话也因此呈现出一种超凡的神圣力量。② 神话和普通的论述是两种对等的方式，对二者的选择确实只是倾听乐趣的问题。然而我们看到普罗泰戈拉对神话的使用比眼前的要多。演讲的统一结构将神话作为其论证的基础。普罗泰戈拉必须解决两 145
个问题，一是为什么雅典人不承认政治专家，二是为什么贤人不把贤德传给后代。在 324d1 中，凯费德提到神话及其说明是完整的，我们只回应了第一个问题。普罗泰戈拉认为第二个问题需要理性的论述。这样，秘所思和逻各斯就不是相互替代的关系了：首先，他们分别应对这个既定问题的不同方面；其次，逻各斯建立在神话的预设的基础上。神话回答了为什么美德是可以被教授的；对神话的解释和接下来的理性分析都给出了支持论据，但是他们对于自身却没有解释力。③ 我们需要神话来应对起源问题，并给出一个公理性的基础，以保证后续证据的有效性。

社会信仰的作用是评价普罗泰戈拉神话功能的一个关键因素。这位智者论述的并不是现实，而是一种人人认同的观点，即政治能力和公正应该为全社会的人所共有。这一观点是社会契约的一种形式，而且是城邦存在的基础。普罗泰戈拉必须证明这条公理，这就是为什么神话对他来说必不可少：神话的不容置疑性确立了这条公理。由于他论述的是信仰而非现实，所以超出逻辑证明的神话成了表现社会对公正之预期的最佳选择。整个讨论都建立在这些预期上；如果人们不相信这些，文明将不会存在，而且更重要的是，所有人都会失去信心。很容易想象，聪明的学生会明白，在政治和社会中，支持或表现公正比事

① 参见 Adkin 1973：10－12，普罗泰戈拉的演讲是对雅典民主的巴结讨好。

② Kerferd 1981a：133－135，168.

③ 关于神话和争论性的逻辑阐述并没有质的区别。

实更加重要，并且会以此作为自己政治活动的基础。当然，这是《国家篇》中所提出的问题。

接下来，我们会遇到一种关于政治能力之普遍必要性的社会信条和一个肯定这种普遍性的神话。然而神话和论断之间的关系从未经细查。我们开始明白为什么普罗泰戈拉的论述无法经受住苏格拉底的审问。哪个是真的：是所有公
146 民确实都被赋予了羞耻心和正义，还是他们认为是这样？普罗泰戈拉把这两者混为一谈（328c4）。他的演说很好地说明了雅典人的做法，但是无法回答这一问题。毫无疑问，一个致力于人性教义、以实用性为导向的智者不会明白回答这一问题的必要性。读者应该记得普罗泰戈拉模糊的观点，即无论如何所有人都必须共享公正（323b5 - c2）。如先前所说，公正的内容不明确，但对于公正的陈述却是详细的。这完全符合普罗泰戈拉的相对主义，它始于个人感觉但以政治价值的相对性结束。同样的风可以是暖的或是冷的，取决于个人的感知（《泰阿泰德篇》，152b）。对一个城邦来说，情况是相似的："只要符合人们的风俗习惯，那么不管什么看起来都是正确和崇高的"（《泰阿泰德篇》，167c）。如果雅典人相信所有人都被赋予了政治才能，那么对他们来说就是这样，而且他们认为这样是"明智的"①。人们根据自己的习惯来衡量自己的社会。与其他智者的神话相同，普罗泰戈拉的神话也体现了这一观点。这样的论述无法说服苏格拉底。在他看来，除非我们首先界定一种才能，否则我们不能说是否所有人都共有这种才能。然而，直到对话的末尾，我们才触及这个问题（361d5）。

总之，逻各斯依赖于神话，而非与其对立，因为神话表达并证明了一个公共的前提，之后才能有后续的论述。对普罗泰戈拉来说，从一个公认前提展开论述是非常连贯的，而且事实上苏格拉底引用雅典的政治实践也给了普罗泰戈拉论述的机会。但正是这些讨论的根据，使得普罗泰戈拉的论述无法达到苏格拉底的标准。就雅典公民和普罗泰戈拉而言，把神话作为讨论的出发点反映了他们对于公正和羞耻心缺乏理性说明的能力。苏格拉底在接下来的对话中未能使普罗泰戈拉详述细节，但如果这真是苏格拉底想要的结果，那么他反讽雅典人是"明智的"（319b4）②，已经把自己陷进去了。普罗泰戈拉相信了苏格拉底
147 的话并用神话来表达时，讨论便偏离了方向。神话具有一种可识别的文化属性，

---

① 普罗泰戈拉关于 nomos（法律/习俗）的辩论，参见 Kerferd 1981a：125 - 126；Guthrie 1969：63 - 68。

② 参见 Stokes 1986：202 - 212。苏格拉底论智慧的讽刺归属和苏格拉底把雅典人的智慧称为"苏格拉底第一论点不可或缺的前提"。

这使它非常适合呈现一些未经证实的社会公理。智者对于神话的引用不仅仅反映了当时寓言文学的一种潮流，也让整个对话的方法论显得模糊不清。

那么很明显，至于神话中反映的究竟是普罗泰戈拉还是柏拉图的观点的问题，我们可以二者兼得。普罗泰戈拉必然要用神话来解释雅典人对于公正的描述，而且我认为，必定就是这个（或另一个与之非常相似的）神话。这位智者呈现神话有用性概念的方式非常巧妙，远远超出了他对于秘所思比逻各斯更令人乐于接受的评价。事实上，就像我曾提到的，这种评价掩盖了神话能够达到普通论述无法达到之效果的事实：它圆满地表现了文明的公理性基础，即一个信仰的系统而非一些可证实的命题，而且虚构了雅典人最担心的不公正问题。从人类学来看，普罗泰戈拉的神话论述是一种保守的做法。只要想想欧里庇得斯，就会知道还有很多种可能性。我们可以把它与荷马时代或赫西俄德风格的诗歌做比较。在柏拉图看来，恰恰是使神话成为有用的方法论工具的内容使得普罗泰戈拉在哲学上是不成功的。柏拉图把神话嵌入对话中，仔细阅读就会暴露其弱点。普罗泰戈拉引用神话是为了防止他的听众去分析那些他们日常生活所依赖的基础。而柏拉图的处理，正如我们将看到的，会更加精妙且更值得探索。

苏格拉底和普罗米修斯

普罗泰戈拉认为自己是伟大的诗人教育者的继承人。在“伟大的演讲”中，他的神话通过自己的声音传达出来，而其对神话角色的扮演似乎并没有显现。这种印象是具有欺骗性的。柏拉图让苏格拉底和普罗泰戈拉扮演对立的普罗米修斯（有远见的）和厄庇墨透斯（事后聪明的）。① 他延续一种诡辩的传统，但不同的是，他质疑这种角色扮演。赌注很高：普罗泰戈拉的潜在学生的灵魂，将根据对正确的伦理和政治模式之评估做出自己的“赫拉克勒斯选择”。用嵌入 148
神话的方式来加强对话的哲学共鸣是柏拉图中期的常见做法。《普罗泰戈拉篇》是这种方法的一个早期实例，这使我们能够将普罗泰戈拉的和柏拉图的神话放在一起进行比较，并观察其不同的哲学意义。对话包含了对神话的双重处理，分别展现了普罗泰戈拉式和柏拉图式的神话和理性。在引用普罗泰戈拉的神话时，柏拉图改编并批判了它。

① 参见 Gagarin 1969：140；Goldberg 1983：8，304 and n. 29；Coby 1987：172 – 177；Miller 1978（最充分）。

柏拉图使用动词 prometheomai，两次塑造出普罗米修斯的形象。第一次是在苏格拉底与这位智者开始对话时，第二次是在结束时。苏格拉底问普罗泰戈拉他们的关于希波克拉底教育问题的对话是应该公开还是私下。普罗泰戈拉回答道：

> 苏格拉底，谢谢你这样看重我。一个异邦人访问强大的城邦，劝说他们最有前途的青年背弃自己的亲朋好友……一心想从他的谈话中受到教育，这样做当然要格外小心。因为这样的行为会引起各种形式的妒忌和敌意，乃至成为阴谋的对象。(316c)

他继续说，以往那些伟大的智者试图隐藏他们的职业。但往往都没用，他们不能欺骗当权者。因此，他只能说自己是一个学者。

这一段展示了普罗泰戈拉的自信和文雅。他采用一种修辞的策略使苏格拉底成了一个小心翼翼的人。苏格拉底是深谋远虑的，但这种深谋远虑却输给了普罗泰戈拉优越的政治经验。这位智者认清了城邦中真正有权力的人，并设法保护自己，比如承认自己是智者并且还担任其他一些不明确的职业（317b6－7）。这些不明确的部分无疑是在吊人胃口。普罗泰戈拉把自己塑造成一个深谋远虑者，并胜过了不认可他政治才能的苏格拉底。普罗泰戈拉的开场白无论在内容还是策略上都是深谋远虑的。他显示了他的谨慎，但又明白自己是在跟苏格拉底对阵，并抓住机会使自己处于有利位置。

149 然而，苏格拉底没有轻易上当，很快便识破了这种宣传策略。“我怀疑普罗泰戈拉想对普罗迪科和希庇亚炫耀他的技艺，想从我们承认是他的崇拜者这一事实中获得荣耀。”（317c6－d1）苏格拉底承认普罗泰戈拉的深谋远虑，但把它贬低成修辞上的小聪明。普罗泰戈拉声称自己是考虑生计，但只不过是在找机会炫耀。我们应该把这与苏格拉底在对话开头的先见形成对照。[①] 同样是有关俗世的细节，普罗泰戈拉还没有讲述他的神话，我们也还不能确认普罗米修斯的形象。但是，我们确实感觉到不同的深谋远虑之间的张力。在普罗泰戈拉的神话之后，我们猜想，究竟二者谁才是先知者或许成了整个对话的基本问题。

第二次使用“prometheomai”一词是在对话的结尾，这次柏拉图进行了明确地对比。讨论的结果是个悖论。苏格拉底一开始断言美德无法教授，但最后又说美德是一种知识，相反，普罗泰戈拉曾认为美德可以教授，但最后又强调美德不是知识。在这一点上，苏格拉底认为应该首先界定美德的定义：

---

① 312b－314b。苏格拉底考虑到对灵魂的危险，而普罗泰戈拉考虑的则是人身安全。

> 我应当继续我们当前的谈话，下定决心弄清美德本身和它的基本性质。然后我们可以返回到美德是否能教这个问题上来，免得你的厄庇墨透斯会把我们搞糊涂，让我们在考察中受骗，正好像在你讲的这个故事中，他在分配技艺时把我们给忽略了。我更喜欢神话中的普罗米修斯，胜过厄庇墨透斯，所以我会按照他的指引，把时间花在这些事情上，以便对我的整个生活做出预见（προμηθούμενος）。(361c4 – d5)

这个讨论方法范式引出了对话的线索，并证实了这种模式的方法论意义。① 这接近于苏格拉底说他是一个哲学的普罗米修斯。按照这种暗示，普罗泰戈拉必定是厄庇墨透斯，急于说自己具有一种不合理的专业技能。很显然，普罗米修斯和厄庇墨透斯代表着一定类型的观点，就像神话中暗指的那样。当厄庇墨透斯劝说普罗米修 150
斯让他来执行分配时，他主张："让我来分配，你来监督（ἐπίσκεψαι，320d7）。"正如记载的那样，普罗米修斯和厄庇墨透斯此时调换了他们原来的任务②，但我们应该注意到一个词语的巧合，即厄庇墨透斯的职责、普罗米修斯的监督和苏格拉底在其哲学研究中频繁使用的一个动词（[ἐπι] σκέπτομαι）③。对话的大部分篇幅都在考查普罗泰戈拉对政治才能的观点。在方法论上，厄庇墨透斯/普罗泰戈拉建立了一个论题，即普罗米修斯/苏格拉底必须来检查。这反映出苏格拉底在早期对话中对提出自己命题的拒绝。相反，他研究别人的信仰。于是，从结构的角度看，苏格拉底的深谋远虑有着厄庇墨透斯式的成分。这就表示，在哲学的深谋远虑展现它的才能之前，它必须先清除糊涂的厄庇墨透斯式思想者留下的残存。

存在于普罗米修斯和厄庇墨透斯的论据之间的张力，在关于谁该在讨论中占主动的争论中消耗殆尽。普罗泰戈拉想把苏格拉底局限在被动的位置上，不断地迫使他对自己的长篇演说做出回应，苏格拉底坚持提问和回答（338e）。仅仅被动的参与在一个互动的形式中是不受欢迎的。这位智者想要重复厄庇墨透斯的错误：问题将引出演说，然后引起反应。合作显然是一个更富有成效的方法（330b6），而且可以把事前的远见和事后的想法结合起来。有人怀疑普罗泰戈拉是否思考过普罗米修斯和厄庇墨透斯在其神话中各自角色的意义。人类学叙事的需要导致了方法论上的一些不连贯。奇怪的是，普罗米修斯允许他的兄

---

① 正像科比（Coby 1987：175）所述，在下定义之前谈论可教性是典型的事后考虑的做法。

② Miller 1978：23 – 24.

③ σκέπτομαι和复合词：313a4、316b6、325b3、330b6、332a4、333b8、343c6、348c7、349b8、349e1、352a5、360e7、361c6。

弟去给动物分配技艺。他的远见去哪儿了?[1] 普罗泰戈拉想成为普罗米修斯，但他连自己的神话都组织不好，所以远见受到了一定的限制。

尽管理性的讨论要求事前远见和事后思考的配合，一个完整的生命却更多地需要前者。苏格拉底认为事前的远见对一个成功的人生非常重要，是一种衡
151 量的艺术。“我们的幸福取决于我们的选择……这不正是一种度量的学问，一种对于彼此关系中过度、不足和相等的考量吗?”（357a）这种做出正确人生选择的衡量的艺术或许可以被称为远见。这引出了另一个问题。普罗泰戈拉的自我保护，成功地生活在城市中的能力以及传播他的专业知识，都被看成是普罗米修斯的技能。他和他的学生权衡机会和风险并依此行事。但是这种谨慎的计算，忽略了宙斯所赐天赋、羞耻心和公正的重要性。苏格拉底式的度量的艺术，建立在对公民天性的正确评价上，更可能将生存技巧与更高的美德联系起来。当柏拉图的普罗米修斯模式占了上风时，普罗泰戈拉开始动摇。[2]

普罗泰戈拉的远见存在于对最安全的生活方式的谨慎估计中，这是普罗泰戈拉能轻易超过苏格拉底的地方。在对话的引言中，苏格拉底向希波克拉底强调了关心一个人灵魂而非身体的重要性，证明了苏格拉底的远见是关于灵魂和幸福的。[3] 在《普罗泰戈拉篇》中，“心智、精神”（psyche）用来表达灵魂，这个词大都出现在苏格拉底和希波克拉底的开头的对话中[4]。在五个例子中，只有两个是由苏格拉底说出的，而且其中之一还是一个中性的说法。[5] 在最重要的一个例子中（319e1），苏格拉底说度量的艺术能够揭示真相，使灵魂获得安宁，并拯救人的生命。度量的艺术，作为普罗米修斯生活方式的一个方面，的确可以拯救生命，但是这等同于用揭示真相的方式让灵魂安宁。苏格拉底和普罗泰戈拉之间的大部分讨论都没能关注心灵的培养[6]。这种缺失是整个讨论的弱点。这反映出对话强调的是社会意义的公正和美德，而不是心灵现象。苏格拉底之
152 所以没有把普罗泰戈拉拖入对正义和灵魂的讨论，是因为他想探讨普罗泰戈拉

[1] Miller 1978：24.

[2] 米勒（Miller 1978：22，26－27）承认普罗泰戈拉和苏格拉底都具有普罗米修斯和厄庇墨透斯的成分，但都没有深挖他们各自的不同。

[3] 分别参见《国家篇》441 和《高尔吉亚篇》501。在后面的段落中，苏格拉底把那些有先见之明有益于灵魂的人和那些只看灵魂愉悦的人（比如奉承老练的修辞学家）区别开来。

[4] 312b8，c3，313a2，a7，b2，c5，c7，e1－2；314b3.

[5] 326b2（普罗泰戈拉）；329c1［苏格拉底（中性的）］；337b6（普罗迪科）；351b2（普罗泰戈拉）；356e1（苏格拉底）。

[6] 即使当普罗泰戈拉声称勇气来自灵魂的良好培育（351b2），苏格拉底也未能探索作为普罗泰戈拉计划的一部分的灵魂教育，而是继续辨别快乐和美好。

对美德意义的解释，并继续停留在普罗泰戈拉的论点上。在彻底反驳这个论点之后，我们发现它无法为哲学的辩论提供一个坚实的基础。最后，辩论本身需要对灵魂重要性的确认和对美德的更准确的定义。

苏格拉底最终被判处死刑，因为人们认为他是一个智者。而普罗泰戈拉却一直幸福地活着。[①] 按普罗泰戈拉的说法，这可能是因为他承认自己是一个智者并因此逃过了嫉恨，而苏格拉底否认这一点而招来了敌意。如果一个人的目标是在当时的雅典富足地生活，那么普罗泰戈拉的远见是卓越的。另一方面，如果我们的目标是灵魂的安乐，那么苏格拉底才是真正的先知。苏格拉底选择与普罗泰戈拉进行有关肉体快乐上辩论，这是一个他不占优势的领域，即使如此他仍然可以击败对手。但是普罗米修斯模式的阴影让我们意识到另一个苏格拉底堪称英雄的领域。正如普罗米修斯，他知道，如果坚持自己帮助人类的愿望，他将是怎样的下场，但他仍然这样做了。像普罗泰戈拉神话中的普罗米修斯一样（322a1－2），他因为厄庇墨透斯/智者们的泄密而被告发[②]。

在他们各自的领域中，普罗泰戈拉和苏格拉底都可以称得上是普罗米修斯。普罗泰戈拉有一些诡诈的特点让我们想起赫西俄德式的普罗米修斯。然而，如果我们真记得赫西俄德，我们会回想起，普罗米修斯是因为试图欺骗神灵宙斯而受到的惩罚。但是，作为普罗米修斯的苏格拉底更多地使我们想到《被缚的普罗米修斯》中的英雄，一个殉道者的形象和文明的英雄，他赐予人类文明生活的益处，却因此受到宙斯残酷的惩罚。当有人思索，普罗泰戈拉和苏格拉底，谁是普罗米修斯时，他也一定会问是哪个神话版本中的普罗米修斯。神话传统
的多元价值允许柏拉图同时提出苏格拉底式和普罗泰戈拉式远见之间的区别和 153
复杂性。再者，柏拉图比普罗泰戈拉对普罗米修斯神话中的细微差别更敏感。

厄庇墨透斯是怎样的呢？他被普罗泰戈拉塑造成了一个“不那么智慧的”、健忘的（ἔλαθεν）、无措的（ἠπόρει）形象（321b6－c3）。当苏格拉底第一次反驳这位智者关于美德可以教授的说法时，他表现出困惑并寻求澄清。当这位智者友好地给出解释时，苏格拉底的困惑得到了缓解。智者曾两次把苏格拉底对雅典政治的理解困难称为“困惑混乱”（aporiai）[③]。他了解苏格拉底一贯的质

---

① DK 80A1、A3、A12中显示有一种广为流传的说法是他死于一场冒险的沉船事故。A12中说他在不敬的指控下逃离了雅典。关于这场公元前世纪后叶雅典的控告，参见 Wallace 1994：133－135，后来他得出结论：“没有证据显示雅典人曾对他进行过法律的指控”。

② 像科比（Coby 1987：177）和加加林（Gagarin 1969）中论述的。

③ 324d2－3、324e1－2，参见 326e3－4。

疑立场。普罗泰戈拉把自己描绘成苏格拉底的解惑人，正如在神话中，普罗米修斯为厄庇墨透斯解惑一样。他仿照普罗米修斯组织他的话语结构，并暗示苏格拉底没有他想象的那样聪明。当然，苏格拉底反讽式地佯装接受了厄庇墨透斯式的角色。当普罗泰戈拉不愿再继续讨论时，苏格拉底说只想讨论他不解的问题（348c6）。同时，苏格拉底还表现出厄庇墨透斯式的健忘。当他想要阻止普罗泰戈拉的长篇大论时，他声称自己很健忘（ἐπιλήσμων，ἐπιλανθάνομαι），所以只需要简短的回答（334c8 – d1）。就像阿尔喀比亚德（Alkibiades）指出的，这很荒唐。

> 那么就让他继续进行一问一答的讨论，而不要用一篇冗长的讲话来搅浑所有的问题……把论证引向歧途，回避问题，直到他的大部分听众都忘记（ἐπιλάθωνται）要讨论的问题到底是什么为止，而不只是苏格拉底一个人健忘（ἐπιλήσεσθαι）。我敢保证苏格拉底说他健忘（ἐπιλήσμων），只是开个小小的玩笑。（336c4 – d4）

苏格拉底佯装接受厄庇墨透斯的角色显示出普罗泰戈拉是如何试图在真正的讨论中先发制人。当对话结尾某人在讨论中撒谎时，苏格拉底的厄庇墨透斯角色也就解除了。柏拉图迫使我们得出这样的结论：谈话中真正的厄庇墨透斯是普罗泰戈拉。就像神话中的人物一样，他没有自己想象的那样英明。

结论：智者与柏拉图的神话

当我们问，在这场对话中，谁是厄庇墨透斯，谁是普罗米修斯，以及是哪
154 个版本的（赫西俄德的？埃斯库罗斯的？）普罗米修斯时，我们就陷入对神话传统的回顾中了。对神话范式的选择取决于我们的社会和哲学倾向。读者会调用这种传统，并用符合他的道德和理性上的预期去阅读。那么是不是每个神话的阅读都是一种诡辩的阅读呢？如果柏拉图确实把我们推向对苏格拉底和普罗泰戈拉的神话形象的辨认，他的方法与普罗泰戈拉有何不同？答案存在于柏拉图开放式的结尾中。他给我们提供了两种神话阅读的可能性。一个拥有特定伦理观念的人可能得出结论，认为普罗泰戈拉才是真正的普罗米修斯。柏拉图在《普罗泰戈拉篇》中对神话的使用也符合作品互动的对话形式。

在本章的开始，我认为普罗泰戈拉对神话的使用是典型的诡辩。现在我们更容易理解这一点。普罗泰戈拉的神话是为了掩盖一个事实，即要理性地为雅

典民主政治基础辩护是很困难的，至少在苏格拉底看来是如此。[①] 神话是社会共识的一种表达。当我们关注神话人物时，我们往往会忘记：普罗泰戈拉的演讲只是一种论点，而不是对政治现象的说明。如果神话和理性说明可以相互代替，普罗泰戈拉也就不用在他的演讲中进行二者的转换了。伟大的演说是一个智者的“演讲”，具有表演的成分，但这个词也带有修辞和逻辑展示的含义。后者是必需的，而前者是自然表达。作为一种展示而非证据，它在一个辩证的语境中是不太合适的。在柏拉图看来，这是所有智者派神话的缺点。首先，他们往往反映，甚至想操控一些未经详查的公共信仰。其次，他们自称是科学的知识，用他们所谓“演说的艺术”，造成一种秘所思和逻各斯能够轻易分离的印象。然而，他们的专业技能是在神话的展示中传递的，干扰并破坏着自身的特性。正如“演讲”在最后章节中表现出的，神话与逻辑为了追求修辞上的成功而互相对立，普罗泰戈拉于是通过他的神话，在一片争议中伪作断言。柏拉图使用普罗泰戈拉的普罗米修斯范式，为我们指出一种对于神话更加哲学的用法：将神话作为辩证讨论的一种促进和反应。

---

① 比较 Brisson 1975：33。

第六章　柏拉图神话的范畴

155 如我们所知，古希腊的智者模糊了秘所思与逻各斯[①]这两个概念。他们以前者释后者，并装模作样地对二者加以区分，结果却弄巧成拙。柏拉图与智者意见相左，鉴于此，我们期望他明确区分二者的不同，并且他的神话也能易于人们简单定义。然而，事实并非如此。本章三分之一的内容都在讲柏拉图神话，揭示了柏拉图神话的鲜明特征，即主观性。我旨在以此表明，神话是为需要的人存在，且其存在离不开我们作为人之本性。我们都对哲学知识知之甚少，能有聪明法子意识到我们那些论证与断言重要性的人又寥寥无几。同智者一样，柏拉图也明白，人易犯错，但他就此得出的结论却迥然不同。智者的反应是宣扬相对主义，接受并操控社会与语言传统；而柏拉图却希望我们能攻克自身不足，从而获得知识。他相信灵魂不朽，这也意味着我们来生有大把时间来获取知识。从最广泛的意义上来说，我们如何理解神话，离不开神话所处的语境。个人知识水平、阐释神话的能力、在特定对话中对话者所谈及的神话范畴及类型、灵魂重生的观点等，会影响到每一种观点的权威性。倘若每个人都能正确理解自己信仰的重要性，那么我们对精准知识的探索之路就会进行得非常顺利。柏拉图文集中神话无处不在，不断凸显出神话论证重要性的问题。

本章开端大致讨论了一下语境化阅读柏拉图神话的必要性。我认为，致力于为柏拉图神话找一个单一且通用的定义通常会妨碍对它的理解。我会以《高尔吉亚篇》和《斐德罗篇》里的文章为例来证明我的主张。不能凭内容判定神
156 话，同样的神话素材在不同的语境中功能不同。因此，本章第二部分将根据功能划分柏拉图神话。通常，柏拉图神话的主题离不开劝诫、休闲、游戏、童真等内容。第三部分将探索这些主题之间的联系，从而证实语境化研究方法的重要性。休闲、游戏、童真（与神话的关系）是好是坏，要看其是否有助于哲学探索。从非哲学的人性视角，以及形而上学领域的永恒和超自然视角来看，这

① 在古希腊人心中，mythos 与 logos 有着明显差别，前者常译为“神话”，是指“讲故事”，讲的是不朽的神的故事；后者译为“逻各斯”，是指“讲道理”，讲的是概念、理论性的东西。——译注

些对神话主题模棱两可的判断凸显了哲学生活的微不足道。在现代，柏拉图神话有了一些新的阐释，对这些新观念的研究最终又将我们带回了本书的主题，即通过神话来展现语言的缺陷。

词汇问题、选择问题

我们在看柏拉图神话时做何感想？柏拉图“秘所思”与“逻各斯”这两个概念之间的界限甚是模糊，有学者研究已久，试图确立一个划分柏拉图神话素材的统一体系。[①] 倘若《斐德罗篇》中关于塞乌斯（Theuth）[②] 和萨姆斯（Thamos）[③] 的故事不能称为神话，《国家篇》中的理想之城无法实现（501e4）[④]，苏格拉底在《高尔吉亚篇》（523a）中向卡利克勒承认他关于灵魂命运的故事可以是虚构的也可以是真实的，我们又该如何看待柏拉图神话？神话若为需要的人存在，任何对柏拉图神话的解说都会面临被主观性破坏的风险。有一种方法可避此风险，即只对柏拉图称之为神话的内容进行研究。因此对查斯拉夫斯基（Zaslavsky）而言，“很简单，唯一安全公正的操作标准就是，只把柏拉图作品中直接称之为神话的定为是神话，未明确说明的不称为神话”[⑤]。这不失为一个保守的方法，然而却会导致人们对柏拉图神话的兴趣渐减，尤其是柏拉图本人在评价其神话时都还带有主观色彩。[⑥] 如果柏拉图给几种不同语篇都贴上“秘所 157
思”的标签，如果他能意识到这种分类是流动的，如果我们自己难以辨明一个故事是否可归为神话，那么这表明，柏拉图神话同普通神话一样，并非一个普遍而单一的种类。对柏拉图而言，模糊其神话定义是有意为之。柏拉图对话语及书面语的功效心存怀疑，考虑到这一点，我们不能期望柏拉图能给连他自己都在对话录中予以否定的神话一个恒定的概念。柏拉图的对话形式展现了哲学讨论中思想的碰撞，然而这不能使读者理所当然地认为他已能毫无障碍地理解柏拉图学说了。重要的是哲学讨论的过程，这个过程可以决定怎样的假设是可

---

① 弗鲁蒂格尔（Frutiger 1930）公正看待早期对柏拉图神话的阐释：尤其是1—28；147—77。近来研究这一主题的还有埃利亚斯（Elias 1984：75－118），以及莫尔斯（Moors 1982：1－33）写的自传。还有鲍温（Bowen 1988）的文章。

② 塞乌斯：埃及古神，崇拜鹮鹤，据说其发明了文字。——译注

③ 萨姆斯：全埃及的王。——译注

④“……我们在论证中神话化的成分”（μνθολογοῦμεν λόγω）。注意神话是如何与逻各斯之间产生联系的，就像《高尔吉亚篇》523a1－2。

⑤ Zaslavsky 1981：12.

⑥ R. S. Stewart 1989：261；参见 Smith 1985：25－26。

接受且一贯的，并可以明确以何标准做出此决定。这个过程在对话中产生，但严谨的读者即使在思考文本的时候也会进入这一过程。①

对话录中的现实问题是，哲学讨论所用到的方法是否合适。当苏格拉底与智者激烈辩论时，人们质疑他使用的论证形式的有效性（让人想到《高尔吉亚篇》中的卡利克勒），而且还有人反对他的问答方法。在后期对话中，对话者更多关注这一范式的合理应用范围，以及一个人为了阐释清楚某一观点而投入时间多少等问题。对话录中探讨的很多问题，是关于人类话语在哲学讨论中合理的运用形式。其中，对神话素材地位和性质的担忧也是这些问题的一部分。例如，“什么时候适合发表长篇大论?”“运用范式的正确方法是什么?”“问答式辩证的界限是什么?”“在哲学讨论中，比喻性语言的地位如何?”针对神话，我们也许会提出这样的问题：“神话语篇的本质是什么?”“在哲学讨论中，它是否有地位? 如果有，这种用法是否仅是一种修饰手法? 或它有助于发现和阐释哲学真理?”当我们发出什么是神话、什么不是神话的疑问时，当我们思索以何标准回答此问题时，我们就已触及哲学。柏拉图对话录中对神话的运用（既指秘所思一词，也指我们称之为神话的故事）总是暗含玄机，而且当涉及这种叙事时，
158 柏拉图总会强调真理的重要性这一问题。神话与其使用方法之间的这种联系十分显著，这意味着使用神话注定会将我们说话的方式和内容理论化。②

尽管早期柏拉图派学者并不情愿赋予柏拉图神话任何哲学上的重要意义，但近来的评论家已承认柏拉图神话作为一种哲学表达方式的重要性。现如今，读柏拉图神话已经不能离开其哲学语境了。③ 语境化研究方法不仅要求我们阅读神话内容时要考虑到与其相关的论证，还要求我们必须探讨哲学及论证的语境是如何作用于基于神话的真理类型，以及如何作用于对神话的评价。从真正意义上来说，神话是偶然性的文本片段，如品达的颂歌里，神话的内容及对神话素材的态度是随着文本的要求而发生变化的。与此不同的是，柏拉图对神话的处理方式取决于明确的哲学课题，而非体裁类型和观点的需要。

简要看一下上文提到的两种故事，即《高尔吉亚篇》中关于灵魂的故事和《斐德罗篇》中关于文字发明的故事，我们就会发现，方法、真理及语境是如何

---

① 参见 Frede 1992。

② 参见 Moors 1982。

③ 安娜斯（Annas 1982）关于柏拉图末世论神话（eschatological myths）的文章展现了柏拉图在三个不同的对话中改编了审判神话（myth of judgement），以反映这三部作品的特殊哲学意义。莫尔斯支持类似的方法论（Moors 1982：57 –58），他在研究《国家篇》里的神话故事时给出了样例（1988）。

各显神通的；同时，也会对还原法（reductive approach）的缺陷心怀感激，因为还原法认为，不贴秘所思标签的故事便算不得神话。在《高尔吉亚篇》中，苏格拉底通过下述话语引出关于灵魂的神话故事：

> “把你的耳朵竖起来，注意听，”如他们说，“这是一个非常美丽的故事（真实的故事），我想你会把它当作虚构的，但我会把它当作事实，因为我确实把将要告诉你的话当作真理。荷马说……”[①]（523a1 –3）

这则故事有几个方面值得注意。在引用的段落前，苏格拉底主动给卡利克勒讲了一个逻各斯：带着一个犯下许多罪行的灵魂抵达另一个遭不公正玷污的世界，这是一切罪恶中最坏的（522e3 –6）。在这点上，卡利克勒及读者都毫无头绪，不知道这个逻各斯属于哪一类。这或许就是另一个论证了。但苏格拉底用一种常见的叙述——“听一个非常美丽的故事”引出了他的故事。短语“如他们说”就是这种常见叙述的传统标志。这样一来，晦涩的哲学表述（逻各斯）就转变为听众喜闻乐见的故事（还是逻各斯）。似乎是觉得还不够复杂，苏格拉 159
底又介绍了更多的术语及评价标准。卡利克勒会把那个故事看作是虚构的，但苏格拉底却认为它是真实的，因为它同真理有着某种关系（注意ὡς这个虚词引出的主观模糊性）。我们开始意识到对逻各斯的使用过于流行，导致了其概念的不准确。一个受欢迎的故事要么是秘所思，要么是逻各斯，这取决于它的内容所传达的真理。

更重要的是，这个故事的分类取决于其目标听众——卡利克勒的评价手段。会把该故事看作秘所思，是因为卡利克勒相信秘所思是无知老妇人的荒诞故事，一个理智的男人是不应该相信的[②]。他对神话的这种态度与他早些时候的断言不谋而合，即公众对是非的判断标准并非依据本性，而是按照习俗（483bc）。他把这种标准看作是胆怯的弱者针对天生的强者创作的有用的“神话”[③]。而且，卡利克勒对哲学与孩童行为的联系、对哲学家同未突破智力青春期（484c –485e）的不幸的人之间的联系的看法，都使我们不得不相信，他认为苏格拉底

① ［古希腊］柏拉图：《柏拉图全集》（第1卷），王晓朝译，人民出版社2002年版，第421页。——译注

② 参见527a5 –6：“或许，在你看来，这像是老妇人的故事”（μῦθος…ὥσπερ γραός）。

③ 注意，尤其在卡利克勒的主张里，自然十分强大，会毁灭一切与之作对的“作品、欺骗、诅咒及法规”（484a4 –5）。毫不意外，柏拉图文集中，到处可见其神话与诅咒有着莫大联系［《斐多篇》114d6 –7］。卡利克勒提到社会塑造年轻人的方式时，是带着蔑视的，“对年轻人吟唱咒语，对他们施魔法，奴役他们”（483e6），他对《国家篇》（330d7 –e1）提到的善良的柯法娄斯（Kephalos）死后受罚的神话深信不疑（“讲述的关于冥界的神话故事，那些在此行不义之人也必会在此遭受处罚”），类似于苏格拉底在对话结尾讲的那个故事。

所说的一切都如同胆小的老妇给易骗的小孩讲的神话故事一样。从修辞角度来说，让苏格拉底草率地称其故事为秘所思并无益处。这样就是不战而败，输给了卡利克勒。苏格拉底能做的就是将这一表述问题化。这样一来，苏格拉底为其目的所采取的表述方式（该目的论表述起源于苏格拉底在哲学讨论中论证的一系列贯穿始终的假设）将带来反思，平缓我们的反应，也会平缓卡利克勒的反映。这个故事的真假取决于前期论证的成功与否。对苏格拉底来说，他所说的一切都是逻各斯；但对卡利克勒来说，苏格拉底的整个论证（不仅是最后的目的论表述）都是秘所思。卡利克勒认为，苏格拉底把自己的人生建立在孩提时的谎言上。

这一简要的分析表明，至少在这种情况下，决定一个故事为秘所思的显性
160 标签并未告诉我们太多柏拉图应用这一术语时的客观标准。另一方面，我们知道，理解柏拉图神话的一个关键因素就是对柏拉图神话语境的理解。在对话录中，对神话素材的介绍和描述，以及评价神话素材的方式，都由进行中的哲学讨论的要求来决定。

在《斐德罗篇》（274bc）中，苏格拉底问斐德罗知不知道怎样才能做到用话语使神喜悦。在问及他的观点时，苏格拉底讲了一个道听途说的故事，尽管他也不知道事情的真相（274c1－2）。不过，他们自己若能发现真理，就再也不用关心人们如何想象了。之后，苏格拉底继续这个故事：埃及神祇萨姆斯拒绝接受塞乌斯发明的文字，因为他认为文字不是用于记忆，而是用于提醒的毒药，它只能给予人们智慧的表象而非实质。斐德罗极其尖锐地回应说，编造故事对于苏格拉底来说是件轻而易举的事；但苏格拉底指出，重要的不是讲述者是谁，而是故事的内容是否是真理（275b3－c2）。这场交锋从头至尾都未使用秘所思这个词，这是否意味着我们不能称塞乌斯和萨姆斯的故事为神话了？如果不是神话，那它是什么？是具有真实“寓意”的非真实故事吗？它同苏格拉底在《国家篇》（377a5－6）中谈论的秘所思又有何不同？还有，那些整体来说是虚假的，但却蕴含某些真理的故事又能否称为神话呢？

柏拉图使用的词汇并不值得我们过多关注——不是要在这里讨论的问题——相比之下，我们更应让内容自己说话。它告诉我们，说话者是谁、故事的来源是什么都不重要，重要的是它传达的信息。若是迫于压力，苏格拉底可能会称这个故事为逻各斯，原因如同他在《高尔吉亚篇》中称其目的论表述为逻各斯一样，但它也同样可以被称作秘所思。斐德罗可能会怀疑苏格拉底是在编造故事，但他却能轻易地回到正轨，不像卡利克勒。对卡利克勒来说，什么是

真正的神话才是至关重要的。《斐德罗篇》开篇就表明，只有智者才注重细致地挖掘神话的字面真相。更重要的是，探讨神话在何种程度上可以被用作道德范式（ethical paradigms）：就品德修养来说，是苏格拉底更胜一筹还是堤丰（Typhon,[①] 229c6－230a6）更胜一筹？[②] 柏拉图神话并不依赖于秘所思这个词出现与否，而是更多地包含了对故事内容真理性的显性或隐性的沉思[③]。当我们问是什么使塞乌斯的故事成为神话时，我们就是在对修辞术（rhetoric）的功能及本 161
质进行哲学反思。修辞术反映了对话第二部分对哲学的探索。斐德罗的例子应该是提醒我们不要像智者那样望文生义。

哲学神话同与其相关的理性论证紧密相连，它从哲学语境中汲取力量，影响哲学讨论的过程及内容。这种神话素材丰富且复杂，同柏拉图哲学的复杂情形相一致。神话界限的模糊反映出对话的巧妙。这并不是说我们无法描述柏拉图神话的普遍特征，而是说这个任务注定不会轻易完成。

柏拉图神话的分类

弗鲁蒂格尔（Frutiger）对柏拉图神话做了有价值的研究，他充分认识到柏拉图神话内容丰富、种类繁多的特点，因此根据神话的内容及其功能分析对神话进行了分类［划分为寓言神话（allegorical myth）、起源神话（genetic myth）及类科学神话（parascientific myth）］。[④] 后来的学者对这种复杂性都感到不适。起源神话这一类别之所以能被证明极富吸引力，部分原因是苏格拉底在《国家篇》中讨论虚假问题时做出的评论：我们刚才在谈论故事的时候，由于不知道古时候的真相，就尽可能以假乱真，使之能起到训导的作用（382c）。这一过程类似于在有关灵魂的话语领域创造一个哲学真理的意象。[⑤] 在这种神话中，虚构的成因将代替概念分析，并适时地表现为相互独立的事物，而事实上，它们是共存的。这种神话的例子有《蒂迈欧篇》中的宇宙起源说、《国家篇》第二卷及

---

① 堤丰：希腊神话中象征风暴的妖魔或巨人，别称万兽之王，曾打断宙斯的手筋和脚筋。——译注

② 注意：北方之神波瑞阿斯（Boreas）和俄里蒂亚（Oreithyia）的故事既被称作μυθολόγημα（229c5），也被称为逻各斯（229d2）。

③ 然而，这并不是一个普遍存在的特点。例如，《斐德罗篇》（259）中蝉的神话就不具备这种特点。

④ Frutiger 1930：209－210。“类科学”这一类目是用于那些有关观点而非知识的神话的。尤其可贵的是，弗鲁蒂格尔坚决认为，在柏拉图文集中，神话思想并不总以相同的形式表达出来。有时，它是象征或传说，有时“被理性思想浸透，致使它与逻辑辩证产生混淆”（4－5）。

⑤ Brisson 1982：127.

《法律篇》（*Laws*）第三卷中提到的国家起源说等。① 如果不能确切地获知遥远过去的历史，那么能使我们最接近历史的做法就是分析事物形成的方式，回到过去。② 然而，柏拉图起源神话的光环不应误导我们将柏拉图神话都定义为起源
162 神话。③ 虽然这是描述性方法，都基于内容分析，但缺乏反思哲学论证现状的重要因素。

柏拉图给秘所思这个词赋予多种用途，这意味着我们无法给柏拉图神话一个简单的定义。因为不是所有的柏拉图神话都贴有秘所思的标签，所以细致的分类在这里是行不通的。④ 不过，一个大致的分类对于指导我们认识柏拉图神话会很有帮助。接下来的分类并非独一无二，也不可能独一无二，因为一个故事既可以分属于这个类别，又可以分属于另外一个类别，这取决于说话者会不会或想不想证明故事的真实性。然而，我们可以区别出三种分类：诗人讲述的传统神话，意在实施社会操控的教育神话和哲学神话，其中哲学神话与逻辑分析密切相关。

柏拉图的秘所思包含的最大一个类别，是关于诗人、老妇等讲述的传统故事。这是《国家篇》中秘所思最常见的一种意思，其次是在克塞诺芬尼的传统故事中，这类故事通常因其内容的不道德而遭到批判。因此在 377d5 –9，我们被告知赫西俄德、荷马等人编造了虚假和卑劣的故事。⑤ 作为例子，苏格拉底给出了赫西俄德关于阉割乌拉诺斯、众神之战的故事。这些故事在理想之城一定会被禁，如同英雄行为不端的故事会遭到禁止一样（391e12）。简而言之，只有有利于道德教化的神话才能得以流传，如奥德修斯在困境中全力坚持的故事（390d）。

在理想城中，诗歌和神话起教化作用，这使得我们进入了第二类神话。理想城中的诗人通过城邦缔造者的口述得其诗歌主题（379），然后创作对神祇的赞歌和歌颂好人的赞歌（607a4）。这种神话类型与说服而非教化民众的修辞术

① Frutiger 1930：190 –191.

② 比较 Veyne［1983］/1988：14。

③ Zaslavsky 1981：15。这样一个局限性定义的问题在于，形容词“遗传的”概念范畴必须扩展。因此，查斯拉夫斯基（48）还将其意义扩展为知识和文字的“起源”。

④ 莫尔斯做过这样的分类。Moors 1982：35 –54（详细的分类和关于语境的讨论，但不包括 παραμυθ 这一词汇）；Zaslavsky 1981：附录Ⅰ，224 –229；Brisson 1982：177 –195（附带数据分析）。

⑤ 史密斯（Smith 1985：28 –29）建议，我们不应把 ψευδεῖς译为“虚假的”，应译为“虚构的”；参见 Gill 1993。

有关，见《柏拉图全集》（*Plt.*）304c10 – d2。① 苏格拉底说我们最初讲给孩子的故事就是秘所思。他描述说：“从总体上看都是假的，但其中也有真实的地方”（《国家篇》377a5 – 6）②。实际上，这些故事没必要一定是真实的，只要它们能表达可令人接受的道德观即可。这些故事通常由御用诗人创作，有时却出 163
自哲学家之手。这是苏格拉底在《国家篇》里编造的“高尚的谎言（Noble Lie）”（414b9 – c1），③ 苏格拉底扮演城邦缔造者的角色，给他的子民灌输某种特定的思想。这个“高尚的谎言”意在说服城邦统治者及民众，让他们相信，大地是他们的母亲，城邦各社会阶层众人是由神（god）分别混合金、银、铜为其塑身。④ 这种信仰能使所有的城邦居民关怀彼此、关怀其所在的城邦。甚至于这个城邦的哲学领袖都可能会相信这些神话的真实性。对其目标听众而言，这个“高尚的谎言”并没有哲学和方法论内涵（尽管含有道德及政治意图）。无论是由哲学家还是由诗人创作，这种类型的神话都是用于教育及道德目的，而非为了增长才智。那么，神话修辞术可被用作社会控制的一种手段，但是作为对柏拉图神话的完整描述，它最好是简约（和讽刺）的。作为解释真理的一种方式，它还不足以代表柏拉图神话中比较积极的哲学层面。⑤

构成后几个章节重心的柏拉图神话是哲学研究的一部分，是对灵魂、文字或者宇宙历史的哲学探索。它们是哲学神话，不同于传统神话和教育神话。但同之前的分类也有交叉重叠的部分。若以《斐德罗篇》中塞乌斯和萨姆斯故事为例，我们可以看到，苏格拉底创造这个故事（如斐德罗所认为的那样，275b）是用于哲学目的，宣传如何用修辞术取悦神祇。我们可以很容易想象到，这种编造出来的“传统”反映着哲学真理，被交到《国家篇》的城民手中。在《斐德罗篇》中，不同的是，神话产生自长久的讨论，并反映其结论。因此，这种神话的听众认为，它的内容及“道德观”都是真实而正确的。苏格拉底明确地

---

① 柏拉图神话是控制大众的工具，这使德蒂恩内烦恼不已（［1981］/1986：85，93 – 98；比较 Brisson 1982：143 – 147）：柏拉图的哲学课题包括重新思考传统，以及使用政治力量命令人们对记忆的使用要基于传统之上。

②［古希腊］柏拉图：《柏拉图全集》（第 2 卷），王晓朝译，人民出版社 2003 年版，第 337 页。——译注

③“高尚的谎言”是柏拉图《国家篇》中最重要的哲学话题之一。［古希腊］柏拉图：《柏拉图全集》（第 2 卷），王晓朝译，人民出版社 2003 年版，第 386 页。——译注

④ 在 415a2 – 3；c7 被提及为秘所思。

⑤ 在此显示的柏拉图神话有三个部分，与《国家篇》里的三面灵魂的三个要素有着千丝万缕的关系。三面灵魂的欲望部分是关于传统神话的暴力和性欲；精神部分则倾向于教育神话，主要教育什么是荣誉与良善；哲学神话则诉诸理性部分。

表示，真实是判断任何传统价值的标准，并希望斐德罗也能做出这样的论断。鉴于《国家篇》中的“高尚的谎言”被作为一种信仰施加给全体城民，我们通过分析，得到了《斐德罗篇》中关于文字起源的故事。在这两种情况下，神话
164 的内容并没有什么不同（二者都反映了哲学真理），但相关语境就不尽相同了。哲学神话既有“真实的”内容，又被置于逻辑辩证的语境中。

柏拉图让对话者创造出关于传统神话（大多是有害的虚假故事）和经过净化的教育神话（反映道德真相的表面虚假的故事）的准定义，但哲学神话却无法简单定义。因为它会因语境不同而不同，我们可以容易地说出它的作用是什么，但却不能确认它到底是什么。基本上，尤其是在中期，哲学神话常用于规劝，帮助人们转向哲学生活。这本书主要关注的是，哲学神话鼓励方法反思以及对哲学语篇的自觉意识，以此得到智慧的力量。这是第二位的力量。它既对对话世界里致力于哲学探索的对话者施加力量，也对柏拉图文集的读者施加力量。它将我们谈论世界、表述哲学的方式问题化。这一刺激质疑的功能使它区别于强加给非哲学家的教育神话。将哲学神话比作，例如《国家篇》里的“高尚的谎言”，这一评价已超出了哲学神话的基本功能。[①] 仅根据内容就给柏拉图神话下定义会适得其反，因为它限制了柏拉图神话在对话的戏剧世界中不同思想层面上的应用，并剥夺了神话进行元哲学[②]评论的能力。

劝诫、游戏与童真

那么，我们研究柏拉图神话的方法应受神话（或类似于神话的素材）产生的环境支配。这表明，讨论哲学的情绪及方法都是至关重要的。柏拉图将神话语篇同劝诫、鼓励、游戏和童真等主题联系在一起。他这么做是为了建议，有兴趣追求知识的人必须以看似对多数人来说违反直觉的方式调整自身态度。寻求真理之人必定不能矛盾，而是要展现出温柔的一面，思想还要灵活。他们必须要严肃对待在其他人看来或许琐碎的小事，同时还要认清人脆弱及易错的天性。他们必须重定生活在这个地球上的态度，视其为较大整体的一部分。在所
165 有这些方面，哲学与诡辩论行为形成对照。智者意在强迫、控制他们的观众学

① 多尔特（Dorter 1982：166）关于《斐多篇》的神话。吉尔（Gill 1933）重复使用“高尚的谎言”以阐明他对柏拉图神话的理解，尽管他知道哪里明确显示出了故事的虚假之处，且观众也参与其中，“高尚的谎言”并不是一个十分好用的范例（62）。

② 元哲学：研究有关哲学的对象、性质、类型、方法与基本概念框架等哲学的基本问题。——译注

习，而非鼓励他们去学习。智者戏弄他们（我们想到了高尔吉亚的“玩物”）。他们把成功视为他们在这个世界上最重要的目标，却鄙视哲学努力像孩子般的无聊。秘所思是适合描述休闲、游戏和童真等主题的语篇，秘所思同这些主题之间的联系——以各种伪装的形式——都指明了秘所思在柏拉图文集中的范围之广，内容之灵活。仅因秘所思涵盖了整个范围——从诗人编造的故事至哲学理论，所以我们能以不同的态度——从无所谓到严肃的哲学态度——接触休闲和游戏这些主题。柏拉图神话是严肃的还是只是“玩笑”？我们是要讲给孩子听还是讲给智者听？我们该怎样以严肃的态度对待认识论和形而上学？这些都是观点性问题，都不是无关紧要的。我们在哲学讨论中以怎样的视角看待对神话的整合，决定了我们是什么样的哲学家（或评论家）。

柏拉图用类神话体系（paramyth-stem）中的词汇表达哲学鼓励或劝诫。[①] 像哲学神话，它可以用于教育目的也可用于哲学目的，但没有被完全神话化。类神话词汇最频繁地出现在《国家篇》和《法律篇》中，这两部作品可以被认为是极其重视公民教育的。通常，它发生在这样的语境中：在哲学讨论中强调调整态度，或重视哲学家做出的向非哲学家传输观点的努力。无论是处于逻辑辩证讨论之内还是之外，类神话都有关于适合真正哲学家的温柔、激励的语调。参与哲学辩论之人可受鼓励继续讲述或勇敢说出他们的真实观点。在辩论语境之外，哲学家可以温和地向非哲学家展现自己的论证，后者会将其视之为一种对美德的训导，尽管他可能并没能很好地理解。

如所指出的那样，在《国家篇》或《法律篇》中，教育类神话（educational paramythia）和“安慰的、可信的谎言”没有关联。[②]《国家篇》谈及要以音乐和
体育“激励”（παραμυθουμένη，442a2）灵魂中勇敢的部分。在476e1，声音 166
与颜色的爱好者认为观点和信仰无差别，他们必会轻易地（但不是假装地）被对手用辩证法所驳倒（παραμυθεῖσθαι）。相似地，在499e1－2，在面对说服大众允许哲学家统治的必要性时，苏格拉底说一个人应“以一种鼓励而非争论的

① 例如，παραμυθία，παραμύθιον，παραμυθέομαι，εὐπαραμύθητος，δυσπαραμύθητος，ἀπαραμυθήτως。参见 Brisson 1982：150（《附录》4）。在《法律篇》中，“劝诫”这个词的意思，在一个文字游戏里，与“促进法律的神话”（ὁ πρὸ τοῦ νόμου μῦθος）有关。（Brisson 1982：166，195）；查斯拉夫斯基（Zaslavsky 1981：209－213）：“一个预备的、安慰的、可信的谎言”。

② Zaslavsky 1981：210。尽管查斯拉夫斯基承认，这些谎言在某方面是真实的，在这方面，谎言是关于超越理性真实的事情，但他还没能找到证据，断言所有的类神话都是谎言（即使是很微弱的证据）。

精神”（μὴ φιλονικῶν ἀλλὰ παραμυθούμενος）[1] 去说服，揭示出哲学家的真实本质。在 500b1 –6 中，鼓励的是哲学论证，动词 παραμυθέομαι被认为构建了哲学语篇的恰当基调。这个对照不是存在于真假之间，也不是存在于可验证性和不可验证性之间，而是存在于目的明确的哲学说服和诡辩论的恐吓之间。

《法律篇》中的类神话词汇同雅典客人（Athenian Stranger）[2] 提议的各类法律序言有关。如布里松（Brisson）[3] 说过的那样，这些劝诫的序言经常会产生神话回响[4]，尽管比较微弱。相比于序言中神话的在场或缺失，更重要的是，雅典客人以一种能使我们想起《国家篇》中哲学劝诫作用的方式刻画了它们的特征。在《法律篇》第四卷（719e –723c），他比较了给奴隶看病的医生和给自由民看病的医生。前者只是开个处方，而后者却会和患者讨论、解释他们的治疗方案。所以，同样的，立法者不应只开处方、威胁，还应鼓励（παραμυθίας）和说服（720a1 –2）[5]。立法者不要只是给其对象施加美德神话，还要通过展现本质上是哲学的论证而有效地改变其态度。然而，我们不应下这样的结论：从辩证角度来说，《法律篇》中的立法者完全是用语言吸引其对象从事哲学。《法律篇》中的劝诫是哲学表达，观众不被期望能提出异议或有其他想法。如果他们经过激烈的讨论不能获得正确的哲学信仰，他们就无法实践哲学，而且还会在基础牢固的哲学修辞术的攻击下惨败。[6]

167 然而，类神话在哲学讨论中也有自己的一席之地，而且具有规劝作用。在《欧绪德谟》（又译《攸狄底姆斯篇》）277d4，苏格拉底鼓舞（παραμυθούμενος）年轻的克利尼亚（Kleinias）[7]，他因智者欧绪德谟（Euthydemos）的智

---

① [古希腊] 柏拉图：《柏拉图全集》（第 2 卷），王晓朝译，人民出版社 2003 年版，第 493 页。——译注

② 雅典客人：柏拉图的《法律篇》的三位对话人之一。——译注

③ 吕克·布里松：法国科学研究中心主任，发表了多篇关于希腊哲学、宗教问题的著作。主要作品有《〈创世记〉——宇宙的认知及其相关学说》《世代相传的俄耳甫斯与俄耳甫斯教义》《从价值观角度伦理性的威力及其局限性》。——译注

④ Brisson 1982：200 –202.

⑤ 这种类神话序言的例子：773e5（解释了合适婚姻的必要性）；854a6（解释了洗劫寺庙为何不受欢迎）；899d6（来自那些反对众神关注人类事务的人的告诫）。这个说服的确切本质是关于意见不合问题的。它操作不合理吗？它逐渐灌输了错误但有用的信仰？或这个说服是合理的吗？博博尼奇（Bobonich 1991）对这个问题做了一个很好的总结，评估过去的自传，正确选择后一个可能。同时参见 Laks 1990：222，226。

⑥《法律篇》中论“独白的”（与对话相对）本质，参见 Nightingale 1993。

⑦ 克利尼亚：柏拉图《法律篇》中的三位对话者之一，另外两个是匿名者雅典客人和克里特。——译注

力游戏而变得很丧气。苏格拉底说（288b7 - c6），智者欧绪德谟和狄奥尼索多洛不愿认真（σπουδάζοντε）证明他们拥有智慧，但他们却模仿埃及智者普罗托斯（Proteus）。普罗托斯曾是海神，他不会回答任何问题，除非你在他多次变形后仍能抓到他，并最终逼迫他变回真身。观众因而必须恳求、鼓励这两位智者（παραμυθώμεθα，288c4）揭示真正自我。使用诸多有趣的或严肃的类神话词汇，就是为了置这两位智者于困境。他们在需要认真讨论及对推进讨论无意时就会抱以玩乐的心态。“玩乐”这个词，强调了苏格拉底对克利尼亚及智者未能成功使用恰当哲学论调的在意。我们应对照一下苏格拉底在《国家篇》450—451 中的行为。格老康成功通过强调听众的福祉而鼓励苏格拉底展开了他关于妇女儿童的归属和使命的看法。苏格拉底不愿被鼓励，因他认为自己的言辞并不具智慧。然而，格老康的哲学鼓励很是成功，说服了苏格拉底去发表观点（εὖ με παραμυθῇ，451b1，参见 450d9）。哲学家任务重大，在提出看似违反直觉的论题时更需要鼓励。哲学家需要确认听众在听他论证时，能够保持头脑冷静，这有利于更好地接受一些哲学上的推断。

在介绍和讨论哲学或神话假设时，冷静地避免做正面回应是柏拉图一贯的做法。上述《欧绪德谟篇》和《国家篇》里的若干篇章中提到的哲学鼓励之所以功效显著，是因为它要求对话者意识到哲学论证的严肃程度不同，以及对真理的执着程度不同。对话参与者不仅被劝说继续讨论，还被鼓励思考所采用辩词恰当与否。这个劝说基于方法论自觉，因此类似于在逻辑辩证语境中对神话的哲学使用。类神话有多像神话？语义上，秘所思和类神话共享同一个词根，意指“语篇”，这样的构词方法具有迷惑性。然而，类神话也可以是神话，它在很大程度上与柏拉图神话分享某些同样的功能，如作为灌输、教育和哲学的工具。同柏拉图神话一样，它的地位也是从自身所处语境中获取的。那么，如我们所料，教育神话和哲学神话的界限是相互渗透的。所有哲学都有教育功能， 168
有时说服性的教育光芒过盛，会掩盖哲学讨论的意图。那么，若是在类神话语篇的不同领域都严肃以待，就大错特错了。劝诫和鼓励通过话语类型获得自身色彩，并带入所处的语篇，其中或多或少都带有哲学意味。他们的修辞色彩使得他们尤其适合教育语篇，但又不囿于教育语篇。下章在介绍《斐多篇》时，我们将更明显地看到，他们在什么程度上会达到完全哲学化。

类神话总是具有积极的内涵，游戏的主题却扮演着更为复杂的角色（如我们在上述关于《欧绪德谟篇》的简要评述中所见）。游戏可供孩子玩耍，可以是教育的工具，还可以是关于哲学行为的一个隐喻。游戏因此同神话有着许多一样的范围，这两者有时是相关的。长久以来，人们认为，游戏的概念在柏拉图哲学中有着重要地位。（σπουδαίους）[1]《国家篇》和《法律篇》中的教育体制都是基于游戏的特性，并以此来训练年轻人。我们的孩子必须参加那些更加符合法律的正当游戏，如果这些游戏变得违法，那么孩子们也会变得违法，他们就不可能成为品行端正的守法公民了（《国家篇》424e5－425a1；参见《法律篇》643b4－d3、819a8－d3）。这不只是一个早期教育的问题，而是年轻人的思想无法承受太多的严肃。专为年轻人创作的教育歌曲是为保持他们精神和谐，但事实上却成为咒语，它们被称为把戏（παιδιαί）（《法律篇》659d1-e5）。游戏的重要性还在于对于自由人来说，强迫他们学习知识是不合适的。被迫学习却什么也学不到（《国家篇》536e－537a2）。在《国家篇》和《法律篇》中，游戏是有效训练的契机，也是处理智力不成熟问题的正确方法：我们无法很快就变得严肃，而且错位的严肃会适得其反。这种游戏明显类似于神话的教育功能。我们定会想象得到，《法律篇》和《国家篇》中的一些教育歌曲游戏具有神话性质。

然而，游戏不只是为孩子所有。苏格拉底著名的讽刺伴随着怒气和魅力，也是游戏的一种形式。在《会饮篇》（*Symposium*，又译《筵话篇》）[2] 中，阿尔喀比亚德认为这种游戏形成了苏格拉底的基本人格，他将这种游戏比作雕刻的西勒诺斯（Siler），丑陋的外壳下掩藏着金光闪耀的内在。[3] 苏格拉底毫不贪恋
169 俗世财富，一辈子都在玩弄他那讥讽的把戏（或是“戏谑”：εἰρωνευόμενος δὲ καὶ παίζων，216e4）。阿尔喀比亚德不知道是否有人曾在苏格拉底严肃时把他的内心打开，看到了里面隐藏的智慧（σπουδάσαντος，216e5）。然而，或许有人好奇，阿尔喀比亚德有没有误解苏格拉底的玩笑与严肃之间的界限。他认为苏格拉底的这种玩笑同其在《欧绪德谟篇》中对智者的看法一样，但他却不会认为，玩笑事实上是严肃的一种形式，内有乾坤。他将苏格拉底的讽刺视为角色扮演，

---

[1] Guthrie 1975：56－65.

[2]《会饮篇》：本书是古希腊哲学家柏拉图所著的一篇对话式的作品，是以对话或者演讲的形式写成的，其背景是古希腊的一群男子在一场酒宴之中的谈话，所讨论的主题是爱的本质。——译注

[3] 关于苏格拉底趣味的更多例子，参见《美涅克塞努篇》（*Menexenus* 235c6）、《克拉底鲁篇》（*Cratylus* 406b9－c1）、《斐莱布篇》（*Philebus* 28c2－4）。

但如果这种讽刺本身是严肃的呢?[①] 玩笑也可以表现出哲学严肃性，而不是掩盖或斩断哲学的严肃性。在这方面，玩笑类似于哲学神话。

在《吕西斯篇》196a4－e9，苏格拉底的玩笑既展现出轻松有趣的一面，又展现出严肃的一面，这篇文章充分展现了对话者相对的严肃性。李西斯指控尼昔亚斯言辞闪烁，以期掩盖其对勇气本质的无知。如果是在法庭上争论，这样东拉西扯也许还有些理由。苏格拉底认为他们应给予尼昔亚斯质疑的权利，或许尼昔亚斯确实认为自己说的有理。他通过一个谚语式的玩笑总结了尼昔亚斯的立场：尼昔亚斯谈及勇气时用到的那类知识（关于自信及恐惧的知识）不是“每只牝猪都知道的”。苏格拉底已然沉浸在这种绚丽的修辞中，快速补充道，“我这样说不是在开玩笑（παίζων，196e3），而是因为我在想，凡是赞同你学说的人都不会同意把任何野兽说成是勇敢的”。[②] 苏格拉底注重以幽默的夸张手法表达严肃的观点。那么，情况是，尼昔亚斯试图发表一个严肃的观点，却被认为是诡辩的、不负责任的辩论游戏，而苏格拉底却通过一个幽默的谚语引出了其观点暗含的意义。对每一个对话者而言，严肃的或不严肃的断言及指控都是其辩论策略的一部分，也是占据上风、消除可能的批评或强调自己对谈论的问题了如指掌的手段。

显然，演讲者和观众以什么样的方法表现他们双方的诚意，以什么样的方 170
法展示适合于语境的严肃性，都会影响到对论证的展现与接受。断言某人是在开玩笑，是攻击一个犹疑两可的观点的标准形式。不成熟的论证会被视为笑话，尽管该论证并无意搞笑。在《泰阿泰德篇》里，苏格拉底说，如果有任何人试图告诉他，元素不如复合体更能清晰地产生知识，“我们都会以为他正在有意无意地开玩笑（παίζειν）”（206b11）[③]。同样地，在《普罗泰戈拉篇》，认为普罗迪科在开玩笑的说法是用来快速摆脱论证无果的窘境的（341d7）。[④] 在其他语境

① 关于这个篇章中用作角色扮演的词汇，见 Bury 1932：148－149，*ad* 216d。卢瑟福（Rutherford 1995：202－203）注意到这个篇章中玩笑与严肃之间的相互作用：不能说苏格拉底关于狄奥提玛（Diotima）的故事是严肃的，而阿尔喀比亚德的演讲就是纯喜剧的。“阿尔喀比亚德参见了苏格拉底的讽刺戏剧，其戏剧以深刻的严肃为标志，可拓展至柏拉图自己的艺术。”若有些东西是娱乐性的，但并非不重要，那么喜剧式的演讲也能通过开玩笑传达严肃的思想。卢瑟福的方法很有吸引力，但我倾向于认为，趣味与严肃的融合要比他认为的更彻底，并不是两个概念交织在一起，但以严肃作为代表（为什么我们会认为阿尔喀比亚德的话说出了苏格拉底玩笑、严肃及智慧的本质?）。

②［古希腊］柏拉图：《柏拉图全集》（第 1 卷），王晓朝译，人民出版社 2002 年版，第 191—192 页。——译注

③［古希腊］柏拉图：《柏拉图全集》（第 2 卷），王晓朝译，人民出版社 2003 年版，第 745 页。——译注

④ 这既令人震惊又不公平，鉴于当初是苏格拉底怂恿普罗迪科做出这种解释的。

中，这样的断言还可用来引起人们对论证失败的注意，如苏格拉底指控美诺（Meno）玩弄他，不给美德下定义［《美诺篇》（*Meno*）79a7］。

柏拉图利用玩笑和严肃的对立来描述辩证与诡辩的不同。当然，诡辩是具有智者特色的论证模式。在《泰阿泰德篇》167e，苏格拉底指责自己的论证不公道，没能区别争辩与讨论的区别。对于前者，参与者有正当理由同对手玩游戏，努力扳倒他（她）（παίζῃ τε καὶ σφάλλῃ，167e5）。对于后者，参与者应保持严肃（σπουδάζῃ，167e7），旨在纠正对方不当之处。相似地，在《智者篇》中，关于非存在的讨论始于规劝人们谈论要严肃，而不是为了争论而争论，以及玩弄辞藻（237b10-c1）。① 智者宣称能在短时间内把一切教给另一个人，这种话实在难以当真（παιδιάν，《智者篇》234a10）。他是真实事物的模仿者，而这种模仿就是表演（《智者篇》235a6－7）。玩笑因此同文字游戏、无意义的夸张和智者的形象联系在一起。在上文，我们已看到智者的好斗精神是如何同哲学家温和的鼓励形成对比的。而且，在《欧绪德谟篇》中，两位智者兄弟被反复形容为玩世不恭，并被要求变得严肃起来（但却没有用）。②

然而，苏格拉底用来反驳智者的关于玩笑的隐喻，也可用来反驳哲学。当
171 克里托（Crito）努力说服苏格拉底逃狱时，苏格拉底问道，他是否要践行以往的信仰。难道过去的那些信仰只是毫无意义的玩笑［ἦν δὲ παιδιὰ καὶ φλυαρία ὡς ἀληθῶς；《克里托篇》（*Crito*）46d4－5］？在49a9－b1中，这个问题又再次被提及。像他们从前经常同意的那样，行不义就绝对不对，是这样吗？或者当他们认为他们在认真交谈时（σπουδῇ），他们这样年纪的人难道不明白他们其实并不比两个儿童强到哪里？虽然苏格拉底自己并不相信这点，但却难以说服克里托。③ 对于不谙哲学之人，哲学话语要承担被他们认为是幼稚和自欺欺人的风险。如果连克里托都受到诱惑要攻击哲学，那将会有多少智者及其学生瞧不起哲学！

这是《高尔吉亚篇》中的场景。在《高尔吉亚篇》中，游戏、严肃和童真

---

① 同样，《国家篇》（539c5－d1）也对比了温和践行哲学的较年迈之人与热衷于驳斥、总是玩发生口角的游戏来自我娱乐的年轻人。

② 最著名的是《欧绪德谟篇》（277d9－278d1；283b4－c2；288b7－d4；293a1－6；294b1－4），所有篇章都值得更细致地解说（更全面的解说见 Roochnik 1990：1）。关于这个对话中的争论与辩论，参见 Chance 1992。

③ 我们可以比较克里托的熟人在《欧绪德谟篇》里的表现，他混淆了欧绪德谟的诡辩思想与他兄弟的哲学思想，且认为那些进行这类讨论的人只不过是爱饶舌的人，对不值得之事给予不值得的严肃。

这些主题很突出，且同神话密切相连。波卢斯（Polos）努力贬低（没能成功）苏格拉底，说他是孕育修辞术的温床，认为即使一名儿童都能驳斥他那些行不义则不乐的论证（470c4－5）。这个主题在卡利克勒和苏格拉底论辩时又被重新提起。苏格拉底在结束他对波卢斯的驳斥时，卡利克勒询问其中一个观众，苏格拉底是认真的还是在开玩笑（481b6－7），然后又向苏格拉底重复这个问题。如果苏格拉底是认真的，且他所说都是对的，那么我们凡人的生活必须颠倒过来（481b10－c4）。在卡利克勒为“自然正义”而辩的论证结束之时，他又攻击了哲学。如果你在年轻时有节制地学习哲学，那么它是一样好东西，但若你超过必要的程度继续研究它，那么它就能把任何人给毁了（484c5－8；485a4－7）。卡利克勒看到成人从事哲学活动时，他对他们的感受就如同他对那些演讲时表现怯弱和吊儿郎当的人的感受一样（τοὺς ψελλιζομένους καὶ παίζοντας，485b2）。[①] 一名青年学习哲学并不可耻，但若已经成年仍要学习哲学，那么情况就变得可笑了（485b2－c2）。哲学使苏格拉底不再关心城邦事务，而城邦事务是需要严肃对待的（485c2－e2）。通过继续从事哲学，苏格拉底有效地建构了童真这个意象 。[②] 哲学已经成了演讲的障碍。 172

当苏格拉底成功诱使卡利克勒掉入矛盾的陷阱时，卡利克勒反击说，他只会在玩闹时让步。如果有人哪怕是在游戏中（παίζων）对苏格拉底做出让步，他都会像个孩子似的乐意抓住对方（499b5－6）。作为回应，苏格拉底发表了相反的看法：卡利克勒是个无赖，把他当作小孩来欺骗（499b9－c1）。诉诸童真在对话结尾为僵局的形成搭建了舞台。卡利克勒会一直说，他的让步是开玩笑的，且苏格拉底无论是在玩游戏方面甚或是领略所玩游戏的本质方面，都更像是一个聪明的孩子。然而，事实上，这两个人中卡利克勒更孩子气一点，他不愿承认失败，一旦时机合适就急于改变规则，像苏格拉底指出的那样：

> 别想戏弄（παίζειν）我，别用那些实际上与你观点相反的看法来回答我的提问。如果是我在开玩笑（ὡς παίζοντος），那么就别把我的话当真，因为你明白我们讨论的主题，还有什么主题能比它更严肃呢？

---

① 有趣的是，在这个联系中，亚里士多德用了动词 ψελλίζω，这个词来自早期哲学家模糊、不定的语篇（《形而上学》985a5：恩培多克勒；993a15：属于早期普通哲学）。比较 *An. Post.* 83a32－4：“对型（Forms）说再见。它们不过是胡扯（τερετίσματα：一个无意义的词，用来形容鸟的叫声），而且就算它们存在，它们也是不相干的”。

② 同样还有卢瑟福（Rutherford 1995：154），参见 156，170。在《美涅克塞努篇》中，对苏格拉底来说，它是适合于年轻人的修辞游戏。他不愿发表关于葬礼的演讲，因为他害怕观众嘲笑他，都是一个老头了，还在玩游戏（παίζειν，236c8－9）。

> 哪怕是智力低下的人也会认真起来（σπουδάσειε）。这个主题是：人应当过什么样的生活？(500b6 – c4)[①]

苏格拉底希望双方都摒弃开玩笑的态度，认真严肃地进行讨论，但卡利克勒却不愿意配合，在讨论的最后一部分显得口是心非。

就是在这一语境下，我们必会在对话结尾读到审判神话。苏格拉底已预言说，他的受审就像一名医生受到一名厨师的指控，而那个法官是一名儿童(521e4)。那么是雅典人，而不是苏格拉底，表现得像个孩子。所以，任何试图让他们或者卡利克勒变得成熟的努力都是徒劳的。[②] 但是出于无知，他们竟然认
173 为这种情况可以反转。卡利克勒认为，苏格拉底关于来世审判的神话是无知老妇的荒诞故事，因此，同苏格拉底相比，他将自己定位为品行端正、聪明伶俐的孩子。目的论神话地位的不明确，表明苏格拉底与卡利克勒之间的交流存在问题。对话中，神话、游戏、严肃及童真主题的再现将说话者的地位和意图问题化了。我们必定会问，谁是认真的，谁只是玩一玩，哪种演讲适用于哪样意图？但即使是这样简单的一致都无法达成：所有的对话者都认为他们是认真的，但所有人又都被指控为孩子般的玩闹。作为柏拉图文集的忠实读者，我们可能会赞同苏格拉底，但即便如此，在面对对柏拉图不抱有好感的观众时，我们也更深刻地意识到哲学话语的缺陷。

苏格拉底明确反对为了纯粹娱乐或论辩的胜利而游戏的心态。然而，苏格拉底的例子已使人们怀疑：哲学家从事的是一种与众不同的游戏，只是融入了严肃的成分。因此，雅典人把《法律篇》中的讨论描述成“头脑清醒的老头的

---

① [古希腊] 柏拉图：《柏拉图全集》（第1卷），王晓朝译，人民出版社2002年版，第392页。——译注

② 在《欧绪弗洛篇》（*Euthyphro*）中，雅典人的玩笑与严肃是一个很重要的话题，但对苏格拉底来说是生死攸关的问题。欧绪弗洛（Euthyphro）评价说，宗教问题很容易被大众歪曲，众人还嘲笑他的预言。这就是为什么美勒托（Meletos）认为，他能成功地起诉苏格拉底。苏格拉底回应说，如果雅典人所做的一切就是嘲笑他，那没什么大不了（3c6 – 7）。如果他们对待他如同对待欧绪弗洛那样，那么在法庭上玩乐嬉笑就不会让人不开心了（παίζοντας καὶ γελῶντας，3e1 – 2）。另一方面，如果他们是严肃认真的（σπουδάσονται，3e2 – 3），那么只有先知知道这将导致什么样的结果。我们知道，这会导致苏格拉底之死，因为雅典人不能理解苏格拉底的玩笑、讽刺和严肃的本质。在《申辩篇》中，苏格拉底承认，他讲述的关于凯勒丰（Chairephon）与德尔斐神谕（Delphic Oracle）的故事（这神谕称无人比苏格拉底更聪明）似乎是个笑话（παίζειν，20d4 – 6）。苏格拉底并不相信当他严肃地讲话时，雅典人会看得出来。但可以确定的是，在他暗示说他的审判应是一生在普吕坦内安（Prytaneion）内享受晚宴时，他们没有看出他的幽默来。

法律游戏”（685a7－8）。①在《蒂迈欧篇》中，关于理性世界的故事被雅典人描述为“一种聪明而且适度的消遣方式”②，哲学家可以为了消遣而搁置对永恒事物的沉思，并将因此获得无悔的快乐（μέτριον…παιδιὰ νκαὶ φρόνιμον，59d1－2）。年迈的巴门尼德认为，他将对哲学方法做出的说明是“十分吃力的游戏”③（πραγματειώδη παιδιὰν παίζειν，《巴门尼德篇》137b2），这是一个自相矛盾的形容，不过极好地捕捉到了哲学讨论中提倡的玩笑与严肃共存的观点。过分严肃或许是不恰当的，因为我们了解到，苏格拉底在《国家篇》中因驳斥反对哲学之人时太过严肃（σπουδαιότερον）而致歉（536c4－5）。他已经忘了他们的讨论不过是玩笑而已（ἐπαίζομεν，536c1）。通过以上种种，我们意识到理想之城的建立及其教育体系的建立都不过是游戏，就如同它只是秘所思而已（501e4）。

哲学集玩笑和严肃于一体，提醒我们对话中论证的临时性。由于知识的缺 174
失（在对话中，没有一个人获得过这种知识），所有的哲学神话都很容易被修正，以备将来的检验。同样审慎的态度，在第八章中，还会引导我们承认，所有的故事都具有秘所思的特质。在上文对哲学类神话的讨论中，我强调哲学探索者需要勇气来提出看似新颖或反直觉的假设，因为他缺乏确切的知识。除了表现审慎的态度，哲学的游戏性还标志着这类假设的根本性质。在《法律篇》（688bc）中，雅典客人提出了开玩笑与认真两种对立态度，强调讨论要进行得激烈。在门外汉看来，最有趣的哲学主张可能是违反直觉的，而且，哲学在玩笑和严肃两个极端间的摇摆也是在隐晦地承认哲学讨论的地位的微不足道（对普通人来说）。在《国家篇》中，苏格拉底提出女性拥有平等受教育的权利时重新表述了这个观点。他承认，他的想法似乎很可笑（452a7），但他说，必须要求怀疑论者持严肃的态度（σπουδάζειν，452c6），且怀疑论者还要承认，仅邪恶之事才可笑，一个人应只对美好之事认真（452d6－e2）。无论对方是在开玩笑（φιλοπαίσμων）还是在认真地（σπουδαστικός）提问题，我们都必须展开争论，女子按其天性能够胜任男子的一切工作，还是什么都干不了，或者只能干其中有限的几样，不能干其他工作（452e5－6）。

---

① 克利尼亚想让雅典人创作一个法律的序文，他建议说他们应给那些玩游戏的人颁发一个许可证，也就是说，开创一个全新的开始（723d8－e2）。玩游戏时的灵活性对哲学进程来说是个很有价值的范式。［古希腊］柏拉图：《柏拉图全集》（第3卷），王晓朝译，人民出版社2003年版，第439页。——译注

②［古希腊］柏拉图：《柏拉图全集》（第3卷），王晓朝译，人民出版社2003年版，第312页。——译注

③［古希腊］柏拉图：《柏拉图全集》（第3卷），王晓朝译，人民出版社2003年版，第771页。——译注

有些事情如果意在玩笑，但却涉及严肃的话题，那么它也应该是严肃的。鉴于柏拉图的对话录涉及的都是严肃的话题，这有助于我们评价哲学的玩笑。[①] 甚至严肃性遭到否定，也没必要较真，如我们在《斐德罗篇》中所见。苏格拉底并不把灵魂马车神话视为一个玩笑（παιδιᾳ πεπαῖσθαι，265c8－9），尽管他认为可以从中提取到一些有用的东西。然而，我们对苏格拉底神话玩笑的评价不应和苏格拉底本人的评价相一致。在下章，我会提出以下观点：神话对对话中蕴含的哲学的表现力远大于苏格拉底所承认的。认真看待道德和形而上学问题是相当必要的，但这不一定是说必须要严肃地对待它们（意思是进行严肃认
175 真的分析）。对话中的对话者与读者感同身受。并不是说要忘记柏拉图的每一个对话都是文学创作，只是我们也要明白，这些对话也是柏拉图玩的游戏，只不过是严肃的游戏罢了。《斐德罗篇》结尾的附记中得出了以下结论：有关哲学话题的文章写作是高尚的消遣（παγκαλὴν…παιδιάν，276e1，比较 277e6），但并不值得过于严肃地对待（278a1－5）。[②] 或许，付诸文字的话语没有活生生的话语来得严肃，但这并不表明，它不能通过玩笑唤起人们的严肃反映。评价严肃要视情况而定。我们很快就会看到，有观点认为，人类本身并不值得过分严肃。对善于质询的灵魂来说，至关重要的是要意识到自身参与其中的话语地位。玩笑并无坏处，只要我们能认识到什么是玩笑，什么是严肃，以及何时可以或应该把（不可以或不应该把）二者融合起来。[③] 因此，视哲学话语为游戏是一种强有力的启发式想象。同神话一样，哲学话语需要同时具有文学和哲学的意识。

神话、游戏、童真这些主题间的联系有助于阐释哲学讨论的本质。哲学与童真的关系引起人们进一步的关注。如同游戏具有二重性，既可以是严肃的，也可以具有哲学性，童真这一主题也可以塑造出哲学生活的优势与不足。特别是，童真意象可以帮助思想者重塑他们在世上的人生观。讨论完游戏之后，我们就不会感到吃惊，为什么柏拉图想要强调智力不成熟时会用到童真这个意象。[④] 当谈及关于来生的信仰时，孩子是极其容易受影响的。对死亡产生孩子般的、不理智的恐惧甚至会吓到一个成年人。因此，在《国家篇》的开篇，年迈

---

① 参见 Desjardins 1988。

② 比较苏格拉底在《国家篇》（602b8）中的断言：模仿是游戏，不严肃（παιδιάν τινα καὶ οὐ σπουδὴν τὴν μίμησιν）。这个批判可用于在理想之城遭禁的诗歌，如苏格拉底在 608a6－7 解释的那样。然而，这个评价还可用于柏拉图对话，作为对哲学讨论的模仿。同样见 Ferber 1992：146－147。

③ 关于价值中立的趣味，见《法律篇》（667e6）。

④《高尔吉亚篇》（464d5－7）。亦参见《斐莱布篇》（65d1－2），在此，快乐也被比作孩子。

的柯法娄斯（Kephalos）讲到，从前听到的死后到阴间受罚的故事，会让人“像小孩一样（330e7）”经常做噩梦，一次次从梦中惊醒[1]（秘所思，330d7）。苏格拉底在《克里托》里拒绝不义地逃走：“哪怕民众用监禁、处死、没收财产等方法来恐吓我们幼稚的心灵，我也不会同意[2]……（46c3 –6）”面对死亡，即使如克里托般的成人也会被吓得像是回到了惧怕“鬼怪”的童年。不会有多少哲学家能幸免于此。在《斐多篇》里，西米阿（Simmias）和克贝（Kebes）害怕灵魂随身而灭，苏格拉底把他们比作小孩（77d7）。克贝承认，每个人的身体里或许都住着一个惧怕此类事情的孩童，苏格拉底论证的任务就是“改变这个孩 176
童的想法，让他不要再像惧怕鬼怪一样惧怕死亡[3]”（77e3 –7）。哲学是治愈孩童式恐惧的良药，它就像是讲给孩子听的故事。通过辩证的方法、借助《斐多篇》最后的神话，对神话之偏执的治愈，逐渐构建起一个关于来生的高尚神话。

然而，曾经一度，孩童的观点成为哲学讨论重要的一部分。因此，《智者篇》中的爱利亚客人（Eleatic Stranger）像一名乞求“两者都要”的儿童，他必须宣称，真实的事物或事物的总和同时处在动和静两种状态下，一切事物既是不变的，又是变化的（249d3）。在《斐莱布篇》中，普罗塔库（Protarkhos）利用了苏格拉底观众的年轻，迫使苏格拉底给出观点：他们会像孩子一样说，已经送出去的东西不能要回来（19de）。年轻人热情洋溢又温顺易塑，相比思想固化的智者与知识分子的玩世不恭和严谨刻板要好得多。矛盾的是，或许年轻人才最能严肃对待一个论题，而他们却又是处于最爱玩的年纪。而且，与童真有关的休闲主题对哲学讨论也是很必要的。当一种方法无果时，时间会允许我们详细思考或重新开始。[4] 休闲也是讲述神话故事不可或缺的一个必要条件。《国家篇》中有一个阐述教育体制的句子，这个句子很好地说明了神话、哲学、童真、教育与休闲之间的交互关系，它还把教育体制比作让人充分放松的故事：“那么好吧，我们不妨像讲故事一样从容不迫地来讨论怎样教育这些卫士

① ［古希腊］柏拉图:《柏拉图全集》(第 2 卷),王晓朝译，人民出版社 2003 年版，第 277 页。——译注

② ［古希腊］柏拉图:《柏拉图全集》(第 1 卷),王晓朝译，人民出版社 2003 年版，第 38 页。——译注

③ ［古希腊］柏拉图:《柏拉图全集》(第 1 卷),王晓朝译，人民出版社 2003 年版，第 80 页。——译注

④ 年轻与休闲：《申辩篇》（23c3）；《吕西斯篇》（181e3）。哲学与玩笑：《斐多篇》（66d4）；《泰阿泰德篇》（154e8、172c –175c、187d10）；《柏拉图全集》（263b1、272b9）；《斐德罗篇》（227b8、258e6）。对于哲学的失败，导致城邦事务缺失乐趣：《申辩篇》（23b9）；《国家篇》（500b8）。对正确使用时间的同样的张力构成了卡利克勒在《高尔吉亚篇》中哲学批评的基础。

（ὥσπερ ἐν μύθῳ μυθολογοῦντές τε καὶ σχολὴν ἄγοντες λόγῳ）（376d9－10）”。①

当我们认识到学习我们需要了解的有关灵魂和世界的知识的时间跨度超过人的一生时，哲学所需的休闲问题就变得更加重要了。《国家篇》再一次完美地阐释了当下的这一知识体系。苏格拉底努力避免一大群论证，因为他脑海中仅有“定量”的（450b5）话语。格老康打断说，对一个有理智的人来说，如果听这样的讨论也有限度，那么这个限度就是至死方休（450b6）。这个主题在《国
177 家篇》第六卷得以继续。苏格拉底表示，哲学不应只在年轻时追求，还要在壮年时追求。阿戴芒土斯（Adeimantos）② 认为，塞拉西马柯（来自第一卷的好辩的智者对话者）定会反对苏格拉底的这一说法，但苏格拉底说他要不遗余力地继续努力，直到令他和其他人信服，或者直到：

> 我们取得某种成果，能在他们重新投胎做人碰上此类讨论时对他们有所帮助。
>
> 阿戴芒土斯：你预言的时间还不算太长
>
> 苏格拉底：是不算长，要是和永恒相比，它算不了什么。③（498d3－6）

我们目前正在过的人生不过是我们众多人生中的一个，我们必须继续学习如何跳出人类范围，衡量我们的成就。好比我们童年玩的游戏是在为以后进入社会做准备，为迎接未来生活做训练，我们成年后的哲学游戏也是为以后更广泛地参与死亡与重生的轮回所做的准备。在这种情形下，童年这个意象更能得到认同。在精神或智力上是否还是孩童，无关我们的实际年龄。④ 我们在后来这些领域所取得的成就水平会决定我们话语的地位，以及我们对这种话语的接受程度。

同样令人眼花缭乱的视角改变在《法律篇》中也清晰可见。在第一卷及第七卷中，雅典人详细解释了一个将人类描述为木偶的隐喻：“我们可以想象我们每个人都是诸神制造的木偶，也许是个玩具（παίγνιον），也许有比较重要的作

---

① 关于神话和童真，参见如《国家篇》（377ab），《柏拉图全集》（268e4－6），《蒂迈欧篇》（26b5－c2）。亦参见 Brisson 1982：76－80。［古希腊］柏拉图：《柏拉图全集》（第2卷），王晓朝译，人民出版社2003年版，第336页。——译注

② 阿戴芒土斯：柏拉图兄长，在《国家篇》中出现。——译注

③［古希腊］柏拉图：《柏拉图全集》（第2卷），王晓朝译，人民出版社2003年版，第492页。——译注

④ 参见 Ferrari 1989：114。而且，在《斐多篇》107c1－5里，认为人生只一世到人生多世的这种观点的转变是很明显的：“若灵魂不朽，那么我们不仅要关注当下我们称为人生的这段时光，而且要关注生生世世。现在，的确，若我们忽视了这点，那么可能会很危险”。注意，这篇文章是出现在有关来世的神话序言中的。

用（σπουδῇ τινι）”[①]（644d7－9）。作为描述灵魂结构及情感的意象，木偶同《斐德罗篇》中的灵魂马车神话有很多共同之处。像《斐德罗篇》的例子，我们或许不明白该强调它到什么地步。玩笑及严肃的问题不仅同该意象的地位有关，还同其内容有关。我们不知这个木偶是否仅是玩物，还是用于一些重要的目的。若是前者，则所有关于严肃的努力或许都是白费的，我们需要的是彻底改变视角。

当雅典人要详述其教育体系，包括那些分别适合于男性和女性的歌谣时，他竟惊人地离题了，因此不得不停下来：

> 现在，人类的事务不值得过于认真（σπουδῆς）看待，尽管认真对 178
> 待（σπουδάζειν）它们仍是必要……呃，我的意思是，我们应当对严肃的事情保持严肃的态度（σπουδαῖον σπουδάζειν），而不要把我们的严肃浪费在一些微不足道的小事上。一切有益的、严肃的努力（σπουδῆς）都以神为真正的目标，而人，如我们前面所说的那样，只是被创造出来作为神的玩偶（παίγνιον），这实际上对人来说是最好的。所以，我们所有人，男人和女人，都必须发挥我们的作用，很好地生活，使我们的“游戏”尽可能地完善（παίζοντα ὅτι καλλίστας παιδιάς）——这个说法把流行的理论完全倒转过来了，当前流行的说法是我们要严肃对待我们的游戏（τὰς σπουδὰς οἴονται δεῖν ἕνεκα τῶν παιδιῶν γίγνεσθαι）……我们要在玩游戏中度过我们的一生（παίζοντα..παιδιάς）——我指的是某些游戏，亦即献祭、唱歌、跳舞——由此获得上苍的恩宠……我们主要是玩偶，但也具有一些真实的存在。[②]（803b3－804b4；引用）

雅典人对人的可笑看法源于过分重视神及神的观点。我们处于一个不严肃（相对而言）的情境中，而这个情境是我们注定要认真对待的。木偶本质上就是玩具，但我们不确定是什么类型的玩具。即使是玩具也可能用于正经的目的。那么，我们本质上具有不严肃、不真实、虚假的元素，这造成了判断什么是玩笑、什么不是玩笑的正常标准的颠倒——或至少是混乱。当我们最大程度上成为木偶时，我们同神的关系最完满。这是说，当我们足够顺从，让神操纵着我们这些木偶的线，而不是自己操纵自己的时候，也就是我们与神的关系最圆满的时刻。我们越能意识到自己玩具的地位，就越能把游戏玩好。

---

① [古希腊]柏拉图:《柏拉图全集》(第 3 卷)，王晓朝译，人民出版社 2003 年版，第 390 页。——译注

② [古希腊]柏拉图:《柏拉图全集》(第 3 卷)，王晓朝译，人民出版社 2003 年版，第 560 页。——译注

辩证的互动是我们在世上能触及的最高尚的一种严肃行为。像《斐德罗篇》告诉我们的，这种严肃比文章消遣（τοῦ ἐν λόγοις δυναμένου παιζειν）、讲述关于正义的故事（μυθολογοῦντα）或相关概念更高尚（καλλίων σπουςή）（276 e1 –5）。这将我们带回到神话重要性这个话题上。我们已经明白，玩笑在柏拉图哲学的发展过程中有着自己的一席之地。有时它存在于严肃的复杂而良好的关系中，它是童年的一种特色鲜明的模式。如此，它既在苏格拉底对手（热衷于诡辩）的孩子气的辩论中得到反映，也在哲学讨论的自觉的、孩子般的真诚中得到反映。柏拉图在运用其神话时，反映出玩笑的所有这些方面。玩笑还存在于同逻各斯的复杂而良好的关系中。它是童年的一种特色鲜明的模式，它反映在对话中反对者们针对主要对话者进行的失败的论辩中，也是这些对话者指向形而上学领域的方式，使我们意识到话语水平的不同以及真理程度的不同。
179 这一认识对于哲学进程是不可或缺的。随着哲学意识的增强，我们开始对我们的话语及自身的重要性进行语境化。《会饮篇》不断重复阿尔喀比亚德的过错，是为了把神话或戏剧看作掩盖严肃智慧的面具，或是看作我们为使哲学受欢迎而戴上的假面。苏格拉底或许看似萨提尔（satyr）①，但他的脸不是面具。喜欢讽刺的苏格拉底的形象和他的反讽手法，不是恶意的诱骗，而是富含寓意的训导。

语言的局限与神话

最后这部分，我会做以下三件事：第一，概述之前提过的关于柏拉图神话功能的观点；第二，获得认识论意义上的确定性是困难的，神话扮演的角色可以显现这种困难性，我会详细地解释我对这一角色的看法；第三，讨论有关语言缺陷的问题。柏拉图神话是具有象征意义的、非分析性的故事。② 有人认为，在同样的对话里，柏拉图神话更有利于展现哲学方法表述的主题，实现在讨论中未能有效达到的效果，或其本身就是必要的补充。③ 它给予我们一种“理论知识”，“激发灵魂的自然行为，使其得以窥见相（Ideas）之剧场”。它对现实的概观直接交付灵魂于真理。④ 或许，这有一个理论，是关于神话怎样表达柏拉图

---

① 萨提尔：森林之神，好酒色，在希腊神话中被描述为人身马耳马尾，而在罗马神话中则为生有羊耳羊尾羊腿羊角的人形。——译注

② 神话作为不可证实的故事，参见 Brisson 1982：120，139；Brisson and Meyerstein 1995：29 –30。弗鲁蒂格尔（Frutiger 1930：36）明确了神话在作为象征，自由表达，与确凿相反的不精确方面具有的优势。

③ Moors 1982：59，96.

④ Mattei 1988：68 –69.

无法证明的首要前提。由于逻辑辩证不具备支撑特定知识的充分条件，神话就成为克服这些缺陷的方法。[①] 柏拉图神话因此被认为是哲学讨论的前导，哲学讨论的替代，以及哲学讨论的完成。[②] 这些都不是唯一正确的。《斐德罗篇》会展示给我们，神话是哲学论证的前导和简短的预示。《高尔吉亚篇》《斐多篇》《国家篇》中的末世论神话（eschatological myths）均显示，神话在对话中是哲学话题的高潮所在。《政治家篇》及《蒂迈欧篇》都暗示，神话在对话的论证结构中是不可或缺的。柏拉图神话在不同的地方有不同的表现，但几乎无一例外的 180
是，都会表现出对论证的重要性、方法论等问题的关注。[③]

然而，我们必须反对以下观点：在《礼法》（*inprinciple*）中，逻辑辩证不能证明哲学原理，或者说神话能以任何一种方式完美地代替逻辑辩证。哲学话题，如柏拉图所描述，确实是证实哲学原理、达到非假设的首要原则的尝试（《国家篇》509d1 –511e5）。[④] 我们对《普罗泰戈拉篇》的解读已表明，柏拉图希望避免利用神话展示不可证明的哲学原理。中期对话（middle-period dialogues）的解读显示，哲学神话仅在与逻辑辩证联手时才能获得合理运用。当然，甚至逻辑辩证都做不到精确表述历史的细枝末节，但在任何情况下，逻辑辩证的目的都不是获得关于感性世界（the sensible world）的起源的故事，它有更大的目标。当神话的运用与型（Forms）的超验和无形世界（incorporeal world）紧密相连时，神话会表现出相信它们的存在，也会相信无形灵魂的存在，无形灵魂要么会被逻辑论证验证（尽管不能证实），要么在后来被证明。神话是对逻辑辩证内容的形而上学的表达。事实上，证明的任务是神圣的，而哲学家是整个人类中最接近神的。对话中的哲学化现象受很多因素的影响，例如时间的有限性，以及对话者的性格，而且我们发现，神话经常被用来弥补这些因素的不足。然而，如果哲学环境比较理想的话，我们可以从神话意象转向哲学现实，而且这种哲学现实是可以通过语言获得并能用语言描述的。不是通过论证获得的神话就不是哲学神话，而是教育神话、劝诫神话。

---

① Elias 1984：36，64，74；参见 R. S. Stewart 1989：275。

② 参见莫尔斯的调查（Moors 1982：9 –13）。

③ 比较史密斯（Simth 1986），他指出神话的五个功能：在某种程度上，它们很有趣味性，这对哲学来说至关重要；它们提供用于验证的假设；它们保持对话的非教条性；它们将我们的注意力转移至型的世界；它们将对话的主题聚集在一起。尤其（26）他注意到神话同直觉的来源之间的关系。

④ 埃利亚斯（Elias 1984：201 –202）确实相信，公理不能被证实，并认为非假设的第一原则自身就是神话。再比较 J. A. 斯图尔特（J. A. Stewart［1905］/1960：74）：“神话……是柏拉图在应对行为与知识超前的情况时，用来作为阐释工具的正确选择。”

由于哲学环境比较理想，我认为我们可以从神话意象转向哲学现实，我这一陈述还是有所保留的，即这种程度上，此种哲学现实可通过语言获得并能用语言描述。下一章，我会利用中期的末世论神话引出我的观点：哲学神话必须要依赖逻辑辩证，并受其验证。本章剩余部分将探索神话和上文描述的神话预
181 示作用之间的重要联系。哲学环境是绝不可能完全理想的，神话就体现了这一点。神话由语境功能定义，并反映语境的不完美。这些不完美之处包括卡利克勒般的恶意对话者，由于苏格拉底之死的迫近而造成的时间短暂的感觉，灵魂转世导致的观念扭曲，以及语言本身的不稳定性等。在此，最后两项更有趣，且提出了两个问题：知识在什么程度上能被人类获取？在什么程度上可用文字表达？

当然，这些都是有争议的问题，我在此也做不到完全客观地看待。如我在上文所暗示的那样，我觉得，柏拉图认为哲学知识原则上是可获得的。事实上，这种知识特别难。它的难度被认为是“几乎达到了超人（或神）的级别”[1]。柏拉图绝不认为苏格拉底已具备这种知识。[2] 不确定的是他是否觉得自己已具备了这种知识；如果他认为自己具备了这种知识，他又是否会承认呢（尤其是在自己的文集里）？苏格拉底在日喻、线喻、洞喻[3]（《国家篇》506c－519c）的故事中描述哲学话题时，让询问者以对感性事物的分析为开端，转而通过抽象的方法让其感知理智世界（the intelligible realm）。然而，他只有类比可见世界，例如把太阳作为善的隐喻，才能描述这个过程。对善本身的讨论被延后到其他场合来讨论。当苏格拉底总结这个类比时，他把这个类比视为“希望”，并评价说，它是否正确，只有神才知道（517b4－6；参见 506c－e）。[4] 因为我们依赖感性世界，所以难以将我们的目光从它身上移开。直到上升到了理智世界，我们才不得不使用隐喻和类比。柏拉图对神话的使用就反映出这种难度。它是故事中的意象，代表着漫长的分析任务的内容，以及这个任务同个人灵魂的关系，

---

① Gill 1992：157.

② Ferber 1992；参见 Gill 1996：282－283。

③“日喻”即太阳之喻，柏拉图用太阳来比喻“善”理念在整个理念世界中的最高地位。比较而言，“日喻”复杂而神秘，“线喻”则简单而明白。“日喻”的结尾划分两个世界：可见世界和可知世界。现实的太阳统治着可见世界，理念的太阳统治着可知世界。然后柏拉图又对这两个世界进行划分，详述了受教育者（也是整个人类）心灵转向的具体过程。洞喻，即艰难的历程。“洞喻”是紧接着“线喻”提出来的，它从另一个角度深入细致地叙述了心灵转向的艰难过程，与“线喻”有着密切的对应关系。——译注

④ Ferber 1992：144.

在理智世界和个体之间进行调和，理想目标是要获取哲学知识。[1] 对话为我们指引了正确的方向，但没说也没保证就会成功。

《第七封信》（*Seventh Letter*）[2] 深化了人类知识的不确定性这一主题。任何存在物的知识都是通过其名称、描述和形象显现出来的，但是知识并不是事物本身（342b－d）。而且，这似乎是在暗指，甚至知识有时都是有缺陷的（343b）。因此，伽达默尔（Gadamer）[3] 认为，因为在变化世界中，知识属于我们生活的智慧之流，所以它天生具有“扭曲倾向”。知识极力凸显自己的重要 182
性，并抑制其内容的体现。[4] 不过，这在信中没有明说，似乎是对知识扮演的角色还有一些困惑。在谈及这四者（可能是名称、描述、形体和知识）（343b）的不确定性后，作者评论说，即使一个训练有素的人，轮流对这四样东西进行思考也几乎不可能得到有关事物的知识（343e）。但是有一点很清楚，就是语言本身会产生扭曲。据悉，柏拉图绝不会就他认为重要的话题进行写作。哲学这种学说是无法像其他学问一样见诸文字的，要熟悉它就要长期接受这方面的教导，与之保持亲密关系，然后终有一天，它就像突然迸发的火花在灵魂中生成，并马上成为不证自明的东西（341c1－d2）。“文字的缺陷”使它难以表达出事物的基本实在（342e2－343a1）。文字是不稳定的，同样，描述也是不稳定的，因为描述由名词和动词组成（343a9－b6）。《蒂迈欧篇》再次提出了语言局限性的问题。同理智世界相关的说明应该是持久恒定的——若要使这个说明尽可能做到无可争议、不可辩驳，语言就不能有任何漏洞（29b3－c1）。

在《克拉底鲁篇》（*Cratylus*，又译《克拉底洛篇》），对语言本质和惯例的辩论也体现出语言的不稳定性。当苏格拉底为给众神起名而建构了有趣的词源学后，他就命名了牧羊神潘（Pan）[5]。“言语表达一切事物（τὸ πᾶν），并且总是把它们转来转去，具有正确和错误两种形式[6]（408c2－3）”。在潘的身上表现出两种形式，一种是精细和神圣的正确形式，是居住在天上的诸神拥有的，另一种是粗糙的虚假形式，是下界凡人拥有的，就像悲剧中的羊人那样粗糙，因

---

① Gadamer 1980：110；Ferber 1992：146.

②《第七封信》：柏拉图在70岁所作，带有自传性质。柏拉图为友人狄翁（Dion）回忆他与狄奥尼索斯的相遇及他在西西里（Sicilia）政治努力的失败。——译注

③ 伽达默尔：1900—2002，德国现代哲学家、美学家，现代哲学解释学和解释学美学的创始人和主要代表之一。著有《真理与方法》《柏拉图和诗人》等。——译注

④ Gadamer 1980：103－135.

⑤ 潘：希腊神话里的牧神，掌管牧羊、自然、山林乡野。潘是赫尔墨斯的儿子。——译注

⑥［古希腊］柏拉图：《柏拉图全集》（第2卷），王晓朝译，人民出版社2003年版，第92页。——译注

为故事和虚假的传说一般来说与悲剧的或羊人的生活有关（408c5－9）。苏格拉底宣称，语言具有双重本质，这提出了如何区别正确的和错误的话语的问题。虚假仅存在于多数人中（408c6－7），这使得人们希望，哲学家能比较接近语言的真。然而，我们如何能在不毁坏潘的情况下从腰部将其分开？文字类似于它们所代表的事物的形象，但形象与事物间总存在差异，有时差异较大，有时差异较小（432b－d）。在当前的情况下，相似性必须由习俗来补充（435c）。最完善的语言同事物有着最大的相似性，但苏格拉底限定了条件：它只会在可能的情况下发生（435c7－d1）。理想的情况应是不使用形象而直接向真相本身学习，但这个话题或许超出了苏格拉底和克拉底鲁（Kratylos）讨论的范畴(439a－b)。
183 对话总结说，没有一个聪明人会把自己和自己的灵魂托付给“名称”① （440c）。这些论证达到的高潮效果是拉开了语言与事物之间的差距。倘若正确的见解不是从语言中产生，而是出自事物真相本身，那么这种见解就不可能用文字手段来传播。这一点在知识的真实对象，即理智世界中显得尤为正确。

文字是镶嵌在感性世界中的，因此不能摆脱其影响。没有什么能阻止一个人改变“弯曲的”“直的”这些词的常规内涵。词的语言学意义是个惯例问题②，所有的语言表达都同特殊的、可变的语境有关。即使理想的哲学家成功地实现了对理智世界的沉思，若他试图将其认识付诸文字，也必会面临特例和曲解等问题。这不是说哲学家不借助语言就能获得关于型的知识。要创造产生见解的时机，逻辑讨论的取舍很关键，但理解型不得以语言为中介。③ 语言是感性的、传统的意象，它只能表达那些理性之物。即便是哲学讨论中的真理，也不过是对已经成为文本的讨论的再现。不仅“弯曲的”这个词的含义会随语境变化，对文字作品的阐释也同样依赖于语境。《斐德罗篇》结尾对文字的批评就是

---

①［古希腊］柏拉图:《柏拉图全集》(第2卷),王晓朝译，人民出版社2003年版，第133页。——译注

② 康斯坦（Konstan 1986）揭示了在《普罗泰戈拉篇》里，像 arete 和 sophia 这样的词的多变的意义是如何成为问题的。

③ 塞尔（Sayre 1988）认为，不仅认真阅读《第七封信》时会发现所有语言都紧密依赖感性意象来表达正确的哲学思想；而且，除这封信以外，《斐德罗篇》《国家篇》《智者篇》《泰阿泰德篇》都提供了充分的证据证明了该观点的正确性。参见 Desjardins 1988：111－112；R. S. Stewart 1989：274－275。吉尔（Gill 1992：159－160）认为，《第七封信》的观点没有太过强调语言的不充分性，而是“列举一些情况……在这些情况下可以‘突然’理解哲学”。他是对的，这封信的评论对象是书面话语，但这并不是因为辩证讨论可以充分地交流哲学见解。哲学上的取舍与长久的学习创造了产生见解的环境。我不明白为什么吉尔对哲学环境的正确类型的强调与语言无法充分表达哲学见解的观点格格不入。

基于这一认识，即一篇以固定模式写作的作品是无法应对语境变化的。[①] 如弗雷德[②]（Frede）所述，尝试写下哲学见解并没什么好处，因为对问题的理解并不只是关乎观点，还关乎生活方式。习得以美德、现实为主要客体的知识之难，以及正义，都迫使柏拉图不得不写作对话录。这也意味着，我们不会过于信任 184
这些对话，它不过是柏拉图学说的一种表达。而且，对话中论证的地位也是不确定的。[③]

这三个主题——获得知识之难、语言的不稳定性及其依附语境的本质（特别是当语言被写下来时就会被放大）、语言不能准确地表现知识——使我们回到最初的重心：柏拉图对话中神话的功能。《斐德罗篇》告诉我们，书面文字都不值得过于严肃地对待（277e），包括其中的对话和神话。批评是在所难免的，但通过将批评作为文学和哲学策略的一部分，柏拉图或许可以免于方法论幼稚的指责。在理论化的、精确的语言学工作得以开展之前，必须承认语言所具有的争议性。这种确认的形式就是要不断重复指出，我们必须从超验、神圣的角度来看待我们的生活和交流。我们必须意识到对于严肃的评价要灵活。哲学家进行的严肃游戏是人类最伟大的尝试，但他们的讨论是暂时性的，鉴于语境的变化和“文字的缺陷”，我们必须持续地重估这些讨论。显然，神话是我们玩的语言游戏，不过，语言自身也是一个游戏。但它不是我们应该轻率对待的游戏（像智者那样）。如果论证的地位无法确定，用于展开论证的语言不稳定，且柏拉图创作的神话能明确将其自身哲学及语言学地位问题化，那么柏拉图神话的问题就会映照出柏拉图对话的问题。[④] 柏拉图创作神话的目的同其写作对话录的目的完全一致，即摆脱确定性，在承认哲学的脆弱性的同时保持哲学探索的活力。我们的确应该认真对待这些神话。

---

① 因此，我们或许会赞同罗伊（Rowe 1986a：114），这些对话都没回避对苏格拉底的作品进行批评。

② 弗雷德：德国人古典哲学家，著有《柏拉图的〈蒂迈欧〉：宇宙论、理性与政治》。——译注

③ Frede 1992：多处可见，尤其是202、214－217。罗伊（Rowe 1996）更喜欢强调，无论对话形式如何，结论较为开放的讨论在后期对话中并不可行，尤其是在《政治家篇》中。然而，我认为，对哲学过程进行的大量评价，及对我们在对话里发现的结论的暂时性进行的大量评价，会缓和我们阅读学说时产生的疲劳。

④ 吉尔（Gill 1993：52）沿相似的线路做了一个有用的表述：“神话提出了虚假（或虚构）的问题，这问题源于我们试图将并非完整的真理诉诸文字，因为它反映了对真理的未完成的探索。”他明确反对这种可能性，即所有语篇必定无法表达客观真理的知识（86）。但我认为，这不只是一个在建构寻求真理的意象时会涉及的虚假的问题，而且还是一个以任何稳定文字表达对真理的理解时所遇到的困难问题。

185 # 第七章　柏拉图：神话与灵魂

本章探讨《高尔吉亚篇》《斐多篇》《国家篇》及《斐德罗篇》中有关灵魂的神话。柏拉图后期的对话更侧重于方法论相关问题的探讨，其中的神话素材将在第八章详细讨论。这一分界反映出中后期柏拉图哲学神话分布重点的转移。柏拉图对话篇目的排列顺序并未最终确定，幸好，就目前的任务而言，该顺序不必非常精准。[①] 灵魂神话形成了一个可辨识的群组，主要反映伦理问题，这便已经足够了。柏拉图中期神话对现实进行简要概括。它们与哲学上的直觉及对现实的认知息息相关，而对现实的认知正是哲学孜孜不倦探索的目标。这些神话并未直接揭露现实，而是作为现实这一终极体验的典范而存在。逻辑/分析性话语与神话/直觉性话语的关系错综复杂。“神话”描述一种既作为辩证法（dialectic）的起点，又作为分析过程终点的思考。正是在这种神话话语中，辩证法得以产生，并在分析对象无法（迄今为止）被证实时终结。因此，神话话语可被视作是分析过程的象征性捷径，尽管它能取代分析过程。[②] 神话是哲学所厌恶的那种具有多重意义的话语，是对哲学的简要表达，同时代表哲学的最高成就。[③] 神话话语作为对哲学思考的回应，它在讨论中产生，也依附讨论而存在。
186 但它对这种思考的表达，并不是分析性的。由于神话否认与现实的一致性，因此这种表达是理想状态下的。

正如我们所见，诗人认为特殊的洞察力来自缪斯，早期的哲学家反对诗人这一观点，因为这种洞察力没有理性基础。传统的思考世界的方式及规约性语言将被基于逻辑的话语所取代，尽管将语言从真理当中剥离出来的可能性对哲学话题也提出了质疑。苏格拉底的辩驳术足以继续解构社会的传统信仰。苏格

① 对于文献目录中时间排列顺序问题的简要介绍，参见 Rutherford1995：3 –7 的附录 A，35 –36。根据文体学标准，卡恩（Kahn 1996：42 –47）对不同时期贡献的风险和以哲学内容为基础的贡献进行了非常有价值的评价。

② 几位评论家发现，一些柏拉图神话取得的成果也可以由逻辑产生。参见 Frutiger 1930：119；Elias 1984：119；Moors 1982：59。

③ 罗宾逊（Robinson 1941：69）注意到，柏拉图提到的哲学直觉与方法是互补的，而不是相悖的。

拉底常常利用对话者自己的常识性认识来反驳对话者，却不愿意讨论自己的道德信念。他的道德信念使得柏拉图学院视他为怀疑论者。[①] 苏格拉底的灵魂神话是自身观点及哲学直觉的表达，因而享有特殊地位。[②] 这种直觉（以他神圣的声音，即命运之神为象征）是基于论证的，是一生求索的结果。若这种直觉没有任何依据，苏格拉底就只是沿着毕达哥拉斯轨迹而行的信仰群体中的一员，将灵魂的不朽视为一种信仰，并使灵魂投入高尚品质的养成中。

苏格拉底的信念不能仅仅被视作哲学规约，对它的认识和汲取，需要通过
分析以及对知识的辩证认识来实现。本章讨论的对话表明，他将自己在神话中
表达的观点植根于理性。这一点在《斐德罗篇》中非常清晰地呈现出来。该篇
提到的灵魂马车神话中表现出的哲学洞察力为后面辩证法的讨论提供了开端和
基本构架，但这在《高尔吉亚篇》《斐多篇》和《国家篇》中早有征兆。正如
《国家篇》中那些洞悉了真理的哲学家必须返回洞穴教导他人一样，苏格拉底利
用他的哲学洞察力激励他人进行哲学探索。[③] 与《国家篇》中提到的唯心主义哲
学家不同，苏格拉底不具备科学知识，而是拥有一种洞察力，用《斐德罗篇》
的一个术语来说的话，就是“回忆”（recollection）”。回忆的直觉取代了缪斯灵
感，但与灵感不同，这种直觉不会自行终结。苏格拉底认为灵魂是不朽的，不 187
幸不会降临到好人的灵魂上。他是如何认识到这一切的呢？他凭直觉感知。而
这就意味着，苏格拉底无法用知识来解释这种直觉，只有通过论证才能逐步建
立这种直觉。这就是为何他能够借助其典型的反讽，通过从别人那里听到的事
情来阐释自身的观点，而非通过自己的发明创造。任何缩短论证过程的尝试都
可能使分析结果令人不甚满意（正如我们在《斐多篇》中所见）。

本章先对《高尔吉亚篇》《斐多篇》及《国家篇》中的灵魂审判神话进行简要的解读，紧接着，会用更多笔墨考察《斐德罗篇》。这些神话为我们提供一种对灵魂命运的见解，并将我们指向一种哲学生活，这种哲学生活体现我们有

---

① Annas 1992：54－55。

② 对于哲学洞察力及其与神话关联的认识必须与对柏拉图神话的更为浪漫的认识加以区分。斯图尔特（J. A. Stewart［1905］/1960）争辩道，柏拉图神话是康德“先验情感”的表达，它是对“它过去、现在和未来永远是一团永恒的活火（57－58）”的存在论的感知。他说：“柏拉图神话在对话中产生，并揭示另一个世界的新异之物……，伴随着另一个世界大量经济涌现，吸引着灵魂不朽的部分（25、44）”。哲学神话吸引灵魂非理性部分的观点与之相去甚近。如果对话中涉及的所有经验都来自遥远世界，那么柏拉图对哲学的认识就与多数诗人的相同，这种认识被斯图尔特引用以解释先验情感（47－65）。但柏拉图认为将他的方法与诗人的方法加以区分非常重要。参见 Elias 1984：86 中的反对意见。

③ 对照 Sayre 1988：106。

意识的自我认知。在前三篇对话中，一个有关灵魂的神话使讨论接近尾声，但这并不意味着神话素材首次在论证中出现。这些对话（《高尔吉亚篇》《斐多篇》和《国家篇》）表明在或多或少“与神话有关的”且模糊的层级间，模式的自觉转换。不仅是神话的真实度得到认可，不同类型的论证也按照语境及接受程度得到相同程度的认可。在这三篇对话中，神话的早早引入标志着分析过程可能分崩离析。只有论证达到预期效果，神话才可能从哲学层面被整合。神话有三种功能。第一，神话可以弥补语境障碍（苏格拉底之死临近、对话者的妥协、灵肉结合在一起时理解灵魂的困难）。第二，神话在对话中出现，要求我们意识到论证的重要地位，并明确该地位是如何受到语境障碍的影响。第三，神话强调在讨论中所得结论的无常。

《高尔吉亚篇》

言语地位相关问题是《高尔吉亚篇》中反复提及的主题。第六章中，我们讨论了有关严肃和趣味的叙述起到的作用。末世论神话的引入对神话的地位以及苏格拉底所有论证的地位都提出了质疑。苏格拉底将末世论神话称作逻各斯，而卡利克勒则称其为秘所思。对卡利克勒来说，神话和论证都是孩童的把戏和
188 老妇口中的故事：用一个词来表达，就是“秘所思”。[①] 相反，苏格拉底的观点必须被称作逻各斯，因为末世论（eschatology）和论证是非常相似的一回事。秘所思和逻各斯这对术语的正确运用问题使我们想起了早期在语言的非双重性运用上引起的争论。卡利克勒和苏格拉底就双方应将彼此的话语解读到哪种程度进行争论，并且无法互相理解。卡利克勒指责苏格拉底“吹毛求疵”[②]（hunt after names），称其为语言上的恶棍（483a2－3），因为若有人出现了用词（ῥήματι ἁμάρτῃ）上的错误，他就兴奋得像获得天赐之物一般，和犯错者纠缠到底（489bc）。苏格拉底转而指责卡利克勒尽说些空洞的词语，无所揭示（489e6－7）。苏格拉底本人并不想抓住卡利克勒的用词不放（οὐ ῥήματι θηρεύω，49oa4－5）；[③] 前后不一的是卡利克勒（491b7－8）。这一轮相互指责就发生在如何处理对话中首次引入的神话素材，即有关地狱[④]（Hades）灵魂的

① Smith 1985：26，描述同上。

②［古希腊］柏拉图：《柏拉图全集》（第1卷），王晓朝译，人民出版社2002年版，第375页。——译注

③ 无论是采用苏格拉底自己的表达还是卡利克勒字对字的表达（Dodds 1959：288）。

④ 地狱在希腊神话中是冥王，主宰地狱，亦为地狱之名。——译注

推测（492e－494a）的问题上。[①] 因此，方法论上的冲突在形而上学观点的突然变化中达到高潮。

苏格拉底（紧跟着欧里庇得斯）问道：有谁知道，死就是生，生就是死（492e7－11）？苏格拉底听一位聪明人说过，我们已经死了，身体就是坟墓（493a1－3）。苏格拉底颠覆了我们惯有的认知，也证明了卡利克勒之前的说法，即苏格拉底的观点颠覆了凡人的生活（481c3－4）。然后苏格拉底引用了一位“用神话解释道理的聪明人（μυθολογῶν）”讲的故事（493a5），这个人将灵魂中存在的欲望比作“水罐（πίθον）”[②]，因为灵魂的这个部分“貌似可信且能言善辩”（τό πιθανόν τεκαὶ πειστικόν，493a6－7）。[③] 在地狱里，有无穷无尽欲望的傻瓜用筛子为有裂缝的水罐取水。他们既靠不住又健忘，灵魂永远不能承纳任何东西。这位聪明的神话讲述者与苏格拉底有许多共同之处。苏格拉底称他“用一些违反常情的语言误导人”（493a6）。[④] 卡利克勒指责苏格拉底在做同样的事情来实现自己的道德目的。神话中体现的道德说教，既永无止境的欲望造成痛苦，也是苏格拉底道德目的的一部分。当卡利克勒敦促苏格拉底放弃幼稚的哲学“诡辩”（κομψά，486c6）时，他使用的形容词与苏格拉底描述神话讲述者时所用的一模一样。[⑤]

强调言语和知识的诡辩符合前面讨论的基调。无论哲学上还是神话上的诡 189
辩都并不有效，卡利克勒拒绝承认除自己以外其他任何人的任何观点。早期对卡利克勒进行神话规劝的尝试使其期望落空。苏格拉底意识到了这一点，提出以下问题“即使我能说服你，使你承认过着有序生活的民众比不受任何约束的人更加幸福，或者哪怕我还能提供其他许多诸如此类的语言，你会［U49］后退半步吗?”[⑥]（493d1－3），对灵魂中欲望的双关表达（语言上的诡辩）反映了对欲望的功能的不同看法，这种双关被多样化地描述为可说服的，或者可信的和有说服力的。[⑦] 神话和双关语强调有关正确使用语言和话语范畴的问题，无论它

① 卡利克勒早期将他们之前的互不理解比作欧里庇得斯（Euripides）的《安提俄珀》（*Antiope*）中安菲翁（Amphion）和仄托斯（Zethos）两兄弟间的相互憎恶。比较的含义参见 Nightingale 1995：69－92。

②［古希腊］柏拉图:《柏拉图全集》(第1卷),王晓朝译,人民出版社2002年版,第380页。——译注

③ 对这一措辞的解释及地狱水罐寓言的运用,参见 Blank 1991。

④ Blank 1991:25－26。［古希腊］柏拉图:《柏拉图全集》(第1卷),王晓朝译，人民出版社2002年版，第380页。——译注

⑤ 在对话末尾，相比之下，卡利克勒建议苏格拉底进行诡辩，它能使苏格拉底在法庭上保住性命（521e1－2）。

⑥［古希腊］柏拉图:《柏拉图全集》(第1卷),王晓朝译，人民出版社2002年版，第381页。——译注

⑦ Blank 1991：26－27.

们出现在什么样的讨论中。苏格拉底式和卡利克勒式观点在语言、道德和叙述层面都相互颠倒，他们最终在（据说是）不同的文类中运用相同的叙事方式，也就不足为奇了。

可以确定，水罐神话是没有效果的。这种生硬的引入表明，比起论证，这更像是一个具有修辞意味的开场白。苏格拉底尚未驳斥卡利克勒对美好生活的看法。驳斥分为两部分：第一部分是神话暗示和寓言，第二部分是一系列系统的论证。只有第二部分是有效的。[①]《斐多篇》中的情况也是一样，对有关灵魂命运的神话素材的初步介绍并不成功，因为苏格拉底还没有通过论证建立起自己的观点。尽管苏格拉底通过驳斥卡利克勒的观点获得了在对话末尾讲述神话的权利，但他仍然无法说服卡利克勒，因为卡利克勒无法区分劝诫的逻各斯中的论证和秘所思。当卡利克勒试图在中途结束讨论时，苏格拉底回应道：人们不应在讨论中半途而废；他们应该完成论证，以便他们的逻各斯可以有“结尾”（505cd）。卡利克勒不为所动，仅在高尔吉亚的要求下才继续讨论。对秘所思和逻各斯的简要提及预示了在对话末尾述及神话时可能产生的思想对抗。卡利克勒不关心论证的完整性，苏格拉底必须通过叙述来激发他的兴趣。然而通过提出这样的呼吁，苏格拉底承认，讨论对卡利克勒来说仅仅是个故事。后者对叙
190 述不够尊重，就像他对待知识的一贯性一样；他从不讲相同的故事，也不在乎叙述完成与否。

到508d，苏格拉底认为他已经建构了一个很好的案例。作恶比受恶更可耻的论点已经确立，并且“是用铁和钻石一般的坚强论证联系在了一起”[②]（508e6－509a2）。卡利克勒承认：“我不知道怎么回事，你说的好像是正确的，苏格拉底。但是我和许多人一样，感到还没有被你完全说服”[③]（513c4－6）。好像卡利克勒就要承认苏格拉底的逻辑了。论证的力量说服了卡利克勒，但并没有满足卡利克勒的情感需求。在引入神话之前，《斐多篇》中也有类似的情况发生，反对方承认了（有保留地）对方的论证。苏格拉底回应说，反复讨论和更高层次的讨论将会有所帮助。苏格拉底的下一个论证是，即使会遭到起诉也不应奉承雅典人。这一论证通向神话。苏格拉底说，没有人会如此不合理地胆小到害怕死亡这件事，只有作恶者才害怕死亡。带着一个犯下许多罪行的灵魂抵

① 卡恩（1983：102－104），注意到水罐神话预示了结尾部分的审判神话。

②［古希腊］柏拉图：《柏拉图全集》（第1卷），王晓朝译，人民出版社2002年版，第403页。——译注

③［古希腊］柏拉图：《柏拉图全集》（第1卷），王晓朝译，人民出版社2002年版，第409页。——译注

达另一个世界，这是一切罪恶中最坏的（522e1 –4）。然后他给卡利克勒讲述了一个逻各斯来佐证这一观点。在人们活着的时候，灵魂的审判及对死后命运的安排就时有发生。评判者往往会受到衣服和其他外部装饰的影响。因此，人们在死后会被送往错误的地方，因为邪恶的灵魂可能隐藏事实。宙斯的解决方案是，灵魂应该赤裸接受审判（523a3 –524a7）。苏格拉底为这个故事担保："卡利克勒，这就是我听说的故事，我相信它是真的。"（524a8 –b1）

第二部分给出了苏格拉底的推论。死亡是灵魂和身体的分离，它们分离以后仍然各自保持着它们活着时的状况（524b2 –6）。审判后，灵魂因生前所做的事情得到回报。东方暴君及其同类人的伤痕累累的灵魂要么得到校正，要么接受惩罚。那些过着虔诚生活的人，特别是哲学家，被送往福地中的福岛（the Isles of the Blest，526c1 –5）。苏格拉底总结道，他受到这些故事的影响（526d3 –4），劝告他的听众追寻真理并获得回报。然后，他又回到神话运用的问题上：

> 所有这些在你看来可能都像是无知老妇的荒诞故事，你会藐视它。如果我们的探索能够在某个地方发现更好的、更真实的解释，那么藐视它可以说是不足为奇的。[①]（527a5 –8）

然而，他们的探索都未能在任何地方发现更好的、更真实的解释。他们无法证明，他的对话者中也没有人能够证明，我们应该过其他样子的生活，而过这种生活显然是在另一个世界里也是有益的。唯一被认可的逻各斯就是，我们应当十分警惕自己不要去作恶，这种警惕要胜过不去受恶（527b1 –5）。苏格拉 191
底鼓励卡利克勒接受他的规劝并学习论证中的公义（逻各斯）（527c4 –6），同时通过重复这一信息结束了对话：他们必须以论证为指导（527e1 –2）。

神话得到认可是因为没有更合理的说法。同时，神话与前面论证的结果一致，即没有人能够证明，人们应该过任何别样的生活，而不是过能够在来世受益的有道德的生活。两者之间的联系有点问题。[②] 然而，与早先的水罐神话不同，苏格拉底在进入秘所思的领域之前已经确立了自己的认识。甚至在神话的叙述中，苏格拉底将他的神话建构表现为逻各斯推理的一种功能（λογίζομαι，524b1）。可以肯定的是，这个推理来自传统故事，但死亡是灵魂与肉体的分离这一结论没什么特别的，只是作为《斐多篇》中哲学论证的基础。通过严格的论证，苏格拉底赢得了用神话解释问题的权利。苏格拉底相信在他的末世神话

---

① ［古希腊］柏拉图：《柏拉图全集》（第 1 卷），王晓朝译，人民出版社 2002 年版，第 425 页。——译注
② Irwin 1979：248.

中，一部分是信仰，一部分是逻辑和情感推论的结果。从表面上看，他并未坚持其解释的精确性；他对死亡的描述叙述了“这就是我听说的故事”[①]（524b1）。苏格拉底维护神话的态度源于其对话者的敌意。

在一个详细讨论修辞学的对话中，神话被视作修辞的武器，是对信仰的阐释，也是对通过语言来思考这一方式的挑战。苏格拉底和卡利克勒都指责对方在玩文字游戏。能避免这种指责并使讨论清晰化的唯一方式，是尽可能具体地说明自己期望自己的文字被相信的程度。创建这种自觉意识的第一步，在于两个都涉及神话素材的篇章中秘所思和逻各斯的并置。神话内容与哲学论证之间的联系将在《斐多篇》《国家篇》《斐德罗篇》中讨论。鉴于《高尔吉亚篇》中缺乏灵魂不朽的证据，因此无法进行相关讨论。苏格拉底可能认为，他的末世论秘所思是一种“宗教真理”，但这不是他称之为逻各斯的原因。[②] 这样做是因为苏格拉底视其为他的哲学逻各斯的延伸[③]，也因为这样做会使得他和卡利克勒在语言、逻辑和道德观点上的分歧更加引人注目。

192
《斐多篇》

像《高尔吉亚篇》一样，《斐多篇》主要是关于哲学讨论和对其进行阐释的话语类型。哲学讨论的完整性至关重要，但现如今这种完整性没有受到持反对意见的对话者的影响[④]，反而受到苏格拉底死亡的威胁。因为处决苏格拉底时间的迫近，哲学论证和神话化受到影响。太阳落山后苏格拉底会饮下毒药，去见被他奉为主人的神灵。苏格拉底在法庭审判中自我辩护失败，这使他的学生们对其生存不抱希望，也使他们的离别异常痛苦。监狱的看守认为，执刑前苏格拉底不应再讨论哲学，因为说话可能会影响毒性发作（63de）。西米阿和克贝曾一度担心[⑤]，反驳苏格拉底的论证会使他烦恼（84d）。苏格拉底面对这些担心表现得很坚定，哲学讨论的完整性至关重要。然而对话开篇就对苏格拉底用来表

---

① ［古希腊］柏拉图:《柏拉图全集》(第 1 卷)，王晓朝译，人民出版社 2002 年版，第 422 页。——译注

② 与多兹（Dodds 1959：377）相反。

③ Friedländer［1954］/1958：189.

④ 持反对意见的对话者指与苏格拉底进行对话的诗人、演说家等，他们反对苏格拉底的哲学观点。——译注

⑤ 西米阿和克贝是苏格拉底的学生，在《斐多篇》中对苏格拉底的观点提出质疑，与苏格拉底谈论灵魂不朽等问题。——译注

达其对哲学的热爱的语言手段提出质疑。[①] 接下来的对话中则提出了几个有关来生的假设，这些假设并不像哲学论证那样重要。像《高尔吉亚篇》一样，《斐多篇》也过早地依附于神话，这会引发一些问题。苏格拉底在对话的开篇就过分简单地区分了秘所思和逻各斯，然后结合伊索（Aesop）寓言和轮回学说初步引入神话。在论证不能使对话者[②]满意时，苏格拉底继续开始更为严谨的论证，尽管这一论证是暂时的。这种论证方式更为成功，也证明了文末神话的合理性。不过即便如此，结果仍须进一步修正。《斐多篇》反复探讨神话和论证，因此研究《斐多篇》能够确定柏拉图秘所思的界限。

对话伊始，苏格拉底刚刚卸掉镣铐，就在痛苦和快乐相互依存关系的基础上大体建构了一种伊索式的秘所思（60c2）。这一秘所思原型使大家开始讨论苏格拉底在监狱里进行的文学创作。苏格拉底的朋友问他为何作序曲颂扬太阳神阿波罗，把伊索寓言改成诗（60cd）。因为他屡次做梦，梦中总有一个声音敦促他去创作音乐，正是梦的召唤，他才开始履行自己的使命（60e6 - 7）。他曾认为，哲学是最高尚的音乐，但在经历审判后，他决定多面下注，创作传统音乐（诗歌）。诗人的使命是创作秘所思而非逻各斯。苏格拉底并未将自己定位为神
话学家（μυθολογικός），他只是将伊索的秘所思改编为诗歌（61b3 - 7）[③]。我们 193
应当注意秘所思和逻各斯、诗歌和哲学这两对对立的概念。苏格拉底并未自己进行神话创作，而是运用伊索的素材进行改编。伊索的秘所思探索了人类和动物的共性。

这种探索在柏拉图哲学语境下引起了共鸣，主要有以下两点原因。首先，对话中大量的道德讨论集中探讨人类应当对原始欲望放纵到哪种程度［如《国家篇》（571c5）将灵魂的欲望描述成如同野兽；在《斐德罗篇》中，苏格拉底质询自己与堤丰这种“怪物”之间的相似程度（230a3）］。伊索的动物寓言恰如其分地表达了苏格拉底的道德关切。[④] 其次，《斐多篇》中先对灵魂不朽（im-

---

①《斐多篇》中，苏格拉底在临刑前夕解答其学生有关灵魂的问题，对话一开始克贝提出问题，问询苏格拉底最近为何开始创作抒情诗，苏格拉底之前从未写过类似东西。——译注

② 对话者指西米阿和克贝。——译注

③ 我们或许记得，一位愤怒的德尔斐暴民厌恶伊索社群交流的方式并对伊索动用私刑（*Vita G*，*Vita W* 132-142. 注解 βλάσφημον καὶ ἀλαζόνα 132）。伊索死于德尔斐人（Delphians）之手的故事在公元前五世纪开始流传［希罗多德 2.134，参见阿里斯托芬《黄蜂》（*Wasps* 1446）中的评论］。或许这是苏格拉底参照的原型？参见 Compton 1990：338 - 342。

④ 这些寓言似乎在公元五世纪末流行，据阿里斯托芬《鸟》（*Birds* 471、651 - 653）；《黄蜂》（566、1256 - 1261、1446 - 8）。Dunbar 1995：325 - 326。

mortality of the soul）进行了三次正式的论证［从对立面、回忆说和与型的相似三个方面］。在对话前半部分快结束时，苏格拉底继续他之前关于死后灵魂何去何从的讨论。哲学家的灵魂很容易脱离肉体得到净化，并接近神明。不洁的灵魂在转世前徘徊又徘徊，转世后有些成为驴子，有些成为狼和鹰（81b－82a）。那些将追求美德视为习惯而非信念的人会转世到受纪律约束的动物体内，成为蜜蜂、黄蜂或蚂蚁（82b）。苏格拉底对伊索动物寓言感兴趣，预示着他后来对死后灵魂轮回成动物的暗示，同时也暗示伊索的素材可能揭示了更深层次的真理。

尽管苏格拉底予以否认，但秘所思和逻各斯在《斐多篇》前半部分仍贯穿始终，这不仅是因为苏格拉底将伊索寓言改编成诗歌。在对话的前两点中，苏格拉底没有引述个人的观点，而是采纳他人的说法。在评价自杀的不合法时，苏格拉底强调他只是在复述从别人口中听到的内容（61d9）。后来，在苏格拉底准备进行第一次有关灵魂不朽的论证时，他讲到了一个“古老的传说”（70c5－6），这个传说认为灵魂可以在这个世界和另一个世界间徘徊往返。这种引用他人观点进行论述的方式是柏拉图神话的特色。这两段引语后面的论证不是神话，却和神话素材有关联，措辞上更是加强了这一点。首先，提出反对自杀这一观点。苏格拉底认为自杀是适合讨论的话题，解释如下：“我想，对一个行将离世的人
194 来说，没有比谈论来生，想象（διασκοπεῖν τε καὶ μυθολογεῖν）来生是什么样更适宜的事情了。”（61e1－3）① 理性审视与神话化这两个词结合到一起达到的效果是惊人的；像罗伊（Rowe）注意到的那样，这是一种“虚拟矛盾修饰法”②，同时也是秘所思和逻各斯模糊界限的体现。

如果一个人在另一个世界会遇到“好的统治者和好朋友”③，那么平静地直面死亡没什么不好的，苏格拉底在为这一观点进行辩护时，一对与理性审视和神话化相似的词汇组合产生了（69d7－e4）。克贝提出反对意见，称大多数人不相信灵魂不朽。要相信这一观点需要“大量的信心和保证”（παραμυθίας δεῖται καὶ πίστεως，7ob2－3）。我们已看到，paramythia 一方面指代作为哲学讨论组成部分的语调，另一方面指代对非哲学讨论的鼓励。这种双重特性反映了运用神

① 罗伊（Rowe 1993：125）注释如下，ἀποδημία 可以指代一场旅程或旅程结束后的停留。罗伊选择后者，这同我的翻译差不多；两层意思都产生重要影响。［古希腊］柏拉图：《柏拉图全集》（第 1 卷），王晓朝译，人民出版社 2002 年版，第 57 页。——译注

② 罗伊（Rowe 1993：125）：“隐喻是存在的（如 LSJ 中所列），它也没有特别与这种可用虚构词语表达的论题联系起来。”对照《申辩篇》（39e1－5）中对话（διαλεχθεῖην）与神话化（διαμυθολογῆσαι）的组合。

③ 苏格拉底将自己视作神明的仆从，好伙伴指他的朋友和门徒等。——译注

话时哲学和非哲学这两种可能性。我们是将接下来关于灵魂不朽的论证当作对慰藉和信仰的练习，还是当作哲学劝诫的证据？[①] 答案取决于受众在哲学方面的专业知识。苏格拉底建议讨论以下问题："你希望我们继续思考（διαμυθολογῶμεν）这个主题，看一看这种观点是否正确吗？"（70b6－7）。在这里被泛泛地翻译成"讨论"的词是动词 mythologeo，意即"讲述一个秘所思"的复合形式。这个词意在此处是有争议的；我们应该再一次采纳一种解释，它能充分地阐释秘所思和逻各斯[②]贯穿始终的矛盾关系。在对话结尾处，神话化并不限于"官方"神话。神话化形成了前半部分（轮回学说）有关灵魂不朽的论据的尾声。我们认为苏格拉底渴望编造有关灵魂不朽的故事，但不以牺牲逻辑为代价。[③] 可 195
以说，柏拉图给克贝的词汇反映了哲学论辩的地位的模糊性。

在苏格拉底进行灵魂不朽的论证时，这种模糊性重复出现。苏格拉底用神话解释灵魂不朽的问题，他将这一论证活动视作理性探究。他们必须仔细"检验"这一问题。（διασκοπεῖσθαι，70c3；注意与前六行（διαμυθολογῶμεν 一词前缀一致）如果一个人要接受灵魂在这个世界和另一个世界往返这一逻各斯，那么这一逻各斯就是灵魂不朽的"证据"（70d2），如果情况并非如此，那么我们还需要别的论证（70d4－5）。两种不同的逻各斯看似对等，这一点值得注意。有关轮回的逻各斯如果是不证自明的，它就可以被视作灵魂不朽的证据（70d3）。既然它不是不证自明的，就需要不同的证据，也可被视作逻各斯。[④] 但是，否认轮回学说是灵魂不朽的证据，并不意味着单独的灵魂不朽的证据可以证明轮回的存在。三个有关灵魂不朽的论证似乎可以证明轮回学说，但抛开论证的完整性不提，三者是通过并置来进行证明的。就"论证"而言，轮回不是逻各斯。正如神话化并非一定指讲述虚构的故事，逻各斯的产生并不一定表示可证实性。

对话前半部分末尾处有关轮回的解释并不只是与神话有些许相似之处。如

---

① Paramythia 是希腊语 para-和 mythia 结构组成的合成词，可理解为"类神话"之意；在希腊神话中，pistis 是诚信的拟人化说法。——译注

② 一段说服力较差的文字（Hackforth 1995：58，n. 2）称，"对话宣称已给出灵魂不朽的科学依据，因此对苏格拉底来说表明他们在虚构话语的感知中具备 μυθολογία 是不恰当的，尽管在'证据'给出时我们确实在文末找到神话"。[T] 这个词只是讨论的意思。这无法区分灵魂不朽和死后轮回（transmigration）的论证。前者可证明而后者不能（参见 Burnet 1911：61）。比较多尔特（Dorter 1982：159）所提到的个人与非个人灵魂不朽论据的差异。参见伯格（Burger 1984：49）对《斐多篇》涉及论证和神话化混合问题的不同处理。

③ Rowe 1993：153.

④ 标注 70d4－5 序诗中事实的变化。

果西米阿和克贝没有提出反对意见，轮回学说可能就占据了末尾处末世论神话的一席之地。接下来的冥想性静默表明已得出了结论（即便还不够成熟）。然而这个结论使西米阿和克贝感到不满意。这时苏格拉底运用语言继续并纠正了对话开篇时他说的话。当他发现自己必须重新开始论证时，他将自己比作临死前引吭高歌的天鹅。天鹅临死前的吟唱不是因为悲伤，而是因为见到神灵前的喜悦。苏格拉底也满心欢喜，他和天鹅侍奉同一位神灵（阿波罗）（84d－85b）。因此，进一步的哲学讨论类似于预言性的天鹅吟唱。苏格拉底一生都想要创作音乐，他认为哲学是最美妙的音乐。苏格拉底转向阿波罗赞美诗和伊索的神话，以防自己犯错。苏格拉底对秘所思和逻各斯做出明显的区分，并否认自己在秘
196 所思上有天分，但这一区分过分简单。[1] 作为阿波罗的哲学天鹅，苏格拉底吟唱着此生是脱离了肉体的来世的序曲，并推测灵魂在动物身体内外的轮回。随着对话的展开，苏格拉底重写了阿波罗的赞美诗和伊索的秘所思[2]。在某种程度上，这证实了他早期的论点，即哲学是最美妙的音乐。然而这也消除了他想要区分的差别。西米阿和克贝有所怀疑是对的。苏格拉底称自己不是神话学家是低估了自己。

对话的第一部分告诉我们和苏格拉底自觉认识论证类型的必要性，以及我们赋予信仰的角色。通过运用秘所思词汇并反复引入神话素材，道德被讲述得非常透彻。反对意见之后重新展开的讨论主要涉及哲学方法论，并且包括对“厌恶论证（misology）”[3] 和假设方法的思考。对话结束时，灵魂不朽得到证明并为大多数对话者所满意。克贝承认他无法怀疑苏格拉底的结论（107a2－3）。西米阿也承认苏格拉底的讨论极具说服力，他不得不相信苏格拉底的论证（107a8－9），但由于“这个主题太深奥”及“人性的虚弱”而“感到有些悲哀”（107b2）。我们应当对比西米阿此处的困难和85中提到过的困难。在85中，西米阿抨击苏格拉底的理论有严重缺陷，同时他做出让步，认为这个论题过于困难（85c1－4）。西米阿此处的困难被转化为压倒一切的怀疑主义的借口，甚至在他看来很合理的论证仍不具说服力。

苏格拉底的回答涉及两个方面。首先，他强调有必要进行更为严谨的论证，即使是他们令人信服的假设，也仍需要更加细致地考虑。如果他们肯定自己已

---

① 苏格拉底和伊索作为神话作者的模糊描述，参见Dorter 1982：6。

② Burger 1984：103将《斐多篇》视作太阳神亚波罗阿波罗的赞美诗。

③［古希腊］柏拉图：《柏拉图全集》（第1卷），王晓朝译，人民出版社2002年版，第95页。——译注

经做的足够，那么就不需要进一步探讨了（107b）。这使我们不确定清晰的论证是否能成功地消除所有疑虑；或者是否更可能，某些不确定性本身就是人类生活所特有的。对话中的讨论只是第一步，并非最佳方案。此处像其他地方一样，柏拉图强调，哲学论证需要被重复若干次，分析若干次，直到人们了解所讲述的原理。[①] 正如《第七封信》所说的，只有对一个主题长期熟悉才会豁然开朗。在此之前，人们无法体验到哲学启示之后的情感满足。为弥补这一不足，苏格 197
拉底从第二个方面做出解答：结尾部分的神话。就像开头部分引入的神话一样，结尾部分的神话与它前面的论证也是紧密相连的，但这次无可非议。如果灵魂确实是不朽的（107c2），那么忽略这一点是极端危险的，因为灵魂受到的教育和训练是人们唯一可以带到另一个世界的东西。这些东西，有人说过（λέγεται，107d4），会给刚刚死了肉体的灵魂带来帮助或伤害。另一个世界中的灵魂的故事又以“有人说过”（λέγεται，107d5）开篇。这个故事由一个条件句引入，意味着相信灵魂不朽。如果灵魂不朽，我们必须从长远来看它的好处，但这一长远观点的具体内容也只是一种转述。与最初三个有关灵魂不朽的论证之后紧接着的对于轮回的叙述不同，这里的叙述被视作一个故事，它与论证之间的逻辑关系是很明晰的。

这个故事被分为篇幅不同的两部分。在第一部分（107d5－108c5）中，苏格拉底简要地探讨了对灵魂的审判，以及作为对话前半部分结尾的有关轮回的叙述（108a8）。这一部分强调的是灵魂到达指定地点的轻松或困难之处。这个故事通过苏格拉底的推测和既有传统相结合的方式呈现：苏格拉底称，自己从世间的仪式中“推断”（τεκμαιρόμενος）出通往地狱的道路并不是笔直的（108a1－6）。这一概括为始于西米阿和克贝的质疑的论证循环画上了句号。既然灵魂不朽已得到证明，那么苏格拉底就可以重述轮回故事。但这次略有不同。苏格拉底选择沿不同的方向开始，从描述另一个世界的本质展开叙述。尽管轮回拓展了我们对于灵魂的认识的时间范围，但对那个世界的描述改变了我们的空间认知。[②] 苏格拉底借用“某人”的权威称，这个世界并不像人们假设的那样（108c7－8）。苏格拉底信念坚定，没有什么能够阻挡他描述地球的面貌，但要证明他的描述是正确的却并不容易。他可能无法做到，即使他可以，在他临刑前也来不及完成论证（108d4－e2）。

---

① 参见 Blank 1986 中对《斐多篇》101d－e 部分的相关性。

② 南丁格尔（Nightimgale 1999）出版。

苏格拉底并不认为他的故事就是正确的。他考虑到了自身能力不足和时间不充裕这两点。从某个角度来说，这是承认了西米阿对人性弱点的指责以及这
198 一主题的深奥性。[①] 苏格拉底现在对他所声称的他的故事的地位表现得更为谨慎。当他说自己生命有限，无法完成对逻各斯的长篇解释时（108d8 –9），他的表述（formulation）是模棱两可的。他主要指的是死刑迫在眉睫，但如果有关灵魂不朽的论证是暂时的，对于来世的叙述就依靠这些论证，那么公平地来讲，没有人的生命长到（或曾经）足以证明这种故事的真实性。人类的弱点减轻了证明的负担。因此，严谨的论证被放弃了，转而使用更短小且修辞效果更好的方式，即表达苏格拉底个人的信念，这个信念也植根于他能进行的最好的论证中。苏格拉底的谦卑与早期诗人的谦卑形成对比。众所周知，没有缪斯的帮助，荷马无法吟唱出特洛伊战争的所有细节（例如，《伊利亚特》2:484 –493）[②]。在这些重大事件发生之前，人类的能力就已显劣势——这些事情就是在这个世界上发生的，而非超出这个世界之外。品达有时会以时间太短为由缩短他的神话或目录，但他明确表示如果他愿意，他还可以继续。在《斐多篇》中，对苏格拉底而言，神话只是对概念更为简短的表达，因为这个概念可能超出了讨论的范围。苏格拉底中断讨论不是为了方便，而是因为确实遇到了困难（114c）。当品达宣称他对主题的绝对控制，荷马声称具有获得信息的优势地位时，苏格拉底却承认了他在面对形而上学问题时的卑微以及从属地位。他的哲学缪斯并不能保证他的准确性。

苏格拉底的叙述是信仰的产物。[③] 他相信地球非常广袤，而我们生活在一个更为广袤的地球的一个凹陷里。真实的天和光存在于我们今生无法达到的上界。上面那个世界的事物远远胜过我们这个世界的事物（109a9 –110a8）。苏格拉底在这里停顿了一下："如果现在是一个恰当的时候，可以对上面那个世界作一种想象性的描述，西米阿，那么你值得听一听位于天穹下的那个大地上都有些什么。"[④]（110b1 –2）接下来他详细介绍了上界存在的美好事物：上面世界的树木、花卉、水果和宝石都优于我们生活中所知道的。在那里，人们的生活类似赫西俄

---

① 比较苏格拉底在《斐德罗篇》中描述灵魂形式的抗辩：弄清楚灵魂是什么需要道德高尚和话语篇幅长（246a），因此他使用比较的方式。

② Ford 1992：72 –82。特别参见 82 页对惯用语句在柏拉图《欧绪德谟篇》中的运用。

③ 我认为塞得列（Sedley 1989：359 –383）中的表述很吸引人，神话中有关地球的细节是对苏格拉底早期对世界目的性解释的要求的回应，是另一个贯穿神话和论证的例子。

④［古希腊］柏拉图：《柏拉图全集》（第 1 卷），王晓朝译，人民出版社 2002 年版，第 123—124 页。——译注

德心中黄金时代（Golden Age）的理想生活（111a－c）。[①] 然后苏格拉底继续描述下界，并开始将神话引向灵魂和轮回故事（111d－112e）。那些生前漠视道德 199
的人会坠入阿刻戎（Acheron）；[②] 犯了大罪不可救药的人被扔进塔塔洛斯[③]（Tartaros）；那些犯下恶行却可以挽救的罪人，在得到受害者的原谅前都会留在塔塔洛斯（113d－114b）；那些德行出众过着虔诚生活的亡灵会被送往上方的纯洁居所，这些亡灵已通过哲学充分地涤罪，此后就能过一种无身体的生活，它们的居所甚至更加美好。这一点不太容易描述，现在也已经没有时间这样做了（114b－c）。

故事在这里就结束了。接下来是另一个颇有特色的对于原则的陈述：

> 当然了，有理性的人一定不能坚持说我所描述的情景完全是事实。但是，我的描述或其他类似的描述，真的解释了我们的灵魂及其将来的居所。因为我们有清楚的证据表明灵魂是不朽的，我想这既是合理的意向，又是一种值得冒险的信仰，因为这种冒险是高尚的。我们应当使用这种解释来激励我们自己的信心，这就是我为什么要花那么长时间来讲这个故事的原因。（114d1－7）[④]

此处的声明与最初对上界的描述类似，但更为积极。苏格拉底同样坚持认为这个叙述并不准确，但他补充道，一个人应当把这些故事像咒语一样唱给自己听。有关理性的主题再次呈现出来。明智的人不会将神话视作绝对的真理，但会将神话当作对真理的阐释。此外，相信神话本质的真实性不是基于一厢情愿的想法，而是基于合理的论证。[⑤] 我们相信这个神话是因为灵魂显然是不朽的（正如前面的论证展示的那样）。试比较这个神话与神话开头的表述，就是在神话开头的表述中，苏格拉底开始了他的叙述，即一个条件结构："如果灵魂确实是不朽的。"（107c2）这种条件性表述已经被神话"咒语"所改变，成为因果性

① 赫西俄德的双关语 δαίμονες…ἐπιχθόνιοι（*Op.* 122－123）。希腊农民赫西俄德把人类社会划分为四个阶段：黄金时代、白银时代、紫铜时代和黑铁时代，分别代表人类的不同生活状态。黄金时代是一个光明快乐的天堂，其后的三个时代每况愈下。——译注

② 出自希腊神话，人们死后，由引导之神赫尔墨斯将他们接到冥界。在这里，汹涌奔流着一条黑色的大河，阿刻戎河——痛苦之河。大河阻挡前进的道路，只有一个满面胡须的船夫卡隆可以将亡灵摆渡到对岸。但是，亡灵必须交纳一定的过河费方可上船，否则将在痛苦之河的沿岸流浪，找不到归宿。——译注

③ 塔塔洛斯是"地狱"的代名词，由火神赫斐斯特建造，是地狱冥土的本体。塔塔洛斯是人死后灵魂的归所，用冥河与人间世界连通。——译注

④［古希腊］柏拉图：《柏拉图全集》（第1卷），王晓朝译，人民出版社2002年版，第128页。——译注

⑤ 参见 Rowe 1993：290。

表述。[①] 认识论的基本原理并未改变，但西米阿和苏格拉底担心的人类的弱点已得到缓解，重点已经从有关灵魂不朽的论证的暂时性本质转移到有关来世的细节的暂时性本质上。因此苏格拉底发现了适合神话发挥作用的语境，为此而承担编造神话存在的内在风险也是值得的。风险在于听话人可能会认为神话的暗
200 示性本质可以取代逻辑辩证，因此有关灵魂不朽的论证必须在神话表述之前进行。这种冒险的高尚之处在于（114d6），它与灵魂的幸福（114c8）有关。

一旦思想上的信念存在（就人类而言），人们就可以讲述神话，理解神话仅仅是具有代表性的意象。人们也可以利用神话的情感力量，这就解释了神话的叙事性阐述。我们没有仅仅被告知“每个灵魂都会去一个合适的地方”，而是收到了有关圣人受祝福和恶人受折磨的详尽阐释，这使得我们对另一个世界的期待更加具体。苏格拉底运用所有的叙事策略将我们引入神话。他以一种非常引人入胜的方式提到从“某人”（108c8）口中听到的关于地球本质的描述，并提出了一些“值得一听的内容”（110b1）。当有人记起这些话主要是说给西米阿听的时候，苏格拉底的理智就变得更加清晰了。西米阿承认有关灵魂不朽的论证的逻辑，但并不满意。苏格拉底教导西米阿从一开始就重建逻辑，但逻辑并不总是让意识到人类局限性的哲学家得到情感上的满足，于是他立即转向神话。当我们的头脑做了力所能及的所有事情后，还剩下什么呢？我们应该为自己提供一种话语，既承认我们的局限性，又能提供情感上的满足。这就是柏拉图式的神话，它宣称源于理性，但也承认自身作为一个完整故事的不充分性，从而成为普通人类话语的典范。人性的弱点让我们对逻辑的结果产生怀疑，神话叙述恰好合乎我们的要求。

在对话的前半部分，秘所思和逻各斯相互混淆，这为对话末尾二者更为自觉的融合铺平了道路。第一个轮回故事并没有被标记为秘所思。正如我在第六章中所讨论的那样，本质上讲这并不重要，因为这个词的出现并非特征鲜明。更有趣的是，在110b1之前，苏格拉底并没有使用秘所思这个词来描述他最后的故事（“若讲述秘所思实际上是一件好事情…”）。[②] 我们不可能根据内容将故事中“神话的”部分与“非神话的”部分区分开来，全都是“神话”。在清晰

---

① 多尔特（Dorter 1982：165）翻译了114d4中的“如果灵魂确实可以永生”，并做出不同的解释。

② Hackforth 1955：175（他将109b－101a视作介于逻各斯和秘所思之间的东西）；参见Rowe 1993：275；Dorter 1982：165。

地介绍秘所思之前和之后，都出现了有关灵魂的审判和命运以及世界的本质的
叙述。故事最后一部分的与众不同之处在于其叙事性阐述，这就是苏格拉底为 201
什么在结尾的评论中“延长”了秘所思的原因。秘所思拥有自己的生命，需要进行全面的叙述，这一观点将会重现。对话中秘所思和逻各斯之间的紧密联系意味着讨论的主题是一种适合神话化处理的主题。这种讨论必须特别谨慎，以便将盲目的信仰和理智的信仰区分开来。即使因为人类的弱点，二者之间相互渗透不可避免，人们也必须意识到这种区别。叙事意识是一种具有哲学内涵的美德。

苏格拉底暗示，他改编这个神话是因为该神话具有情感力量。当苏格拉底笑说他无法说服克里托时（115c6），神话的情感魅力所面临的风险就显而易见了。克里托不相信苏格拉底去的是一个更好的地方。苏格拉底的所有论证都是徒劳的（115d5），他似乎只是讲了一些安慰的话（παραμυθούμενος，115d5 –6）。克里托的怀疑是对西米阿担心的问题的补充。西米阿听从并接受了这一论证但保留了自己的看法，但整个对话却超出了克里托的理解能力。苏格拉底责备西米阿，陈述错误就是“不愉快”，会对灵魂产生不好的效果（115e5 –7）。苏格拉底坚持正确的言论及其与心理和谐的关系，这突出了叙事意识的重要性，也让我们想起苏格拉底是一位用哲学创作音乐的人。然而，如果人们不把神话建立在对话者可以接受的逻辑基础上，那么神话就变成了纯粹的故事；对于那些不了解神话的人来说，逻辑本身就是神话。这里我们想到了卡利克勒。在《高尔吉亚篇》和《斐多篇》中，有关来世的神话使我们意识到，我们应该从更广泛的角度来思考灵魂。有关来世的神话既包括有形的状态也包括无形的状态，即存在于感性世界也存在于理智世界，所以对话中涵盖有关来世的神话，在叙事和哲学的层面上都凸显了在不同的领域间转换的困难。这些神话并不是对真理的精确阐释，而是论证过程中产生的可能形象。但因为对话中的哲学假设是暂时的，并不代表某些知识，所以秘所思的认识论地位与哲学上的逻各斯地位相当。因此，很有必要对这两者加以区分，尽管区分它们存在一定难度。

《国家篇》

《国家篇》是我们探索进程的最高阶段。鉴于无法对对话中的秘所思及其相 202
关类别进行全面验证，我将集中讨论将厄尔神话（Myth of Er）融入论证过程中

产生的问题。《国家篇》包括了柏拉图对诗歌中的神话文化进行的最为持久的批判。苏格拉底从他的乌托邦[①]中驱逐了不道德的故事，并明确了神话和诗歌的教育用途。然而，为建立其哲学方法论，苏格拉底又进行了另外一次更为引人注目的驱逐。对话中的主要论证旨在建立对正义的认识，即正义本身是值得追求的，与死后的奖励或惩罚无关。因此《国家篇》摒弃了有关神圣审判的神话。正如理想国的统治者在诗歌的好处得到证明之后会允许诗人流放归来，有关来世的神话也只有在论证过程中得到证明后才能进入对话。研究将会显示，这些神话都要归于论证。为了论证的清晰，灵魂在来世的命运问题被搁置了，但这并不意味着它与分析无关，或是结果主义[②]令人不悦的补遗。

吉格斯（Gyges）戒指（359c－360b）的神话[③]对末世论神话的被驱逐负有责任。[④] 这个无形的戒指（让吕底亚手下的牧羊人吉格斯肆无忌惮地犯下非正义的恶行而免于受罚）使我们明确了需要讨论的基础问题：到底是正义本身值得追求，还是因它有所回报才值得追求？如果人们在这个世界上犯下恶行还能逍遥法外，如果人们相信诗人的矛盾故事（诗人宣称神灵惩罚不正义的行为，但是通过祈祷和净化也可得到原谅），那么他们为什么不去做最恶的事情呢？要求苏格拉底证明正义本身是值得追求的，这意味着他不能够表现出对柯法娄斯[⑤]（330d7－e1）提到的死后接受神圣审判的恐惧。吉格斯神话也激发了苏格拉底对诗人故事的批判，因为苏格拉底在他的理想国中明令禁止的恰恰是诗人讲述的那种不道德的故事。[⑥] 在将秘所思重新引入对话之前，苏格拉底必须清除传统神话，提供一种能将这种语篇置于恰当位置的方法。如果要展示有关正义和灵魂的真理，神话就必须是来自与这些主题相关的哲学论证。

整个哲学讨论的特色在于对分析能力和任何特定话语的叙事地位都非常敏感。我在上一章说过，苏格拉底把创建乌托邦的过程比作讲述秘所思的过程

---

① 此处乌托邦指柏拉图以苏格拉底之口，通过与其他人对话的方式设计的可以达到公正的理想国，是一个集真、善、美为一体的政体。此处所提是人类历史上最早的乌托邦。——译注

② 结果主义又称结果论，是伦理学学说，指一个行为的对错要视该行为就总体而言是否达到最高内在价值。——译注

③ 吕底亚人吉格斯是一个牧羊人，有一天走进一道深渊，发现一只可以使自己隐身的戒指，就想方设法谋到一个职位，当上国王的使臣。他到国王身边后勾引了王后，跟她同谋，杀掉了国王，夺取了王位。——译注

④ 主题意蕴，参见 Moors 1988：230－233。

⑤《国家篇》开篇柯法娄斯的儿子玻勒马霍斯邀请苏格拉底前往他家做客，柯法娄斯和苏格拉底就正义是什么展开对话。——译注

⑥ Moors 1988：233.

(501e4)；他意识到自己正在创造一个世界上任何地方都找不到的理想范式 203 (592b2)，而正是日喻、线喻和洞喻的组合为我们对人类知识的状态给出最清晰的指导（506d－518b）。这段文字源于要求对善（good）进行解释。苏格拉底怀疑自身能力，并担心自己可能会惹人嗤笑（506d6－8）。他们必须给出善本身的解释，而善远远超出他们所能达到的水平。苏格拉底解释了与善非常相似的善的儿子——太阳（506d7－e5）。在知识匮乏的情况下，他通过比喻和类比来描述并认识善。苏格拉底详尽地阐释了太阳与善这一对类比概念，在他看来，太阳是光明之源，而善使求知者获取知识并认识世界。随后，苏格拉底创立了分界线这一形象，用来解释感性世界和理性世界、知识和观点之间的比例关系。此外，他详细阐述了著名的洞穴寓言，以解释灵魂从对感性世界的感知到对于善的认识的升华。这种哲学上的升华与被困在山洞中只能看到物体投影的囚徒的经历相类似。囚徒得以释放，被迫离开山洞，见到了自然界中的万物，最后看到太阳。

苏格拉底将整个解释描述为“我感到的”（φαινόμενα，517b8），并评论道“至于这个解释本身对不对，那只有神知道”（517b6－7）。使得苏格拉底创造太阳和善、从洞穴爬升和从感性世界升华这样的类比的冲动，正是他创造哲学神话的冲动，尽管日喻、线喻和洞喻本身并非神话（有关非感性世界的神话已被排除在法庭之外）。[1] 人的理智不使用任何感性事物，而只使用事物的型，从一个型到另外一个型，最后归结为型（511c）。但无论苏格拉底还是对话者都无法做到这一点。[2] 他们通过对比灵魂的正义和城邦中存在的正义这一有形的意象（即使是一个理想的城邦）来看待灵魂的正义。他们“用语言”（501e4）将其构想出来。获得知识并通过感性世界来表达理性世界是困难的，这也使我们了解了整个类比复合体。这个复合体详细说明了获取知识需要什么，并通过意象 204 说明了这一任务的难度。同样，柏拉图中期神话传达了对哲学的终结的认识，并告诉我们这个认识和语境的关联度有多强，距离实现还有多远。然而，这个分界线也告诉我们感性和理性、秘所思和逻各斯之间的比例关系。好的哲学家能准确把控这一关系。

苏格拉底介绍有关太阳的故事的语言值得注意。柏拉图致力于详尽解释这

---

① Frutiger 1930：101－105。洞喻是寓言不是神话，因为它是固定不变的，且描绘的是一种状态而不是一种行为。而 Annas 1981：252－258 及 Elias 1984：198#中的评论认为，日喻、线喻和洞喻整体是方法论神话。而这是因为他认为根据辩证法，理性世界的升华在线喻的第 4 部分是不可能实现的，因此视作神话。

② Ferber 1992：144－145.

种用财务语言进行的一语双关：信用、利息和本金的比喻为我们构建了一个价值框架，帮助我们理解对话结尾处的神话如何融入整体，并将神话与太阳、线和洞穴类比联系在一起。太阳是善的“儿子”。格老康允许苏格拉底进行对比，条件是苏格拉底能够在其他场合用关于“父亲”的叙述作为回报（ἀποτείσεις，506e6）。作为回应，苏格拉底希望他能够立即还清债务（ἀποδοῦναι）并让他们收回贷款（κομίσασθαι），而不像现在这样只收利息（τόκους）。太阳既是“利息”又是“儿子”（τόκον τε καί ἔκγονον）。然而他们应该当心，别让苏格拉底把这笔利息“算错了”（κίβδηλον ἀποδιδοὺς τὸν λόγον τοῦ τόκου，507a5）。人们可以在这里谈论苏格拉底的“信用”。苏格拉底的对话者愿意让他用知识贷款，因为他们认为苏格拉底值得信赖［希腊语 pistis 具有广泛的语义范围：信任、保证、证据、承诺和（有时）信誉］。[①] 然而，比追求双关更重要的是，要注意到利益暗示着本金。苏格拉底针对善讲述的有形故事预设了一个无形故事。不过，苏格拉底并不确定他是否能够偿还本金。类比故事被视为哲学债主的利息。只要我们不确定债务的性质，利息就依然存在问题。我们稍后会在对话中了解到，实际上苏格拉底并不赞同放高利贷（555e）。苏格拉底目前的支付是一种很慷慨的行为，但知识负债的主题与对话密切关联，因为对话开篇就在验证正义即欠债还钱这一主题。[②]

苏格拉底利用厄尔神话再次将目光投向神话，这类神话与周围论证的关系存在问题。在接下来有关灵魂不朽的论证中，它就像《斐德罗篇》和《斐多篇》
205 中的神话。如同在《斐多篇》中一样，厄尔神话与前面的讨论完美衔接，非常贴合。此次讨论对神话提出了两方面的要求：一方面是神话作为有关正义的论证的最高阶段，另一方面是神话作为苏格拉底有关诗歌的讨论的结尾。上述财务隐喻的再次出现强调，神话归因于论证。第十卷开篇关于诗歌的讨论证明，诗歌诱惑着听众灵魂中最卑劣的部分，从而腐蚀了心灵。到 608b 为止，苏格拉底的观点已得到认可，但由于他还没提到对于美德的最高奖赏，所以还不愿意放弃讨论这一主题。随后，他的对话引起了轰动。迄今为止，这些讨论只关注一个人的生命跨度，但若在一个人从小到老终其一生这很短的一瞬之间，什么才算是美德的最大回报呢？（608c5 –7）不朽的事物只应当与这短短的一瞬有关，而不和整个时间相关（608c9 –d1）。难道格老康不明白我们的灵魂是不朽、

① Millett 1991：7.

② Millett 1991：6，42 –44.

不灭的吗？（608d3 - 4）。格老康带着惊讶回应，而苏格拉底给出了灵魂不朽的论据（608d - 611b）。

为改变讨论的视角，苏格拉底运用严肃和老年/童年的主题对这一证据加以介绍。正如我们所看到的，这些主题与神话的引入息息相关，与哲学家对待生活的先验主义视角息息相关。我们一定不能因生命短暂而怀有偏见。苏格拉底在这一证据之后的话证实了这一点。我们可以说灵魂不朽，但很难说“真实的本质是什么”（611b10）。要想知道灵魂的真实本性，我们一定不能像现在这样考察灵魂与肉体或其他邪恶混杂在一起的状态，若灵魂除去了与神圣者、不朽者和永恒者的亲缘关系，我们都能看到灵魂的真相（611b9 - 612a5）。智慧对于不朽之灵魂的益处尚不明确；我们只能看它会变成什么样子（οἷα ἂν γένοιτο，611e3）。此处似乎未能成功列举美德的益处。肉体的腐败意味着我们获取知识的途径被阻断了。我们连灵魂的形式是单一的还是复合的都不知道（612a3 - 5），又哪里能刻画不朽的灵魂呢？刻画灵魂堕落的状态可以参照渔夫之神格老科斯（Glaukos）① 的形象，他原来的肢体由于多年被海水浸泡已经断裂破碎，身上又蒙着一层贝壳、海草和石块（611cd）。知识中断的地方，语言也中断了。尽管如此，苏格拉底至少描述了灵魂具有的形象（612a5 - 6），同时满足了论辩的需要，这说明苏格拉底没有像赫西俄德和荷马那样乞求正义的报酬和美名。灵魂有没有吉格斯的戒指，灵魂都必须行正义之事（612a8 - b5）。 206

吉格斯故事的讲述结束了一个叙述循环，该叙述循环的内容是《国家篇》的主体部分。吉格斯神话使得对美德的外在的和死后的奖赏被摈弃。虽然我们看起来已停滞于此，但苏格拉底现在可以要求回归到外在的奖励上。他从语言切入，回顾了介绍太阳、线和洞穴的有关知识负债的双关语。他们已经“偿还了其他的东西”（τά τε ἄλλα ἀπελυσάμεθα），且并没有使用美德的“报酬”（μισθούς）作为论证的一部分（612a8 - b1）。希腊人乐于接受这种解释。周维德（Jowett）和坎贝尔（Campbell）翻译如下，“我们已经解决了格老康和阿戴芒土斯提出的论证方面的困难”，大多数评论家都是这样做的。② 然而，我认为“偿

① 渔夫之神格老科斯一次偶遇水仙女斯库拉并深爱上她，几经追求不果后就求助于女巫喀耳刻。女巫爱上格老科斯并劝他放弃斯库拉和自己在一起，但格老科斯表示拒绝。喀耳刻大怒，配置了最恶毒的魔药撒在了斯库拉经常沐浴的池塘里。第二天斯库拉沐浴后，立刻发现自己的身体变成了六个头十二只脚不受自己控制的怪兽，同时长在了池塘里不能移动。——译注

② Jowett and Campbell 1894：464 - 465（注明动词“还债”中间音的使用就是很好的证明）；Adam 1902：429；Halliwel 1988：83。

还”的意义是存在的，因为该词是从有借贷和还款之意的词汇借用过来的。苏格拉底问，“偿还”（ἀποδοῦναι，612c1）正义的报酬并要求对话者偿还从论证中借用来的内容（Ἆρ' οὖν ἀποδώσετέ μοι ἃ ἐδανείσασθε ἐν τῷ λόγῳ，612c5），是否合理。为了论证的需要，他们曾要求正义的人看起来是非正义的，反之亦然。然而，现在神灵必须被允许照顾正义的人。这一点再次通过“偿还”他们从苏格拉底那里借来的东西的术语表达了出来（ἀποδώσετε，612e2；ἀποδώσομεν，612e4）。面对这样一组有关信用的词汇，我建议苏格拉底说自己已经“赎回”早先借给格老康和阿戴芒土斯的东西。苏格拉底介绍厄尔神话时，我们在他的话语中得到证实。与等待着死后正义的灵魂的奖赏相比，尘世间的奖赏是苍白的。我们必须听从这些话，以便正义和非正义都可以得到论证欠（ὀφειλόμενα）他们的所有东西（614a7－8）。

这种语言强调神话与对话的其他部分的融合。它还回顾了日喻、线喻和洞喻，这被描述为tokos，即苏格拉底在债务中承诺支付的利息。这一债务是有关善的故事。相比而言，厄尔神话不能被称作利息。它是债务的一部分，是论证中对死后奖赏的召唤。为了论证的方便，苏格拉底仅仅向格老康和阿戴芒土斯
207 借贷了正义的外在奖赏，以便能判明绝对的正义和非正义（612c7－d1）。与其说苏格拉底负债，像他早期那样，不如说他是债权人。但不论我们将这个比喻推向多远，有一点是肯定的：神话应归于论证，它不是论证之外的东西。①

就像苏格拉底承认他的能力不足以解释善，他也无法描绘灵魂的样子。因为我们不但缺乏关于灵魂的知识，还因为与肉体的联系而遭受污染。逻辑分析并未描绘出死后灵魂的命运。厄尔神话可能并不准确，但我们可以用它来类比追求哲学的灵魂的巨大好处。厄尔神话是透过肉体的躯壳看灵魂的第一步，它讲述了脱离肉体的灵魂转世再生的循环。显然，这种末世论的叙述无法表现被哲学净化了的灵魂，这或许是因为不存在形象的类比物。② 海夫之神格老科斯的形象经历了累积变化，有多种版本，因而产生了负面影响。结果，我们没有得到任何关于获得净化灵魂的正面印象。在612a4，柏拉图的语言显得迟疑，不知灵魂的形式到底是复合的还是单一的，也因此强调目前不可能给灵魂定型。就对话的世界而言，这样的灵魂从未存在过，未来或许有希望。厄尔神话将对话

---

① 针对安娜斯（1982：130－131）观点中对于卷十结果主义再现，我是认可的。因为与卷二的论证无关（367b－e），阿戴芒土斯排除“人类认知的表面成功”，但我们不需要向苏格拉底传达这一标准。对苏格拉底来说表面的正义是论证的结果，也是灵魂不朽的结果。

② 类比安娜斯（Annas 1982：135），选择更悲观的读物。

中关切的问题引向合乎逻辑的结论。

在卷十前半部分中，神话是对诗歌谴责的延续。诗歌是种模仿，不能代表真理，只能代表真理的表象。模仿者由于缺乏知识，无法保证模仿的准确性。诗歌诱惑我们灵魂中较为卑劣的部分，使之成为道德上的障碍，应该受到进一步的谴责。它使我们关注现世，并重视那些我们本不应该在意的东西（604c5 - d2）。然而，尘世的生活本来就没什么大不了（604b10 - c1）。在诗歌的益处被证实之前，我们必须反对它，“我们仍旧要在心中对自己默念一遍我们的理由，作为（ἐπῳδήν）箴言”（608a3 - 4）。赌注很大，因为“斗争是重大的” 208
（608b4）。这里有两个因素使我们想到了《斐多篇》的内容：首先是将话语作为一种魔力，让我们保持在正确的哲学轨道上；其次是强调这种魔力的重要性：《国家篇》中重大的斗争同《斐多篇》中荣耀的奖励和高尚的危险一样（114c - d）。这两种努力的意义在于灵魂不朽。从结构上讲，《斐多篇》中的魔力，即神话，与《国家篇》中魔力，即对诗歌的否定，是一样的。毫不意外，诗人被流放后不久，厄尔神话就出现了。苏格拉底呼吁诗歌爱好者用散文去捍卫它，为了回应苏格拉底，柏拉图提出取代而非为之辩护。

这一分析有助于我们理解，为什么苏格拉底沿着《高尔吉亚篇》和《斐多篇》的路线，引用诗歌作为神话的来源。虽然听众视赫西俄德和荷马为奖励美德并惩罚罪恶的典范，苏格拉底依旧小心翼翼地避免将自己与他们联系在一起。这样做的原因，其一是因为诗人缺乏知识，其二则是由于诗歌实践中固有的问题。诗歌模棱两可而又复杂，可做多种解释，因此不适合作为正义的奖励。这一点在对话的早些时候已得到证明，当时阿戴芒土斯补充了格老康的论证，即不义之人在这个世界和冥府都过得很愉快（363 - 366）。他引用荷马、赫西俄德和穆塞（Mousaios）[①] 的权威作为对美德的报酬（363d1 - 2）。然而，他们的证言并不一致，因为他们也暗示神灵会因祈祷者和仪式性的净化而产生动摇。阿戴芒土斯的评论表明，诗歌实践不可避免地被矛盾所污染。[②] 而另一方面，哲学神话则从一个基于理性的公理假设开始，即神会照顾善人。

（这里）简要概括一下厄尔神话的细节。厄尔（Er）是一个经历死亡的战士，他死而复生来叙述自己经历的一切。他讲述了这样一个地方，在那里死者

① 据说穆塞与俄耳甫斯是月神和文艺之神的后裔，出版了很多书，世人就照书里规定的仪式祭祀祓除，让国民笃信：如果犯下了罪孽，可以用祭享和赛会为生者赎罪，可以用特殊仪式使死者在阴间得到赦免；谁要是忽视祭祀，就会永世不得超生。——译注

② 比较《美诺篇》（Meno 95d - e）；《普罗泰戈拉篇》347e。

的灵魂因生前的行为而受到惩罚或奖励。正如在《高尔吉亚篇》中描写的那样，不可救药的罪人会遭受永久的折磨。在塞壬（Sirens）① 和命运三女神（the Fates）② 的陪同下，灵魂接近道德纺锤③。许多人都会投生，每个灵魂都有机会自由选择他们下一次转生时的生活。这种选择存在巨大的风险（κίνδυνος, 618b7），因此人们必须能够区分会带来幸福或痛苦的生活。第一个灵魂愚蠢地选择了食人的残暴生活。他（先前）也是从天上下来的灵魂之一，也值得美好
209 的生活。他前世生活在一个秩序良好的城邦里，但他的美德来自风俗习惯，而非学习哲学。这类人大都做出愚蠢的选择（619b7 – d3）。做出选择后，他们的灵魂必须喝一定量勒忒河（River of Forgetfulness）的水，聪明的灵魂只喝他们应喝的那部分，以便有机会记住自己受过的教训。喝完勒忒河中的水后，所有的灵魂都出发重新投生，这时厄尔醒来了，发现自己正躺在火葬用的柴堆上。

神话自身所具备的条件，在于承认人类对灵魂本质的无知，在于它以旁人讲故事的形式呈现出来。当苏格拉底完成他的叙述时，他对自己和厄尔进行区分。他告诉我们，神话可以拯救我们，遵从神话，我们将渡过勒忒河④，灵魂也不会因受到污染而堕落。但是，如果我们信服苏格拉底，并相信灵魂不朽，那我们将永远坚持走“上升的路”，追求正义和智慧，如果这样去做，那么无论是今生今世，还是去赴苏格拉底已经描述过的千年旅程，我们都能诸事顺遂（621b8 – d2）。苏格拉底的建议和神话融合并相互渗透。神话教会我们，必须尝试尽可能多地保留对这个世界的记忆。厄尔神话是苏格拉底论辩的产物，它既被苏格拉底证实，又未被证实，尽管从表面上看，该神话并非苏格拉底想象的产物。神话警示众人不要玷污灵魂，这直接依赖于苏格拉底在 611c7 – d7 中对灵魂样子的评论。相应地，苏格拉底的陈述概括了他在开始讲述神话前得出的结论，也增添了神话中有关千年旅程和向上之路的元素。总结中出现的这一旅程与神话在整个对话中的地位相呼应；而向上之路为我们在现世的行为提供了范

① 塞壬：希腊神话中人首鸟身（或鸟首人身，甚至跟美人鱼相类）的怪物，经常飞降海中礁石或船舶之上，又被称为海妖。飞翔在大海上，拥有天籁般的歌喉，常用歌声诱惑过路的航海者而使航船触礁沉没，船员则成为塞壬的腹中餐。——译注

② 作为宇宙混沌之初最早产生的神，命运女神负责掌控包含泰坦十二神（Titans）及奥林匹斯十二主神在内的整个欧洲神话系统中所有神的命运，同时也支配着每一个凡人的命运，是能量最为强大的天神。她们的任务是纺制人间的命运之线，同时按次序剪断生命之线。——译注

③《国家篇》篇末厄尔神话呈现了一幅最后审判的末世论图景，在四个甬道交错出入的天堂与地狱之间，象征常绿与新生的草场位于中心，分为正义和不义的两类灵魂穿梭其中，代表赫尔墨斯的神使往来引领，预示宇宙世界道德法则的纺锤贯通天地，决定万物命运的神灵位列上方。——译注

④ 勒忒（Lethe）是希腊神话中的“忘记女神”，亦为冥府中河名，意为“忘川”。——译注

例，它也代表了有关灵魂来世的知识，这正是我们目前无法获得的。

厄尔神话是《高尔吉亚篇》和《斐多篇》的高潮。这些末尾的神话基于理性的论证而建构，并表达有关灵魂本质的元逻辑直觉。所有这些神话都使人们注意到它们作为一种表达方式的合理性，这种表达方式常用来强调谈论形而上学的内容有多么困难，以及指出正确使用语言的重要性有多么困难，因为在所有的话语形式中，神话话语最为明显地体现为艺术的结果。如果不反思不同语言类型的作用，我们在哲学上的惰性就会反映在灵魂上。厄尔神话脱颖而出，是因为它有意识地从论证的主体中分离出来，尽管据说它很明显是产生于论证 210
的。《高尔吉亚篇》和《斐多篇》大约在行文到一半的地方，都有神话的突然引入。因为苏格拉底的论证还没发展到允许末世论神话在哲学基础上展开。当末世论神话在对话的结尾处再次被引入时，苏格拉底的论证就完成了。《国家篇》的战略预先阻止了神话过早的离题。通过借由智力上比较单纯的柯法娄斯的口引发关于来世的思考，并让格老康和阿戴芒土斯摈弃这个话题，柏拉图就可以确保关于美德的回报的话题只在适当的时候进入对话。末世论可以在哲学世界观中占据明确的位置，而不是成为信仰的一个方面，搅浑论证之水。

《斐德罗篇》

引言

我们需要对论证和信仰的权威具有自觉意识，这一直是我关于柏拉图神话的讨论的中心思想。它因人类知识和语言的局限性而产生。我们存在于一个充满感性形象的世界中，必须建构起一个理性框架将这些感性形象组织起来。神话的创作在推进话语反思方面起着重要作用。它与《高尔吉亚篇》《斐多篇》和《国家篇》中的论证密切相关，这表明苏格拉底是如何通过最好的逻辑分析完善我们必须从外部审视灵魂这一想法。苏格拉底希望从哲学层面的道德直觉演进到知识，去创造真理本身，而不是类似真理的东西。只有将他的对话者的信仰建立在分析的基础上，并坚信所有参与哲学讨论的人都能正确看待论证，苏格拉底才能做到这一点。在《斐德罗篇》中，神话、辩证法和柏拉图对话本身的修辞地位占领了主要阵地。神话出现得早，并且渗透到对话中，其蔓延的程度连苏格拉底本人都未能意识到。神话、辩证法以及提供他们表现出来的修辞不仅运用在实践中，而且上升到了主题层面。《斐德罗篇》涉及爱情、修辞、哲学

以及几者之间的相互作用，并且进一步关注哲学对话中神话和末世论叙事的地
211 位。为此，有人认为《斐德罗篇》是柏拉图作品及其问题的一个范例，我将沿着他们的踪迹探索《斐德罗篇》。①

《斐德罗篇》详尽地阐释了苏格拉底哲学直觉中想象的无形灵魂的世界。这种直觉是诗歌灵感的哲学版本，但我会指出它们之间的不同之处。神话奇妙又令人印象深刻，它不是科学知识的产物。严肃的知识追求者一定是从朴素辩证法开始的。对话向我们展示，我们的直觉和隐晦的冲动如何被哲学方法所利用以达到更好的效果，而这对斐德罗和苏格拉底都适用。斐德罗必须做出改变，从对巧妙修辞不加批判的称赞，转而认同真正使语言有效的事物。神话是非常典型的自我指涉，因为神话不仅向斐德罗展示了一种通过投入哲学中而形成的越来越散漫的叙述方式和自我意识，并且（通过接下来的讨论）指出它本身因为不是知识的产物而备受批评。因此，神话是一个游戏，而对话指出任何书面实践也都不过是一场游戏。神话和对话都不是最严肃的哲学形式。柏拉图对话也不表达知识，只表达对知识的渴望，这一点在现实的哲学讨论中应该被意识到。

我们先对对话进行总结。一开始，苏格拉底遇到了他的朋友——在城外散步的斐德罗。斐德罗刚刚听完演说家吕西亚斯（Lysias）展示的一篇令人印象深刻的文章。吕西亚斯认为，对于有性爱需求的男孩来说，屈从于不爱他的人是更好的选择。经过一番劝说之后，斐德罗将这篇文章读给苏格拉底听，然后苏格拉底批判了该文章论辩的不合理性。苏格拉底接受了斐德罗发起的挑战，口占了一篇更为精彩的文章。苏格拉底扮演了一个假装自己并不是有情人（lover）的有情人，然后开始论证。他首先将爱情定义为对肉体欲望的克制，然后细数了迷狂的有情人的邪恶。念完文章后，苏格拉底准备离开，却遭到命运之神的阻止。对爱神的诽谤使他冒犯了上苍，现在必须赎罪。

212 第二篇文章首先重新定义爱情，将其视作神灵赋予人类的四类迷狂之一。为了恰当地理解此事，人们必须看透灵魂的本质。苏格拉底首先给出灵魂不朽的证据，然后建构了灵魂的形象，以此说明他已看透了灵魂的本质。凡人的灵魂就像一支带翼的车队及其驭手。车队有两匹马：一匹是黑色的，代表基本的欲望；另一匹是白色的，代表神圣而高贵的激情。驭手代表理智。这些灵魂的车队紧跟着神灵的车队。当神圣的车队参加宴会时，他们就前往上界，看到

① Rowe 1986a：14.

“型”并得到滋养。幸运的人类灵魂渴望加入，但由于他们的马匹有所不同，他们无法获得对“型”的持续凝视。在努力看清灵魂实体的过程中，灵魂可能会失去翅膀长出肉身。灵魂要重获翅膀需要一万年。在这一万年中，灵魂会多次转世，接受惩罚或得到奖励，这取决于灵魂在世时的美德或罪恶。然而，哲学的有情人的灵魂有可能早日逃脱，因为它可以正确使用对型的记忆并重新生成翅膀。

当灵魂看到美丽的肉体并记起“美之型”的时候，爱就产生了。对美的回忆使灵魂之翼开始生长，反之就会带来精神折磨。每个有情人的表现都会有所不同，这取决于他或她在转世前追随的神灵。他们模仿这位神灵，也相应地努力改变他们的爱人（the beloved）。然而，由于灵魂的黑马受欲望控制，爱情关系的建立充满困难。如果驭手能够充分地用纪律规范他的车队，那么这种关系将是哲学上的，不耽于肉体的。如果不是这样，他们的生命得到庇佑和祝福的多少，则取决于黑马或白马谁能胜出。苏格拉底以对爱神的祈祷作为文章结尾，以帮助斐德罗和他自己为爱和哲学而生活。

苏格拉底念完文章后，对话的主题转为论证文章的好坏。斐德罗断言，说服最重要的方面就是对意见（doxa）的要求。苏格拉底坚称最好的演说家是掌握了所谈论主题真相的人，只有这样的演说家才称得上是在进行有技艺
（techne）的演讲。真正的修辞术，是一门正确处理异同的技艺。苏格拉底在其 213
第二篇文章中挖掘有关综合与划分（collection and division）的技艺范例。他热爱综合与划分的技艺，并称这些技艺的追随者为“辩证法家”。同时期的修辞术缺乏以这些过程为基础的知识，流通的手册也只是一些关于语言技巧的对话，并未提供该如何正确应用这些前期步骤的知识。出色的演说家能将其话语与每个听众的灵魂进行配对，这要用到辩证法。持不同观点者认为，说服只需一些似乎有理的东西（eikos）。然而，似乎有理的东西用得好不好，也要看能不能发现真理，尽管它们与真理看起来很像。

对话最后一个主题是写作中的适当与不适当性问题。苏格拉底讲述了埃及神祇塞乌斯和萨姆斯的故事，指出文字只是一种备忘录（reminders），并不能让记忆力变得更好，文字所展现的只是智慧的表象。一件事情一旦被文字写下来，就再也不能回应质疑。真正的话语伴随着知识，能写入听者的灵魂。这是唯一严肃的话语；作为备忘录，书面作品应尽量活泼幽默些，因为它们本身就是富于幻想的。只有哲学家才能意识到自己书面和口头话语的重要性，也只有哲学家才能成为科学的修辞学家。

该总结向我们呈现了对话的复杂性。有时，人们认为苏格拉底第二篇文章打破了作品的平衡①，其文章里的阐述引起了人们对相称成分与失称成分问题的关注。在对话第二部分，这些关注点成为主题，因此我们可以认为，苏格拉底文章中那些精彩的修辞是他故意展示出来的。对于主题而言，修辞精彩到什么程度才算合适？它又是怎样和哲学探索相联系的？（这些问题将和《政治家篇》中提到的神话故事一起再现）正如对话教授给我们的，真正的修辞术要对真理负责。演讲者知识越渊博，修辞术就越有效。如果说苏格拉底的文章令人印象深刻，那一定是因为他很好地掌握了真理。然而掌握到什么程度才算得上好？对话第二部分详述了在哪些条件下苏格拉底富有灵感的演讲术可能和哲学论证
214 有关。神话是对某一主题进行简化后生成的版本，而要想准确地表现该主题，则需要更详尽的阐述和更充分的论证。灵魂马车神话的宏伟和篇幅足以表明该主题的重要性（246a4－6）。先验论对我们感性世界的冲击使我们产生了情感上的波澜并引发了对分析的需求。

第二篇文章体现苏格拉底通过灵感和直觉对灵魂本性进行感知。由于苏格拉底已是哲学家，所以他创作神话的技艺受到了分析式表现模式的影响。他已经开始了神话中描绘的回忆性自觉的过程，这也是其充满灵感的分析，有助于确定接下来的修辞术理论表述的原因。比起综合与划分的方法论的单纯偶合，这两者之间的交叉引用更加重要。灵魂马车神话的关键主题被继续用于修辞术的讨论并加以改写。回想起来，在对话的第一部分，甚至在苏格拉底作翻案诗之前，神话主题就已经在发挥作用了。这篇文章的内容不仅是修辞术运用的产物，而且还有一种衍生于方法论讨论之外的哲学权威。这种权威是苏格拉底“被神灵凭附”的结果，即他对灵魂本性的直觉感知，我将这种看法比作有情人对美的突然回忆（249d－e）。苏格拉底的直觉促进了对方法论的讨论，并成为辩证探究（dialectical enquiry）的起点，这使得神话的内容有利于构建整个对话。

对话的开头场景中集中讨论了神话素材的恰当与不当使用。苏格拉底和斐德罗划船行走在伊立苏河（Ilissos）上时，斐德罗问苏格拉底是否相信风神波瑞

---

① Hackforth 1952：136。如罗伊所说（Rowe 1986a：106），该问题是有一定维度的。相关悲观说法，参见 Cole 1991：8，“没有篇幅相当，文采又可与之媲美的文章，将其从柏拉图语料库完全删除也不会对理解柏拉图哲学造成多大影响”。

阿斯[1]（Boreas）抢掠了雅典公主俄里蒂亚（Oreithyia）。苏格拉底以学者的口吻对该神话进行理性解释，回答说公主俄里蒂亚被一阵北风从岩石上吹落跌死了。可是他自己却觉得，对那些试图用这种方式解释所有神话的理性主义者来说，此法太累，工作量也太大。苏格拉底顾不上做这些事，因为他到现在还无法做到德尔斐神谕[2]（Delphic command）所指示的，认识他自己。与怪物堤丰相比，他是更加复杂、更加傲慢，还是比较单纯、比较温和，有着与堤丰不一样的平和的性格呢（229b4－230a6）？有几点甚是有趣。苏格拉底并不怀疑理性解释的真实度，但他却认为，在更为紧迫的哲学事务面前，这就是在浪费时间。堤丰这一形象的使用，是苏格拉底就如何更好地使用古老传说而举出的例子。这里， 215
神话创造物（mythological creature）是哲学反思的起点，是评价自我的标准。[3]

此类对比很容易滑向寓言，但苏格拉底将其保持在隐性比喻的层面。这预测了翻案诗的过程。在翻案诗里，灵魂被比作驭手和车队，不过他们之间也存在差异。苏格拉底与堤丰之间的对比缺乏一一对应的关系：苏格拉底要么比堤丰更丑恶，要么比堤丰更和善。[4] 然而，驭手的形象却意味着更高程度上的一致。先前存在的神话人物在第一感觉和潜在感觉之间产生了某种模糊对应，但当创造某一形象或故事是为了符合语境时，这种问题也就不复存在了。因此，对话开头就推翻了一个处理神话素材的对立体系：理性化。柏拉图和理性主义者们都在神话中寻求真理，但是当理性化试图在奇幻的神话外观下寻求一种世俗的、历史的真理时，柏拉图寻求的却是关于人类灵魂的、内在的显著真理。传统神话并非探索哲学真理的好途径，那些充斥在传统神话中的、无关的细节，影响了哲学内容的一致性，不适于探寻哲学真理。诸如理性化、寓意化这样的方法，都是随意、还原的。说它还原，是因为这种方法论揭去了表面的复杂性，声称要探索简单的真理；说它随意，是因为它存在多种解读方法。正如苏格拉底所说，理性主义者面临一项永无止境的任务；一旦有人弄懂一个细节，他就

---

[1] 波瑞阿斯：掌北风的神。传说，他抢掠了希腊一个公主俄里蒂亚，和她结了婚，生了儿女。——译注

[2] 德尔斐神谕：德尔斐是古希腊时期供奉太阳神阿波罗的圣地，是古希腊人心中的世界中心。女祭司作法、代神传谕时，僧侣记录下来，这就是神谕。这一活动盛于公元前七世纪到公元前四世纪。——译注

[3] Ferrari 1987：12；Burger 1980：5。考虑到堤丰，苏格拉底作了翻案诗，有关该翻案诗的意图，参见 Ferrari 1987：11。

[4] Griswold 1986：39－42。南丁格尔（Nightingale 1995：134－135）进一步讨论了堤丰式多可能性的主题影响。

不得不继续弄懂下一个细节。然而，柏拉图神话意味着如果一个问题过于复杂，简单化的表述就无法将其解释清楚。① 柏拉图神话虽然产生了某种相似性，但并没有反映确切的真理。柏拉图神话绝不是随意的，它自然而然地产生于哲学话语。柏拉图神话也没有还原，它标志着一种复杂性，这种复杂性来源于不完整的知识，来源于某主题无法用简单化的表述解释清楚的难题。

灵魂马车神话与苏格拉底的第二篇文章

灵魂马车神话的灵感源于苏格拉底神圣的声音，借由斯忒迈科罗斯
216 （242bc，244a）之口讲出来，它呈现了一种关于灵魂性质与经历的哲学形象，具有初期哲学方法及理性的（非任意的）相似性创造的特征。灵魂马车神话是对记忆力的赞扬，作为一种回忆性形象，该神话本身就是记忆力的典型例证。虽然苏格拉底的翻案诗开头（不同于吕西亚斯的文章那种杂乱无章的开头）就对迷狂的概念做了分类，然而直到苏格拉底正式证明灵魂不朽后才有了末世论的叙述（245c－246a）。这一证据形成了迷狂类别与灵魂行为之间的过渡，是严格意义上的神话的理性依据②。苏格拉底开始讨论灵魂的三个部分时，就强调了这一过程的必要性。苏格拉底强烈反对这一事实：尽管我们从来不曾窥见神，也不能充分察觉神，只能把神想象为一个不朽的生灵，永远兼具灵魂和肉体，然而不朽的只有灵魂。之所以会创造这种形象，原因在于“没有合理的论证做基础（οὐδ'ἐζ ἐνὸς λόγου λελογισμένου，246c－d3）”。这一表达意味着有了理性依据就可以创造合理的形象。迄今为止，所有末世论神话都被视为这种类型，灵魂马车神话也不例外。

第二篇文章的哲学背景超出了灵魂不朽这一论证范围。尽管苏格拉底后来在评估该文章时并未将重点放在其内容上，但他承认，这篇文章的内容是综合与划分技艺的范例（265c8－d1）。文章开头就将神圣的迷狂与人类的迷狂区分开来，继而又将其划分为四种类别（266a，244a）。在灵魂马车故事之后的讨论中，苏格拉底特别提到了划分的方法。有关划分的例子，虽然只有划分迷狂这一个，但起码有了扼要的概述。巡行诸天时，诸神和精灵（daimones）被有序地划分为不同的部分（246e4－247a7）。当我们得知人类品性类型源于神的划分后，这种划分又被扩大开来（252c2－253c2）。灵魂被划分为三部分，两部分各

① 参见 McCabe 1992：60 多处。

② 斯南科（Sinaiko 1965：98－99）：不朽的证据是其他所有一切所产生结果的概括。

像一匹马，第三部分像一位驭手（253c7 - d1）。人类品性类型的划分也隐含在人类对爱做出反应的方式中：有些屈服于肉体的欲望（250e），有些部分地过着哲学性的生活（256b7 - e1），还有些则成了哲人（256a7 - b7）。这些划分是“相似性创造”的产物（ἀπεικάζοντες，265b6）。有人认为，相似性创造这一行为已脱离了严格意义上的辩证法。的确，苏格拉底坚称在口占文章的整个过程 217
中都被神灵附体，不记得自己说了什么（263d2）。然而这种受灵感启发的、神话性的话语已经意味着辩证法的使用。分类的冲动，尽管不等同于划分方法，却是通往辩证法的重要一步。苏格拉底认为产生分类的冲动只是一种偶然（265c9），然而读者们知道，这绝非简单的机缘巧合。①。

“狂热”使苏格拉底忘记他创造神话形象时使用了方法，他声称需要斐德罗提醒才能记起文章的内容。哲学对话有助于我们理解所创造的形象，有助于将秘所思转化为逻各斯。就对话而言，记忆在创造相似性或形象中扮演着至关重要的角色。第二篇文章的主题主要是记忆与形象的创造，对话的开头场景对此做了概述，讨论修辞的方法论时，又将两个主题做了转换。随着苏格拉底、斐德罗以及柏拉图的读者对他们三者使用的论证类别（discursive categories）的认识不断深入，哲学方法论和修辞术作为神话的主题和推动力渐渐成形。从神话转向辩证法所需的自我意识，为哲学进步所必需的论证模式（discursive mode）的敏感性树立了典范。

灵魂马车神话把由独立存在的精神实体与型所占据的理智世界（the intelligible world）与感性世界、物质世界（the corporeal world）加以对比。记忆将后者与前者联系起来。记忆真正的领域是型界。记忆是真理世界中实际存在的代替品。诸神参加宴会时看到型，灵魂得以滋养（247d5 - 6）。这是“真理的大草原”（Plain of Truth），原上长着灵魂所需的最好的草，灵魂羽翼也要借这些草来滋养（248b5 - c2）。幸运的灵魂加入了这场运行（revolution）（248a3 - 4），然而驭手车队的不稳定性使其只能觑见型的局部。完全看不见型的灵魂则转世，也正是在这里，记忆首次被明确主题化。若是灵魂不能够追随其神灵，且遭遇不幸，就会因“健忘”和罪恶而变得沉重（248c7）。于是，灵魂失去羽翼，长出肉身，降临于世。在 249b6 - 7 中，苏格拉底通过回忆的方法给人性下了定

① 费拉里（Ferrari 1987：53）发现，苏格拉底寄望于机缘巧合，这使我们认识到柏拉图十分清楚产生分类冲动的原因，只是以一种自然的方式表达出来。伯格（Burger 1980：77）也强调了这种讽刺。有关柏拉图式的讽刺，参见 Rowe 1987。

义。人类必须用理性把杂多的观念整合在一起，这个过程被称为人类对灵魂在
218 天外境界所见型的“回忆”（ἀνάμνησις, 249c2）。回忆是灵魂恢复羽翼的关键（249c4－d2），哲人最能妥善运用这些回忆，因为他们经常专注于对这些事情的回忆（μνήμῃ, 249c5），而神之所以为神也正是因为对这些光辉景象的关照。然而在众人看来，哲人的回忆近乎疯狂，尽管他们真正用到的只是回忆（ὑπομνήμαστν，249c7）而已。正是通过记忆，转世的人才得以重见型。

记忆在爱情的病理学中发挥着重要作用，因为爱情是我们对型之“形象”的反应（εἴδωλον，250d4－6），这种型能激起我们对其原型的回忆。像哲人那样，有情人记住了型，被说成疯狂。对有情人来说，这就是美的型（ὁρῶν κάλλος，τοῦ ἀληθοῦς ἀναμιμνῃσκόμενος，249d5－6）。然而回忆并非易事，因为灵魂可能遭到肉体的腐化并经历“健忘”（250a4）。尽管如此，一些灵魂还是保有足够的回忆以成为有情人，这些灵魂从他们的身体里获得了自由：灵魂的记忆被拉着驰向美的型（254b5－6），灵魂也随之摆脱了肉体的束缚（250a7）。“带走”一词通常用于形容灵魂被拉着驰近型的过程（ἠνέχθη，254b6），它使人想起灵魂随天体运行时的运动（συμπεριηνέχθη，248a3，cf. a8）。苏格拉底描绘完天外境界后，几乎将记忆提升到了神的地位：“这个问题就说到这里吧。”[①]（μνήμῃ，250c7）

爱一旦开始，有情人教育自己和爱人的过程也取决于回忆的运用。记忆与相似性创造联系紧密，有助于有情人转化为哲人。每个有情人都在找寻一个爱人，这个爱人的品性就像他脱离肉体时所追随的神的品性（252e－253c6）。找到了这样的对象，有情人就尽力使自己和爱人拥有他追随的神那样的完美形象。影响这种转化的方法是“记忆”，即有情人用来记住自己追随之神的方式（ἐφαπτόμενοια ὑτοῦ τῇ νυήμῃ，253a2－3）。正如驭手受其记忆的支配，灵魂的黑马也会受到低劣记忆的支配（254a6）[②]。黑马强迫驭手和白马想起性的欢愉，尽管驭手和白马都假装已经忘了（ἀμνημονεῖν）他们与爱人相处的方式，黑马
219 却还是提醒着他们（ἀναυιμνῄσκων，254d3－4）。这种低劣的回忆，以感官世界的经验为基础，与后来因漠视真理而受到指责的修辞术相呼应。[③]

① [古希腊] 柏拉图:《柏拉图全集》(第2卷),王晓朝译，人民出版社2003年版，第165页。——译注

② 用 μνεία，而非 μνήμη 标明。

③ 费拉里（Ferrari 1987：186）指出思想与感觉是如何一一对应地体现在驭手和黑马身上，并（198）在关于无情人（non-lover）的文章中将关于黑马（254c7）的修辞与对理性“审慎”的运用联系起来。

记忆是柏拉图对人类灵魂的神话性阐释的核心，记忆的运用决定灵魂的命运。① 然而，我们需明确记忆与回忆之间的确切联系。苏格拉底的话既暗指每个有情人都会陷入回忆（249d5 - 6，250a1，254b5 - 6），又暗指只有哲学的有情人才真正会回忆②（249b6 - d2）。在这两种情况下，记忆都会将回忆者（recollector）带到型附近，然而哲学的回忆显然是一种不同于看到美好形体而突然心潮起伏的体验。我打算从反思自我意识这一角度理解这种不同。回忆的过程包括两个阶段，最初是由于情欲的突现，最后，最好的情况是，以哲学的自省和辩证法结束。这一过程类似于对话中从神话转向辩证法讨论的过程。苏格拉底和斐德罗的回忆从信念开始，却以对技艺的展望结束。让我们看看这一过程是怎样在有情人及其爱人身上体现的。我们知道，有情人及其爱人对自身经验的本质都没有任何真正的认识③。有情人看见美的形象为之迷狂，却由于没有充分理解这一形象而感到迷茫不知所措（250a7 - b1）。同理，当有情人之爱人开始回应有情人的热情时，他也陷入了混乱："所以他在爱，但是不明白自己在爱什么，也不明白这是怎么一回事。"④（255d3 - 4）不过，当他们在一起的生活终结之时，如果能保有自控能力，他们将过上一种哲学性的生活（256a7）。这种哲学包括理解他们激情的本质以掌握它。 220

有情人无法理解其经验的本质，这使人想起苏格拉底的话：一个人必须用理性把杂多的观念整合在一起（249b7 - c1）。显然，这种能力（下一句将其定义为回忆）是与生俱来的，但它有时也会失效。对 249b7 - 8 中提到的回忆是理性有意识的产物，是产生于有情人们的教育过程中的有意识的哲学。随着爱情的发展，我们从直觉的、无意识的回忆走向对相同行为理性的、审慎的回忆。从让我们感到迷茫不知所措的对美的感知开始，我们从混乱和多样的观念过渡到一种更为理论化的理解。在神话中，进行回忆的有情人的确与众不同。但我

---

①《国家篇》中也是如此，厄尔神话中来世生活的选择取决于一个人对前世生活的记忆。

② 近期的讨论主要集中于人类是否都会回忆，回忆是否可以解释概念的形成，或回忆是否仅限于哲人。争议在于，如何解释这一论断，即人类必须根据形式（form）理解所说的话，用理性把杂多的观念整合在一起［249b7 将巴德姆（Badham）的推测ἰόν ·τf 改为ἰόν。Thompson 1868：55，Hackforth 1952：86，参见 Scott 1995：77，n. 26］。传统的理解是，所有人在某种程度上都会回忆。与此相反，有人认为，第一，在整个神话中，进行回忆的人都与众不同；第二，有些人根本不把美的形体视为最初的型的相似物，而是沉迷于感官之乐，只有有情人将感觉视为型的备忘录（reminders）；第三，柏拉图使用的语言是规定性的而不是描述性的（Scott 1995：73 - 80）。我在上文回答了这些异议。

③ 费拉里（Ferrari 1987：177）强调有情人的感知相对清晰，而爱人却截然不同，但有情人的情感并不一定是因为他知道他看见过型的形象。

④［古希腊］柏拉图：《柏拉图全集》（第 2 卷），王晓朝译，人民出版社 2003 年版，第 170 页。——译注

们也要注意，有情人对美的型的回忆尤其强烈，是因为在感性世界里，美享有一种特殊地位：我们用眼睛就可以感知美。只有美才有这种特质，也正因如此，美才显得最明朗、最可爱（250d7 – e1）。我们没有感知智慧的感官，不然我们对智慧的爱也会同样强烈（250d3 –6）。就美而言，问题在于我们是否有充足的记忆来陷入神圣的迷狂，还是仅追求肉体的愉悦。那些天生记忆充足的有情人敬畏美(250a)，而那些天生记忆拙劣的有情人“看到人间美的摹本时不能迅速地看到美本身，他也不能抱着敬畏之心看待美，却把自己抛到淫欲里”①（250e2 –4）。

很明显，就连好色的有情人也会在不同程度上回忆美，不然他也不会被说成是好色。然而，其灵魂是迟钝的，这使他们体验不到超验的宗教情感，也无法理解正在发生的事。即使是虔诚的有情人，一开始他们也无法理解自己的经验，只有一小部分人拥有对经验进行概括并转向哲学的能力。只有哲人把回忆的经验用作自觉反思的工具，从而实现更为系统的回忆。他们用理智感知其他型，譬如智慧、正义等。当苏格拉底说一个人“必须用理性把杂多的观念整合在一起”② 时，他指的是一个人在分析回忆的过程中所采取的、通往型的、自觉的辩证法。苏格拉底的言谈被看成一种规范，然而这并不意味着人类没有经历过不经反思的回忆。回忆既解释了我们面对型的形象时做出的反应，又描述了哲学分析的过程。

221 这种哲学回忆为对话第二部分所阐释的综合与划分的技艺埋下了伏笔。③ 回忆包括“根据形式（form）理解说话的内容，用理性把杂多的观念整合在一起”(249b7 – c1)。综合的技艺是指人们必须“把各种纷繁杂论但又互相关联的事物置于一个类型下，从整体上加以把握，目的是使被选为叙述主题的东西清楚地显示出来”④（265d3 –5）。回忆时被整合的杂多观念，与综合技艺中所说的各种分散元素相一致；前文提到的通过理性整合得到统一体，与后文所述的将特殊的事物进行整合，再将其归入一个类型相一致。这种描述的唯一不同，在于它没有提及任何与划分的技艺相类似的事物。这两个过程并不完全相同，综合与划分的技艺比回忆更有条理。正如我们在神话中预期的那样，哲学回忆的机

① [古希腊] 柏拉图:《柏拉图全集》(第2卷),王晓朝译,人民出版社2003年版,第165页。——译注

② [古希腊] 柏拉图:《柏拉图全集》(第2卷),王晓朝译,人民出版社2003年版,第163页。——译注

③ 格里斯沃尔德（Griswold 1986：116）并不认同这种联系，原因有三：（1）249b – c 中并未提及划分的技艺；（2）回忆无须遵循规矩，而综合与划分技艺须遵循一定的规矩；（3）《斐德罗篇》后半部分并未表明综合与划分技艺与型有关。尽管如此，我们无须精确地一致来表明神话中分析的回忆是辩证法的意象派表现。

④ [古希腊] 柏拉图:《柏拉图全集》(第2卷),王晓朝译，人民出版社2003年版，第184页。——译注

制并不明确，然而我们已经看到正确使用回忆就可进行分析的证据。没有爱欲的、哲学的爱必定意味着分析（256a5 – b3）。

虽然回忆的过程缺乏划分技艺的使用，但我们不必因此而感到苦恼。人类的基本困境是我们生活在一个充满特殊性的世界，不善于归纳。尽管回忆的经验能让我们跃入普遍的、型的世界，然而就像神话中描述的那样，就算是身体之外的感知，也不是永恒的。人类的存在意味着感知特殊性，而我们天生就具备了从特殊过渡到普遍的能力（这种能力并不常用）。这就是灵魂马车神话的意义所在，也正是该神话强调这种能力的原因。运用辩证法时，我们对特殊性的感知也变为一种自觉，265e1 –266b1 对划分技艺的描述使人想起 249 中有关回忆的语言。划分时需要“根据形式”进行分类（κατ' εἴδη，265e1）。这两篇文章先把迷狂视为“共同的形式”（ ἐν τι κοινῇ εἶδος，265e4），再根据“共同的形式”划分迷狂的概念，正如回忆需要“根据形式”（κατ' εἶδος）理解说话内容以及感知“一”（one，ἕν，249b6 – c1）。

我对回忆的解释基于《美诺篇》中有关回忆的描述。苏格拉底谈到了“男祭司和女祭司”们所说的逻各斯（81a5 –6）。他们说：灵魂不朽，重生过多次 222
且无所不知。灵魂能回想起以前就知道的事物（81c8 –9）一点也不奇怪，因为这个过程就是回忆。在著名篇章《美诺篇》里，苏格拉底让童奴推论几何知识，以继续论证这一原理的正确性。论证结束后，美诺对此表示同意，同时又不太确定：“你似乎说的有道理，苏格拉底，但我不知道为什么。”（86b5）苏格拉底答道：“是的，美诺。我不想发誓说我的所有观点都正确（δϊσχυρισαίμην），但有一点我想用我的言语和行动来加以捍卫。这个观点就是，如果努力探索我们不知道的事情，那么我们就会变得更好、更勇敢、更积极，而不是认为进行这种探索是没有必要的，因为我们绝不可能发现我们不知道的东西。”①（86b6 – c2）苏格拉底虽不会对回忆的细节做担保，但他认为这一信息非常重要。

《美诺篇》中有很多关于回忆的语言②，这几乎成了神话话语的标志③。然而，《美诺篇》既不是秘所思，也不涉及太多末世论，其论证地位并不明朗。同一理论既可被视为神话的一部分，又能被当作一种严肃的哲学立场。这是论证贯穿于灵魂马车神话的又一标志，同时也强调了论证语境在神话话语评估中的

---

①［古希腊］柏拉图：《柏拉图全集》（第1卷），王晓朝译，人民出版社 2002 年版，第 517 页。——译注

② 参见《斐多篇》114d1 –2。

③《美诺篇》中有关回忆的神话，参见 Frutiger 1930：67 –72；J. A. Stewart［1905］/ 1960：305 –308；Elias 1984：196 –198。

重要性。最值得注意的是，苏格拉底在《美诺篇》中强调回忆包括有意识地挖掘先天知识。苏格拉底说，正确的意见只要能够固定在原地不动，那么它是一样好东西，可以用来做各种好事，“可惜的是它们不会在一个地方待很久。它们会从人的心灵中逃走，所以不用理性来把它们捆住，它们就没什么价值。这个过程就是回忆”① （98a1 – 4）。回忆与推断之间的联系进一步印证了《斐德罗篇》中的观点，证实了哲学的有情人们通往知识的路径包括对直觉反映的分析。理性地认识凭直觉知道的真理需一个较长的过程，《美诺篇》中的即时记忆仅仅是该过程的开端（85c）。

如此一来，分析的过程就成了回忆的自然结果。如果真是这样，我们就可寄希望于通过应用方法来感知型。当然，要完全感知它们是不可能的，只有诸
223 神可圆满地感知型，但我们可以在人力可及范围之内尽可能地向它们靠近。在哲学的帮助下，人类记忆的使用由感性层面上升到理性层面。通过研究神话（以及对话）的第二大主题——相似性或形象的创造，我们可以更透彻地理解这两个层面之间的关系。在文章中，记忆的使用发生在三个层面上：首先，神话本身是一种创造的形象；其二，尘世中存在的可见事物是现实世界的形象；其三，在一段完美的爱情关系中，有情人尽量使自己与其追随的神灵形象相似。从以上层面来看，形象的产生是记忆作用的结果。此外，由于演说家通过呈现相似性的方式来施展其说服力，因此记忆的使用也与修辞方法息息相关（261d10 – e4）。

论证完灵魂不朽的话题之后，苏格拉底用以下这些话导入了灵魂神话：

> 关于灵魂的不朽我们说得够多了，但我们还得说一说它的本性。此话说来颇长，只有神才能把这个问题说清楚（οἷον μέν ἐστι），但作为凡人来谈论这个问题，我们只能说个大概。因此我们下面的讨论也只能简明扼要（ᾧ δὲ ἔοικεν）。让我们把灵魂的运动比作一股合力（ἐοικέτω），就好像同拉一辆车的飞马和一位能飞的驭手（246a3 – 7：引用）②。

我们放弃了关于灵魂神圣且漫长的叙述，换用一种基于相似性的较简短且人力能做到的解释。这段导入意味着什么？苏格拉底随后宣布，就相似性（ὁμοιότητας）而言，掌握了真理的人能够创造最美好的相似性（273d4 – 6）。

---

①［古希腊］柏拉图：《柏拉图全集》（第 1 卷），王晓朝译，人民出版社 2002 年版，第 533 页。——译注

②［古希腊］柏拉图：《柏拉图全集》（第 2 卷），王晓朝译，人民出版社 2003 年版，第 160 页。——译注

如果说苏格拉底的第二篇文章是真正修辞的典范，演说家基于自身掌握的有关真理的知识创造了相似性并说服了听众（就像苏格拉底说服斐德罗一样），那么接下来苏格拉底就利用关于灵魂的知识创造了灵魂的形象，正如他记得有关真理的知识，并创造了真理的形象一样。不过，很明显苏格拉底还没有形成对这一真理的系统认知，因为他无法做出解释。

看见型的形象而激发的回忆，是灵魂看见型（ὁμοίωμα，250a6）的唯一途径。然而，几乎没有人能理解现实与其形象（εἰκόνας）之间的关系，也几乎没有人能通过形象看见抽象的事物（τὸ τοῦ εἰκασθέντος γένος，250b4－5）。对诸
神的模仿也是一个问题。在天外境界见过许多事物的灵魂，每当它看见一个
“神明一样”（θεοειδές）的面孔，或是对美之型的成功复制，灵魂就“敬美如 224
敬神”（ὡς θεόν），并愿意为之焚香祷祝，“如同面对神灵一般”（ὡς ἀγάλματι
καὶ θεῷ，251a1－7）。我们从视爱人的美为型的形象，转变到视爱人自己为神灵
的形象。

即使是脱离肉体的灵魂也会模仿。诸神升至天外境界时，人类灵魂就尽力追随他们。那些“最能紧紧追随一位神（εἰκασμένη）”（248a1－2）的灵魂，能与诸神一道随着天穹运行。在尘世间，有情人及其爱人都使用这种创造性模仿。灵魂在世时仰慕、模仿（μιμούμενος）其追随之神（252d1－2）。当灵魂遇见爱人，会更加聚精会神地模仿、学习神的品性，原因是他想设法让其爱人也拥有和神一样的品性（252e5－253b1）。爱人“仿佛就是他的神，就像一尊雕饰的神像”①，供有情人尊敬和崇拜（252d6－7）。此处沿用215a中神像这一形象，并对其内涵做了延展；神像在这里并非简单受人崇拜，而是被重新塑造以更接近其原型。253a6－b1对此做了明确阐述：“他们使他尽量类似他们所追随的神”②。这种相互督导被反复强调（253b－c）。爱人对有情人的爱也是一个摹本（εἴδωλον ἔρωτος，255d8）——有情人激情的摹本。模仿包括三个层级，首先是尘世的对应物模仿型，其次是人类模仿诸神，最后是模仿某种反映，即爱人的激情。

视爱人的美为型的形象这一观念促生了视爱人为神的形象的观念，这有助于阐明诸神在型和人之间所起的中介作用。苏格拉底在249c5－6的论述表明：神能接近型，并以此获取其神性；神之所以神圣，是因为他们设法展现自己的

①［古希腊］柏拉图:《柏拉图全集》(第2卷),王晓朝译，人民出版社2003年版，第167页。——译注

②［古希腊］柏拉图:《柏拉图全集》(第2卷),王晓朝译，人民出版社2003年版，第167页。——译注

各种品质。其实，神是杰出的模仿者，神对型的成功模仿成为人类模仿的典范。我们崇拜神，因为型提供不了的东西，神可以提供给我们，即迈向完美的过程，而非完美的状态。我们之所以爱自己的爱人，是因为他们的美是我们回忆型的动力。我们敬爱人如敬神，是因为通过爱人，我们才可以更好地模仿神，这种模仿也确保了天外境界的永恒。诸神作为中间人的角色也可能为我们理解神话的角色提供线索。要想谈论关于神话的完完全全的事实，需要一段漫长且非常“神圣的”描述（246a4－6）。人类的灵魂很难感知真实，为此我们创造了更为
225 “人性化”的形象（神话）。这篇话语介于我们与有关辩证学家所能描述的智性之物（intelligibles）的叙述之间。就算辩证学家“经常专注于对这些事情的回忆，而神之所以为神也正是对这些光辉景象的关照”（249c5），他还是受制于肉身的劣势。因此，神话是人类境况的特有论证模式。

神话中的模仿与记忆、回忆密不可分。一方面，爱人的美模仿了美的型，也因此成为引发记忆的一种备忘录。自然形象是现实的真实表现，在科学修辞中，自然形象的存在起到重要作用；辩证的演说家能轻而易举地发现它们。另一方面，为使有情人和爱人更加像神而进行的教育，也是记忆的产物。有情人学习其追随之神，就是一种有意识的模仿性回忆。最真挚的情人会变为哲人，因为根据定义，哲人亦是有情人——一个有智慧的、掌握了综合与划分技艺的有情人（266b2）。苏格拉底说他自己“就像追随神的足迹”一样追随这样的爱人（266b7），这与有情人敬爱人如敬神十分相似。苏格拉底之所以敬重辩论家，其原因正如人类敬重神一样。很明显，神有什么样的行为方式，辩论家就有什么样的行为方式。

对话的开始

说完灵魂马车神话后，修辞术的讨论展开了，记忆与相似性主题的系统化成为讨论的重点。苏格拉底与斐德罗之间的互动促成了苏格拉底的第二篇文章，从他们的互动中，就可窥见记忆与相似性这两个主题。正如神话中表现出来的，苏格拉底凭直觉获取的真理是对话活力的一股驱动力，它在语篇主题明晰之前就预示了情节，是哲人苏格拉底品性的基础组成部分。苏格拉底品性中神话的、直觉的部分要比他公开承认的更为重要[①]，对话中的人物可能意识不到，然而该对话的读者却能发现这一点。第二篇文章里，神话的意图有利于对话形式上的

① 有关《斐德罗篇》中的柏拉图式反讽，参见 Griswold 1986：12 n.21。

统一，并表明为什么神话是两个人之间关系所固有的精神动力在某些方面的系统化。此外，由于这篇文章的内容正好适用于对话开始部分关注的重点，因此 226
这种意图也表明第二篇文章为何成为科学修辞的范例。这种意图在三个领域发生作用。其一，在苏格拉底与斐德罗互扮有情人与爱人的严肃消遣中，这种消遣包括苏格拉底声称的被激起的迷狂，这也预言了有情人回忆式的迷狂；其二，在对形象的强调中；其三，在出城远足与灵魂的天界游历之间的类比中。

人们普遍认为，苏格拉底与斐德罗在引言部分对调了有情人与爱人的角色。苏格拉底让斐德罗给他讲述吕西亚斯的文章时，他扮演有情人的角色。然而，当斐德罗读完吕西亚斯的文章，设法问苏格拉底要一篇文章时，情况发生了逆转。① 就他们而言，这种角色扮演是有意识的，就像斐德罗在 236c 戏仿苏格拉底时挑明的那样。苏格拉底不仅是斐德罗话语的爱好者，而且从话语中得到了启示。② 苏格拉底讨厌这两篇文章（228b6），他将自己和斐德罗视为“酒鬼”（228b7）。苏格拉底为斐德罗的朗诵所震惊，为之神魂颠倒（ἐκπλαγῆναι，234d1），也一道陷入迷狂（234d5）。所有这些都让我们想起翻案诗里受到启发的有情人，他一看见爱人就为之震惊并追求他（ἐκπλήττονται，250a6），陷入神圣的迷狂。要注意，使苏格拉底感到震惊的不是文章本身，而是斐德罗诵读文章时的样子。

启发苏格拉底做出第一篇文章的灵感，同样是以一种能使人想起翻案诗的方式，而不是通过预见诗歌灵感的方式描述出来的。苏格拉底说他神思焕发，心中有千言万语要说。苏格拉底知道自己无知，知道这些想说的话不是他心中的原创，而是外界通过耳朵灌输给他的，就像水灌到瓶里一样（235c5－d3）。我们想起了翻案诗里拥有永不枯竭之美的爱人（251b2，255c1）和不理解经验本质的爱人（250a7－b1）。同样，苏格拉底在文章中途停住，说他“在神的激励之下”说出这篇文章（238c6），这个地方真的好像“有神临在”（238c9－d1）。被诗神凭附的经历十分接近爱的神圣迷狂。迷狂和爱的动力被称为一种特殊的消遣。斐德罗指责苏格拉底拿自己对待文章的态度嘲弄（παίζειν，234d7）他。
苏格拉底澄清道：“你认为我在开玩笑，不当真吗？”（234d8）通常，这种对立 227
都会引发读者思考消遣与严肃之间的联系：哪些情况下消遣有教导作用，哪些情况下消遣只是一种完完全全的轻浮？

---

① 格里斯沃尔德（Griswold 1986：29－32）阐述了这种角色的对调。又参见 Burger 1980：12。

② 比较 Ferrari 1981：18。

消遣开启了对话。苏格拉底在“消遣”上的尝试引得斐德罗问他要篇文章（236a7－b4）。苏格拉底推诿说：“你当真（ἐσπούδακας）了，斐德罗？我在跟你开玩笑，所以才攻击你亲爱的吕西亚斯。你想，我会做一篇更好的文章去与他争锋吗？（236b5－8）”斐德罗对苏格拉底的重视使游戏有了哲学意义。在前两篇文章里，苏格拉底和斐德罗均未认真对待第二篇文章的主题，然而最终他们不得不认真对待。苏格拉底内心的声音告诉他，第一篇文章让他犯了谩神罪。能知道这一点，是因为他是个预言家，尽管还算不得很杰出（σπουδαῖος，242c4）。序言部分的消遣先是导向一篇戏谑的文章，接着又导向对神话的“消遣”。神话是直觉的产物，虽然直觉无法完全严肃（因为它未经检验），但却有着严肃的内涵。[①] 对话最后关于哲学著述的讨论将我们带回到相同主题的复杂性。哲人或修辞学家会“为了消遣”（276d2）而写作，但是更高尚和严肃的写作（σπουδή）是写进听众的灵魂里（276e5）。书面的作品都“包含许多虚假的东西”（277e6－8）。在对话中，吕西亚斯的书面文章以及由此产生的消遣是否有价值，取决于它们能否衍生对话，能否引发讨论；神话的消遣是否有价值，取决于它能否让我们做好迎接辩证法讨论的准备。对话亦是消遣，其目的在于引发严肃的思考[②]：对对话来说，神话意味着什么？对我们的生活来说，对话又意味着什么？

序言部分极其重视形象与塑像的主题。斐德罗想让苏格拉底听他复述吕西亚斯的文章，以此来练习讲演技巧，然而苏格拉底猜到他衣襟下就藏着这篇文章。当吕西亚斯在场时（在其文章的文本中），苏格拉底坚决不肯忍受替代品，他不允许斐德罗创造形象。斐德罗对各种形象着了迷，设法利用这些形象让苏格拉底做一篇文章，并许诺在德尔斐（235d7－e1）给他自己和苏格拉底各铸一尊等身金像，并且在奥林匹亚[③]（Olympia，236b3－4）用纯金铸造一尊苏格拉
228 底像。然而，苏格拉底还是没有答应，直到他威胁苏格拉底，要剥夺苏格拉底从自己这里听到其他任何作家文章的权利时，苏格拉底才答应了他。[④]

就像斐德罗因热爱苏格拉底即将做的文章，想为苏格拉底塑一尊金像那样，翻案诗里创造的各种形象也引导着我们去阅读。在翻案诗里，有情人拿对待塑像的虔诚对待爱人，以此表达对爱人的爱。如果不怕被人说成疯狂，有情人就

---

① Ferrari 1987：67.

② Ferrari 1987：212－213；Griswold 1986：218.

③ 奥林匹亚：位于希腊西南部的平原，第一次举办奥林匹克运动会的地点。——译注

④ 关于斐德罗提议安放在德尔斐与奥林匹亚的塑像所引起的反响，参见 Morgan 1994。

对爱人焚香祷祝，“如同面对神灵一般”（251a6）。在 252d5 – e1 中再次表达了这种敬慕之情，不过将重点放在这种膜拜的转化力量上。有情人确实创造了爱人的形象，但并非静态，而是活生生的塑像。爱人的形象是形象创造的成功范例，类似于哲学修辞学家种在听众灵魂里的活生生的话语。在活生生的话语或是创造的形象与它们所期望的真实之间，存在一种重要的互换，创造性活动的对象——爱人/学生，并非被动的接受者。相比而言，斐德罗的形象创造技艺就显得逊色了。在尝试像史诗吟诵者那样重新创作吕西亚斯的文章时，他试图创造一个——按对话最后提出的标准来看——僵死的话语形象。斐德罗许诺要为苏格拉底铸塑像时，他雕铸的其实是一个一言不发、形同虚设、发挥不了一点效用的苏格拉底的形象。[①] 斐德罗必须学会不再以这种没有生命的形象自娱，而是认识到哲学互动的可能性，这也是苏格拉底围绕爱情和相似性主题创造出灵魂马车神话的部分意图。

第二篇文章的另一意图体现在剧情上。斐德罗告诉苏格拉底自己要“出城走走”（περίπατον）时，对话的剧情开始了（227a3）。此时的“走走”（περίπατος）在对话中没有太大意义，然而一旦我们读了灵魂马车神话，苏格拉底与斐德罗到城外远足的事就会使人联想到诸神凝视型时要走的环形路线。同样，诸神凝视型时的活动及苏格拉底“逻各斯中心主义的欲望”，都用宴会意象来表达。要想享受言语的“盛宴”（236e8），苏格拉底就必须答应斐德罗的要求进行演讲。在高升至天外境界的过程中，诸神也要前去“赴宴”（247a8）。[②]

翻案诗的意图表明苏格拉底对真理的直觉感知形成了作品的序言，并促成 229
其形式上的一致。通过将神话序言部分的主题系统化，柏拉图指出神话体现出一切人际交流所固有的一种动力，包括其低劣的形式。序言中提到的热爱与神话中所述的热爱息息相关，前者引发我们对文章的渴望，后者助力我们生存的热情。当然，虽然苏格拉底塑造的人物并没有这种文学的“神之眼”的观点，但他的确改写了那些斐德罗非常感兴趣的素材，比如暂且离开自己熟悉领域的益处、智识的盛宴以及相似性的理念等。如此一来，苏格拉底就做到了他后来提出的要求，即科学的演说家必须考虑听众的灵魂，了解哪一类文章适用于哪一种灵魂，然后有的放矢。因此，神话就是哲学的修辞术，在斐德罗从一种浅

① 柏拉图可能一直在思考品达的《涅墨亚颂歌》第五首的开头：“我不是雕塑家，雕出那种定定地立在底座上静止不动的塑像。”

② Philip 1981；Griswold 1986：33 – 34.

显的生活转至哲学的生活的过程中发挥着重要作用。这两种生活，前者基于对修辞和社会惯例不假思索的接受，后者则分析这些惯例与真理的关系。

修辞术讨论

对话第二部分讨论了哲学的有情人的对应者——哲学的修辞学家。这部分继续沿用对话第一部分的神话主题——记忆与相似性创造，它们是科学演说家技艺中的重要组成部分。灵魂马车神话与修辞术的讨论展现了苏格拉底对人类关系的本质与智识活动的互补性探究。然而，相比灵魂马车神话，修辞术讨论更正式、更系统，且展现出苏格拉底的哲学直觉可能转化为知识的过程。

苏格拉底的文章以划分迷狂种类作为开头，对修辞术的论证也以划分书面话语的概念开头。苏格拉底问（斐德罗）是否人们会因吕西亚斯是知名作家而谴责他（258c7 -8)。这是说不通的，因为人人都清楚，写文章本身并不可耻，写得不好才可耻（258d1 -4)。有些文章写得很好，有些则不够体面，差异就在于写作时所用的修辞术究竟是基于知识的还是基于意见的。同样，就迷狂而言，爱也存在差异，有因为对真理有意识、有道德的回忆而产生的爱，也有完全基
230 于人类欲望与疯狂而产生的爱。人类的概念被划分为简单的和复杂的（263b）两种类型，这也是一种含蓄的分类。最初的辩证过程取决于讨论的本质；划分作为一种方法论，必定需要对概念进行分类。不过，有一种分类在方法论上并非预先决定的，那就是人类的各种活动都按照其对应的缪斯进行划分（259c - d)。这种分类让我们想起灵魂马车神话中按照不同的神灵对人类灵魂进行分类[①]，而且它本身也是苏格拉底附加的关于蝉的起源的神话。就连苏格拉底的神话冲动，也受到了辩证法的影响。

神话与修辞术讨论之间更进一步的类比，体现在成功的立法者和政治家被称为和神一样的人（ἰσόθεον，258c2)，这让我们联想起有情人及其爱人之间的互动。此外，政治家对文章写作者（257d4 - 8）的藐视，也让我们联想起对无情人的（non-lover）爱的批评。这两例类比都批评他们各自的隐秘活动：无情人确实是有情人，政治家也确实是贪婪的文章写作者，他在文章开头就把他的崇拜者的名字写下，作为文章的序言（苏格拉底指雅典法令的出版及其开头的条款“经元老院和民众议决”）。讨论如何相爱类似于讨论如何讲话，这种类比基于我们钦佩什么人，赞美什么事，以什么人为榜样，视哪些事为

① Plass [1968] / 1979：207.

范例。对修辞术的论证遣责了人们对有天赋的演说家的普遍尊崇，并指出成为在知识上近似于诸神的辩证修辞学家的方式。我们应拿来与神做对比的，是辩证学家（266b6 -7）。

苏格拉底的第二篇文章与修辞术及辩证法的讨论不仅在方法论上类同，在意象与主题上也相似。尘世间的哲人所走的路径被比作天上诸神随天体运行时走的路径，这条路就是辩证法。这两条路径的同一性建立在一系列的词汇重复上①。天空的环形运动引领着灵魂看见天外境界的事物，这一环形运动被称为“运行”（περιφορά，247c1；περιόδῳ，247d5）。用于描述这一运动的动词通常 231
表示“领着或带着转”②。苏格拉底在描述怎样用话语来取悦神灵时，他告诉一位假想的听众，如果“运行”（περίοδος）时间太长，你也不必感到惊奇，因为运行的目标是辉煌的（μεγάλων γὰρ ἕνεκα περιιτέον，274a2）。这里所说的“运行”是通往修辞术的科学方法。早期的运行被拿来和一种不可能实现的可能性做比较，即通过运用一些似乎有理的东西（eikos）轻而易举地成为成功的修辞学家。苏格拉底把这种捷径叫作“可以掌握这种技艺的比较简便易行的途径。如果有平整的近路，我们不想浪费时间去走一条漫长、崎岖的道路”③（272b8 - c2）。我们应把这条漫长而崎岖的道路与神话中灵魂到达型界所经历的挣扎联系在一起。

这篇文章也将我们带回到神话里：要准确描绘灵魂的本性，需要一段“神圣且漫长的叙述”（246a4 -5）。这种长篇大论将是一种辩证法的描述。④ 辩证法是通往修辞术的科学方法，获取真理和型是它的目标。⑤ 为了这些“辉煌的事物”，我们必须走这样一条循环的路，诸神也必须爬升至天穹。由于辩证法之路是诸神所走之路的意象，因此对辩证法的描述也将是神圣的。神话中较短捷且人力所能及的路径［即比较简便易行的途径（参见 272bc）］不能通往自觉而科学的知识，无法产生自觉技艺。关于方法（methodos）的隐喻，即“方法”或“追求”，强调了通往和围绕型界的路的意象。讨论中提到吕西亚斯与塞拉西马柯以一种错误的方式追求修辞术技艺：“我想，吕西亚斯和塞拉西马柯想要成为

① 勒贝克（Lebeck 1972：284 -285）记录了大量这种重复，参见 Ballew 1979：90，93。

② περιάγω：247c1；περιφέρω：247d5，248a3，a8.

③［古希腊］柏拉图：《柏拉图全集》（第 2 卷），王晓朝译，人民出版社 2003 年版，第 194 页。——译注

④ Ferrari 1987：120.

⑤ 罗宾逊（Robinson 1941：71）认为 μέθοδος，在任何作家笔下都不具实在意义，因此在柏拉图笔下也只是一种文字技巧。然而，弗里德伦德（Friedländer［1954］/ 1958：17）指出，希腊人对语言的感性意义的感知可能比我们更敏感。

杰出修辞学家的道路并不是我心目中的理想道路[①]（οὐχ ἡ Λυσίας τε καὶ θρασύμαχος πορεύεταιδοκεῖμοιφαίνεσθαιἡ μέθοδος, 269d7 – 8）。”吕西亚斯选错了方法，也就无法成为科学的修辞学家。不包含综合与划分技艺的方法无异于“盲人摸象”（270d9 – e1）。真正的演说家已经走过了辩证法的路径，见过了型，因此极有洞见。这种循环的路径是灵魂马车神话和对话第二部分所共有的，只是在一个中是现实的，在另一个中却是隐喻的。

从第二篇文章的神话现实中创造隐喻的做法，也出现在苏格拉底就科学知识提出的建议中：一切伟大的科学都需要“对事物本性的研究”（270a1）。对天界事物的讨论，是灵魂犹如被羽翼托起至天界时发生的事在尘世的对应物（参见 246d6 –7）。处于肉身状态时，我们只能讨论自己亲身经历过的事物。然而，
232 辩证法通过引导我们思考高尚事物的方式帮助我们重新获得一些这样的经验（269e4 –270a3）。对柏里克勒与阿那克萨戈拉之间教育关系的描述，使人联想起神话中的有情人与爱人。尤其值得注意的是，柏里克勒对其老师的描述（270a3 –6）。柏里克勒扮演受欲望激发的有情人，他对教育卓越的追求让我们想起了苏格拉底。苏格拉底表明，自己笃爱综合与划分的技艺，他就像追随神一样追随使用这种方法的辩证学家（266b3 –7）。这两个例子中，有情人处于智识上的劣势地位，这颠倒了正常男子同性关系，然而在神话的教导下，这种情况就变得合情合理了。有情人被爱人优于他的地方所吸引，换句话说，就是被爱人身上所具有的能够让他回忆起型的那种美所吸引，被爱人身上那种与有情人自己在脱离肉体时所追随的守护神之间的相似之处所吸引。[②]

这些回忆将我们带回相似性的主题。苏格拉底讨论修辞术时，这一主题以两种伪装的形式出现，先是以类似（ὁμοιότης）的形式，接着以合理的，或者说类似真理的形式出现。修辞的科学被定义为一种既可以产生一切可能的相似性，又能揭示出那些不易发现的相似性的技艺，“把某个事物说得和其他事物相似”（261e3）。演说家若想欺骗听众，就要能辨别“事物之间的相似程度和差异”（262a6）。合理性，即希腊演讲词中惯用的陈词滥调，实则是种类似：“民众之所以得出合理的印象（εἰκός），是因为它与真理相似”[③]（273d3 –4）。该定义的必然推论是，知晓真理的人创造出的相似性是最巧妙的。这也使得那些异

---

① [古希腊] 柏拉图:《柏拉图全集》(第 2 卷),王晓朝译，人民出版社 2003 年版，第 190 页。——译注

② 比较《会饮篇》(210 –211) 中有关灵魂上升的描述。

③ [古希腊] 柏拉图:《柏拉图全集》(第 2 卷),王晓朝译，人民出版社 2003 年版，第 195 页。——译注

议显得荒唐可笑。持异议的人认为，人们无须注重真理，知晓合理性即可，因为合理性更具说服力（267a6－7，272d7－e2）。

具有修辞上的欺骗性的语言是“情欲的”，且与神话中有情人们的情况相对应。当人们一步一步由一个定义过渡到另一个定义时，旁人最不容易觉察到这种欺骗。为了不使人看出破绽，演讲者必须能分辨出相似性与非相似性（262a2－7）。一个人受到欺骗，“显然是因为谬误通过某些与事实相似的建议潜入了（εἰσερρύη）他们的心灵”①（262b3）。欺骗是液态的，就像爱一样，它潜入听众心灵，使听众受骗。有情人的经验，就像听众的经验那样，是一种由相似性发射出来的情波②（effluences）（就有情人而言，这种经验由美的相似性发 233
射出来）。演说家通过创造一系列经验为听众呈现型。不过，不同于演说中被动的听众，有情人在改造爱人使他们更像自己的神时，依次创造相似性，爱人最终也会变得主动。假如我们将这种行为放到演说家与听众的关系中去，就会出现辩证的对话，演说家与听众双方都能发挥积极的作用。神话里起源于型的爱欲关系，是对话中有相同基础关系的范例，两者都通过创造和审视相似性的方式接近型。

对话第二部分中，记忆的作用与书面修辞术联系紧密。塞乌斯的故事（274c5－275b2）体现了文字与记忆的关系：埃及神祇塞乌斯发明了文字，他把这项发明拿给国王萨姆斯看，想得到他的褒扬与评价。塞乌斯说文字是“记忆与智慧之魔法”，能使埃及人的记忆变得更好（274e4－7）。萨姆斯不赞同这一说法，他认为文字会使人健忘，因为有了文字，人们就不再努力记忆，只信任知识的外部源泉，而不是利用他们自己回忆的力量（ἀναμιμνῃσκουένους，275a4－5）。文字仅能让人获得表面的、不真实的智慧，因为通过文字，人们只能想起他们先前就已经知道的事物。通过塞乌斯的故事，我们可以看出口头话语的至高无上性。书面文字只是口头话语的“影像”（εἴδωλον，276a9），只有通过对话才能产生忠实的思想，继而造就哲人。在这则故事里，记忆与相似性主题相结合，体现出它们在苏格拉底第二篇文章中的重要性。在有关修辞术的讨论中，这两个主题乍看起来可能非常普通：相似性是演讲术的工具，回忆是演讲术的前提。然而它们真正的作用，是让我们看到真理，也正因为此，哲学

① [古希腊] 柏拉图:《柏拉图全集》(第2卷)，王晓朝译，人民出版社2003年版，第179页。——译注

② 柏拉图认为一见钟情时，对方发出一种极微液体流到钟情人的灵魂里。这是爱情的一种唯物的解释。依据近代心理学，对方在容貌或其他生理方面有某种特点，刺激了性欲本能，引起爱的情绪。——译注

的演说家才使用它们。记忆是接近型的最好途径，模仿能让我们不断靠近它。能识别相似性的演说家，就好比能从尘世间的事物中识得型之摹本的有情人。演说家要是能像敏锐忠贞的有情人那样，恰当地使用这种识别力，就会成为哲人，为和他交往的人创造与真理相似的东西。如果掌握了科学的知识，他就能把自觉的回忆当成一种修辞的技艺来用，依靠自己内在回忆的力量，而不依赖于书面文字。

234 因此，苏格拉底并没有中肯地评价自己的神话。他总结说，“我们还按照时尚刻画了有情人的体验（ἀπεικάζοντες），其中包含一定程度的真理，但也可能有歪曲的地方（παραφερόμενοι）。在此之后，我们做出某些似乎有理的论断”[①]（265b6－8）。大多数针对爱情的“用宗教语言做的赞美（265c1）”实际上是一种游戏（265c8－9，参见 265c1）。这篇文章之所以十分重要，原因在于它是辩证方法论的雏形。这种关于神话真理地位的模棱两可、闪烁其词的话，我们已经非常熟悉了。消遣是严肃的事物，意象的创造会受到哲学思维的影响。如果这篇文章具有说服力，那么，根据苏格拉底衡量好的演讲术的标准来看，他一定是在某种程度上掌握了自己所述内容的真理。苏格拉底在 262d1 的几篇演讲词中，举例解释了为什么知晓真理的演说家能引导他的听众。同样值得注意的是，即便是在对其演讲词方法论进行评论的时候，苏格拉底也承认，自己并不知道对爱的定义是否正确（265d6）。这种承认缩小了神话与严格的理性主义之间的鸿沟。

苏格拉底明明做了一篇阐释科学修辞术的文章，然而讲演时，却为何会被诗神附体？这种矛盾的情况与我先前的推断一致，即回忆有两种前后相关的形式，一种是直觉的回忆，一种是科学的回忆。将话语作为思想的意象进行研究，辩证法与神话直觉的迷狂就汇聚在一起了。同样作为通往准确话语的路径，辩证法神圣而又漫长，神话则简短且在人力可及范围之内。辩证法是长期的、自觉的回忆产物（即有情人和哲学的演说家接受的教育），神话是瞬时的、直觉的回忆产物（换言之，神话是苏格拉底受到启发，洞见灵魂真理的结果）。使用辩证法和神话都可以做出演讲词，这些演讲词是现实世界的意象。科学的任务，是理性地解释洞察力，这也是为什么在讨论修辞术的过程中，神话会被改写的原因。神话与人类存在密不可分，不容小视，因为没有神话，我们对现实就没有初步的概念，也就无法经受理性的拷问。苏格拉底在文章中揭示了真理，从

---

① ［古希腊］柏拉图：《柏拉图全集》（第 2 卷），王晓朝译，人民出版社 2003 年版，第 184 页。——译注

而展开了后面的讨论。他所使用的技艺是凭直觉获取的，需仔细推敲。然而，正如所显示的那样，辩证法不是现实本身的意象，而是一种行为的意象。它使哲学家在记忆中而非现实中靠近型。因此，苏格拉底也必须凭借自己的记忆形成事物的意象，不过他的这种意象可能更为准确。

神话、诗歌与哲学

灵感/直觉与严格技艺之间的对立，也影响着诗歌与哲学的关系。[1]。最后这 235
一部分，我将根据这种对立探讨跨越诗歌、演讲术与哲学的论证上的连续体。好的写作与演讲取决于方法论上的自觉以及对真理的坚持。这种坚持意味着演讲与写作在伦理上绝不是中立的。诗歌与修辞术的传统主题只有用于论证时才有意义。在这种传统主题的非哲学使用中，阐释的灵活性与大量的异说虽然至关重要，但却在伦理上存在问题。在这种连续体中，神话的地位不固定，常常受到频繁的重新定位的影响。

蝉的神话（258e6 - 259d8）意味着哲学与舞蹈等表演艺术相关，与爱情诗相关，是包含各类话语的最高表现形式。蝉向缪斯报告世间哪些人崇拜他们中间哪一个。它向卡利俄珀（Kalliope）和乌拉尼亚（Ourania）报告哲学家，因为这两位缪斯神掌管天界以及神和人的所有历史（259c2 - d7）。和《斐多篇》一样，蝉的神话也表明哲学及其表现是一种音乐现象。如同灵魂马车神话那样，蝉的神话根据人类欲望的对象，也将人分为不同等级。灵魂马车神话涉及人与型界的关系，蝉的神话涉及人们如何正式地表现自己的生活选择：是用舞蹈、情欲诗篇，还是哲学的表现形式？蝉的神话展现了话语类别的划分方式（根据缪斯九神掌管的内容进行划分），但是一个人对“音乐的”选择与对生活方式的选择相类似，且与翻案诗中生命的等级密切相关。写作与演讲的好坏在根本上与爱得真与假、活得好不好是一回事儿。要将形式表现与精神内涵分开是不可能的。[2] 话语绝非中立，其使用都带有目的性。

相似性创造在修辞上的重要性使形式表达更为重要。话语是相似性的产物，不管是实物对象的相似性，还是概念的相似性。从较为复杂的角度来看，有技巧的话语或说服也以创造相似性为基础。在形而上学领域，灵魂的福分完全取 236

① 当代就即兴演讲与读稿演讲之相对价值展开了争论，就其与该争论的关联性，参见 O' Sullivan 1992：42 - 62。

② 比较 Ferrari 1987：5。

决于它成功感知型的能力。苏格拉底坚称演讲的技艺并非只适用于法庭，它影响着人们生活的方方面面，这话是正确的（261a－b1）。哲学的主要问题之一，在于何为相像，何为不像。芝诺[①]（Zeno）使他的听众觉得同一事物像同又像异，像一又像多（261d6－8）。区分相似性在哲学上具有重要意义，芝诺就是典型的例子。从伦理角度来看，该问题被表述为我们应该把什么意象作为范例。

诗歌之所以背道而驰，是因为它无法提供选择道德范例的方法。柏拉图视什么为现行的诗学进程，苏格拉底的第一篇文章以及他所援引的素材就是一个范例。苏格拉底说，他所受的启发以及他的创作，都在萨福[②]（Sappho）与阿那克瑞翁[③]（Anakreon）的情欲传统之内。[④] 灵感与改写传统素材兼而有之，这是希腊诗歌传统所特有的，它从两方面决定了诗歌的内容。这一传统的缺点在于，它通常不会质疑自己所使用的方法（至少对于柏拉图来说）。在《伊安篇》中，柏拉图说诗歌无法理性解释其背后所蕴含的知识。[⑤] 就连苏格拉底的第二篇文章，如果不借助辩证法的话，也无法做到这一点。但由于这篇文章是首翻案诗，是反思诗歌正当性的产物，因此是朝正确方向迈出的一步。第二篇文章是一种新的、创造性的诗学进程的范式：受启发的、反思的、回忆式的。我们可将苏格拉底对创造性的评论用在这种范式上。苏格拉底说，批评话语时，要同时注意必要的和不必要的论证。就必要的论证而言，我们该赞赏的不是作者的创新（εΰρεσις），而是其安排素材（διάθεσις）的方式。只有对于不必要的论证，我们才能既赞赏作者的创新，又赞赏其安排素材的方式（235e5－236a6）。苏格拉底第一篇文章主要讨论文章布局的合理性，其内容完全可以预见（241e5－6），唯有翻案诗，既富有创新，又布局合理。苏格拉底创作的神话表明，诗歌传统的哲学用途已然穷尽了。这并非由于所有可能的神话变体都已被用完，而是因为这种复杂的传统过于模棱两可，它允许多样化阐释，这令人感到烦恼。

237 考虑到萨福和阿那克瑞翁是苏格拉底第一篇文章的素材，这一点就清晰了许多（235c）。人们可能会觉得，柏拉图将萨福、阿那克瑞翁与无情人可耻的动机联系在一起，这种做法并不公平。其实，萨福、阿那克瑞翁把爱的迷狂作为诗歌题材，并非要谴责它们不够理性或是比较卑劣。就无情人演说家而言，萨

---

① 芝诺：希腊哲人，提出四个关于连续与离散的吊诡问题。——译注

② 萨福：公元前六世纪前后的希腊女诗人，以她写给妇女的情欲诗篇而闻名。——译注

③ 阿那克瑞翁：古希腊诗人。——译注

④ 苏格拉底演讲词中有关萨福与阿那克瑞翁的典故，参见 Fortenbaugh 1966。

⑤ 对话中对直觉、回忆以及灵感地位的类似讨论，参见 Carter 1967。

福与阿那克瑞翁的价值，在于他们描绘了爱情带给人的痛苦折磨。不过，为了让这一主题在反对爱的论证中发挥作用，必须将其从原始语境中完全移除。不同的是，苏格拉底在翻案诗中描绘爱情时，萨福的汗水与眩晕都成了灵魂羽翼生长的征兆（251a6－b4）。以往诗人的权威也许会为辩论的任何一方所用[1]，他们的诗歌内容，价值中立，已成为一种“必要的论证”，只有经过重新整合才有价值。聪明的演说家喂给他们修辞意义上的黑马的饲料[2]，就是诗歌传统。凡适用于诗歌叙事的事物，都双倍适用于诗人使用的神话传统。先前存在的神话是必要论证，语境赋予它们价值。这些神话有诸多不同的解释，但这意味着神话传统过于复杂多样，对哲学用处不大。

如果先前的神话故事本身没有价值，那它就是死的话语，这也是《斐德罗篇》存在的致命缺点。它们就像四处流传的书面文字，被一些不相干的人滥用（275de）。唯一的解决措施，就是赋予神话价值，进而在使用神话的过程中发现并凸显这种价值。这样一来，神话就无须通过寓意化、理性化解释或者特殊的诗歌场合来重现其价值。灵魂马车神话就是这样，我们无须将其看作是针对灵魂的神话，因为灵魂就是它的本义。这种简明性使神话成为一种理想的哲学工具。它作用于听众的灵魂，但它只是一种比喻，不能盲目接受。

苏格拉底在创作两篇文章时受到了不同的启发，这也反映出诗歌神话与哲学神话之间的差异。苏格拉底在介绍他的第一篇文章时，曾向缪斯女神祈祷并声称他受到某种诗歌灵感的启发。当他诵读文章时，中途停住，说自己被仙女附体，所做文章犹如酒神（238d1－3，参见241e1－5）。在随后的分析中，苏格拉底强调，他的翻案诗也是灵感的产物，他必须问斐德罗自己是否在翻案诗中 238
为爱下了定义，因为被神灵凭附的苏格拉底已经完全记不清了（262d2－6；263d1－3）。因而，苏格拉底的两篇文章都受到灵感的启发，然而第一篇文章的灵感远不及第二篇合他的意。有人曾说，启发苏格拉底创作第一篇文章的灵感，与相悖于自我意识的自我遗忘密切相关，它由外界强加给我们，并将我们引入歧途。而启发苏格拉底创作翻案诗的灵感则源于内心，并引导我们自我约束。[3]之所以有这种反差，是因为苏格拉底第一篇文章的主题是给定的，第二篇文章的主题则由他自己设定。倘若灵感只是一种诡计，与真理没有丝毫联系，那它

① 罗伊（Rowe 1986b：151）认为柏拉图对诗人的敌视在这里表现为另外一种形式：通过像诗人那样描述非理性的欲望，爱情诗人站在了无情人的一边。

② 正如我们在《普罗泰戈拉篇》中看到的对西蒙尼德斯的描述。

③ Griswold 1986：54；Burger 1980：33；Ferrari 1987：110.

就没什么用处。灵感必须以自省为依据，植根于伦理生活，不能将自己视为理所当然。哲学灵感是一种近似于回忆的直觉。

传统的诗歌灵感缺乏自觉的分析，不是科学①（science）。智者及文章写作家向人们承诺有关论证技艺的科学知识，这种承诺让斐德罗为之入迷，然而由于智者不能将他们的规则②建立在真理的基础上，这种承诺也就没有意义。苏格拉底第二篇文章中的神话话语与职业演说家缺乏思想深度的修辞术有所联系。苏格拉底和演说家们均未掌握科学知识，尽管灵魂马车神话中理性的形而上学基础以及由此产生的辩证法表述证实了该神话的合理性，但它依旧未能改变演说家所使用的方法。演说家不关心真理，只在意有说服力的事物，他们把自己的这一套说法说成是艺术（272d7 - e2）。虽然神话具有说服力，演说家的演讲词也一样，但阐释技艺时，苏格拉底却坦言，自己只是在开玩笑。修辞学家的过错在于把娱乐话语当作科学的话语。只有以科学为基础，修辞学家的演讲词才能是科学的话语。作为哲人，苏格拉底已经开始了自觉回忆的过程。这意味着苏格拉底创造相似性的技能比演说家更高明、更基于型。在他关于科学的演讲词中，苏格拉底的这种自我意识体现得很明显，正因为这样，翻案诗中才会出现分析的哲学方法，例如综合与划分。如果能结合技艺来运用这些方法，就会产生良好的效果（265c8 - d1）。苏格拉底前两篇文章并没有系统地应用这些
239 方法，而是受到灵感的影响，尽管这灵感只是“回忆”的灵感。这导致在先前的文章中，苏格拉底对综合与划分技艺的重建与它实际出现的方式并不一致，这激怒了一些评论家。然而为什么会出现这种情况，原因在哪里？这是因为，在讨论的过程中，苏格拉底按照科学的方法进行讨论，但是在演讲的时候，方法的使用只是一种“巧合”（265c9），未能系统地展开。

我们追溯了从外界灵感到内在灵感，再到科学分析这一发展和转变的轨迹。外界灵感不包含真实内容，内在灵感能凭直觉感知真理，且与回忆相关联，而科学的分析，则为神话所表现的真理提供基础。此外，这种转变指明了一条通往理性的回忆方法，它不倚赖于对型的意象不受控制的想象。然而，所有的灵感和修辞演讲、神话内容、修辞术讨论（278b7）以及书面话语（276b5），都是游戏。同样，在对话层面上，所有这些都是口头的、主题式的、意象性的效仿。情况也本该如此，不要忘记，柏拉图对话是一种表现，这一点从对话巧妙的结

① Burger 1980：81.

② 用于掌握修辞术技艺的专门技巧知识。——译注

构中就能看出来。这也是为什么灵魂马车神话是柏拉图式书写的表现[1]，其精巧的结构就是典型的柏拉图式特征的写照。该对话以理性的论证为基础，是柏拉图“音乐的”灵感的产物。就像神话那样，对话是模仿现实所产生的意象，但并不与现实完全相同。神话作为一种话语，唤起人们对其文字虚伪性的注意，在《斐德罗篇》中发挥了极大的效用。在这里，神话是一种表现回忆的直觉本质及其局限性的话语。[2]。通过成为柏拉图对话的相似物，神话使人们注意到，哲学探索在文学上是不可能的。

我们已经看到灵魂马车神话如何成为辩证法的象征性预言，也已经看到该神话如何在对话的第二部分开启了逻辑分析。因此，神话与假设相关联，而假设在哲学探索的初始必须经受理性的质询。[3] 然而，我们也看到，在其他对话 240
中，以分析为基础，神话出现在哲学任务的最后部分。在这一语境下，神话与《第七封信》中描述的哲学观点的发展有关。该观点以神话的形式出现，因为它是对型的深刻思考的结果，难以用语言来表达。然而，它可以引导进一步的讨论，并引导他人发现同样的内容。第一步是讨论辩证法。我们不能立即对爱和灵魂的本质进行逻辑分析；因为该任务漫长而神圣。因此，演讲者必须首先确定正确的讨论方式（即辩证法）。对爱情主题的偏离，则是因为讨论这一主题需要有恰当的思维方式。[4] 灵魂马车神话既是一种劝诫（对斐罗德来说），也是一种哲学进步的象征（对苏格拉底来说）。

本章讨论的所有灵魂神话都将哲学思辨延伸至尚未发现的领域，都假定灵魂不朽，而且四个例子中有三个都正式地论证了灵魂不朽。它们都强调叙述的不确定性和暂时性，因此引人质疑叙述的真理地位，并引导我们将注意力集中到其融入哲学叙述的本质上。尽管《高尔吉亚篇》《斐多篇》与《国家篇》中

---

① 罗伊（Rowe 1986a：113－117）评论说（116）秘所思的娱乐性本质“非常适合阐释该对话最后的启示”。

② Sinaiko 1965。神话适合于描绘灵魂的经历，语言本身则无法直接表达这种经历。至少，神话中的改写是明显的。

③ 对比苏格拉底在《斐德罗篇》（99d－e）中对假设的运用。

④ 充分解决《斐德罗篇》中的统一问题超出了本研究的范围［罗伊（Rowe 1986a，1989）和希思（Heath 1989a，1989b）之间的一场辩论的主题］。罗伊认为第二篇演讲是一个修辞的范例，希思则认为它是一个哲学的范例。神话的确是以哲学为基础的修辞（Rowe 1989：179）。它并不像严肃哲学那样教导和分析，而是进行引导。或者说，它通过验证方法论，最终导向对灵魂和爱的本质的理性分析。语境至关重要。第二篇演讲脱离了哲学语境，表现为纯粹的修辞。该演讲未能教导斐德罗，反而让他产生怀疑，因此其哲学地位被动摇了（Rowe 1989：186－187）。但它引起了有关方法论的推测，因而还是具有哲学性的。

的神话都激进地维护并展示了它们与论证之间的关系，《斐德罗篇》中的神话虽然在对话的主题和论证策略上具有意义，但却受到了排斥。这极具讽刺意味。正如我们所看到的，这部分是为了将无意识和有意识的回忆与方法之间的差异戏剧化，也反映了在哲学讨论中游戏与严肃之间转换的界限。最重要的是，《斐德罗篇》重点探讨人们应如何讨论和写作，以及日常及哲学领域使用修辞的问
241 题。这就使得《斐德罗篇》以一种其他灵魂神话从未使用过的方法展现了其示范性和重要性。我们重视《斐德罗篇》，同时也重视柏拉图对话，但我们必须要认识到，它们让刻在灵魂上的哲学话语黯然失色。[①]

在早期和中期对话中，苏格拉底似乎可以接近其他对话者无法企及的道德真理。根据上述对《斐德罗篇》的分析，我们可以将苏格拉底的命运之神与他的回忆性直觉联系起来。他似乎将某些事物“理解”为宗教信仰，而这些信仰早在《斐多篇》和《高尔吉亚篇》中就已经出现了，尽管在《国家篇》中受到了阻止，因为在未经论证之前，苏格拉底必须收回这一说法。在《斐德罗篇》中，苏格拉底第一次低估了自己的直觉真理，这并未降低其（潜在的）真实性，但的确标志着一种自觉的哲学方法的转变，这种转变将综合与划分的方法引入柏拉图作品，与之相呼应。苏格拉底现在必须把他的哲学视野从灵魂来世转移至创设正确话语的条件上来。《斐德罗篇》指明了对待写作和演讲的态度，这种态度预示着在后来的对话中会审视知识与探究的条件。将辩证法渗透到苏格拉底的神话中，是一个转折点，预计会在《政治家篇》的神话中使用该方法，用以说明综合与划分方法的应用，甚至在《蒂迈欧篇》中，“可能性叙述”和概率宇宙学的构建就包含了神话与论证难以区分的混合体。第二篇文章中的哲学范式混合了证据（不朽）、知识的假设理论（回忆）和新方法（即综合与划分）的范例，这早于在后来对话中出现的离题方式的连续体。在这个连续体中，哲学的理论与实践可以在神话领域中自由出入。

① 参见 Rowe 1986a；1989。

第八章　柏拉图：神话及理论 242

前一章中的分析表明，中期对话中的神话表达了对现实的大概看法。神话从哲学讨论的细节中做出推断，并产生“集体”叙述或“回忆性”叙述。哲学家热衷于辩证法，还热衷于考察所学知识的依据，这使其拥有一种直觉，可以感知到与身体分离但又与整体相关的灵魂。神话是在叙述中表达出来的真理意象。然而，这种直觉性感知无法独立存在，它源于辩证法，因此必须回到辩证法以证明自身。

本章是关于柏拉图的最后一章，将研究后期对话中对神话的处理是如何从不同的方向表现上述看法的。这并不意味着后期不会出现概括性的神话。《政治家篇》和《蒂迈欧篇》中的宇宙论从超验的角度对世界进行阐释，虽然不完整，但却是普适的。[1] 然而，这些阐释与其所属对话的语境之间的关系不同于中期对话。他们并非哲学性的直觉跳跃，而是严格地融入了分析方法和方法论框架。因此，《蒂迈欧篇》中的宇宙论是复杂的科学哲学推论，而《政治家篇》中的宇宙论，则意在澄清辩证过程中的潜在错误。了解大多数后期对话中的方法论，对理解柏拉图在这一时期对神话的运用极为重要。

“回忆”神话无法满足后期辩证法的需要。许多后期对话都对知识基础进行
了细致分析。统一的本质、虚假陈述和知识本身成为辩证法的焦点。参与了大 243
部分讨论的哲学专家们，提倡一种从概要到细节的分析过程。显然，中期对话中概括性神话的发展方向是错误的。专业方法无法解决广义范围内的问题；概括性神话无法以自己的方式、以知识为基础帮助人们获取专业知识。尽管如此，后期对话中既没有神话也没有神话词汇，只保留了神话的教育性和社会性用途：《蒂迈欧篇》和《克里底亚篇》中的亚特兰蒂斯（Atlantis）神话，以及《法律篇》中“与神话有关的”前言。

更重要的是，和中期对话相比，后期对话更深入地用神话来质疑故事的真

① 莱恩（Lane 1998：124－125）指出《政治家篇》中范式和神话的重点从道德变为方法。本章不探讨《法律篇》（10）中的宇宙论，因为它是“类神话的”，具有说教性。

实性。我们已经看到，论证性语境如何在确认一个故事是否为秘所思时起到了至关重要的作用。中期神话提醒我们，人类语言和知识具有局限性。晚期秘所思词汇提出了类似的问题，即人类如何构建、预防和分析。经分析，此类词汇表明，甚至哲学理论都可称为神话秘所思。用“秘所思”一词意在强调哲学分析的社会嵌入式结构，这反过来让我们想起了第二章中对“秘所思”的运用：“秘所思”是带有“正面标志”的权威话语，代表了社会的期望与共识。随着哲学的发展，它盗用了这一权威，但本书所研究的哲学家们一直提醒读者：甚至他们自己的故事也源自于感官世界，并受到语言的限制。柏拉图将该传统发展到极致，他意识到故事越权威、说服力越强，就越容易丢失动态互动这一哲学核心。将一个理论称为秘所思，是让人们认识到它是带有社会意义和文学意义的复杂的准叙事。爱利亚和普罗泰戈拉的秘所思不再提问和分析。蒂迈欧（Timaeus）的宇宙论建立在一位慈悲之神的假设上。这些叙述充其量为“可能的故事”，糟糕的是，它们用对知识不合理的印象来压制才智。由于人类的脆弱性和语言的不稳定性，秘所思仍为最好的故事。认识到这一点，既可以拯救我们的灵魂，又可以保持我们思维的完整性。

244 本章首先简要介绍了《泰阿泰德篇》中的哲学生活，说明了中期神话转变到后期神话的性质和原因。之后通过观察神话类比和角色扮演的使用情况（在第五章和第六章中讨论过），开始讨论一个更大的主题——作为理论的神话。早期和中期的智者和柏拉图都用神话的角色扮演来评价师德，并将他们同化为过去的英雄人物；在后期，该做法又增加了将上述英雄人物之间的斗争同化为哲学争议的维度。《泰阿泰德篇》《智者篇》《斐莱布篇》进一步为将哲学理论同化为神话提供了证据。本章大致研究了三个案例：《政治家篇》中的宇宙论说明了作为分析范式的神话的优缺点；亚特兰蒂斯神话通过《蒂迈欧篇》和《克里底亚篇》展示了将建构在哲学基础上的神话转化为历史的机制，混淆了神话和理性之间本就模糊的界限，蒂迈欧（Timaios）的宇宙创造论虽基于不同原理，却跨越了界限，让我们认识到这种渗透性与语言弱点之间的联系；最后将通过探讨“挽救神话”这一柏拉图式主题的象征性特点，来结束我的研究。

哲学生活及其神话战争

《泰阿泰德篇》中有一个段落，颇具启发意义：苏格拉底未能讲述神话故事，却有助于阐明中晚期神话运用方面的差异。在著名的有关哲学生活的离题话中（171c－177d），苏格拉底对比了真正的自由人（即哲学家）与活跃在城市政治生活中的男性奴隶。[①] 苏格拉底在中期对话中两次提到我们熟悉的目的论神话和“无知乡村老妇的愚蠢之谈”[②]。在 176ab 中，他认为每个人要尽可能变得公正，没有什么比这样做更像神。然而，说服大多数人并不容易。人们认为，为了良好的声誉，应回避邪恶，但苏格拉底认为，这些观点是“愚蠢的”（ὁ λεγόμενος γραῶν ὕθλος，176b6－7）。之后，苏格拉底讲述了对不义之人的惩罚。首先，不义之人不幸福；其次，另一个没有任何邪恶的世界在他们死后不会接受他们（176e3－177a8）。这第二点对不义之人来说，听起来无疑像是一堆蠢话。苏格拉底并未仔细描述没有任何邪恶的世界，但评论家们恰当地引用了《国 245
家篇》和《斐多篇》中的目的论神话。那么，苏格拉底为何未讲述该神话？

坎贝尔[③]指出，《高尔吉亚篇》可以回答该问题。众所周知，《高尔吉亚篇》《国家篇》和《斐多篇》中的神话向善良的人承诺来世幸福。《高尔吉亚篇》与《泰阿泰德篇》的神话背景相同，将不谙世故的哲学家（苏格拉底）与不择手段的政治家（卡利克勒）并列讨论。此外，在《高尔吉亚篇》中，神话是以“无知老妇的荒诞故事”结尾的（527a5），但内容却与这个故事相反。在《高尔吉亚篇》中，该短语（即“来世幸福”）指的是来世对美德的回报；在《泰阿泰德篇》中，指一生中对名誉的追求。因此，卡利克勒和苏格拉底对当时流行的故事有着截然相反的看法；上文中讲述有关来世正义故事的愚人让人想起了卡利克勒的观点。而在《泰阿泰德篇》中，论证语境发生了改变。正如塞尔[④]指出的，方法论对话中的主要对话者是需学习讨论方法的哲学初学者。早期对话中的受访者更为老练，并对目的论表现出一定的抵触情绪。《斐多篇》中的西米阿和克贝认为灵魂不朽是无法被证明的。《国家篇》中的格老康和阿戴芒土斯认为追求正义应基于正义本身的价值，而非为了获得任何来世的奖励。卡利克勒反对无知老妇讲述的来世故事，认为斐德罗必须摆脱其世俗的肤浅。后期对话中的哲学初学者将注意力集中在论证本身，尤其是在《泰阿泰德篇》中出现灵魂命运的问题时。该问题出现于苏格拉底和数学家狄奥多罗斯的交谈中，后者认为二者沿该思路交流比分析普罗泰戈拉的相对主义（177c3－5）更加意气相投，于是便勉强放弃了该话题。这就给了我们答案：苏格拉底总是选择阻力最大的

① 参见 Nightingale 1995：50－59。

② 指虚构的迷信故事或民间传说，常由年纪较大的女性讲述给后代。——译注

③ Campbell 1861：128，130；McDowell 1973：175.

④ Sayre 1992：221.

那条路。一些对话者需要经引导去讨论目的论，其他人则讨论方法论。由于对话者中出现了不同倾向，《泰阿泰德篇》提及并反驳了《高尔吉亚篇》，给我们带来了第二个发现。柏拉图在后期对话中开始专注于其他主题，不再需要目的论神话。他强调方法论，尤其是综合与划分，这标志着其关注的重点发生了改变。

246 虽然目的论神话的重要性减弱了，但神话作为哲学理论和论证的隐喻的重要性在增加。首先可以从神话角色的不断深化看出这一点。我们已经看到智者如何塑造自己，柏拉图如何将苏格拉底塑造成赫拉克勒斯、涅斯托耳或普罗米修斯等神话中的英雄角色，以此来进行道德说教。他们勇敢、睿智、有远见吗？在之后的对话中也出现了该做法，但这次神话被同化为哲学故事。在《泰阿泰德篇》169ab 中，狄奥多罗斯将苏格拉底比作冷酷无情的斯基隆（Skiron），并和强人所难的安泰俄斯[①]（Antaios）做比较，他强迫过路人进行力量试验（以此维护普罗泰戈拉的“人是万物的尺度”这一原则）。该比较具有讽刺意味和双重含义。狄奥多罗斯认为，像斯基隆那样，苏格拉底诱导人们完成一项似乎无害的任务，比如洗脚或研究普罗泰戈拉相对主义在其数学领域中的适用范围（苏格拉底在 169a1 –2 中说“无论如何帮我们一把”），然后就开始设计伏击。斯基隆将受害者踢下悬崖；苏格拉底的攻击则更具辩证性。狄奥多罗斯意识到，自己对普罗泰戈拉相对主义的支持正处于危险的边缘。

在遇到对手赫拉克勒斯之前，巨人安泰俄斯在摔跤比赛中所向披靡、无人能敌。赫拉克勒斯将他从地上举起，而地面是安泰俄斯的力量之源。在狄奥多罗斯看来，苏格拉底在辩证法上是一位毫不退缩的摔跤手。苏格拉底具有讽刺意味的、谦逊的回应表明，尽管他有时会遭遇失败，但这些挫折并不会持久。他比斯基隆或安泰俄斯更加顽强（169b6），雄心勃勃而又好争论的赫拉克勒斯或忒修斯取得的胜利是虚幻的。和安泰俄斯一样，苏格拉底可以为自己打好基础（用安全的方法）并重新获得力量。与此同时，读者想知道将苏格拉底塑造成神话中不义之人的形象是否准确。狡诈的麦加拉学派[②]（Megarian）的强盗和依附于大地的摔跤手，自然会让我们想起那些英雄式的哲学家们挑战的狡猾的

① 希腊神话中的巨人，是大地女神盖亚和海神波塞冬的儿子，居住于利比亚。安泰俄斯力大无穷，只要保持与大地的接触，就是不可战胜的，赫拉克勒斯发现了安泰俄斯的秘密，将安泰俄斯举到空中使其无法从盖亚那里获取力量，最后将他扼死了。——译注

② 古希腊小苏格拉底派之一。创立者为麦加拉人欧几里得，代表人物还有欧布里得、斯底尔波等。该派深受苏格拉底和爱利亚学派的影响，认为善是唯一的存在，是永恒不变的“一”，除此之外都是非存在。“善”就是美德。该派长于辩论，提出了三个悖论：“说谎者”“秃头”“谷堆”，从中揭示事物内在的矛盾性，触及事物由量到质的变化等问题，对逻辑学的发展有一定贡献。——译注

对手。事实上，柏拉图更经常地将苏格拉底塑造成赫拉克勒斯式（Heraklean）的角色。① 狄奥多罗斯对这一范式的应用可能会引起我们对于哲学“入侵”对话的复杂性思考（参见 151b－d）。

第二个例子出现在《智者篇》246a－c 中的诸神和巨人之战中，在这里，关 247
于真实问题的争论被比作诸神与巨人之战（246a4）。巨人把真实的存在定义为形体，总是试图将一切事物都拉到地上来。而诸神认为，真实的现实包含看得见和看不见的两种形式。双方因此争论不休。讨论过这两种立场后，客人（the Stranger）得出结论：现实既是真正存在的，又是易变的。该比喻很好地表达了那些相信型的人虚无缥缈的关切，以及唯物主义者的私利。客人的解决方案（从某种意义上讲，缥缈和存在必须共存）可能反映了天地的混乱，这是启示录的战争的自然后果（《神谱》690－710）。② 若这场战争持续无限扩大，最终将无法解决（246c3）。正如上述有关安泰俄斯的类比，我们会思考该类比被正确应用的程度。神话之战（以众神胜利）结束，但哲学需要休战③，甚至有暗示称交战双方都在使用陈旧过时的（神话的?）思维方式。

这些片段给读者带来挑战，迫使读者去评估神话范式的适当性，但它们以我们从未见过的方式错误地将教义和方法论斗争置于神话世界中。斯基隆和安泰俄斯的斗争围绕着普罗泰戈拉相对主义的合理性展开，而巨人和诸神之战则将唯物主义与唯心主义对立起来。在另一个例子中，“某些普罗米修斯”的成就被同化为辩证法，在《斐莱布篇》16－17 中，苏格拉底利用综合与划分来解决方法论僵局。他称“有一种礼物是诸神从他们的住所赐给凡人的——至少在我看来这是明显的——它通过普罗米修斯，或某个像他一样的人，与那极为明亮的火种一道，到达人类手中。从前世代的人比我们要好，比我们更接近诸神，他们以讲故事的形式把这种礼物一代代传了下来”（16c5－8；参见 16e3－17a2）。苏格拉 248

① 关于神勇难以打败的苏格拉底智者，请参见《智者篇》240c 及《欧绪德谟篇》297bc 中。劳拉（Loraux 1985）讨论了赫拉克勒斯范式的模棱两可和柏拉图对赫拉克勒斯哲学发展的影响。《欧绪德谟篇》中对赫拉克勒斯范式的分析参见杰克逊（Jackson 1990）。后来柏拉图让安泰俄斯成为因渴望无用的胜利而发明摔跤伎俩的人（《法律篇》796a1－4）：这对于好与人争辩的智者来说是非常形象的一个类比。

② 阿廓匹里斯山上的雅典娜雕像所持盾牌内侧刻画的巨人之战所展现的战斗模型与《神谱》相比更接近于柏拉图时代。一系列描绘战斗的红色画像（始于公元前四世纪二十年代）可能受到该盾牌的影响，刻画了奥林匹亚人将手中的大炮向下瞄准，同时巨人们投掷巨石并尝试登上奥林匹斯山（Gantz 1993：452－453）。

③ 希腊艺术中巨人之战的核心元素为助力众神取得胜利的赫拉克勒斯。为什么柏拉图将其描绘成一场有著名英雄参战并以众神胜利告终的战斗？若苏格拉底是哲学上的赫拉克勒斯，也许他缺席《智者篇》的讨论可解释为无人能对型施以援手，并且为众神赢得胜利。

底希望自己能遵循思想家的悠久传统。这似乎令人吃惊，因为《斐德罗篇》（266b）引入综合与划分的方法时，并无迹象表明它是来自“神圣之源”的传统方法。此外，将传统视作方法的权威，与苏格拉底中期引入神话时采用的举措相同，他显然否认了自己作为创作者的身份。① 这一举动拉远了我们与这一方法的距离，让我们开始质疑自己对辩证法的信仰。该方法的效果倚赖于宇宙有合理秩序的假设。将这一方法从古代传承下来的人，和坚持认为智慧统治宇宙的人是同样的“祖先”（28de）。正如苏格拉底意识到的那样，这只是一种推测；这就是为什么他称之为“共担风险”的原因（29a2）。② 对理性宇宙的信仰提供了可理解的哲学结论，但这也是一种信仰行为。如同引入神话般引入这一方法，这种安排激发了矛盾。

把普罗米修斯作为向人类传递综合与划分方法的中间人，这一做法值得我们注意。提到普罗米修斯，就会想到泰坦面对众神的嫉妒，盗取火种来帮助人类。正如我们所期待的那样，《国家篇》（379cd）中的种种责难促使其旧版本被“纠正”，因为苏格拉底神话中拒绝否认火或其他对人类有利之物的神，也拒绝藐视神的人。因此，普罗米修斯失去了其作为人类利益捍卫者的地位，众神不仅将火种作为礼物送给人类，还造出了有才智的人（the intellectual）来让世界变得有意义（16c2－3）。③ 在某种程度上，我们通过窥探普罗米修斯（不顾其反对）来了解苏格拉底，这是因为我们依然遵循着神话角色扮演的传统。但是现在，神话的哲学内容与其中的角色相辅相成。哲学方法是众神的礼物，我们必须将文化权威性赋予哲学方法和假设中的有序宇宙（此前我们曾将文化权威性赋予了神话），同时仍要记得这一权威的不可预知性。

秘所思与理论

249 在前面的章节中，我们看到了如何用神话类比来描述哲学观念的存在及其冲突，这凸显了用神话来描述理论的可能性。《泰阿泰德篇》《智者篇》《斐莱

① 苏格拉底是否真正使用了综合与划分，这里并无断言。对自己创作者身份的否认，详见《斐德罗篇》235cd（将其第一篇文章归为外在因素的影响）；243a－244a（将其神话净化模式及第二篇文章归于斯忒西科罗斯）；《会饮篇》201d（将其伟大的演讲归于狄奥提玛）。《斐莱布篇》20b6－9中，苏格拉底认为快乐和智慧与善不同，并将该想法归于“我很久以前在梦中——甚至清醒时听到的某个逻各斯”。

② 参见《斐德罗篇》114d4－6。

③ 这里与赫西俄德的不同显而易见。《田功农时》57中，宙斯把邪恶（潘多拉）给人类以交换火种。《斐莱布篇》中，方法与火种一样都是礼物。柏拉图将赫西俄德笔下众神与人类的分离重塑为人类与众神关系亲密。

布篇》中的神话词汇进一步证实了这一点。有一些用神话来描述哲学理论的先例：在《斐德罗篇》241 中，苏格拉底给自己第一篇关于爱情的错误文章下结论后，首先称其为逻各斯（241d3），然后称其为秘所思（241e8）。演讲的内容并非神话，而是试图揭露爱的危险性。苏格拉底对秘所思的运用可能说明，甚至早在改变论调前，他就认为这个故事是错误的。[①]

在《国家篇》376d9－10 中，苏格拉底着重描述了对卫士（Guardians）的教诲。他概括了他的决定："那么好吧，我们不妨像讲故事（ὥσττερ ἐν μύθῳ μυθολογοῦντες）一样从容不迫地讨论（λόγῳ）怎样教育这些卫士。"苏格拉底提醒人们注意，对"秘所思"一词的使用是一个比喻。他将在话语（即逻各斯）中构建一个教育体系，但是会用讲秘所思的方式。这一表述强调了一个事实，即苏格拉底的理想城邦在现实世界中并不存在，只存在于语言领域，就像他在 471—474 中承认的那样。事实上，只有哲学家成为国王时，这样的理想城邦才会存在。苏格拉底赞成哲学家成为国王的观点是由神话词汇构建起来的。他说：

> 那么，当我们声称，在从事哲学的阶层掌握领导权之前，无论城邦还是公民都不会停止骚乱，我们用言语（μυθολογοῦμεν λόγῳ）构想出来的政治制度也不能实现的时候，他们还会对我们表示愤怒吗?[②]（501e2－5）

我们注意到，将秘所思和逻各斯两个词并置显然没有问题，且 472d－e 中也说到，"用神话词汇描述"一词在结构上等同于"用词汇来创造"。无论是好的城邦还是哲学家国王都无关"神话"，除非二者都是潜在的而非已经实际存在的。因此，如同在《斐德罗篇》中，秘所思可以指哲学讨论。《斐德罗篇》没有接受秘所思，[③] 而在《国家篇》中，它是对于未来的尚未实现的希望。这些例子都表明，我们所讨论的话语，其特点就是与现实世界有差距。该差距有多样的 250
表现形式：有时是虚假的问题，有时是本体与现实世界距离过于遥远的问题。

当我们将视线从中期对话中这些将秘所思作为理论的例子转向后期它的使用时，就会发现，我们所探讨的理论很容易与确定的哲学观点的产物联系在一起。《泰阿泰德篇》先后三次用秘所思来指称普罗泰戈拉的"人为万物尺度"的相对主义思想。苏格拉底认为，泰阿泰德（Theaitetos）的"知识是直觉"的假

---

① Brisson 1982：161。布里松说该演讲是一个游戏，因此可等同于秘所思。这是大错特错了。

②［古希腊］柏拉图：《柏拉图全集》（第 2 卷），王晓朝译，人民出版社 2003 年版，第 496 页。——译注

③ 比较苏格拉底第二篇文章中的"用宗教语言做的赞美"（265c1）。

设等同于普罗泰戈拉的相对主义思想，且认为该思想包含一种万物流变理论。[①] 苏格拉底描述了多变的世界之后，便问泰阿泰德是否察觉到该理论与之前的理论的联系："这段故事对前面说的话有什么影响，泰阿泰德？你看得出来吗？"（156c3－4）使用"秘所思"一词意味着苏格拉底在偏离主题（他想要推翻该论点），而且也将该理论孤立为一个明确的知识单元，需要被赋予文化权威性。反驳该理论会削弱作者及权威的作用。苏格拉底（过早地）宣布取胜："所以，没有人再会相信普罗泰戈拉的谎言，或你的谎言，说知识与感觉是一回事。"（164d8－10）

苏格拉底将普罗泰戈拉称为"秘所思之父"，说如果普罗泰戈拉仍然活着，情况可能就不一样了，他一定会挺身而出保护他的后代（164e2－3）。为了替普罗泰戈拉说句公道话，苏格拉底进行了长时间的辩论（166a2－168c2）。普罗泰戈拉驳斥了苏格拉底不诚实的论证，以及他威胁、迷惑其辩论伙伴的行为——对方还只是一个小孩（166a3）。驳斥之后的论证变得更为复杂。苏格拉底和狄奥多罗斯之后都将普罗泰戈拉的理论称为逻各斯（168d4，183c7）；很明显，内容本身并不影响词汇选择。苏格拉底将普罗泰戈拉的相对主义称为秘所思，是因为他在同一个小孩说话，因此"神话"是话语的正确形式。[②] 但他也暗示了该理论存在问题，对秘所思的使用注定会遭到驳斥。[③] 尽管如此，秘所思的确指的是哲学论证——一种不确定地位的哲学论证，让人担忧。

我们在《智者篇》中发现了对秘所思的相同处理方式，其中的秘所思也带
251 有同样的条件和暗示。秘所思一词出现了两次，每次都与爱利亚学派的一元论有关。为了论证"非存在"有一定存在性，客人必须驳斥认为"非存在"根本不存在的巴门尼德和爱利亚学派。他还称，巴门尼德和那些谈论存在本质的人都极为草率，他将他们的故事称为秘所思："他们似乎都把我们当作幼稚的儿童，给我们讲故事（μῦθόν τινα）"[④]（242c8－9）爱利亚学派在他们的秘所思中特别阐述了"一切事物只不过是一个事物的假设（all is one）"的观点

---

① 普罗泰戈拉的"启示"是用神秘的原始语言（155e－156a）表达的。参见福特（Ford 1994）关于普罗泰戈拉的脸部特写的重要性，此处尤其（207）是对原始语言产生共鸣的欣赏（152c）。与《国家篇》378a 相比，克洛诺斯（Kronos）（不适宜的）的神话行为，即使为真，年轻人也无法得知，但承诺保密后会告知少数人。在这种情况下，神话就是最为核心的秘密。极具讽刺性的是，《泰阿泰德篇》中，哲学原则也被置于核心地位，也可与另一复杂的"原始性"相比，即欧绪德谟及其兄弟在《欧绪德谟篇》277d 中表现的多样性。

② 参见《国家篇》377a4－6；《柏拉图全集》268e4－6。

③ 比较 Brisson 1982：161。

④ 伊奥尼亚和西西里的（Sicilian）哲学家们在 242d7－8 中被等同于缪斯女神。

(242d7)。这些哲学家并不在意听众能否理解他们所讲的内容；他们继续讲他们的，并不解释他们诸如“成为（things that are)”或“将成为（have come to be)”的一些惯用语是什么意思（243a7 - b10)。客人抱怨道，早期的哲学故事是对现实的叙述而非对现实的辩论。由于听众无法打断叙述来求解问题，因此它对于听众来说没什么价值。这使我们想起了对《斐德罗篇》中书面文本的批评；他们（即书面文本的作者——译者注）已经逝去，无法回答质疑，因此这并非追求哲学的最佳手段（《斐德罗篇》275 -276)。普通的秘所思，就像苏格拉底想要智者摆脱的辞藻华丽的演说一样，只顾沿着自己的道路前行，并不在意与观众的互动，因此具有反哲学的风险。《智者篇》中的客人将前苏格拉底哲学家[①]转变为神话学家，将他们同化为诗人，因为讨论自然战争及和解时，他们的叙述将世界拟人化（参见 242d1 -3)。[②]

《泰阿泰德篇》和《智者篇》中的秘所思相辅相成。在《泰阿泰德篇》中，秘所思是一种相对主义，与万物流变理论有关。即便如此，苏格拉底承认还有一种与其相对的万物静止理论（《泰阿泰德篇》180d7 - e4)。当泰阿泰德要求验证爱利亚派的一元论时，遭到苏格拉底反对，他认为同巴门尼德交谈是一项艰巨的任务，需要单独进行（183c8 -184b1)。在《智者篇》中，是客人协助苏格拉底完成了这项他似乎并不喜欢的任务，将一元论变为秘所思。[③] 这两次对话都将秘所思和理论与童年联系起来，即将泰阿泰德的秘所思和理论同（隐喻式的） 252
前苏格拉底哲学家的听众们的童年联系起来。客人拓展了这一隐喻，他的结论是：像一名乞求“两个都要”的儿童，一切事物既是“不变的”又是“变化的”（《智者篇》249d3 -4)。但现在，儿时的欲望比起哲学前辈们讲的故事，有了更为坚实的哲学基础（见第六章)。据说，柏拉图让他的代言人将这些理论命名为秘所思，因为它们是虚假的，还因为它们不顾听众的感受，无法进行逻辑论证（参见《泰阿泰德篇》179e -180c)。

---

① 主要是自然论哲学家和本体论哲学家，他们研究的主题也比较宽泛，例如世界的本源、终极存在等，代表学派有伊奥尼亚学派、毕达哥拉斯学派、爱利亚学派和元素学派。——译注

② 康福德（Cornford 1957：41 -43 及其他）认为前苏格拉底哲学家对世界的描述与诗歌中对世界的描述关系密切。

③《智者篇》是否回应了苏格拉底的担心，即这样的讨论可能无法理解巴门尼德要说的话？苏格拉底的缺乏自信与客人的咄咄逼人形成鲜明对比。苏格拉底认为自己智识上有所不足才未能理解巴门尼德的哲学（《泰阿泰德篇》184a2 -3)，而客人却归咎于前苏格拉底哲学家方法论上的愚笨（《智者篇》243a7 - b1)。或许苏格拉底缺席《智者篇》中的讨论是因为他对交叉验证一元论不感兴趣。这印证了上文所述苏格拉底或赫拉克勒斯未参与哲学上的“巨人之战”而得出的结论。关于苏格拉底不满其内容而拒绝参与，参见《斐德罗篇》241de。

让我们再来讨论一下秘所思与论证之间的最后一个相似之处，以此作为本节的结尾。在《斐莱布篇》开篇，苏格拉底和普罗泰戈拉难以解决多元和统一的问题。“一”与“多”的具体含义似乎是每位辩论者的交际伎俩（15d－16a）。我们的讨论会“搁浅和干涸”（ὁ λόγος ἡμῖν ἐκπεσὼν οἰχήσεται，13d6）。认为知识绝不会与知识不同的强硬立场将会是灾难性的：“借此将我们的讨论引向终结，就像俗话说，找个借口从失事的船上逃走。”（κἄπειθ’ ἡμῖν οὕτως ὁ λόγος ὥσπερ μῦθος ἀπολόμενος οἴχοιτο，αὐτοὶ δὲ σῳζοίμεθα ἐπί τινος ἀλογίας，14a3－5）苏格拉底的解决方案是假设无限与有限[①]并存。在这里，苏格拉底自己的讨论被比作秘所思，但正是诡辩的吹毛求疵者在多元与统一的问题上含糊其辞，表现出幼稚的行为，让人们将这种行为与神话联系在一起。这样含糊其辞会让苏格拉底和普罗泰戈拉显得“极为幼稚”（13d6）。在15d－16b中，方法论上的不成熟成为一个明显的问题。苏格拉底在该部分谈到一些不认真思考“一”与“多”概念的年轻人惹恼了他们的长辈。尽管如此，之后普罗泰戈拉将听众（积极地）比作孩子，他们常说已经送出去的东西不能要回来（19e3－4）；因此强迫苏格拉底充分应对该问题。[②] 柏拉图式的童年，像秘所思一样，是一个复杂的现象。儿童不一定幼稚，但成年智者可以孩子气，或像对待孩子一样对待他们的听众。理论神话不应逃避验证，因其出自有名望的智者之口。

《政治家篇》：宇宙论与范式

253 《政治家篇》中的神话更为复杂。其中的对话不仅包含漫长的宇宙论神话，而且主要对话者——爱利亚客人，将神话理论阐述为范式。他们用宇宙论框架界定政治家的尝试，无论成功与否，都说明后期的方法论对话与中期对话的范围不同，并确认了前面章节中探讨过的叙事的危险性。《政治家篇》中的神话并不代表哲学理论，却可用于理论或方法论。然而，这两者与神话的叙事形式之间还是格格不入。神话作为一种叙事，本身趋向于超越简单的叙事范式局限。讲述文学之美和宇宙之壮阔可能并非处理后期辩证法[③]细节的最好方法。就我目前的目的而言，我对《政治家篇》中神话的具体内容不甚感兴趣，我认为这些神话或者是对明确的政治纲领的表达，或者是对科学宇宙论的一次严肃的尝试。

---

① 正如对《智者篇》中有问题的哲学秘所思所采取的解决办法是假定存在与非存在并存。

② 比较上述内容，本书第151—152页，以及《智者篇》，同样模棱两可。

③ 莱恩（Lane 1998：120－122）得出相同的结论。

了解这些神话极有价值，但并非是我的目的，我的重点在于研究相关神话叙事中包含的方法论。

对话开始时，小苏格拉底[1]和客人尝试界定政治家。唯一的方法是将他与他那些对管理国家跃跃欲试的竞争者们分离开来，单独审视。因此：

> 我们得讲一些有趣的故事（παιδιάν）松弛一下。有许多古代的传说我们现在可以用来消遣，但消遣完了以后我们必须像以前那样继续前进，进行划分，每次划分过后只选其中的一个部分，直至抵达我们攀登的高峰和我们旅途的终点……那么来吧，注意听我的故事，就好像你是个小孩。不管怎么说，你的年龄还不算太大，不会讨厌听故事。[2]（268d8 - e6）

这里我们又一次看到了将神话作为一种故事的观点，且与童年相关，以及论证中需要出现争执。很明显，在一连串较长的综合与划分序列中，神话被看作必要的离题话。客人认为对政治家的早期界定（即人群的牧者）存有缺陷，神话的目的就在于揭示该缺陷的本质。因此，它既不是论证的结论（如在《高尔吉亚篇》《斐多篇》《国家篇》中），也不能作为后来分析的基础（如在《斐
德罗篇》中），而是一种启发性策略。柏拉图通过用让客人继续讨论宇宙论的方 254
式来强调这种差别。

客人理性解读了阿特鲁斯[3]（Atreus）和泰斯提司[4]（Thyestes）的神话以及太阳逆行的时间。我们了解的所有古老故事都来自同一个事件，客人将通过该事件阐明国王的本性（269b8 - c2）。然后他讲述了一个复杂的宇宙论神话，神话中世界根据神是否“掌舵”周期性地改变其旋转的方向。在此之前，（人们认为）男人生于土地，大自然自发地带来食物。[5] 克洛诺斯[6]（kronos）是人群的牧者。这些事件进入了神话传统，但没有相关的解释。奇怪的是，柏拉图让他

---

① 苏格拉底去世后，他的众多弟子由于对老师观点理解不同等原因，形成了许多派别。因为柏拉图的思想博大精深，所创立的学园在规模、成就和影响等方面都是别人无法比拟的，所以哲学史上一般把苏格拉底的其他学生所创立的派别统称为“小苏格拉底学派”，以区别于柏拉图这个大门派。——译注

② ［古希腊］柏拉图：《柏拉图全集》（第3卷），王晓朝译，人民出版社2003年版，第105页。——译注

③ 阿特鲁斯：珀罗普斯（Pelops）和希波达弥亚（Hippodamia）的儿子，伯罗奔尼撒半岛西北部伊利斯国国王。——译注

④ 泰斯提司：珀罗普斯和希波达弥亚的儿子。——译注

⑤ 有关克洛诺斯时代的传统观点最近受到布里松（Brisson 1995）和罗伊（Rowe 1995b：11 - 13）的挑战，参见 Lane 1998：103 - 105。

⑥ 克洛诺斯：古希腊神话中的第二代众神之王，是第一代神王神后乌拉诺斯和盖亚的儿子，最年轻的泰坦十二神之一。——译注

的一个人物参与了“合理化”分析，这是苏格拉底在《斐德罗篇》中反对的一种做法。客人所谓的合理化与常规不同。合理化的目的是将难以置信的事件转化为易于理解的历史，但客人的做法却恰恰相反。他通过更加难以置信的内容来解释秘所思，即宇宙旋转①的故事。神话并未经过解释便被置于一个更大更复杂的语境中。事实上，客人神话中的问题可能在于它过于复杂。

随着神话的发展，我们意识到叙事正逐渐形成自己独特的风格。正如《泰阿泰德篇》中包含了哲学生活中机会和责任的离题话。在 271c 中，年轻的苏格拉底询问客人克洛诺斯统治时期生命的本质。客人于是描述了一个由各种神祇构成的、神圣的监护系统，在那里人类舒适地生活在各类守护神的庇护之下。于是年轻的苏格拉底又问克洛诺斯统治时期和如今宙斯统治时期的生活哪个更为幸福，（272b8 - d1）答案的关键在于克洛诺斯时期人们讲述何种秘所思。若他们闲暇时进行哲学对话，那么会很幸福。相反，若他们闲暇时讲述各种各样的秘所思（272c7），据说他们当时就是这么做的，那么他们一定没有当代人幸
255 福。既然真相无法逆转，客人又将他们的注意力重新转向神话（272d4 - 6）。值得注意的是，神话宇宙论即使在尝试定义辩证法时②，也在呼吁道德反思。

当神圣的造物者再一次掌控了宇宙的旋转时，神话在 273e4 - 5 中逐渐接近尾声。为了揭示国王的本性，客人简要阐述了神灵不再掌控宇宙旋转后文明的发展；只有这样才能结束神话（274e1）。神话尾声中的双重发展强调了神话对辩证法目的的依赖，而神话本身是为辩证法目的而创造的。客人现在可以指出将政治家定义为人群的牧者的缺陷：这种定义只属于克洛诺斯时期神圣的牧者，而非当代的统治者。③ 神话揭示了早期的划分是理想主义的。客人发现了对克洛诺斯黄金时代的第一个定义和神话记载之间的相似之处；通过详细描述一个宇宙论框架（该宇宙论框架既包括田园般的政治幻想，也包括我们所知的世界现状），他才能用推断法来界定政治家。因此，对话通过辩证法将其范围扩大至对定义所要求的（神话）世界，与我们生活的真实世界对比，进而阐释了对政治家的恰当界定。神话的宇宙框架说明了早期定义的含义。④ 因此，神话的方法与

---

① 就客人的理性化而言，试比较《蒂迈欧篇》22b ff 中埃及神职人员对法厄同（Phaithon）神话的理性解释。柏拉图小幅增加的理性阐释说明他对历史叙述的兴趣渐长（Gill 1993：66）。

② 如果我们接受南丁格尔（Nightingale 1996）的观点，即神话的目的是将两个假设但不真实的宇宙状态加以并置，以探索人类自由意志的本质，那么神话的伦理性将更为明显。

③ 纳尔西（Narcy 1995：231 - 232）在对第一个定义的批评中读到了有关苏格拉底将统治者比作牧者的评论（《泰阿泰德篇》174d）。

④ 试比较《国家篇》中“城邦—灵魂”的类比。

后来使用的范式方法相反，范式方法是通过讨论小而简单的问题，进而讨论大而复杂的问题（例如字母表中的字母排序：277d－278e）。

年轻的苏格拉底认为，纠正第一个界定中的缺陷后可以迅速完成对政治家的界定（277a）。然而，客人提出了异议，认为他们对政治家的界定仍过于“粗略”。他在一篇文章中用雕塑和绘画类比了他的担忧，值得我们认真考虑：

> 正如有的时候，雕塑家们时候未到就匆匆忙忙地急于塑造出一个 256
> 太多、太大的事物而延缓了他们的工作，我们现在也是这样。首先，为了用一种高贵的方式（并且尽可能快地）弄清楚在我们先前的说明中的错误，相信替国王构建伟大的范例乃是恰当的，我们举了大量令人惊异的秘所思，并且不得不过多地利用其中部分。正是因为这一原因，我们的关照过于冗长，而且终究无法为秘所思带来一个完整的结局，相反，我们的言说是简单的（非技艺的），就像一幅有关动物的（绘画），虽然看起来外部轮廓已完整，但尚未获得布色后所具有的那种生动。通过说话以及言说的方式来阐明各种动物——对有能力理解这些言说的人来说——比绘画及任何一种手艺来得恰当，不过，对于那些没有这种能力的人来说，通过手艺以手工艺品会更合适。①（《柏拉图全集》277a6－c6）

这段阐释存在问题，雕塑家所犯错误的性质也不清楚。但我们可以看出：“雕塑家”的类比意味着在有些部分，神话过于复杂。“画家”的类比表明他们的讨论过于粗略。对速度和“完美”的渴望可能逾越了适当性原则。客人在286b6－c4中再次表达了这种担忧，他将长篇大论的神话比作政治家与织工之间冗长的类比，指出危险就在于这些神话故事既冗长又繁杂（286c1），因此必须以“适度”为标准（286d2）。若篇幅较短的故事就能够有效达到哲学目的（286e－287a），人们就会厌恶长篇大论。这意味着他们先前的担忧是不必要的。

我们的结论是：不应为了速度而牺牲精确度。但是我们如何将这个结论用于雕塑家和画家的类比呢？客人是否会说他们犯的错误不同，或者说看起来是错误但其实并非如此？“画家类比”本身没有错误，但它是不完整的；“雕塑家”类比暗示他们通过过度阐释来放慢速度。综合这两个类比来看，其中暗含的道理就是：过分关注神话的某一部分，可能导致其他部分无法变得同样完美，因

---

①［古希腊］柏拉图：《政治家》，洪涛译，上海人民出版社2006年版，第41页。——译注

此适当的关注最为重要。[①] 接下来的问题是，神话表述中什么是适当，或“成比
257 例”的呢？客人承认他的表述是选择性的。正如诗人面对数不胜数的旋律需要
做出选择一样，客人也必须专注于自己的主题：“简言之，要说出在这种安顿之
下所产生的所有不同，那是难以尽述的。但无论如何，这个故事说人的生计
（生活）系出于自发，乃基于如下理由……”（271e2 – 5）同样，在 274b1 – 5
中，当客人开始描述宙斯时代的文明时，他首先指出这是整个故事的重点，为
了专注于人类本身而未考虑动物。并非神话宇宙论的方方面面都得到了同样的
细描，重点还是放在了人类身上。客人是否在神话方面犯了和小苏格拉底在初
步划分阶段所犯的同样错误呢？在 262a 中，他因区分饲养动物和抚养人类而受
到责难，因为尽管该划分并非在活着的生物中进行，但其范围太小、不成比例。
叙述得好并不一定划分得好，由此可以看出叙述方法与叙述形式的不匹配。

若重视每个细节，那么神话会篇幅过长（如《蒂迈欧篇》），难怪神话是不完整的。尽管如此，客人还是被迫叙述了更长篇幅的神话故事。据他所言，该神话中最有必要的部分还是对神圣牧者的刻画。但目前仍不清楚客人对某些神话内容的删减是否恰当。人们处理神话的方法不尽相同，若将重点放在神话叙事上，那么对神话的讨论将会比例失调，或许已经比例失调。在这种情况下，我们必须根据自己的目的来判断如何取舍才比较合适。《政治家篇》的目的就是讨论方法论。若长篇幅的神话叙述可以提高谈话者根据“型”来进行划分的能力，那么冗长论证就是明智的（286d），但进行神话叙述时可能并不需要这种能力。这并不是说哲学神话大都是不恰当的，而是说在综合与划分方法向专业化发展的过程中，哲学神话是种错误的工具。

神话讨论的范式问题是《政治家篇》之后神话的核心问题。上面引述的文
章的结尾处，客人不赞成将绘画和雕塑的类比，有哲学头脑的人应该能够理解
文字描述，不必要借助图画，他在 285d9 – 286b1[②] 中强调了这一点。有些事物
258 很容易通过可感知的相似性被理解，不需要借助文字。然而，那些最重要的事
物不容易通过简单类比来理解。雕塑和绘画类比以及织工类比都具有可感知的
相似性，但前者为第二层次的类比，后者为第一层次的类比。[③] 将政治家的才略

① 其他与“欲速则不达”这一老生常谈的相关叙述上不平衡的例子，参见《国家篇》528d7 – 8；《柏拉图全集》264b2 – 5。

② 该篇中的解释存在问题，但我接受罗伊的解释（Rowe 1995b：210 – 212，及参考书目）。

③ 事实上，织工细心地将分开的丝线编织成一个整体这一比喻具有第二层次的含意（参见 Lane 1998：46 – 61）。因此，它与综合和划分的过程有关，是哲学讨论的有用模式。还有一个类似的缝制比喻，可作为编写史诗的范例。

比作织工的技巧是直接对比，但是雕塑家的类比则评价了刻画政治家的手段。用神话来阐释哲学过程是有问题的，因为神话叙述本身是完整的。叙述应包含引言、结论和苏格拉底在《斐德罗篇》264c2－5中列举出来的所有因素，以及使得话语和动物间存在类比性的所有因素。这样神话就具有了一种内在的驱动力，可以超越例如织造技艺等简单范式的束缚。神话富有创造性和模仿性，就像一座雕塑或一幅画。然而，任何读过《国家篇》的人都知道这些模仿的形式存在问题。图画虽然有益于得出大概结论，但却无法深入事物的核心。神话甚至还被类比为雕塑，这种做法肯定是不对的。

方法论的讨论不应过于关注叙事是速写还是细描，只有辩证法的详细讨论是可接受的。相似性的感官方面（即图像）存在危险；这就是为什么文字的、非图像的描述更受青睐。同样地，任何可以比作模仿图像的描述方法都存在缺陷。回想起来，通过混合文字与图像就能实现叙述上的清晰与生动(ἐνάργεια)，这种说法似乎是一种误解。最好的内容是单独用文字，而非简单生动的图像(ἐναργῶς，286a2)描述出来的。客人在讨论如何正确使用范例时，用字母、音节和学习阅读来类比。人们会比较较简单和较复杂的词汇中相似的音节，会通过与熟悉的事物相比较来了解鲜为人知的内容（277d9－278d6）。这一使用范式的例子是非图像化的，并且以逻各斯为中心，这绝非偶然。字母本身是代表声音的符号，在这方面字母的模仿能力居于第二层次，但比雕像更抽象，因此人 259
们的注意力常集中在抽象问题的描述上。

我们每人都像是在梦中观察事物，以为完全认识这些事物，醒来的时候却发现自己一无所知（277d1－4）。为了重新获得这些知识，我们必须从小的范例开始学习，逐步过渡到大的范例。神话范式的缺点在于它必须从大的范例到大的范例，因此在哲学上不甚精确。“梦中知识”的比喻具有启发性。科学地应用范式可将“梦中知识”转化为清醒时的知识。然而，中期对话中神话的运用可能正是与直觉知识相关的“梦中知识”的表达。[①] 这样，神话范式反映了一种知识状态，这种状态或已达到高潮或准备进行更有条理的分析。现在这些范式遭到了驳斥，原因与于人们更倾向于使用那种重视方法而非描述状态的范式。[②]《政治家篇》中的神话使得客人明白了自己在定义上犯的错误，但这并不是一个

---

①《美诺篇》85c中由回忆新引出的有关奴隶的观点被比作梦，将来它们会被转化为知识。试比较《斐德罗篇》中从无意识到有意识的回忆的转变。

② Goldschmidt 1947：56，98.

系统的过程。神话尽管在道德规劝上有其优势，但还是太不精确。

《政治家篇》的宇宙论神话美妙绝伦，让客人不得不进行讲述。想要进行能够与国王的地位（μεγαλοπρεπῶς）相匹配的盛大叙事，这一愿望导致了对叙事整体的修饰润色的不均衡。但文学的辉煌可能不是达到哲学目的的恰当手段。这是柏拉图在272a中围绕“壮美”（megaloprepeia）一词进行文字游戏的重点。此处使用华丽叙事（μεγάλα παραδείγματα）并不恰当（πρέπειν）。他将该词（即“megaloprepeia”）分解为两个部分，并暗示就哲学范式而言，这两个部分并不适配。为了达到方法论对话的目的，神话必须“大于必要”。华丽的神话所带来的文学上的丰富性可能会在讨论细致区分的话题时分散人们的注意力。客人在讨论“适度”这一话题的过程中重新提到了“壮美”这个词（284de）。据说，过度与不足只能是相对于一定的标准而言，这个论断“完美地”
260 （μεγαλοπρεπῶς）帮助了客人和小苏格拉底。进而，客人将标准的艺术分为相对标准和特定标准（τό μέτριον καὶ τὸ πρέπον καὶ τὸν καιρὸν καὶ τὸ δέον，284e6－7；应注意最后三个抽象概念是如何与277a的雕塑及绘画的类比相对应的）。这种辩证划分方法范围十分宽泛（μέγα，284e9）。规范性话语的特点是“壮美”，这些规范是大的方法论划分中的一部分。因此，最初用来评估宏伟艺术的术语已被转化为对技术哲学过程的认可。在对话的最后几句话中，客人针对性地描述了政治家们建构的“最优秀”（μεγαλοπρεπέστατον，311c2）的国家结构。政治家才略的卓越，犹如哲学的卓越，都体现在精雕细琢的作品中。无论是国家还是论证的精密结构，虽然抽象，但均可誉之为完美无缺。

之后，《政治家篇》延续并驳斥了中期神话实践。在中期对话中，目的论神话展现了伦理领域的概观，伦理领域是研究灵魂滋养的更广阔视角，它们关注人类知识和理解的困难及局限。后期对话的焦点发生了改变。柏拉图目前关注的是语言中真理的条件和科学方法的条件。一旦我们接受了使用语言和对思考灵魂时固有的不确定性，我们就可以谨慎地开始对哲学语言的用途进行严格考察了。然而，该考察并不适用于具体的叙述。《智者篇》中巴门尼德的秘所思和其他前苏格拉底哲学家的秘所思，以及普罗泰戈拉在《泰阿泰德篇》中的相对主义秘所思都未能通过考察，因为它们都不恰当地表达了一种叙述性的，而非明白晓畅的世界观。对世界的正确表述必须是非叙述性的。所有后期对话中的神话都直接或间接地表明，要将注意力集中在哲学的基本原理上。

后期对话给人的印象是，它们是一个较大工程中的一部分。这就是为什么它们中有一些是以三部曲的结构联系在一起的，例如《智者篇》《政治家篇》《哲学家篇》(*Philosopher*，从未写过)；《蒂迈欧篇》《克里底亚篇》(不完整)和《海尔蒙格拉底篇》(*Hermocrates*，从未写过)。此外，它们都具有延迟叙述的特点：《泰阿泰德篇》将爱利亚派的一元论推迟至《智者篇》讨论；《政治家篇》指出某些话题必须推迟至其他场合讨论（284d1 – 2）。在《蒂迈欧篇》中也能看到类似的延迟叙述。用综合和划分的方法系统说明最重要的问题是一项艰巨的任务。神话可以让划分过程更加清晰，因为它凸显了划分的含义，但它过于宽泛，不利于下定义。方法论问题需要得到更多关注。由于 261
精确的表述要么不可能，要么篇幅太长，要么二者兼而有之，所以在讨论灵魂来世及灵魂不朽的含意时，必定要用到神话。《政治家篇》完成了其准确定义政治家的使命。对话者们相信宏大的主题需要华丽的神话，他们被自己的想法误导了。对于展现灵魂来说，该想法可能是对的，因为灵魂的展现需要宏大、复杂和庄严的神话，而且我们不知道灵魂究竟是什么样子。但当我们需要进行清晰的定义时，就要避免通过直觉来做判断，这时候，神话的华丽就不适用了。

《蒂迈欧篇》与《克里底亚篇》的结构与接受

《蒂迈欧篇》和《克里底亚篇》这两个篇幅最长、最重要的晚期秘所思，迄今尚未讨论。前一节讨论的秘所思主要针对哲学新手，本节中的对话者则是哲学和政治方面的专家。而且我们将会看到，他们构建的神话是辞藻华丽的节日演说在哲学上的对等物，即我们不应信任的那一类叙述性论述。那么这类论述是危险的吗？不，因为它们可以通过自证来表达自己，让那些意识到叙述性表达具有缺陷的成熟智者了解自己。这类论述由精通方法的人完成，是其对历史和宇宙论进行全面理论化的尝试。他们沿着《国家篇》中“高尚的谎言”，用神话建构了一个理想的过去，以及一个将神话与论证结合在一起的哲学宇宙论。对话者间的互动向我们叙述了神话历史（即亚特兰蒂斯神话）的建构与接受，还讲述了语言所具有的暂时性（《蒂迈欧篇》中的宇宙论）。

亚特兰蒂斯：重构哲学的过去[1]

《蒂迈欧篇》开篇介绍了两个对话，其中只有《蒂迈欧篇》是完整的对话。当时苏格拉底正与拉克罗伊[2]（Lokroi）的蒂迈欧（一位具有政治影响力的天文
262 学家）、赫墨克拉底（Hermokrates，伯罗奔尼撒战争后期，雅典在希拉库扎的主要对手）以及克里底亚（可能是臭名昭著的三十僭主[3]之一）[4] 交谈。苏格拉底复述了《国家篇》中关于建构理想国家的那场讨论，并表示不满（19bc）。他将自己比作这样一个人，当他看到美丽动物，无论是图画或处于静止状态，便会想要看它们活动起来。所以他也希望看到活动中的城市。对话者们设想的哲学游戏是，蒂迈欧首先介绍宇宙的创造，克里底亚讲述善良的古代雅典人的故事及其与亚特兰蒂斯人的斗争。“实在是一桩巧事”，古雅典的卓越非常适合将理想城邦的静态画面变为动态叙述。

与《高尔吉亚篇》一样，对亚特兰蒂斯神话的介绍将秘所思和逻各斯并置，隐晦地将论述的真理地位问题化。克里底亚先开始说道：“那么，请听，苏格拉底，这个故事虽然怪诞，却肯定是真实的，因为七贤之中最聪明的梭伦（Solon）证明了这个故事的真实性。”（《蒂迈欧篇》20d7 – e1）克里底亚和苏格拉底强调，从任何角度来看，该故事都是真实的。雅典人的古代著名业绩不是传说，而是事实（οὐ λεγόμενον μέν，ὡς δὲ πραχθὲν ὄντως，21a4 – 5）。被描述为“仿佛是神话中”（ὡς ἐν μύθῳ）的理想国如今将变为现实（ἐπὶ τἀληθές）（26c8 – d1）。该故事的一个很大的优势在于，它并非想象出来的秘所思，而是真正的逻各斯（μὴ πλασθέντα μῦθον ἀλλ’ ἀληθινὸν λόγον，26e4 – 5）。现在来对比一下苏格拉底在《高尔吉亚篇》523a 中对他的神话的介绍：“注意听，这是一个非常美丽的故事，我想你会把它当作虚构，但我会把它当作事实，因为我确实把将要告诉你的话当作真理。”同《高尔吉亚篇》一样，《蒂迈欧篇》提出了真相和虚假的问题，但在《高尔吉亚篇》中，真相和虚假取决于伦理预设，而在《蒂迈欧篇》中并不是这样的。为什么前者承认了真相的层次，而后者未

---

① 有关我这里的论证更完整的版本，以及将神话置于公元前四世纪对外政策语境中的尝试，参见 Morgan 1998。

② 位于古希腊弗西奥蒂斯州（Phthiotis）。——译注

③ 公元前 404 年斯巴达国王吕西斯特拉图（Lysistratus）占领雅典时，或伯罗奔尼撒战争之后，在那里建立了一个寡头政治的傀儡政府，处于斯巴达的保护下，称作三十僭主。——译注

④ Gill 1997：294，n. 33. J. K. 戴维斯（J. K. Davies 1971：325）也同意该说法。但卢斯（Luce 1978：76 – 78）反对该说法。

承认，更何况后者中的对话者都如此世故老练？部分答案就藏在克里底亚的感叹中。克里底亚曾感叹梭伦和苏格拉底思想的奇妙巧合，前者描述了古雅典，后者描述了理想城邦，克里底亚认为这种巧合是“柏拉图式讽刺”的示例，罗伊将其描述成“一种表达形式，与其语境相结合时往往会削弱自己……我们瞬间被带往幕后，并且看到木偶大师的表演”。[1] 克里底亚说：“我心中不禁诧异，觉得你所描绘的情况大部分都和梭伦的故事相吻合，实在是一桩巧事。”（25e4－5）这个表述的重点在于要让读者将自己与叙事拉开距离。而我们更要相信柏拉图 263
需要苏格拉底接受叙事框架。在下文中我会建议，首先，柏拉图邀请读者观察“高尚的谎言”是如何运作的，并推测说教性神话叙述的可能性，之后对话者接受了亚特兰蒂斯神话。其次，神话是对公民赞颂话语的柏拉图式重写，也是对希腊人以历史为鉴这一观点的评论。再次，它通过让梭伦成为其幻想政治历史中主角的方式，研究了公元前四世纪时用历史来验证当下的观点。

埃及的神职人员告诉梭伦亚特兰蒂斯的故事，于是这个故事从他开始在克里底亚家族流传下来。梭伦给这些神职人员讲述丢卡利翁[2]（Deukalion）和大洪水[3]的故事（μυθολογεῖν，22b1），以便记录时代及事件发生的日期，神职人员也乐于聆听。埃及神职人员设计的宇宙是为了将希腊人描绘成编纂历史的孩童，并让他们忘记自己的文化历史，从而创造出一个“空白的”国家，以便谱写出更多的哲学史（参见《国家篇》382d1－3：“我们刚才在谈论故事的时候，由于不知道古时候的真相，就尽可能以假乱真，使之能起到训导的作用。”）。人们认为梭伦描述的神话时代以及希腊贵族宗谱的复杂性是童话故事（τὰ γοῦν νυνδὴ γενεαλογηθέντα…παίδων βραχύ τι διαφέρει μύθων，23b3－5），认为整个希腊文明在精神上是“儿童”状态，任何希腊人都不具有能够被称为“老人”的历史成熟感（22b5－7）。希腊人之所以无知是因为他们的宇宙论。除了被尼罗河（22c－e）拯救的埃及，人类的周期性破坏都毁坏了文明和对过去的所有精确记忆。每经历一次毁灭，文明都必须对其历史进行重建。显然，要成功重建历史，人们就要事先了解真相，但真相并没有被记录下来，因此重建历史成功与否存在

[1] Rowe 1987：95.

[2] 丢卡利翁：传说为普罗米修斯和普罗诺亚之子，皮拉（Pyrrha）的丈夫。古希腊人对丢卡利翁崇敬、赞美至极，认为他是最纯粹、最应该尊敬的人，他是第一个建立城邦与神庙的人，同时也是他们的第一位国王。——译注

[3] 指《旧约·创世记》中关于挪亚方舟的故事，原文为“耶和华见人在地上罪恶极大，于是宣布将使用洪水，毁灭天下地上有血肉有气息的活物，无一不死”。——译注

很大变数。目前来看，希腊人重建的“宪章类神话”十分幼稚，在柏拉图看来甚至是有害的。这些神话历史一旦遭到权威否定，哲学重建的过程就可以开始了。

正如《蒂迈欧篇》总结的那样，神话本身讲述了雅典在战争和法律方面的卓越，
264 雅典有最完善的政府制度和最优良的政绩。其中最伟大的一项成就就是在欧洲和亚洲抵御亚特兰蒂斯帝国的无端进攻。亚特兰蒂斯人攻入雅典时，雅典向世人展现了其卓越之处。雅典是希腊人的领袖，当希腊人抛弃了她之后，她依然傲世独立，击退强敌，防止了自由人沦为奴隶，同时使奴隶获得了自由。然而，这次胜利之后发生了地震，亚特兰蒂斯沉入海中，雅典军队被大地吞噬（23d－25d）。《克里底亚篇》详细叙述了古雅典和亚特兰蒂斯的战略部署，还讲述了亚特兰蒂斯如何从德治走向暴政。这确实是现代雅典的宪章神话[①]，相当于《国家篇》中的理想城邦，对话中的每个人，包括苏格拉底，都相信其真实性。这更令人印象深刻，因为正如苏格拉底所述，只有蒂迈欧、克里底亚和赫墨克拉底是天生禀赋之人，他们可以通过后天培养通晓政治和哲学，还可以对理想城邦作进一步讨论（19e－20c）。

情况理想得让人感到难以置信，如果结合《国家篇》中“高尚的谎言”的话，就更容易理解了。作为现代雅典的宪章神话，亚特兰蒂斯的故事与“高尚的谎言”联系紧密。[②]“高尚的谎言”目的在于说服城邦统治者（441c1－2）要关心城邦，关心彼此。他们似乎不可能让第一代人相信金属造人神话，但子孙后代（415d2）可能会相信。[③] 这难道不是《蒂迈欧篇》开篇论述的情况吗？埃及人被奉为真实历史的保护者，还将雅典的宪章神话告诉梭伦。[④] 经梭伦确认其真实性后，这个神话故事代代相传。雅典的市民当时似乎还不了解该神话（也许是421？），但克里底亚人已经信服，在此之前苏格拉底、蒂迈欧和赫墨克拉底似乎也信服了。别忘了，这四位中有三位通晓政治和哲学，事实上他们在各自的城邦中具有重要的政治地位。如果宪章神话的目的是说服统治者，那么亚特
265 兰蒂斯神话就是一个很好的开端。既然一个成功的“高尚的谎言”并未揭示其虚构的本质，那么对话者就必须承认故事的真实性。然而这并不意味着其虚构性不能为读者所知晓。

---

① Gill 1993：65.

② Gill 1993：64－65.

③ 柏拉图讲述了神在造人的过程中掺加不同金属材料的故事。“神在塑造那些适宜担当统治重任的人时在他们身上掺了一些黄金，由于这个原因，他们是最珍贵的，神在那些助手身上掺了一些白银，在农夫和其他手艺人身上掺了铁和铜……”——译注

④ 埃及人在这个领域的权威本身就是一种文学手段（Gill 1979：75）。

这是否意味着柏拉图要与读者玩“虚构游戏”呢？可能并非如此。[①] 或者更为可能的是，他想要让我们猜测，如果雅典和亚特兰蒂斯的故事不仅被政治精英接受为宪章神话，而且为全体公民所接受，那么之后会发生什么。作为公元前四世纪时的“高尚的谎言”，它将成为改革强有力的榜样，尤其是在雅典人喜好阐述他们辉煌历史的情况下，他们的辉煌历史就是一种榜样，无论它的性质是神话的还是其他。克里底亚的故事是在泛雅典娜节[②]（Panathenaia，21a2－3）那天发表的节日演讲，因此必须要用到大多数雅典节日场合[③]使用的辞藻华丽的修辞。葬礼演说是讲述雅典辉煌历史最有名的体裁，并被竖为当代典范，但整个公元前四世纪，伊索克拉底[④]（Isokrates）等人一直在使用华丽的辞藻。[⑤] 诸如《泛希腊集会辞》（Panegyricus）和《泛雅典娜节演说辞》（*Panathenaicus*）等伊索克拉底演说强调了雅典的辉煌历史，并号召希腊人团结起来对抗他们共同的敌人——波斯人。[⑥] 人们选择的宪章神话暗含了人们希望城邦遵行的政治纲领。

让我们了解一下伊索克拉底宪章神话的一些元素。[⑦]《泛希腊集会辞》赞扬雅典为希腊其他城邦的典范（παράδειγμα），成为第一个制定法律和宪法（39－40）的城邦。雅典人为自己及其他人的自由进行过许多伟大的斗争（52）。如果要列举雅典人同野蛮人斗争时面临过的巨大危险，难免会长篇累牍，因此只能取其最伟大（66）的功绩叙述一二，其中最著名的要数波斯战争（Persian Wars 68）。色雷斯人[⑧]（Thracians）和亚马孙人[⑨]（Amazons）试图扩大其在欧洲的势

---

① Gill 1993：62－65.

② 起初每年在雅典城举行一次，后改为每四年举行一次。节日期间，雅典所有属地的代表都要到雅典城参加庆祝。届时人们要向雅典娜奉献一件崭新的绣袍和动物祭品，并举行盛大的体育竞技和音乐比赛，其规模堪与奥林匹克竞技媲美。——译注

③ 将亚特兰蒂斯神话作为泛雅典娜节上的演说辞，参见 Cornford 1937：4－5；Luce 1978：59 n. 28。葬礼演说参见劳拉（Loraux［1981］/1986）。劳拉（302－303）指出，柏拉图从雅典传统中借用了大部分的亚特兰蒂斯神话。

④ 伊索克拉底：希腊古典时代后期著名的教育家，是智者普罗泰戈拉和高尔吉亚的学生，与苏格拉底亦有师生关系。伊索克拉底在很大程度上还师承了智者的教育传统，主要教授修辞学和雄辩术，以培养演说家为己任。——译注

⑤ 有关节日演说辞，参见 Kennedy 1963：166－167。

⑥ Kennedy 1963：188－190.

⑦《泛希腊集会辞》出现于公元前380年，因此可能为柏拉图所引用。《泛雅典娜节演说辞》出现于公元前342—前339年，在柏拉图时期之后。我在这里无意具体讨论伊索克拉底与柏拉图之间的相互影响；更为重要的是，人们认为伊索克拉底代表了演说辞辞藻华丽的趋势。

⑧ 色雷斯人：巴尔干半岛最早的居民之一，主要分布在现今的保加利亚、希腊、马其顿、罗马尼亚和土耳其等国境内。色雷斯人曾创造了高度发达的克里特－迈锡尼文明，最终被罗马帝国毁灭。——译注

⑨ 亚马孙人：传说为纯女性部族，居住于本都（Pontus）（在今天土耳其的黑海沿岸附近，欧亚大陆的交界处）。——译注

力，但被雅典人击败（68－70）。雅典公民在波斯战争时期就拥有完善的法律，
266 并且相互效仿以实现共同利益（78－79）。《泛雅典娜节演说辞》讲道：驱逐野蛮人（42－43），教导其他希腊城邦振兴希腊（44）。伊索克拉底继续赞美雅典宪法的卓越——不是现在的宪法——而是管理雅典的崇高古宪法（120）：贵族民主政治。两篇演讲词建构了歌颂雅典历史的颂词模式，并为当代所效仿；这一历史性的颂词歌颂了超越一切的雅典宪法，以及帮助雅典赢得战争胜利的英勇行为。卓越的宪法被写入神话历史，以示纪念。

克里底亚时期的古雅典展示了当时辞藻华丽的演讲词的许多共同之处。克里底亚眼中的古雅典，与伊索克拉底眼中的一样，是目前为止在战争和其他各方面组织得最完美的城邦（23c5－6）。柏拉图和伊索克拉底均采用了从许多功绩中遴选出一个或多个功绩加以详述的传统程式（topos）（《蒂迈欧篇》24d；《泛希腊集会辞》66）。二者均记载了雅典如何护卫希腊和欧洲，抵御猖狂的野蛮人入侵。在《蒂迈欧篇》中，雅典是希腊人的领袖，她历经艰难险阻，使部分城邦免受奴役，部分城邦获得解放（25c）。克里底亚继续拓展了他的故事，我们从中了解到，雅典人享有当时最伟大的名声，公正地管理着雅典和希腊其他城邦（《克里底亚篇》112e）。在《泛希腊集会辞》中，雅典同样历经艰险，保护着所有公民的自由。雅典是希腊的领导者（57）。波斯战争[1]后，雅典表现突出，获得英勇的称号及海域的管辖权（72）。在《克里底亚篇》110cd 中，对雅典政府活动和阶级结构的描述（将我们带回到对于《国家篇》的讨论中），与上文所述的伊索克拉底对雅典宪法的描述可以部分对应。

因此，克里底亚的故事在雅典歌功颂德的节日演讲词传统中脱颖而出。[2] 正
267 如这些演讲词将神话历史看作历史连续体的一部分一样，克里底亚也将神话同化为历史传统。而柏拉图必须克里底亚这样做，这样一来，克里底亚的故事便

---

① 波斯战争：古代波斯帝国（波斯第一帝国，即阿契美尼德王朝）为了扩张版图而入侵希腊的战争，这场战争前后持续了将近半个世纪，结果是希腊城邦国家和制度得以幸存下来，而波斯帝国却从此一蹶不振。——译注

② 劳拉（Lraux［1981］/1986）将伊索克拉底与柏拉图之间大量主题的相似之处归结于对葬礼演讲的普遍依赖。这个例子强调了伊索克拉底是如何从演说中吸收主题和表达形式的，这可以说是一种剽窃（91－97、142）。同样地，柏拉图本应该将亚特兰蒂斯神话构建为“反悼词”的，这从柏拉图哲学的辩论角度来看，引起了对葬礼演讲的质疑（298）。劳拉消解了亚特兰蒂斯神话与泛雅典娜节的演说之间的联系，因为在公元前四世纪，这样的演说并无制度性地位（455 n.168）。然而，《蒂迈欧篇》或《克里底亚篇》中的情形也不具有制度性，这应该意味着柏拉图并非只考虑正式的葬礼演讲。在我看来，与伊索克拉底赞颂史的联系更应解读为对公元前四世纪上半叶历史所扮演角色的共同关注的反映。颂词的确在葬礼演说中找到了其文学渊源，但是在当代关于政治和政策的辩论中产生了更多共鸣。

在哲学意义上超越了与其同类的肤浅的爱国主义题材故事。如果神话是“谎言”，那至少也必须是一个“高尚的谎言”。我们已经看到，专家型对话者愿意看到神话故事的表面价值，从《国家篇》的角度来看，这表明神话故事在哲学上是高尚的。克里底亚的描述代表了他力图再造神话权威的真诚尝试，而且神话的内容是《国家篇》中哲学和说教纲领的表达。柏拉图得出结论，雅典帝国的过去和雅典神话的过去同样存在缺陷，因此他创造了一个全新的神话开端。柏拉图构建了一个以哲学为基础的宪章神话，证实了城邦有必要构建自己的“高尚的谎言”。该谎言是对过去的叙述，它鼓励公民关心土地，关照彼此，并在当下追求卓越。由于雅典颂词的修辞传统主题陈腐平庸且不合时宜，柏拉图将对此做出改变。

然而，仅仅构建一段过去是不够的。对过去的构建必须是有效的，这样才具有权威性。当然，在某种程度上，其哲学有效性是充分的，因为它声称要使《国家篇》中的理论建构具体化。但是，对于一个非哲学读者而言，它的有效性又如何被证实呢？柏拉图用来解决这一困境的方法就是梭伦——公元前四世纪最著名、最具权威的立法者。柏拉图利用“七贤中最聪明的梭伦”（《蒂迈欧篇》20d8 – e1），使所述故事对公元前四世纪的读者而言更具真实性。作为诗人和政治家，成为一位具有政治影响力的雅典赞颂史的缔造者，对梭伦来说再合适不过了。事实上，我们了解到，如果梭伦从埃及返回时，并没有发现雅典城邦处于党争状态，他可能已经成功地完成他从埃及带回的故事，即亚特兰蒂斯的故事，并列入他的诗歌中（《蒂迈欧篇》21c；《克里底亚篇》113a）。梭伦的手稿曾为克里底亚的祖父所拥有，直到现在还属于克里底亚。在克里底亚的祖父看来，如果梭伦完成了他从埃及带回来的故事，他一定会比荷马和赫西俄德还要出名（《蒂迈欧篇》21d1 – 3）。

此处有必要做进一步的说明：迫于政治压力，梭伦未能实现他的诗歌抱负。因此，诗歌于他而言并非一生的职业（21c4）。正如人们所预料的那样，诗歌故事的创作，无论多么有用，与城邦的运作相比，只能居次要地位。在《国家篇》中，城邦的缔造者们并非自己创作故事（秘所思），而是给予诗人模型，让诗人根据模型创作（379a）。唯一例外的便是“高尚的谎言”，它必须由苏格拉底作 268
为城邦的缔造者去创作。此外，作为政治家/创始人，梭伦放弃了他的诗歌抱负，肩负起作为立法者更重要的政治使命，但他为克里底亚家族的后代竖立了一个叙述的模型。梭伦的诗作可与荷马、赫西俄德的英雄史诗和说教史诗相媲美，并结合了二者的元素：神话告诉读者该如何生活（以《国家篇》为模型），并庆祝雅典人过去的突出成就。因此，其史诗本应取代荷马和赫西俄德，作为社会的基本文本，而梭伦本人本应该不仅成为优秀的立法者，而且还该成为杰出的诗人。在该语境中，我们应该注意到，柏拉图以一种特殊的顺序呈现了梭伦的游历过程。希罗多德（1.29 – 30）和亚里士多德（*Ath. Pol.* 11.1）都将梭伦的埃及之行置于其立法之后。在《蒂迈欧篇》中，梭伦游历回来之后，发现了城邦中存在的问题，这迫使他放弃了诗歌。但是，这一表述并不排除这种可能性，即《蒂迈欧篇》中记载的党争（στάσεις，21c7）与迫使梭伦立法的党争并非一回事，最自然的解读是梭伦在埃及之行之后立法。[①] 柏拉图为何以这种方式构建该事件呢？是为了强调诗歌和政治才能的相对重要性，同时也使得梭伦的立法与埃及当局联系了起来。我们必须铭记，埃及人告知梭伦的是古雅典的宪法，它使柏拉图《国家篇》的理论建构具体化。[②]

现存法律或宪法的权威问题是柏拉图创作中的一个非常现实的问题。公元前 403 年，民主政治得到重建之后，雅典人决定完成对法律的编纂，并宣称他们应该沿袭祖先的治理方式，使用梭伦制定的法律［安东基德（Andokides）1.83］。M. I. 芬利[③]（M. I. Finley）指出，雅典人所谓“梭伦的法律”，是指“公元前 403 年的雅典的法律，其中部分确实可追溯至古代立法者，但大部分都是……自梭伦以来的两个世纪里颁布的……拥护者在法庭上欣然引用他们所谓
269 的‘梭伦的法律’，即使这些法律的颁布其实不可能那么古老”。在当时的宪法斗争中，重建的民主政府将梭伦作为其“王牌”和仲裁者。[④] 在公元前四世纪，所有人都“认为梭伦建立了现代雅典城邦”。[⑤]将梭伦作为权威，是为了诉诸一种公认的政治上的老生常谈，以便赋予某人的历史版本以权威性。[⑥] 希腊立法者们的传说“值得深入研究……因为它们清楚地阐释了历史是如何通过神话转化，

---

① 普鲁塔克（Plutarch，*Vit. Sol.* 31.3）已经察觉到了困难之处。由于他接受了梭伦立法之后才去埃及游历的传统说法，所以他必须将梭伦放弃亚特兰蒂斯的叙述置于比西斯垂塔斯（Peisistratos）崛起之后，即梭伦年老时。但这样的话，他就必须反对柏拉图的观点，即梭伦是因为没有空闲时间才放弃的，因为他晚年确实有很多空闲时间。

② 然而，这并不是说梭伦的立法是或应该是反映了《国家篇》中的宪法。有关《国家篇》和《蒂迈欧篇》以来早期雅典公民分为三部分的（伪造）传统，参见 Lambert 1993：371 – 380。

③ 芬利（1912—1986）：20 世纪西方最有影响的古史学家之一。——译注

④ Finley 1975：39 – 40.

⑤ Finley 1975：50.

⑥ 此处需注意克里底亚用来描述梭伦与苏格拉底宪法之间的相似之处的措辞：“你（苏格拉底）同意梭伦的观点。”（25e）这些措辞是经过精心策划的，它改变了事实情况，即是柏拉图让梭伦同意苏格拉底的。

又是如何转化为神话的”。[①] 在亚特兰蒂斯神话中，柏拉图添加了新的元素，试图将神话重新转化为（范式的）历史。诉诸梭伦的权威是其计划的关键部分。就哲学的准确性原则而言，《国家篇》中的理想城邦模型是完整的，但它静止不动，因此没有力量打动任何人。为了引起社会中人们态度的转变，其宪章神话必须重构，并强加给那些愿意接受它的人。通过将雅典和亚特兰蒂斯的神话与梭伦联系在一起，柏拉图使克里底亚参与到一个具有公元前四世纪特点的政治实践中，即挖掘历史资源以强化其政治秩序合法性和有效性。这是公元前四世纪“高尚的谎言”的必要呈现方式。无论是在内容上还是在呈现方式上（诉诸梭伦），亚特兰蒂斯神话都得以恢复，并在当代颂词和范式的传统规范。

亚特兰蒂斯神话试图宣称《国家篇》的宪法是雅典祖先的宪法，对它的描述是由公元前四世纪雅典人眼中最著名的立法者带回的。这个主张的构思和叙述具有公元前四世纪特有的感染力。我们该如何认真对待这一主张？作为读者，我们应该发现其修辞相当透明。或许对话者必须同意接受这一神话故事的表面价值（目的是想让它作为一个“高尚的谎言”发挥作用），但我们没有义务这样做。事实上，如果我们这样做了，就会错过柏拉图想要阐明的观点，即尽管亚特兰蒂斯神话以哲学为基础，但仍是一种推测性的政治修辞的实践。如果不借助这样一个“高尚的谎言”，城邦就能够被说服采纳《国家篇》的宪法，那就更好了。但这是不可能实现的，柏拉图必须使用手头的资料。 270

该解读存在的一个问题是，它会使梭伦成为一个被过分柏拉图化的人物。尽管梭伦以一种受到认可的柏拉图方式放弃诗歌而投身政治，尽管亚特兰蒂斯的史诗本该满足柏拉图以之取代荷马和赫西俄德的愿望，但他毕竟是雅典民主政治的创始人。然而，伊索克拉底的例子表明，人们对“梭伦的”民主概念的使用可严格可宽松。柏拉图用梭伦的宪法来代表他自己贵族式的民主（《泛雅典娜节演说辞》120）。我们不应该进一步深化梭伦和柏拉图宪法之间的分歧或任何可能的联系。[②] 从政治修辞的角度来看，重要的是梭伦的个人魅力，而非其宪法的具体内容。

---

① Szegedy-Maszak 1978：200.

② 然而，柏拉图本该发现，与他意气相投的梭伦强调善政的好处、派系的弊端以及贪财的害处（第四首诗）。在拒绝暴政（frag. 33；对比《高尔吉亚篇》471 中波卢斯的态度）和赞同中庸（frags. 28c；36）的过程中，梭伦确实为这位哲学政治家做了榜样。在《法律篇》698b，雅典客人提到了对波斯战争时期雅典“梭伦”宪法的认同，这证明了柏拉图至少可以在雅典的“古宪法”（698b4）中找到一些有用的东西。

我们已经了解到，梭伦讲给埃及祭司的传统希腊神话是自然灾难所导致的，自然灾难阻碍了我们获得有关过去的准确知识。这种对待神话的方式与修昔底德有实质性的不同。修昔底德把神话历史看作是对现在的无限延伸，且以我们熟悉的规律发挥作用。因此，出于功利的目的，海伦和特洛伊战争可能会被用来与波斯战争或伯罗奔尼撒战争比较，尽管这不可能准确，因为其神话源头的性质不同。在《蒂迈欧篇》中，希腊人和他们所了解的神话历史，与埃及人所记载的历史相去甚远。这些神话历史只有经过理性化，才能成为历史。如果拒绝将这些神话看作有关过去知识的来源，也就否定了产生它们的传统文化。在埃及人眼中，梭伦所叙说的谱系（genealogies）顶多只能算作童话故事。然而，正是这些谱系建立了现在和过去之间的联系，这不仅是抽象意义上的，而且具有非常实际的政治意义。如果我们切断了阿尔克迈翁[①]（Alkmaeon）和柏里克勒、埃阿斯和客蒙[②]（Kimon）之间的联系，将会发生什么呢？[③] 我们拒绝用某种方式来思考一个城邦的过去及其政治文化。这些神话未能告诉我们需要了解的东西，在柏拉图眼中，这标志着传统的沦丧。因此，传统的神话和谱系只能
271 提醒人们过去的遥不可及。一旦它们因与感性世界的灾难相联系而被清除，柏拉图便可自由地从极乐世界带来理想城邦的模型，并以世俗的形式将其实例化。这是一个蓄意的讽刺：那些使希腊神话中的过去被遗忘的灾难，也使德行高尚的雅典被遗忘。然而，感性世界的反复无常，使得对于它的任何叙述都是冒险的。这些反复无常需要一种历史叙述，这种叙述近似于哲学智慧的理想范式。柏拉图比修昔底德更希望他的历史叙述成为“永恒”。《蒂迈欧篇》中近似的秘所思（eikos mythos）将告诉我们：这为什么无法实现。

《蒂迈欧篇》：语言与暂时性

亚特兰蒂斯神话将秘所思和逻各斯对立起来，并验证了两者可相互转换的方法。然而，在一种情况下，即读者意识到柏拉图对公元前四世纪传统主题的操纵，秘所思就仍为秘所思。亚特兰蒂斯神话尽管对历史的建构和接受产生了影响，但其地位对哲学理论地位和语言及其表达方法没有直接影响。然而，《蒂

---

① 阿尔克迈翁：希腊神话中安菲阿拉俄斯（Amphiaraus）和厄里费勒之子，安菲阿拉俄斯是七雄（阿德剌斯托斯、波吕尼刻斯、堤丢斯、安菲阿拉俄斯、卡帕纽斯、希波墨冬和帕耳忒诺派俄斯）攻打底比斯的参加者。——译注

② 客蒙：公元前五世纪中叶的雅典统帅。——译注

③ Finley 1975：48 -49.

迈欧篇》中确实包含了一个有关语言本质的纲领性陈述，它概括并明确了我一直在探讨的许多问题。在对话中，对秘所思或逻各斯词汇及相关问题的分析将表明人类知识和语言的局限性。虽然秘所思被用来描述以哲学理论为前提的对于宇宙的猜测，但我们还是得出结论：所有的哲学解释在某种意义上都是秘所思。

《蒂迈欧篇》中的宇宙论（cosmology）是随着蒂迈欧对诸神的祈祷和对语言局限性的警示（27c－29d）而引入的。蒂迈欧区分了永恒存在没有生成的东西和永恒生成无时存在的东西。那可由思想以推理来把握的，是永恒自持的东西，而那作为意见之对象以非推理的感性来揣测的，则是变动不居、无时真正存在的东西。创造主以永恒自持者作为模型，构造出事物的外形和性质。因此，这世界是可由推理来把握的永恒自持者的摹本。言辞是解释者，涉及所描述内容。对于持久恒定且以思想来辨识事物的说明本身也将是持久恒定的（从某种程度上来说，言辞的不可辩驳和无可争议可能存在且较为合适，我们无论如何也不能少了这一点）。与持久恒定且以思想来辨识事物的摹本有关的说明也相似地（εἰκότας，29c2）是持久恒定的。那么，有关宇宙的解释在一致性和精确性方面 272
存在问题也就不足为奇了。只要该解释是可能的（εἰκότας，29c8），那么也就够了。要记住，所有的对话者都只不过是凡夫俗子，他们必须接受这个似乎有理的故事（τὸν εἰκότα μῦθον），此外不再进一步追究其真实性（29d2－3）。

紧接着，蒂迈欧提出了两种可能导致语言不准确的原因。首先，言辞不可能完全不可辩驳且持久恒定，只是在某种程度上具有这样的可能性和适合性。得体性和可能性的搭配较为突出；这两个概念的结合将贯穿蒂迈欧的整个叙述。只有合适的事物才有可能存在，这一原则统领着宇宙论的内容和范围；谈及具体细节时，这些细节会适当地遵循哲学预设（philosophical presupposition），同样的得体性也将限制我们可能提的问题。其次，叙事的稳定性也受其客体的可理解性或可感性的支配。未来世界是一个理性领域的摹本，任何对它的解释最多只能是种可能。无论是在实际应用中还是按照规则，或是作为它们所指称事物的阐释者，言辞本身是有限的。当指称对象本身（此处指感性世界）仅仅是理性模型的摹本时，这个问题就会凸显出来。任何关于我们这个世界的话语，最多是一个似乎有理的故事。

关于蒂迈欧解释的可能性和暂时性的论述贯穿于他的整个叙述中。从分词形式 eikos 衍生出的词汇项（probable，likely，fitting）共出现了二十九次。在这些例子中，有三个修饰秘所思，十三个修饰逻各斯。副词（εἰκότως）用到了四次，名词化形式，或单数或复数，用到了八次。① 这些用法大多都用于蒂迈欧提及的论证（argument）细节，并评论其可能性或合理性时。因此，举例来说，我们了解到这个生成的宇宙是一个由神的旨意（divine providence）赋予灵魂的生物，而这一命题被描述为“就可能性而言”。（κατὰ λόγον τὸν εἰκότα，30b7）此外，56b4 中提出，“按照严格的推理和可能性的解释”（κατὰ τὸν ὀρθὸν λόγον καὶ κατὰ τὸν εἰκότα），棱锥形的立体是火的原始成分和种子。对于蒂迈欧而言，
273 可能性具有方法论意义。如果我们把立体指定给土，便坚持了“可能性的解释”（τὸν εἰκότα λόγον，56a1），当蒂迈欧开始描述容器（receptacle）时（我们会回过来谈这一段），他祈祷神将他从怪异的、不寻常的探讨中拯救出来，并将其带往可能性的天堂（πρὸς τὸ τῶν εἰκότων δόγμα，48d6）。

在许多情况下，语言的可能性往往与适合性和必然性相结合。② 我们被告知，说话时必须要遵循语言的可能性和得体性。对许多人而言，两个例子已足够。一个人要想对事物的真理提出有可能成立的解释，就必须考虑到具有多样性构造的三角形（δεῖ...εἰκότι λόγῳ χρήσεσθαι，57d5－6）。蒂迈欧想要以一种自然恰当的方式提出一个合理的颜色理论（μάλιστα εἰκὸς πρέποι τ' ἂν ἐπιεικεῖ λόγῳ διεξελθεῖν，67d1－2）。无论对客观事实还是得体性而言，“或然”都是一个人表述感性世界时必须使用的话语方式。对可能性的强调使人们回想起早期柏拉图或苏格拉底对论证地位（discursive status）的保留。在中期对话中，我们看到柏拉图慎重地回避自己对灵魂的解释。因此，在《斐多篇》中，苏格拉底宣称，有理性的人坚持认为来世的真理正如自己所言，这是不合理的（πρέπει），而冒险去相信诸如此类的说法却是合理且值得的（114d1－7）。③ 在《斐德罗篇》中，苏格拉底谈到，要说出灵魂是什么，需要一段长且神圣的论述，但要

① 修饰 μῦθος：29d2、59c6、68d2。修饰 λόγος：29c2、29c8、30b7、48d2、48d3、53d5、55d5、56a1、56b4、57d6、59d1、68b7、90e8。εἰκότως：48c1、49b6、55d4、62a4。εἰκός/εἰκότα 的形式：44d1、48d6、53b3、56d1、59d3、67d1、72d7、87c2。在其他例子中，该形容词修饰ἀποδείξεων 也被证明是合理的，正如蒂迈欧极具讽刺性地说到，我们必须接受贵族谱系（genealogies），尽管他们缺乏可能和必要的证据（ἄνευ τε εἰκότων κα ἰἀναγκαίων ἀποδείξεων，40e1）。

② 29c8、29d2、30b7、40e3、44d2、48b8、53d5、55d3、55e7、57d5、67d2、68b7、72d8、87c3.

③ 试比较《蒂迈欧篇》72d4－8。蒂迈欧说，只有神承认，他们才能坚持认为（διισχυριζοίμεθα）他们已经说出了关于灵魂的真理。然而，他们必须冒险地（διακινδυνευτέον）说，他们已经说出了可能的情况（εἰκός）。

说出灵魂像什么，却不需要如此长篇大论，只需一段简明扼要且更为人性化的论述即可（ἔoικεν，246a3－6）。与苏格拉底一样，蒂迈欧强调人类知识的局限性（29d1，68d3－4）；《斐德罗篇》中灵魂的“相似性”创造，在概念和语言方面均与《蒂迈欧篇》中的可能性方法紧密相连。然而，将这一审慎的态度用于感性世界的客体而非灵魂的形而上学，确实标志着侧重点的改变。

宇宙论在内容和叙事进程上都是暂时性的。蒂迈欧停停走走，不时地修订和证明。他两次创造全新的开始（48d－49a，69a），并曾要求听众设想一场并不存在的讨论（61d）。[①] 从某种意义上说，这种叙述可以说是在分享一种无序运动，这种无序运动是造物主（Demiurge）进行有组织的干预之前世界的特征。 274
蒂迈欧确实承认人类的说话方式具有随意性，因为人类自身处于机缘的控制之下（34c2－4）。尽管灵魂先于肉体而产生，但这种随意性意味着关于灵魂创造的解释出现在关于肉体创造的解释之后。该叙述结构是一个有机体，每个部分都要与整体相适合，这个论断毫无意义；相反，人们更清楚地意识到，叙事进程是不完美的，主题甚至会加剧其不完美。[②]

让我们暂且回到宇宙论内容的暂时性本质中去，以便突出人类知识的局限性与语言和表达的局限性之间的紧密联系。当蒂迈欧准备谈及“容器”时，他说道：我们把土、气、火和水均当作始基和构成整体的元素（elements）来对待，而实际上任何聪明人都无法把它们合理地（εἰκότως）比作音节（48b5－c1）。然而，蒂迈欧不会谈论万物的始基或本原，因为用目前的讨论方法很难做到这一点。听众认为他不应该这样做，他自己也无法说服自己尝试这样做是正确的。相反，他相信可能性的力量（τὴν τῶν εἰκότωνλόγων δύναμιν），并尽力像其他人一样提出一个更加可能的解释（μηδενὸς ἧττον εἰκότα，μᾶλλον δέ，48c6－d4）。他引入了“容器”这一概念，但也知道其指涉是晦涩不清的：“目前的论证似乎需要我们用言辞提出另一个类别，而要对这个类别作解释非常困难，不容易看清。”（49a3－4：又是必然性和相仿性的组合。）不久之后，他继续讨论元素的话题：由于火、水、气等元素没有一样在形态上始终不变，因此无法用“这”或“那”等指示词来指称它们。不断变化着的事物应该用“这样的”来指称（49c－50a）。该部分有几个要点：第一，人类语言将其指称对象想

① 参见格思里（Guthrie 1975：319－320）的概述。

② 试比较《斐德罗篇》264。

当然，并强加予稳定性，这与世俗世界的变化无常是不相符的；第二，蒂迈欧关于元素和容器问题的讨论是由辩证法语境（dialectic context）的需求决定的（如果这确实是“目前的讨论方法”的含意的话）；第三，在任何情况下，与其相信可能性力量，不如相信自己的力量，以便准确地阐明本原，而其准确性往
275 往受到人性（human nature）及语言局限性的影响；第四，一些主题（例如“容器”）无法用语言来表达。[①]

由于蒂迈欧有关宇宙论的解释受语境、主题和语言的要求限制，所以我们有充足的理由称之为秘所思。然而，用逻各斯来描述它却显得非常复杂。事实上，宇宙论更多地被称为逻各斯，而非秘所思。[②] 这两个术语之间有区别吗？布里松认为，近似的秘所思所表示的神话与明白易懂的形式（即可感知的事物）摹本有关，而近似的逻各斯则表示与这些客体有关的话语。只有可感知客体的真实状态才能被感知，才能被可证实的话语（近似的逻各斯）描述出来；这些客体在创造之前和创造期间的状态均无法被感知，也无法被证实。因此，近似的秘所思表示在可感知客体形成前和形成期间，与其有关的不可证实的话语。[③] 然而，这一区分似乎过于死板。很难把所有近似的逻各斯的例子都聚集到一起，认为它们指的是（甚至潜在地）对可感知客体的可证实的论述。那么，我们如何理解蒂迈欧的推论，即“就可能性而言”，这个生成的宇宙是一个由神的旨意赋予灵魂的生物（30b7）？这是对创世记（genesis）无法证实的解释。再者，来到这个世上的男人如果是懦夫，或者过着一种不正义的生活，那么“可以合理地认为”，他在下一次出生时就会变成女人（90e8），不论这种说法对于一个公元前四世纪的天文学家而言是多么显而易见，我们依旧无法对其做出证实。很难看到近似的逻各斯得到证实的情况。在 53d5 – 6 中，蒂迈欧“综合可能的解释与证明的方法”，将三角形作为火和其他物体的原初成分。之后，他开始认识到先于三角形的始基存在的可能性，但他也表明，只有神和亲近神的人才知道这些始基。虽然这些评价对于可证实性没有做出任何证明，但它们确实建立了知识可能的层级结构。虽然我们丝毫不知道亲近神的人获得知识的方法，但

---

① 这部分再次出现了前言中的内容。很难用可靠而确定的语言来谈及这些元素（πιστῷ καὶ βεβαίῳ，49b5），这使人想起稳定不变的语言对于理性领域而言具有的局限性（29b）。蒂迈欧想要以一种可能的方式（εἰκότως，49b6）谈论这些元素，这与用于感性领域的 29c 的 λόγους εἰκότας（可能的解释）相对应。

② 参见 Lloyd 1979：5，227。

③ Brisson 1982：162 – 163.

我们也没有任何理由认为他们是依靠可凭感官证实的经验获得的。

事实上，蒂迈欧表现出的是对感官证实的偏见。[1] 在一段类似于刚刚研究过 276
的内容中，他建议对颜色做出一个合理的，或者说是恰当的（67d2）解释。概述完他的方法后，他解释道，人们可以将他已经论述过的方法延伸到颜色的合成中。这样一来，人们可以保留可能性的规则（εἰκότα μῦθον，68d2）。然而，如果一个人试图通过试验来证明这一理论，那么这个人就会表现出对人性与神性（divine nature）差异的无知。只有神才拥有把多种事物合成为一，把一种事物分解为多的知识和能力。没有人能够完成这两样工作中的任何一样，无论是现在还是将来（68d2－7）。该论证证实了蒂迈欧秘所思的不可证实性，它确实适用于创造一种感官效果（即色感的创造），但这与客体的类型并无真正差别，人们将近似的逻各斯（比如作为火的第一性）应用于该客体。在火和颜色这两个实例中，神都具备分离和感知其主要组成原理的知识，而该知识并非人性所固有的。能够获得这一知识的只能是神，而不是人。

在关于火和颜色的讨论中，近似的秘所思和近似的逻各斯似乎可以互相转换。这是否意味着这两者之间没有区别？我们已经研究了蒂迈欧的“前言”，其中他将整个宇宙论称为近似的秘所思，因为它探讨的是感性世界，而非永恒的理智世界，并与“可能的解释”（λόγους…εἰκότας，29c7－d3）紧密联系在一起。在宇宙论中，近似的秘所思还出现在59c6蒂迈欧对四元素的混合物的讨论中，人们可能会由此推断他是在“依据可能性的方法”（τὴν τῶν εἰκότων μύθων μεταδιώκοντα ἰδέαν）。如果一个人搁置对永恒事物的沉思，这样的追求就可以被视作是一种消遣，而且这是一种聪明而且适度的消遣方法（59c7－d2）。此处有一个共同主线，即有关感性世界的知识和话语与有关永恒的理智世界的知识和话语之间的对比。我们可能会得出这样的结论：柏拉图或蒂迈欧之所以使用
近似的秘所思这一表达，是想让读者铭记，宇宙论作为一种对感性世界的描述， 277
在本质上是有问题的。近似的逻各斯虽然在内容层面上没什么区别，却是一种

[1] 泰勒（A. E. Taylor 1928）对于证实和暂时性的问题采取了不同的方法。在他看来，宇宙论是一个神话，因为它最接近于真理（59）。既然宇宙论是暂时的，就需要不断被修订，尤其是当我们逐渐具备了源自一个更坚实的实验基础的知识后（参见，例如309、363－364、417）。然而，正如康福德（Cornford 1937：29）所言，泰勒将现代的观点，即物理学中有确切的真理，归于柏拉图。我们已经看到，柏拉图否定的正是所谓物理学中有确切真理的观点。

不太常用的用语。[1]

在对话的宇宙论部分中，秘所思和逻各斯的用法并没有得到系统的区分。[2]让我们概括一下目前得出的结论：宇宙论是对宇宙的创造与宇宙中运作的力量的一种可能的解释。对于它，唯一能够宣称的就是相仿性，既是因为语言本身的限制，也是因为主题的性质。解释中有问题的情形是通过将其指称为秘所思来得到标识的，而秘所思与逻各斯之间有相当的吻合。鉴于后期对话中秘所思被用来描述哲学理论的前提的例子，这就不足为奇了。此外，《蒂迈欧篇》中神话的地位与中期对话一样，均被“回避”了。通过对对话中无序运动的大量研究，弗拉斯托斯（Vlastos）认为，《蒂迈欧篇》在柏拉图神话中是独一无二的，因为它不像其他神话那样，否定神话的科学性和严肃性，或包含诸如地狱和地府鬼神之类的神话元素。[3] 然而，蒂迈欧确实否认了神话叙述的严肃性，称其为“消遣”（59d2），并否认了他用来建构神话的语言的稳定性。对于蒂迈欧而言，科学的可能性标准至关重要，而且，对神话系统而科学的阐述确实标志着相对于中期对话中神话的进步之处。在中期对话中，神话集伦理预设和逻辑论证于一体。然而，我们需注意的是，蒂迈欧叙述的前提是基于伦理和宗教标准，因为当他开始讲述创世（creation）时，他先声称造物主是善的，没有一位善者会对任何东西产生妒忌，因此他决心要让世界变得尽可能跟他自己一样（29e1－3，比较 29a2－6）。

从中期对话开始，哲学神话和哲学阐述同时向前发展了一大步。当中期对话对其中的神话故事的真实性提出质疑时，《蒂迈欧篇》对占对话最大篇幅的宇宙论也提出了同样的质疑。从中期对话开始，神话的内容和系统化或许发生了
278 变化，但其地位仍与过去一样。我们正处于一种自相矛盾的境地：哲学/神话素材逐渐接近“科学”，但这种“科学的”表述却遭到比以往更为广泛的批判。

《蒂迈欧篇》和《克里底亚篇》呈现了一系列层层嵌套的神话，这些神话与不同层次的真理和用途相对应。处于最底层的，是梭伦对埃及祭司讲述的英雄谱系神话，但该神话随后被否定了。该神话的这一用途涵盖最低层次的真理内容，并与未被哲学净化过的神话的普遍用途相对应。下一个层次是具有教导意

---

① 当蒂迈欧想将宇宙论作为一个整体时，他通常会如他在上述例子中一样，称之为秘所思，或者称之为“有关整体的话语或叙述（λόγος/γόγοι περὶ τοῦ παντός）”：27c4；47a3；88e4；92c4。第二种概括性描述着眼于叙述的内容，而非地位。

② 参见 Guthrie 1978：250。

③ Vlastos［1939］/ 1965：380－382.

义的哲学神话。这一层次与《国家篇》中“高尚的谎言”相对应，并以亚特兰蒂斯神话为代表，该神话被认为是改革后雅典社会的宪章神话。在对话中没有人明显地否定它；但对读者而言，这类神话常作为节日创作和有用的谎言，其地位是显而易见的。最后一个层次是理论性的秘所思，它包含对感性世界的哲学阐释。以上就是蒂迈欧宇宙论的层次。在这种情况下，叙述者显然回避了其论述的真实性。蒂迈欧认识到，宇宙论充其量只是一种近似，因此只是一个故事（无论其基础是多么缜密），将其描述为秘所思，目的就是阻止一种批判的天真，这种天真旨在追求对现实世界的描述中无法达到的精确和严肃。①

然而矛盾的是，在严谨的表述中，“科学的”阐述反而常常被描述为一种可能的神话或故事，而明显虚构的故事则被坚持贴上“真理”的标签。亚特兰蒂斯神话和蒂迈欧的宇宙论均有意模糊了秘所思和逻各斯之间的界限。该界限的渗透性强调了语境在评价柏拉图神话地位时的重要性。此处对比的双方是社会的“高尚的谎言”（尽管处于辩证法语境中）与（辩证法定义的）方法论神话。② 上述一系列俄罗斯套娃③般层层嵌套的神话结构使人们认识到，秘所思的三个层次均受制于对其真理内容更高层次的批判。什么时候秘所思能摆脱这种嵌套结构的影响呢？根据蒂迈欧的说法，即便是对理智世界的哲学解释，也会 279
受到语言固有缺陷的影响。这在较小程度上，也是一个秘所思。

秘所思和逻各斯之间的区别，象征着语言领域中感性世界和理智世界的分歧。在《普罗泰戈拉篇》和《高尔吉亚篇》等中期对话中，该区别的形成，就其产生的语境而言，既是由于普罗泰戈拉论证的微妙，也是由于苏格拉底想对卡利克勒产生影响的渴望。在方法论对话中，哲学理论开始被描述为秘所思，尽管这些理论还处于被批判的状态。《泰阿泰德篇》《智者篇》和《斐莱布篇》中的秘所思，均强调将理论看作一种建构起来的准叙事。这在《蒂迈欧篇》中体现得更为明显，因为它进一步强调了叙事地位和叙事进程。从某种意义上来

① 康福德（Cornford 1937：30）恰当地将宇宙论与巴门尼德的《意见》做对比。宇宙论作为一种解释，可能比其他事物更接近于真理，但不能将其作为对自然法则的字面解释。

② 十分感谢克里斯托弗·吉尔（Christopher Gill）做的最后表述。在《蒂迈欧篇》和《克里底亚篇》中，奥斯伯恩（Osborne 1996）呈现出对于叙述之地位的不同对比。克里底亚（天真地）认为他可以找到一组正确的词与历史现实相对应，而蒂迈欧对语言的运用“不是作为对感性世界特定现实的一种形象地模仿，而是作为一个有自身意义的世界，被构建起来以与感官的世界相对应”（208）。这种区别是暗示性的；我将这种区别归于这两种解释的不同目的（从柏拉图的观点来看）。

③ 俄罗斯套娃：俄罗斯特产的木制玩具，一般由多个一样图案的空心木娃娃一个套一个组成，可达十多个，通常为圆柱形，底部平坦可以直立。——译注

说，不是秘所思的哲学阐释存在吗？如果存在的话，这种哲学阐释是什么样的？它又如何实现？很难想象有一种对理智世界的阐释能完全脱离感性世界。

这样的阐释在柏拉图文集中从未出现过。此前我们曾反思是什么原因导致人们认为这种阐释永远不能诉诸文字，而且可能根本无法用语言来表达。在我看来，柏拉图中期对话中的神话与《第七封信》中描述的概括性哲学见解紧密相连。这一观点大体上适用于伦理领域，它以灵魂及其与型和美好生活的恰当关系为中心。理智世界是通过意象和隐喻来表现的。对这种模糊描述的保留态度，表明了对理性事物进行语言表达的困难，勾勒出了不确定的范围和省略的区域。紧接着的问题是："从此处开始，我们将何去何从？"我们承认语言表达是一种冒险。我们允许神话表现哲学课题的冒险性和潜在成就。然而，让语言的弱点阻碍哲学表达的进一步发展，是一种失败主义者的表现。一旦通过哲学直觉获得了对形而上学的世界的概观，我们就必须放慢脚步，为用更加朴素而"科学"的方法来描述这个世界奠定基础。该方法不是《斐德罗篇》所避免的冗长而神圣的叙述，而是较简短且人力所能做到的叙述（246a4－6）。后来的方法论对话是开始这种阐释的第一步。

280 对话者的本质在后期对话中发生了变化，原因之一是桀骜不驯的智者及其学生被温顺的哲学初学者以及有经验的智士取代了，后者认同苏格拉底/柏拉图的伦理前提。后期对话中有一种明确的目标感，所有的讨论都趋向这一目标，而且这一目标还受到综合与划分的严格应用或蒂迈欧数学的影响。后期对话中有很多对于知识、语言真理、政治卓越的条件的讨论，却没有对这些主题本身的叙述。这种对真理、知识等条件的强调，以及相应的对叙述和"大图景"的规避，反映在对范式的偏好上，而非方法论对话中大量的神话上。在《政治家篇》中，方法论对话的唯一神话相对而言比较失败，因为它在政治才能的必要条件还未可知之前就开始对政治家进行夸大叙述。巴门尼德和其他早期哲学家的叙述也受到了类似批判。他们将细节视为理所当然，对术语不加以界定，因此他们的叙述是哲学故事，是秘所思，表现的是对知识的幻想。

在后期对话中，我们的确遇到了哲学神话，其表现规模大于中期的嵌入式神话和《政治家篇》中政治家们劳而无功、徒劳无益的故事。《蒂迈欧篇》和《克里底亚篇》中的神话贯穿了整个对话（或者，我们可以设想，如果《克里底亚篇》也完成了的话），这一现象的产生源于一种观念，即人们一旦开始一段叙述，就必须让它按照自己的路径发展下去。正如蒂迈欧所言，它需要有一个结论（69b1－2）。[①] 难怪嵌入式神话和方法论讨论很难同时存在，因为他们是不相称的。即便如此，当读到《蒂迈欧篇》时，我们意识到其中的叙述并不完整，而是根据语境裁剪过的。在这一方面，《蒂迈欧篇》被后期强调讨论的不完整性对话取代了。我们已经看到《泰阿泰德篇》中有关普罗泰戈拉相对主义的讨论，是如何依赖《智者篇》中一元论的验证的。在一系列有关智者、政治家和哲学家定义的讨论中，《政治家篇》同样也是较大的一部分。最为引人注意的是，当苏格拉底和普罗塔库（Protarkhos）继续一场没有听众的讨论时，《斐莱布篇》
结束了。所有人都赞同苏格拉底对快乐的讨论“非常正确”，但在对话的最后一 281
句中，普罗塔库继续说道，“剩下要做的事已经不多了，苏格拉底，我相信你不会比我们放弃得更快，所以我会提醒你还有哪些任务需要完成”（67b11－13）。讨论总是片面且不完整的，但有种朝着一个目标进步的感觉，而且该目标的性质已经概括出来了。我们前进时，必须继续承认语言是不完美的，而且我们的任务仍在继续。只要牢记这一警示，我们就能避免因哲学上的过分自信带来的危险。对秘所思词汇的使用就代表了这样一种承认。在中期对话中，这种自觉性被指向我们形而上学观的暂时性和隐喻性。在后期对话中，该警示已扩展到对感性世界的描述。相反，形而上学的领域看起来似乎更容易描述。

结论：神话获救了吗？

通过研究柏拉图使用的一个谚语——“神话消失了”（ὁ μῦθος ἀπώλετο），我结束了对柏拉图神话的讨论。在主题方面，该谚语既与完成一个话语的问题有关，也与柏拉图神话存在问题的本质有关。柏拉图对这个谚语的使用反映并评价了这两个领域。

这一谚语最早被证实用于公元前五世纪的喜剧中。[②] 遗憾的是，没有留下任何背景资料，因此也无法得知其运用方式。然而，该谚语的地位似乎足够稳固。在柏拉图的评注中，新增了三种该谚语的解释。第一种评论道：“（这是）一句适用于那些不把故事讲完的人的谚语”（对《泰阿泰德篇》164d8－9 的评注）。第二种说法是：“（该谚语）为那些对牛弹琴的人所使用”（对《斐莱布篇》14a3－4的评注）。第三种是新柏拉图主义哲学家普洛克鲁斯（Proclus）的评论：

---

① 对比《高尔吉亚篇》505d1。关于柏拉图对 κεφαλ，即词汇的讨论，参见 Ford 1994：202－203。

② 格拉底（Krates），《拉米亚》（*Lamia*）［frag. 25 卡塞尔－奥斯汀（Kassel-Austin）］；克莱提诺（Kratinos），《德拉佩提德》*Drapetides*（frag. 63 卡塞尔－奥斯汀）。

> 许多人都已习惯了将谚语“神话消失了”应用于神话当中，因为人们想要证明：事实上，神话否定了一些东西，因为它们是虚构的，而当它们被说出来的时候，它们就不是虚构的了。然而，无论在这儿还是在其他地方，柏拉图都说这是完全相反的。柏拉图说，他的神话既拯救了一些事物，又被一些事物所拯救——而且这非常合理。神话是这些事物的解释者，而正是因为如此，对听到神话的人而言，神话
> 282 是有用的。尽管神话没有任何可能性与示范性地教导人们，却引导那些相信它们的人自发地探寻其真实性。这就如同神话与我们对事物绝对可靠的先前概念相协调。①

显然，普洛克鲁斯的解读是为了使该谚语与他自己的理论相一致。另外两个评注强调徒劳无功；要么是神话的听众没有集中注意力，要么是叙述者没有完成叙述。语境和接受的问题是最重要的。如果你没有完整讲述一个故事，或者你的听众没有集中注意力，那么讲述这个故事便徒劳无功。在哲学领域，心不在焉的听众确实在听，以《高尔吉亚篇》中的卡利克勒等人为代表，但他拒绝“完全投入”，沉浸在由苏格拉底的“故事”所假想的那个理智世界中。

完整性问题将我们带回到叙事框架（无论是神话的还是文学对话的）是否能够充分体现哲学探索复杂性的担忧中。我们已经看到，后期对话越来越强调对话中进行的调查研究的偏颇性。与此同时，在内容层面上，有时在形式层面上，会有对结论的否定。我们已经看到，在这一时期，哲学论证可以被称为秘所思，而且这些后期论证只有在得到充分阐述之后，才能排除被否定的风险。事实上，“拯救”一个神话，或让它消亡，类似于拯救或失去一个逻各斯。希腊语动词“拯救”（σῴζω）所涵盖的意义范围很广。一个人可以拯救从个人生活到国家利益等任何事物，而这种拯救可以是物质上的，也可以是精神上的［《欧绪弗洛篇》（*Euthyphro*）14b4；《克里托篇》44c1］。在中间语态中使用时，该动词表示“记住”（《泰阿泰德篇》163d3）；因此有一种观点是：拯救一个神话就是要去记住它。当用于法律文本时，“save”的意思接近“宣判无罪”。② 如果

① *In R.* 2, 354.24 –355.7。这一解释在评注中得以总结和简化。在355.3：ὠφέλιμοι πῶν ἀκουόντων ὑπάρχουσιν中对希腊人的建构似乎遇到一些困难。

② 如吕西亚斯13.36；19.6，吕西亚斯总是一个被拯救或被宣告无罪的人，但在审判中设想一个柏拉图的论证并非上策。尤其要注意，苏格拉底对灵魂不朽论证的辩解与在审判中对雅典法官所作申辩的对比（《斐多篇》63b1 –2：χρή με πρὸς ταῦτα ἀπολογήσαθαι ὥσπερ ἐυ δικαδτηρίῳ；参见63b4 –5、63e8 –9、69d7 – e5）。

一个秘所思或逻各斯得到拯救，就可能意味着它在理性的法庭上已被判定为可接受的。因此，在神话的语境中，提及拯救便可解决任何问题，不论是传统的保留问题还是道德的救赎问题，抑或是论证的有效性和一致性问题。

柏拉图“拯救神话”最有名的例子出现在《国家篇》621b8 – c2 中，即对 283
话的结论部分，以及上文所述的引起普洛克鲁斯对柏拉图神话做出评论的段落中。苏格拉底刚刚结束了对厄尔神话的叙述：厄尔目睹地府奇观后，又返回了人间。随后，苏格拉底做了最后的评论：

> 格老康啊，这个故事就这样被保存下来，没有亡迭。如果我们相信它，那么它能拯救我们，我们能够平安度过勒忒河，而不在这个世界玷污我们的灵魂。①

我们从口述传统的领域开始：神话得到拯救（铭记），因为厄尔回到了人间来讲述他的故事。下一阶段强调了该故事引起的道德共鸣：如果我们相信神话，神话将给我们带来精神上的救赎。我们必须铭记此生所得到的教训，以便将这些教训用于来生。在神话中，一个人只有喝一定量的阿米勒斯河②（River of Heedlessness）的水才可以实现这一目的（621a5）。灵魂在饥渴时带走的水要多于他们应该喝的，并且在不同程度上也会忘记他们得到的教训。那些聪明地只喝自己应得水量的人“被他们的智慧所拯救”（σῳζομένους，621a8）。被拯救的人记得更多的东西；拯救与记忆之间的联系体现在从主动语态到中间语态的转换中，这种联系在神话中得以重新演绎。如果我们记住神话，神话就将拯救我们。在神话的内部世界中，记忆是被（智慧）拯救的结果。在希腊文化中，保证神话素材被持续接受的口述传统曾受到柏拉图的严重质疑，后来被转化为一种内在的精神传统，该传统超越了特定文化的界限，并引导灵魂在永恒中前行。从外在到内在的转变，反映了柏拉图神话相对于传统神话的转变。柏拉图神话是在特定语境中对话单个灵魂，而非集体。

只有在《国家篇》的结论部分，柏拉图才将“神话消失了”这一谚语应用于具体的神话素材中。对该谚语的其他解读均可用于论证中，无论该论证可否被同化为神话。让我们从一个例子说起，这个例子很好地将哲学论证拟人化，并显示了该论证与生物的相似性；该生物要么死亡，要么得以永生。③ 在《斐多

①［古希腊］柏拉图：《柏拉图全集》（第2卷），王晓朝译，人民出版社2003年版，第647页。——译注

② 阿米勒斯河是传说中的一条冥府河流，字义为“疏忽”。在后来的文学作品中就被混同于“忘川”。——译注

③ 更多参见 Louis 1945：43 – 45；Brisson 1982：73 – 74。

篇》中，苏格拉底第一个关于灵魂不朽的论证遭到了反对。苏格拉底与斐多（Phaedo）开玩笑，说斐多会在他死后剪掉自己的头发。然而，还有比他自己的
284 死亡更利害攸关的事儿，“我今天就要剪去我的头发，而你必须做同样的事，也就是说，如果我们让我们的论证（逻各斯）死去，而又不能让它复活，我们就不要再留头发了。再说，假如我是你，如果让真理从我面前逃走，那么我就会像阿吉威斯（Argives）一样发誓，不打败西米阿和克贝在论战中的反扑，就让我的头发不要再长出来”（89b9 – c4）。苏格拉底的命运与他的论证的潜在命运之间的相似之处，凸显了这一哲学行为（指有关灵魂不朽的论证——译者注）的意义。如果有关灵魂不朽的论证成功了，苏格拉底便可期待重生或被送往极乐之地。如果该论证失败了，苏格拉底不仅会死，也不能期望幸存或重生。苏格拉底存亡与否取决于该论证能否成功。

《国家篇》强调了拯救逻各斯的政治意义。对于那些即将被训练成理想城邦卫士的孩子们而言，他们必须只模仿品德高尚的人。这些年轻的卫士必须只专注于对其教育有价值的东西，按照这一原则行事被苏格拉底称为“坚持最初的原则（逻各斯）”（εἰ ἄρα τὸν πρῶτον λόγον διασώσομεν，395b8）。《国家篇》中的教育体系旨在使公民保持正确的信仰和品质。士兵阶层要坚持（σώσει，429b9）的信念是，立法者要他们做的事就是值得敬畏的事。因此，勇敢是对于何为可怕，何为不可怕的有益经验教训的一种“坚持”（preservation，σωτηρίαν，429c5）。① 言下之意，它将在道德和身体上拯救士兵和城邦。关于勇敢的有益的教训将通过神话灌输给未来的士兵，并通过记忆保留下来（386b8 – c1）。

通过辩论与某些假设达成一致是为了“拯救”或“坚持”这些假设。然而，有时候这样的论证会使人陷入困境。因此，《国家篇》中关于女性平等的论证使苏格拉底觉得，在为这一主题辩护时，他犹如跌到水里一般迷茫（453c10 – d7）。在这种情况下，苏格拉底必须设法游泳，以便从对他的诋毁中幸存（σῴζεσθαι ἐκ τοῦ λόγου），或者向海豚等非常规的东西（453d9 – 11）求救（σωτηρίαν）。② 类似情况也可见于《斐莱布篇》，篇中有一段文字如上文所述，将逻各
285 斯等同于秘所思。当苏格拉底反对其对话者的诡辩时，“神话消失了”这句谚语便已出现前兆。如果他们继续以这种幼稚而徒劳无功的方式进行下去，他们的

① 比较429c9 – d1：σωτηρίαν τὸ ἔυ τε λύπαις ὄντα διασῴζεσθαι αὐτὴυ καὶἐν ἐνήδουαῖς，以及442b11 – c3；443e5 – 6。

② 在457b7 – c2中，苏格拉底成功地在他城邦的妇女中确立了其方案的正确性，这被比作避免被海浪淹没（试比较《斐多篇》99c8 – d2）。参见Louis 1945：50 – 52。

论证就会搁浅和干涸（ὁ λόγος ἡμῖν ἐκπεσὼν οἰχήσεται，13d6）。[①] 当苏格拉底将“知识的各个部分都不相同”与听起来同样合理的“知识从来未曾不像知识”这两句话进行对比时，这一点就显而易见了。如果有人重后者轻前者，那么“我们的逻各斯就会如同秘所思一样，毁灭并消失，我们将会以荒谬为代价得到拯救”（ὁ λόγος ὥσπερ μῦθος ἀπολόμενος οἴχοιτο，αὐτοὶ δὲ σῳζοίμεθα ἐπί τινος ἀλογίας，14a3 –5）。在《国家篇》和《斐莱布篇》中，遵循某人的假设直至得出逻辑性的结论时会遭遇困难，从而迫使对话者放弃论证。然而，在这两个例子中，放弃论证都是错误的。重要的不是让自己免于尴尬，而是为了拯救逻各斯（需注意，在《斐莱布篇》中，拯救自己被明确地等同于 alogia，即荒谬）。无论付出什么代价，前后一致都至关重要，且带有明显的道德气息。[②]《克里托篇》教导我们，这可能会使我们失去生命。然而，保持一致性和愿意追随论证走到尽头是我们得到拯救的方式；通过拯救我们的论证，我们也拯救了自己。

必须被拯救的并不总是我们自己的论证。苏格拉底对普罗泰戈拉相对主义的初步驳斥同样应用了我们的谚语：“所以，没有人再会相信普罗泰戈拉的谎言，或你的谎言，说知识与感觉是一回事。”（μῦθος ἀπώλετο ὁ Πρωγόρειος，164d8 –9）正如在《斐莱布篇》中一样，该谚语使其他对论证一致性的评价蒙上了阴影。之前苏格拉底曾对知识即感觉这一理论提出异议，如果真是这样，那意味着闭上眼睛时，我们便会忘记事情。这是一个奇怪的结论，但对于拯救 286
论证的一致性很有必要（εἰ σώσομεν τὸν πρόσθε λόγον）；否则，论证将会消亡（164a1 –2）。后来，当苏格拉底扮演普罗泰戈拉的角色，为他有关“人是万物的尺度”的学说辩护时，他使用了同样的谚语：“无论你是否喜欢我的学说，你都必须忍受它，以它为标准。凭着这些思考，我的学说得救了，不会翻船

---

① 动词ἐκπιπτω 也被用来指船只失事后被冲上岸的人。在 13b –14a 苏格拉底的讨论中，有潜在的关于航海的隐喻。

②“拯救逻各斯或秘所思”的其他例子：(1)《蒂迈欧篇》68c7 –d2：有关颜色是通过混合“保留可能性的规则（秘所思）”（διασῴζοι τὸν εἰκότα μῦθον），并从其他颜色中获得的这一假设；(2)《法律篇》645b1 –2：有关人类与木偶的比较。雅典客人将木偶的“金线”等同于法律的吸引力，并评论称，“这样一来，美德的秘所思就会得以保留，即我们是真正木偶的秘所思”（ὁ μῦθος ἀρετῆς σεσωμένος ἄν εἴη）。在此处，人们会强烈地感受到拯救神话的道德力量。(3)《蒂迈欧篇》48d4 –e1：当蒂迈欧准备引入容器时，他向救世主（σωτῆρα）寻求帮助。他希望神将他从怪异的探讨中拯救出来，并带往可能性的天堂（πρὸς τὸ τῶν εἰκότων δόγμα διασῴζειν ἡμᾶς）。此处，面对困难的素材和要从这一叙述中得出结论的决心，我们又一次感到不舒服。(4)《蒂迈欧篇》56a1：通过将等边三角形指定给土这一元素，我们保留了可能的逻各斯（τὸν εἰότα λόγον διασῴζομεν）。

了。”（σῴζεται γὰρ ἐν τούτοις ὁ λόγος οὗτος，167d4－5）为了给普罗泰戈拉的理论一次公平的解释机会，有必要探究其所有的含意，而不是过早地否定它。这样做的目的，是在得出结论之前放弃秘所思（正如上文引用篇章的注释者所言）。即使普罗泰戈拉的理论最终被拒绝了，但一场廉价而且被鄙视的胜利，连同其道德影响，都会是对辩证法的背叛。

围绕“拯救”话语而构建的不同习语的范围，反映了柏拉图的秘所思和逻各斯的适用范围和相互作用。秘所思是一种叙述性故事，它有自己的生命，需要完整性及详细阐述，也需要听众进入它的世界。如果我们不这样做，秘所思就会消失。情感投入使秘所思成为一种强有力的工具；而且适当的秘所思也会影响我们的行为方式。这正是柏拉图在《国家篇》的教育体制中设置秘所思的原因。辩证论述被称为逻各斯（尽管逻各斯的范围并不局限于辩证法）。逻各斯还要求我们，无论是在讨论领域，还是在日常生活中，都必须追随它。这样一来，我们就保留了论证的连贯性和对自身才智的尊重，并走向了“救赎”。因为辩证论证作为哲学故事，可以被等同于秘所思（特别是在后期对话中），所以拯救秘所思可等同于拯救逻各斯。

让我们更进一步讨论。从文学的视角来看，辩证的逻各斯表现为秘所思。也就是说，这是柏拉图讲给我们的有关哲学讨论的故事。柏拉图从不允许让我们忘记文学框架对思想表达和哲学立场表达强加的约束。因此，坚持讨论的偏颇性和初步性，并在某些情况下，坚持叙述框架与对话主体之间的复杂关系。①这些围绕柏拉图对话的含蓄的保留意见，在结构上等同于与柏拉图的秘所思有
287 关的明确的保留意见。使用及诉诸秘所思的一个作用，是使读者记住这些故事是对那些还未确定领域的推测（但是合理的），因此在方法论层面有更重大的意义。秘所思划分出话语的领域，在该领域中，语言仅仅是对现实的一种隐喻式表达，这既是因为柏拉图就是这么说的，也是因为自前苏格拉底哲学家以来秘所思所背负的哲学重担。然而，通过模糊秘所思与逻各斯之间的界限，通过将神话牢牢地束缚在哲学语境中，通过使其源于和反映的辩证法，最后通过偶尔给哲学理论贴上秘所思的标签，柏拉图促使我们意识到，所有语言都是用来解释现实世界的故事，只是成功的程度不同而已。尽管后期对话中的辩证法可能是准确的，但它只是为理解奠定了基础。迄今为止，还没有人完成对话所设置的这项哲学课题（至少据说没人完成过），也没有人知道哲学见解在多大程度上

① 参见 Halperin 1992：93－96。

能够或不能够用精确的语言来表达。无论我们对最后一个问题的直觉是什么，秘所思和逻各斯之间的相互作用已经证明，任何对话都无法也永远不会实现该目标。《斐德罗篇》和《第七封信》表明：文学对话，抑或一般意义上的文学语言，都无法重现哲学见解，尽管它们可能会假装在（严肃地）这么做。秘所思和逻各斯之间的相互作用从来都不是文学阐述的问题，也不是无分析头脑的人们的思考。它是自觉反映哲学语言的本质和可能性的一种实践。如果我们记住这一点，就可以在阐释对话及周围世界的过程中避免盲从和教条主义。

在任何情况下，我们选择拯救什么，都表明了我们对世界的接近。柏拉图选择拯救论证，而亚里士多德选择拯救现象，即感性世界的表象。① 亚里士多德批评柏拉图和爱利亚人（Eleatics）想要“将一切归于某种确定的信仰”［《论天》（*De Caelo*）306a5 ff.］，以及他们因为认为“有必要追随论证（即逻各 288
斯）”［《生灭论》（*De Gen. et Corr.*）325a13 ff.］就忽略感知的做法。因此，和巴门尼德一样，柏拉图否定了我们所感知的世界。然而，正如努斯鲍姆（Nussbaum）所言，这对表达该否定的哲学话语的地位产生了颇为有趣的影响。它至少提出了一种可能性，即话语并无所指，无论它是关于柏拉图的型还是爱利亚人的一元论。语言的使用预设有一个正常的表象世界以及人类社会，但这正是柏拉图和爱利亚人所否定的，目的是掌握世界和语言背后的真理。这些哲学家仅仅是没有意识到这个问题吗？相反，哲学的秘所思将其用另一语言呈现，并承认其中的困难之处。秘所思并未解决这个问题，因为在我看来，这个问题是无法解决的。唯一的选择是承认该悖论，而秘所思就是对这一悖论的承认。拯救神话并不仅仅关乎叙事的终结。

所有认为柏拉图神话具有哲学功能的人都必须面对这个问题：“两个知识渊博的哲学家的对话中是否会用到神话？”② 关于神话的教育功能，这个问题是（或不是）最为首要的。这个问题可以从两个层面来回答。在文学表达的领域，人造神话不言自明人为性提醒读者：柏拉图对话是一种文学建构，真正的哲学在其中只有简要的概述。作为一种文学技巧，神话通过一个狭小的空间表现广

---

① 我对于该话题的思考是由努斯鲍姆（Nussbaum 1982）引发的。这里我将指出我发现这篇文章具有暗示性的两个地方，而不是增加注脚：第 277 页［亚里士多德批评柏拉图和爱利亚人，因为他们遵循的是论证而非“表象”］；第 286—290 页（接受一元论或柏拉图的型切断了我们与正常人类交流之间的联系）。亚里士多德本人并不使用“拯救现象”这一表述，它多次出现在辛普里丘（Simplicius）对亚里士多德《论天》的评论中，也出现在普鲁塔克，西墨拿（Smyrna）的西昂（Theon），约翰·菲罗帕纳斯（John Philoponus）和普洛克鲁斯的著作中。

② Hyland 1988：251.

阔的形而上学景观。语言的问题，尽管也包括文学表达的问题，但更大也更为重要。神话是纯粹的教育吗？倒不如说所有的辩证法都是说教的辩证法。[①] 如果这最后两章的论证是有力的，那么，教育的神话就仅仅只是神话的一种，而并非最具哲学性的那一种。秘所思将内容划分为叙事、文学和社会建构。它对哲学话语的渗透提醒我们，语言根植于一个真实而具体的世界。秘所思输送语言，并强调其脆弱性：所有语言都触及了秘所思的领域。我们必须要问：对于我们的问题，这两位哲学家究竟知道多少？他们是拥有肉体的人，还是死后在精神的世界里交谈？如果他们是世俗的知识分子，并用人类的语言说话，就必须在交谈中承认这一点。如果两人都达到了对善的沉思，他们的语言就会尽可能地准确。
289 尽管我们可能会怀疑，他们是否愿意长久远离对型的沉思，而去展开一场对话（《国家篇》519cd）。但它仍然是语言，仍然存在缺陷。我猜想他们应该会笑对彼此，然后说："让我给你讲个关于善的'故事'吧。"

因此，神话学（mythologia）必须作为柏拉图哲学主题密切而重要的一部分。柏拉图发明该词并赋予其概念并非偶然。[②] 似乎他发明的其他两个词也扮演同样的角色，无论是积极的还是消极的，例如修辞学（rhetorike）和哲学（philosophia）。[③] 神话学、修辞学和哲学均通过语言形成，并相互渗透，相互影响。如果研究其中一个，也会引发对其他两个的详尽研究，这肯定也是柏拉图所想的。

---

① Frede 1992：208－210.

② 抽象名词神话学在柏拉图之前并不存在。在文集中有八个相关的例子：《柏拉图全集》（*Plt.*）304d1，《斐德罗篇》243a4，《大希庇亚篇》298a4，《国家篇》382d1、394c1，《克里底亚篇》110a，《法律篇》680d3、752a1。他似乎还创造了抽象名词神话［《斐德罗篇》229c5，《法律篇》663e5；参见菲洛赫若斯（Philokhoros $FGrH_{F3b,328F}$、frag. 109 第五行）］和形容词神话（《斐多篇》61b5）。

③ 修辞学，参见 Schiappa 1991：40－49；哲学，参见 Nightingale 1995：14－21。

第九章　结语

神话是语言的疾病吗？如果真是这样，那么神话的语言就带有内在天然的 290
缺陷。哲学神话力图抵御这种疾病，并且对患有衰弱型和预防型疾病的患者产生影响，这已司空见惯。我提到的这些创作者们通过将一种特别设计的神话引入哲学论述，既承认又试图超越话语固有的缺陷。他们挪用前辈和同辈人的诗歌作品，并以自己的身份重新发表，同时保护自己免受重复诗歌神话错误的指责。一旦被发现，语言的缺陷便成为机会的源泉。在巴门尼德诗作的第二部分，女神夸耀由语言创造的欺骗性秩序，但仍期待听众找出证据反驳它。同时，第一部分无情地揭露了凡人思想的错误，但这样一来，我们就不得不质疑这首诗的语言是否能包含所要表达的结论。

智者将神话视为一种文学形式和文化传统。通过操纵这一传统，他们可以展现自己的知识专长并吸引门徒。由于他们说教的内容具有修辞性，因此操纵只是手段，不是目的。他们通过语言进行操纵，表现出对于任何普遍真理或形而上学真理的漠不关心。他们有时表现得很明确，例如高尔吉亚在《海伦颂》中对逻各斯的专门讨论；有时表现得很含糊，例如在神话情境与该情境中使用的语言之间构建一种讽刺性的张力。如果语言是可靠的，那么就没有进行劝诫的机会，而正如高尔吉亚所言，劝诫是一种欺骗。

至少在成年后的大部分时间里，柏拉图都致力于研究一个赋予语言以意义
的超验的型的世界。但感性世界的东西却无法完美地例示型。当读到这些对话 291
时，我们可以感受到柏拉图在努力提高语言的精确程度，也总能意识到，他的方案并不完整，话语也并不完美。柏拉图不想让读者误认为哲学的生命力可以存在于（也许是任何）书面文字中。这就是他写对话的原因，也是他将神话和神话典故纳入对话的原因。它们勾勒出（当前）难以表达事物的轮廓，提醒我们这些不可表达的事物的存在，并保持哲学话语本身是对现实的已建构起来的阐释这一认识。我们会说，如果有人相信这种阐述，那么该阐释便不是神话；而柏拉图会说，如果有人能够证明这种阐释，那么该阐释就不是神话。然而，柏拉图的对话并未给出一个可靠的阐释，人们甚至怀疑这种阐释是否存在。

神话最初作为哲学否定的“他者”，在本书所研究的思想家作品中逐渐占据了哲学进程的中心地位。神话既是陪衬，又是方法。神话和方法似乎是不太可能的搭配。然而，在传统上所认为的神话的“负面形象”中，我们可以看到对话语的转化力量的深刻理解。该组合矛盾本质的渊源是，我们长期以来过于相信古代（和现代）哲学家们的话，并相信神话的意义仅局限于它作为陪衬物的角色。然而，我希望说明的是，一些哲学实践并没有也不想将自己局限于对神话力量的简单理解中。哲学的文学实践的丰富性和共鸣性常常被低估。然而，正如本书所探讨的，它与神话的力量和可能性密切相关。神话和神话类比使得哲学文本中的文字和叙述情境得以互动，这样一来，叙事结构就能与哲学要旨产生共鸣。“神话”哲学给我们上了重要的一课，即哲学知识不能通过其表达方法明显地加以显现。秘所思就是我们赖以生存的世界的状态。

参考文献

Adam, J. (1902) ed. and comm., *The Republic of Plato*, 2 vols. Cambridge.

Adkitns, A. W. H. (1973) 'ἀρετή, τέχνη, democracy and sophists: *Protagoras* 316b – 328d', *JHS* 93: 3 – 12.

(1983) 'Orality and philosophy', in Robb (1983): 207 – 227.

Albertelli, P. (1939) *Gli Eleati*. Bari.

Annas, J. (1981) *An Introduction to Plato's Republic*. Oxford.

(1982) 'Plato's myths of judgement', *Phronesis* 27: 119 – 143.

(1992) 'Plato the sceptic' in Klagge and Smith (1992): 43 – 72.

Aubenque, P. (ed.) (1987) *Etudes sur Parmenide*, 2 vols. Paris.

Austin, S. (1986) *Parmenides. Being, Bounds, and Logic*. New Haven.

Ballew L. (1979) *Straight and Circular. A Study of Imagery in Greek Philosophy*. Assen.

Barnes, J. (1979) *The Presocratic Philosophers*, vol. I. London.

Blank, D. L. (1982) 'Faith and persuasion in Parmenides', *ClAnt* I: 167 – 177.

(1985) 'Socrates versus sophists on payment for teaching', *ClAnt* 4: 1 – 49.

(1986) 'Socrates' instructions to Cebes: Plato, "Phaedo" 101d – e', *Hermes* 114: 146 – 163.

(1991) 'The fate of the ignorant in Plato's "Gorgias"', *Hermes* 119: 22 – 36.

(1993) 'The arousal of emotion in Plato's dialogues', *CQ* 43: 428 – 439.

Blundell, M. W. (1992) 'Character and meaning in Plato's *Hippias Minor*', in Klagge and Smith (1992): 131 – 172.

Bobonich, C. (1991) 'Persuasion, compulsion and freedom in Plato's *Laws*', *CQ* 41: 365 – 388.

(1994) 'Akrasia and agency in Plato's *Laws and Republic*', *Archiv für Geschichte der Philosophie* 76: 3 – 36.

Böhme, R. (1986) *Die Verkannte Muse*. Bern.

Bowen, A. C. (1988) 'On interpreting Plato', in Griswold (1988): 49 – 65.

Brague R. (1987) 'La vraisemtblance du faux', in Aubenque(1987), vol. II:44 – 68.

Brillante, C. (1990) 'Myth and history', in Edmunds(1990):93 – 138.

Brisson, L. (1975) 'Le mythe de Protagoras. Essaid' analyse structurale', *QUCC* 20:7 – 37.

(1982) *Platon, les mots et les mythes*. Paris.

(1995) 'Interprétation du mythe du *Politique*', in Rowe(1995a):349 – 363.

Brisson, L. and Meyerstein, F. W. (1995) *Puissance et limites de la raison. Le problème des valeurs. Paris.*

Burger, R. (1980) *Plato's Phaedrus. A Defense of a Philosophic Art of Writing*. University Place, Alabama.

(1984) *The 'Phaedo': A Platonic Labyrinth*. New Haven.

Burkert, W. (1979) *Structure and History in Greek Mythology and Ritual* (Sather Classical Lectures 47). Berkeley and Los Angeles.

Burnet, J. (1911) *Plato's Phaedo*. Oxford.

Burnyeat, M. (1990) *The Theaetetus of Plato*. Indianapolis.

Bury, R. G. (1932) *The Symposium of Plato*. Cambridge.

Calame, C. (1988) 'Introduction: évanescence du mythe et réalité des formes narratives', in C. Calame (ed.) *Métamorphoses du mythe en grèce antique*, Geneva: 7 – 14.

Campbell, L. (1861) ed. and comm., *The Theaetetus of Plato*. Oxford.

Carter, R. E. (1967) 'Plato and inspiration' *JHPh* 5:111 – 121.

Cassin, B. (1983) 'Gorgias critique de Parmenide', in Montoneri and Romano(1983): 299 – 310.

Chance, T. (1992) *Plato's Euthydemus. Analysis of What Is and Is Not Philosophy*. Berkeley.

Classen, C. J. (ed.) (1976) *Sophistik* (= *Wege der Forsckung* 187). Darmstadt.

([1959]/1976) 'The study of language amongst Socrates' contemporaries', in Classen 1976:215 – 247. First published in *The Proceedings of the African Classical Association* 2(1959):33 – 49.

Coby, P. (1987) *Socrates and the Sophistic Enlightenment*. Lewisburg.

Cole, T. (1967) *Democritus and the Sources Greek Anthropology* (American Philological Association Monographs 25). Cleveland.

(1983) 'Archaic truth', *QUCC* 13 n. s.:7 – 28.

(1991) *The Origins of Rhetoric in Ancient Greece.* Baltimore.

Compton, T. (1990) 'The trial of the satirist: poetic *Vitae* (Aesop, Archilochus, Homer) as background for Plato's *Apology*' *AJP* Ⅲ: 330 – 347.

Cornford, F. M. (1937) trans. and comm. *Plato's Cosmology; The Timaeus of Plato.* New York.

(1957) *From Religion to Philosophy. A Study in the Origins of Western Speculation.* New York.

Cosenza, P. (1983) 'Gorgia e le origine della logica', in Montoneri and Romano (1983): 145 – 155.

Couloubaritsis, L. (1986) *Myrthe el Philosophie chez Parmenide.* Brussels.

Coxon, A. H. (1986) *The Fragments of Parmenides* (*Phronesis* suppl. vol. 3). Assen.

Culler J. (1982) *On Deconstruction.* Ithaca.

Davies, J. K. (1971) *Athenian Propertied Families*, 600 – 300 B. C.. Oxford.

Davies, M. (1989) 'Sisyphus and the invention of religion', *BICS* 36: 16 – 32.

Dawson, D. (1992) *Allegorical Readers and Cultural Revision in Ancient Alexandria.* Berkeley.

Decleva Caizzi, F. (1966) *Antisthenis Fragmenta.* Milan.

Deichgräber, K. (1938) 'Xenophanes Περὶ Φύσεως', *RhM* 87: 1 – 31.

Derrida J. (1982) 'White mythology,' in *Margins of Philosophy*, trans. A. Bass, 207 – 271. Chicago.

Desjardins, R. (1988) 'Why dialogues? Plato's serious play', in Griswold (1988): 110 – 125.

Detienne, M. (1967) *Les Maîtres de uérité dans la grèce archaïque.* Paris.

([1981]/1986) *The Creation of Mythology*, trans. M. Cook. Chicago. First published as *L'Invention de la mythologie* (Paris 1981).

Diels, H. ([1884]/1976) 'Gorgias und Empedokles', in Classen (1976) 351 – 383. First published in *Sitzungsberichte der Königlich Preussischen Akademie der Wissenschaften zu Berlin* (1884): 343 – 368.

Dihle, A. (1977) 'Das Satyrspiel *Sisyphus*': *Hermes* 105: 28 – 42.

Dodds, E. R. (1959) *Plato. Gorgias.* Oxford.

Dorter, K. (1982) *Plato's Phaedo: An Interpretation*, Toronto.

Dover, K. J. (1968) ed. and comm. *Aristophanes. Clouds.* Oxford.

(1974) *Greek Popular Morality in the Time of Plato and Aristotle*. Oxford.

Dunbar. N. (1995) *Aristophanes. Birds*. Oxford.

Edmunds. L. (1990) 'The practice of Greek mythology'. in L. Edmunds (ed.) *Approaches to Greek Myth*, 1 – 20. Baltimore.

Eagleton. T. (1983) *Literary Theory*. Minneapolis.

Elias. J. A. (1984) *Plato's Defence of Poetry*. London.

Fehling, D. ([1965]/1976) 'Protagoras und die ΟΡΘΟΕΠΕΙΑ', in Classen (1976): 341 – 347. First published in 'Zwei Untersuchungen zur griechischen Sprachphilosophie'. *RhM* 108 (1965): 212 – 217.

Ferber, R. (1992) 'Warum hat Plato die "ungeschriebene Lehre" nicht geschrieben?' in Rossetti (1992): 138 – 155.

Ferrari, G. R. F. (1984) 'Orality and literacy in the origin of philosophy', (Review of Robb 1983) *Ancient Philosophy* 4: 194 – 205.

(1987) *Listening to the Cicadas. A Study of Plato's Phaedrus*. Cambridge.

(1988) 'Hesiod's mimetic Muses and the strategies of deconstruction'. in A. Benjamin (ed.) *Post-Structuralist Classics*, 45 – 78. London and New York.

(1989) 'Plato and poetry', in G. Kennedy (ed.) *The Cambridge History of Literary Criticism* vol. I, 192 – 148. Cambridge.

(1995) 'Myth and conservatism in Plato's *Statesman*', in Rowe (1995a): 389 – 397.

Finkelberg, A. (1990) 'Studies in Xenophanes', *HSPh* 93: 103 – 167.

Finley, M. I. (1975) 'The ancestral constitution' in *The Use and Abuse of History*, 34 – 59. London.

Flory, S. (1990) 'The meaning of τὸ μὴ μυθῶδες (1. 22. 4) and the usefulness of Thucydides' *History*'. *CJ* 85: 193 – 208.

Ford, A. (1992) *Homer: The Poetry of Past*. Ithaca.

(1994) 'Protagoras' head: interpreting philosophic fragments in *Theaetetus*', *AJP* 115: 199 – 218.

Fortenbaugh, W. (1966) 'Plato *Phaedrus* 235c3', *CPh* 61: 108 – 109.

Fränkel, H. ([1925]/1974) 'Xenophanes' empiricism and his critique of knowledge', trans. M. R. Cosgrove with A. P. D. Mourelatos, in A. P. D. Mourelatos (ed.) *The Pre-Socratics*, 118 – 131. Garden City, New York. First published as Part II of 'Xenophanesstudien'. Hermes 60 (1925): 174 – 192.

(1960) 'Parmenidesstudien', in *Wege und Formen Frühgriechischen Denkens*, 2nd edn, 157 – 197. Munich.

Frede, M. (1992) 'Plato's arguments and the dialogue form', in Klagge and Smith (1992): 201 – 219.

Friedländer, P. ([1954]/1958) *Plato: An Introduction*, trans. H. Meyerhoff. New York. First published as *Platon: Seinswahrheit und Lebenswirklichkeit*, 2nd edn (Berlin 1954).

Frutiger, P. (1930) *Les Mythes de Platon*. Paris.

Furley, D. J. (1973) 'Notes On Parmenides'. in E. N. Lee et al. (eds.) *Exegesis and Argument. Studies in Greek Philosophy Presented to Gregory Vlastos* (*Phronesis* suppl. vol. I), 1 – 15. Assen.

Gadamer, H. G. (1980) *Dialogue and Dialectic. Eight Hermeneutical Studies on Plato*, trans. P. C. Smith. New Haven.

Gagarin, M. (1969) 'The Purpose of Plato's *Protagoras*', *TAPhA* 100: 133 – 164.

(1973) '*Dike* in the *Works and Days*', *CP* 68: 81 – 94.

Galinsky, G. K. (1972) *The Herakles Theme*. Totowa, New Jersey.

Gallop, D. (1984) *Parmenides of Elea: Fragments*. Toronto.

Gantz, T. (1993) *Early Greek Myth. A Guide to Literary and Artistic Sources*. Baltimore.

Gill, C. (1977) 'The genre of the Atlantis story', *CP* 72: 287 – 304.

(1979) 'Plato's Atlantis story and the birth of fiction', *Philosophy and Literature* 3: 64 – 78.

(1992) 'Dogmatic dialogue in *Phaedrus* 276 – 277', in Rossetti (1992): 156 – 172.

(1993) 'Plato on falsehood – not fiction', in C. P. Gill and T. P. Wiseman (eds.) *Lies and Fiction in the Ancient World*, 38 – 87. Austin.

(1996) *Personality in Greek Epic, Tragedy, and Philosophy*. Oxford.

Gill, C. and McCabe, M. M. (eds.) (1996) *Form and Argument in Late Plato*. Oxford.

Goldberg, L. (1983) *A Commentary on Plato's Protagoras*. New York.

Goldschmidt, V. (1947) *Le Paradigme dans la dialectique platonicienne*. Paris.

Goody, J. (1977) *The Domestication of the Savage Mind*. Cambridge.

Goody, J. and Watt, I. (1963) 'The consequences of literacy', in *Comparative Studies in Society and History* 5: 304 – 345.

Graf, F. (1985) *Griechische Mythologie*. Munich and Zurich.

Griffith, M. (1977) *The Authenticity of Prometheus Bound*. Cambridge.

(1983) *Aeschylus. Prometheus Bound*. Cambridge.

(1990) 'Contest and contradiction in early Greek poetry', in M. Griffith and D. J. Mastronarde (eds.) *Cabinet of the Muses. Essays on Classical and Comparative Literature in Honor of Thomas G. Rosenmeyer*, 185 – 207. Atlanta.

Griswold, C. L. (1986) *Self-Knowledge in Plato's Phaedrus*. New Haven.

(ed.) (1988) *Platonic Writings, Platonic Readings*. New York.

Guthrie, W. K. C. (1962) *A History of Greek Philosophy*, vol. I: *The Earlier Presocratics and the Pythagoreans*. Cambridge.

(1969) *A History of Greek Philosophy*, vol. Ⅲ: *The Fifth Century Enlightenment*. Cambridge.

(1975) *A History of Greek Philosophy*, vol. Ⅳ: *Plato, the Man and his Dialogues: Earlier Period*. Cambridge.

(1978) *A History of Greek Philosophy*, vol. v: *The Later Plato and the Academy*. Cambridge.

Hackforth, R. (1952) *Plato's Phaedrus*. Cambridge.

(1955) *Plato's Phaedo*. Cambridge.

Halliwell, S. (1988) *Plato: Republic 10*. Warmillster.

Halperin, D. (1992) 'Plato and the erotics of narrativity', in Klagge and Smith (1992): 93 – 129.

Hatab, L. J. (1990). *Myth and Philiosophy: A Contest of Truths*. La Salle, Illinois.

Havelock. E. (1957) *The Liberal Temper in Greek Politics*. New Haven.

(1963) *Preface to Plato*. Oxford.

(1983) 'The linguistic task of the Presocratics', in Robb (1983): 7 – 82.

Heath, M. (1989a) 'The unity of Plato's *Phaedrus*.', *OSAPh* 7: 151 – 173.

(1989b) 'The unity of the *Phaedrus*: A postscript'. *OSAPh* 7: 189 – 191.

Henrichs, A. (1975) 'Two doxographical notes: Democritus and Prodicus on religion', *HSPh* 79: 93 – 123.

(1976) 'The atheism of Prodicus', *CronErc* 6: 15 – 21.

Hess, K. (1960) 'Der Agon zwischen Homer und Hesiod, seine Entstehung und kulturgeschichtliche Stellung', Dissertation, University of Zurich. Winterthur.

Hofmann. E. (1922) 'Qua ratione ΕΠΟΣ, ΜΥΘΟΣ, ΑΙΝΟΣ, ΛΟΓΟΣ et vocabula ab eisdem stirpibus derivata in antiquo graecorum sermone (usque ad annum fere 400) adhibita sint' : Dissertatio inauguralis, Göttingen.

Hyland, D. (1988) 'Commentary on Moors,' *BACAP* 4:248 – 255.

Inwood, B. (1992) *The Poem of Empedocles*. Toronto.

Irwin, T. (1979) trans. and comm., *Plato. Gorgias*. Oxford.

Jackson, R. (1990) 'Socrates' Iolaos: myth and eristic in Plato's *Euthydemus*', *CQ* 40: 378 – 395.

Johnson, B. (1987) A *World of Difference*. Baltimore.

Jowett, B. and Campbell, L. (1894) ed. and comm., *Plato's Republic* Vol. iii. Oxford.

Kahn, C. H. (1979) *The Art and Thought of Heraclitus*. Cambridge.

(1981) 'The origins of social contract theory', in Kerferd (1981b), 92 – 108.

(1983) 'Drama and dialectic in Plato's *Gorgias*', *OSAPh* 1:75 – 121.

(1996) *Plato and the Socratic Dialogue*. Cambridge.

Kennedy, G. A. (1963) *The Art of Persuasion in Greece*. Princeton.

Kerferd, G. B. (1953) 'Protagoras' doctrine of justice and virtue in the *Protagoras* of Plato', *JHS* 73:42 – 45.

(1981a) *The Sophistic Movement*. Cambridge.

(ed.) (1981b) *The Sophists and Their Legacy* (*Hermes* Einzelschriften 44). Wiesbaden.

Kirk., G. S (1970) *Myth: Its Meaning and Function in Ancient and Other Cultures*. Berkeley.

(1974) *The Nature of Greek Myths*. Harmondsworth.

et al. (eds.) (1983) *The Presocratic Philosophers*. 2nd edn. Cambridge.

Klagge, J. C. and Smith, N. D. (eds.) (1992) *Methods of Interpreting Plato and His Dialogues* (*OSAPh* suppl. vol.). Oxford.

Kuhner, R. and Gerth, B. (1904) *Ausführliche Grammatik der Griechischen Sprache*. Hanover.

Kurke, L. (1990) 'Pindar's sixth *Pythian* and the tradition of advice poetry', *TAPhA* 120:85 – 107.

Laks, A. (1990) 'Legislation and demiurgy: on the relationship between Plato's *Republic* and *Laws*' *CA*, 9:209 – 229.

Lambert, S. (1993) *The Phratries of Attica*. Ann Arbor.

Lane, M. (1998) *Method and Politics in Plato's* Statesman. Cambridge.

Lebeck, A. (1972) 'The central myth of Plato's *Phaedrus*', *GRBS* 13:267 – 290.

Lesher, J. H. (1978) 'Xenophanes' scepticism', *Phronesis* 23:1 – 21.

(1992) *Xenophanes of Colophon. Fragments*. Toronto.

(1994) 'The significance of κατὰ πάντ' ἄστη in Parmenides fr. 1.3', *AncPhil* 14: 1 – 20.

Lloyd, G. E. R. (1979) *Magic, Reason, and Experience*. Cambridge.

(1987) *The Revolutions of Wisdom. Studies in the Claims and Practice of Early Greek Science* (Sather Classical Lectures 52). Berkeley and Los Angeles.

(1990) *Demystifying Mentalities*. Cambridge.

Long, A. A. (1966) 'Thinking and sense-perception in Empedocles: mysticism or materialism?', *CQ* 16:256 – 276.

(1975) 'The principles of Parmenides' cosmogony', in D. E. Furley and R. E. Allen (eds.) *Studies in Presocratic Philosophy* 2, 82 – 101. London and New York.

(1984) 'Methods of argument in Gorgias, *Palamedes*', in '*Η' Αρχαία Σοφιστική/ The Sophistic Movement*. Papers read at the First International Symposium of the Sophistic Movement organized by the Greek Philosophical Society 27 – 29 Sept. 1982, 233 – 241. Athens.

(1992a) 'Stoic readings of Homer', in R. Lamberton and J. J. Keaney (eds.) *Homer's Ancient Readers. The Hermeneuties of Greek Epic's Earliest Exegetes*. 41 – 66. Princeton.

(1992b) 'Finding oneself in Greek philosophy', *Tijdschrift voor Filosofie* 54:255 – 279.

Loraux, N. ([1981]/1986) *The Invention of Athens*. The Funeral Oration in the Classica City, trans. A. Sheridan. Cambridge, Mass. First published as *L'Invention d'Athènes: histoire de l'oraison funèbre dans la 'cité classique'* (Paris, 1981).

(1985) 'Socrate, Platon, Héraklès: sur un paradigme héroïque du philosophe', in J. Brunschwig et al. (eds.) *Histoire et structure: à la mémoire de Victor Goldschmidt*, 93 – 105. Paris.

Louis, P. (1945) *Les Métaphores de Platon*. Paris.

Luce, J. V. (1978): 'The sources and literary form of Plato's Atlantis narrative', in E. S. Ramage (ed.), *Atlantis. Fact or* Fiction? Bloomington.

MacDowell, D. M. (1982) ed., trans. and comm. *Gorgias. Encomium of Helen*. Exeter.

Mackenzie, M. M. (see also McCabe) (1982) 'Parmenide' Dilemma', *Phronesis* 27:1 – 12.

(1988)‘Herakleitos and the art of paradox’,*OSAPh* 6:1 –37.

Man,P. de(1979)*Allegories of Reading*. New Haven.

Mansfeld,J.(1964)*Die Offenbarung des Parmenides and die menschliche Welt*. Assen.

Martin,R. P.(1989)*The Language of Heroes. Speech and Performance in the Iliad*. Ithaca.

(1993)‘The seven sages as performers of wisdom’,in C. Dougherty and L. Kurke(eds.)*Cultural Poetics in Archaic Greece*,108 –128. Cambridge.

Mattéi:J. F.(1988)‘The theater of myth in Plato’,in Griswold(1988):66 –83.

McCabe. M. M.(formerly MacKenzie)(1992)‘Myth,allegory and argument in Plato’, *Apeiron Supplement*(to vol. 25):47 –67.

McDowell,J.(1973)trans. and comm. *Plato. Theaetetus*. Oxford.

Miller,C. L.(1978)‘The Prometheus story in Plato’s *Protagoras*’,*Interpretation* 7 no. 2:22 –32.

Millett,P.(1991)*Lending and Borrowing in Ancient Athens*. Cambridge.

Montano,A.(1983)‘ΛΟΓΟΣ ed ΑΙΣΘΗΣΙΣ nel discorso gorgiano sulla realtá’, in Montoneri and Romano(1983):119 –144.

Montoneri,L. and Romano,F.(eds.)(1983)*Gorgia e la softstica*. Acireale.

Moors,K. F.(1982)*Platonic Myth. An Introductory Study*. Washington.

(1988)‘Muthologia and the limits of opinion:presented myths in Plato’s *Republic*’, *BACAP* 4:213 –247.

Morgan,K. A.(1994)‘Socrates and Gorgias at Delphi and Olympia:*Phaedrus* 235d6 – 236b4’,*CQ*44:375 –386.

(1998)‘Desigiler history. Plato’s Atlantis story and fourth-century ideology’,*JHS* 110:101 –118.

Most,G. W.(1985)*The Measures of Praise. Structure and Function in Pindar's Second Pythian and Seventh Nemean Odes. Hypomnemata* 83. Göttingen.

Mourelatos,A. P. D.(1970)*The Route of Parmenides:A Study of Word,Image and Argument in the Fragments*. New Haven.

Muir,J. V.(1985)‘Religion and the new education:the challenge of the sophists’,in P. E. Easterling and J. V. Muir(eds.)*Greek Religion and Society*,191 –218. Cambridge.

Nagy,G.(1979)*The Best of the Achaeans*. Baltimore.

(1982)Review of M. Detieime *L'invention de la mythologie*(1981)in *Annales* 37

(1982):778 – 780.

(1990) *Pindar's Homer*. Baltimore.

Narcy, M. (1995) 'La Critique de Socrate par l'Etranger dans le *Politique*', in Rowe (1995a):227 – 235.

Nestle, W. (1942) *Vom Mythos zum Logos*. 2nd edn. Stuttgart.

Nightingale, A. W. (1993) 'Writing/reading a sacred text: a literary interpretation of Platos' *Laws*', *CP* 88:279 – 300.

(1995) *Genres in Dialogue. Plato and the Construct of Philosophy*. Cambridge.

(1996) 'Plato on the origins of evil: the *Statesman reconsidered*', *AncPhil* 16:65 – 91.

(Forthcoming 1999) 'Towards all ecological eschatology: Plato, Bakhtin, and the discourse of the distant', in B. Branham (ed.) *Bakhtin and the Classics*. Forthcoming.

Nussbaum, M. (1972) 'ΨΥΧΗ in Heraclitus, I', *Phronesis* 17:1 – 16.

(1982) 'Saving Aristotle's appearances', in M. Schofield and M. C. Nussbaum (eds.) *Language and Logos. Studies in Ancient Greek Philosophy Presented to G. E. L.* Owen, 267 – 293. Cambridge.

Osborne, C. (1987) 'Empedocles Recycled', *CQ*37:24 – 50.

(1996) 'Space, time, shape, and direction: creative discourse in the *Timaeus*', in Gill and McCabe (1996):179 – 211.

O'Sullivan, N. (1992) *Alcidamas, Aristophanes and the Beginnings of Greek Stylistic Theory* (*Hermes* Einzelschrifien 60). Stuttgart.

(1996) 'Written and spoken in the first sophistic', in Worthington (1996):115 – 127.

Patzer, A: (1986) *Der Sophist Hippias als Philosophiehistoriker*. Freiburg and Munich.

Pépin, J. (1958) *Mythe et allégorie*. Paris.

Pfeiffer, R. (1968) *A History of Classical Scholarship*. Oxford.

Philip, A. (1981) 'Récurrences thématiques et topoiogie dans le *Phédre* de Platon', *RMM* 86:452 – 476.

Philippson, R. (1929) 'Democritea I. Demokrit als Homerausleger', *Hermes* 64: 167 – 175.

Plass, P. ([1968]/1979) 'The unity of the Phaedrus', in K. V. Erickson (ed.) *Plato: True and Sophistic Rhetoric*, 193 – 221. Amsterdam. First publistled in *Symbolae Osloenses* 43(1968):7 – 38.

Porter, J. (1993) 'The seductions of Gorgias'. *ClAnt* 12:267 – 299.

Pratt, L. (1993) *Lying and Poetry from Homer to Pindar. Falsehood and Deception in Archaic Greek Poetics*. Ann Arbor.

Rankin, H. D. (1986) *Antisthenes Sokratikos*. Amsterdam.

Richardson, N. J. (1975) 'Homeric professors in the age of the sophists', *PCPhS* 21: 65 – 81.

Robb, K. (ed.) (1983) *Language and Thought in Early Greek Philosophy*. La Salle, Illinois.

Robinson, R. (1941) *Plato's Earlier Dialectic*. Ithaca.

Romilly, J. de. (1973) 'Gorgias et le pouvoir de la poésie', *JHS* 93: 155 – 162.

([1988]/1992) *The Great Sophists in Periclean Athens*, trans. J. Lloyd. Oxford. First published as *Les grands Sophists dans l'Athènes de Périclès* (Paris, 1988).

Roochnik, D. (1990 – 1991) 'The serious play of Plato's Euthydemus', *Interpretation* 18: 211 – 232.

Rosenmeyer, T. G. (1955) 'Gorgias, Aesclly1us, and *apate*', *AJPh* 76: 225 – 260.

Rösler, W. (1983) 'Der Anfang der "Katharmoi" des Empedokles', *Hermes* III: 170 – 179.

Rossetti, L. (ed.) (1992) *Understanding the Phaedrus. Proceedings of the II Symposium Platonicum*. Sankt Augustin.

Rowe, C. J. (1986a) 'The argument and structure of Plato's *Phaedrus*', *PCPhS* 32: 106 – 125.

(1986b) *Plato: Phaedrus*. Warminster.

(1987) 'Platonic irony', *Nova, Tellus* 7 (1987): 83 – 101.

(1989) 'The unity of the *Phaedrus*: A reply to Heath', *OSAPh* 7: 175 – 188.

(1993) *Plato. Phaedo*. Cambridge.

(ed.) (1995a) *Reading the* Statesman. Proceedings of the iii Symposium Platonicum. Sankt Augustin.

(1995b) trans. and comm., *Plato. Statesman*. Warminster.

(1996) 'The *Politicus*: structure and form', in Gill and McCabe (1996): 153 – 178.

Rutherford, R. B. (1995) *The Art of Plato*. London.

Sayre, K. (1988) 'Plato's dialogues in light of the *Seventh Letter*', in Griswold (1988): 93 – 109.

(1992) 'A maieutic view of five late dialogues', in Klagge and Smith (1992):

221 - 243.

Schiappa, E. (1991) *Protagoras and Logos. A Study in Greek Philosophy and Rhetoric.* Columbia, South Carolina.

Schibli, H. S. (1990) *Pherekydes of Syros*. Oxford.

Scott, D. (1995) *Recollection and Experience*. Cambridge.

Sedley, D (1989) 'Teleology and myth in the *Phaedo*', *BACAP* 5:359 - 383.

Segal, C. (1962) 'Gorgias and the psychology of the logos', *HSPh* 66:99 - 155.

Sider, D. (1997) 'Heraclitus in the Derveni Papyrus', in A. Laks and G. Most (eds.) *Studies on the Derveni Papyrus*. Oxford.

Sinaiko, H. L. (1965) *Love, Knowledge, and Discourse in Plato: Dialogue and Dialectic in Phaedrus, Republic, Parmenides.* Chicago.

Smith, J. E. (1985) 'Plato's myths as "likely accounts", worthy of belief', *Apeiron* 19: 24 - 42.

(1986) 'Plato's use of myth in the education of the philosophic man', *Phoenix* 40: 20 - 34.

Smyth, H. W. (1956) *Greek Grammar*, revised by G. Messing. Harvard.

Snell, B. (1926) 'Die Sprache Heraklits', *Hermes* 61:353 - 381.

([1944]/1976) 'Die Nachrichten über die Lehren des Thales und die Anfänge der griechischen Philosophie-und Literaturgeschichte', in C. J. Classen (ed.) *Sophistik* (Wege der Forschung 187), 478 - 490. Darmstadt. First published in *Philologus* 96 (1944) 170 - 182.

(1953) *The Discovery of the Mind*, trans. T. G. Rosenmeyer. Oxford.

Sprague. R. K. (ed.) (1972) *The Older Sophists*. Columbia, South Carolina.

Stanford, W. B. (1954) *The Ulysses Theme*. Oxford.

Stewart, J. A. ([1905]/1960) *The Myths of Plato*, edited by G. R. Levy. London.

Stewart, R. S. (1989) 'The epistemological function of Platonic myth', *Philosophy and Rhetoric* 22:260 - 280.

Stokes, M. C. (1986) *Plato's Socratic Conversations*. Baltimore.

Street, B. (1984) *Literacy in Theory and Practice*. Cambridge.

Sutton, D. (1981) 'Critias and atheism', *CQ* 31:33 - 38.

Szegedy-Maszak. A. (1978) 'Legends of the Greek lawgivers', *GRBS* 19:199 - 209.

Szlezák, T. A. (1985) *Platon und die Schriftlichkeit der Philosophie*. Berlin and New York.

Taran, L. (1965) *Parmenides*. Princeton.

Tate, J. (1927) 'The beginnings of Greek allegory', *CR* 41: 214 – 215.

(1929/1930) 'Plato and allegorical interpretation', *CQ*23: 142 – 154 and *CQ* 24: 1 – 10.

(1934) 'On the history of allegorism', *CQ* 28: 105 – 114.

Taylor, A. E. (1928) *A Commentary on Plato's Timaeus*. Oxford.

Taylor, C. C. W. (1976) trans. and comm. *Plato. Protagoras*. Oxford.

Tedlock, D. (1983) *The Spoken Word and the Work of Interpretation*. Philadelphia.

Thomas, R. (1989) *Oral Tradition and Written Record in Classical Athens*. Cambridge.

(1992) *Literacy and Orality in Ancient Greece*. Cambridge.

(1996) 'Written in stone? Liberty, equality, orality and the codification of law', in L. Foxhall and A. D. E. Lewis (eds.) *Greek Law in its Political Setting. Justifications not Justice*, 9 – 31. Oxford.

Thompson W. H. (1868) ed. and comm. *The Phaedrus of Plato*. London.

Turrini, G. (1982) 'Il frammento 34 di Senophane e la tradizione dossografica', *Prometheus* 8: 117 – 135.

Untersteiner, M. ([1949]/1954) *The Sophists*, trans. K. Freeman. New York. First published as *I Sofisti* (Turin 1949).

Verdenius, W. J. (1981) 'Gorgias' doctrine of deception', in *Kerferd* (1981b): 116 – 128.

Vernant, J. P. ([1965]/1983) 'The formation of positivist thought in archaic Greece', in *Myth and Thought among the Greeks*, 343 – 374. London. First published as *Mythe et pensée chez les Grecs: études de psychologie historique* (Paris, 1965).

Veyne, P. ([1983]/1988) *Did the Greeks Believe in their Myths? An Essay on the Constitutive Imagination*, trans. P. Wissing. Chicago. First published as *Les Grecs ont-ils cru à leurs mythes?* (Paris 1983).

Vlastos, G. ([1939]/1965) 'The disorderly motion in the Timaeus', in R. E. Allen (ed.) *Studies in Plato's Metaphysics*, 379 – 399. London. First published in *CQ*33 (1939) 71 – 83.

Wallace, R. W. (1994) 'Private lives and public enemies: freedom of thought in classical Athens', in A. L. Boegehold and A. C. Scafuro (eds.) *Athenian Identity and*

Civic Ideology, 127 – 155. Baltimore.

Wardy, R. (1996) *The Birth of Rhetoric: Gorgias, Plato, and their Successors*. London.

West, M. L. (1966) ed. and comm. *Hesiod: Theogony*. Oxford.

Whitaker, M. (1982) *Tatian. Oratio ad Graecos and Fragments*. Oxford.

Wiesner, J. (1987) 'Überlegungen zu Parmenides B 8,34', in Aubenque (1987): 170 – 191.

Winiarczyk, M. (1987) 'Nochmals das Satyrspiel *Sisyphus*', *WS* 100: 35 – 45.

Wipprecht, F. (1902) *Zur Entwicklung der rationalistischen Mythendeutung bei den Griechen* I. Tübingen.

Woodbury, L. (1958) 'Parmenides on names', *HSPh* 63: 145 – 160.

(1966) 'Equinox at Acragas: Pindar, *Ol.* 2. 61 – 62', *TAPhA* 97: 597 – 616.

(1986) 'Parmenides on naming by mortal men: Fr. B8. 53 – 56', *AncPhil* 6: 1 – 13.

Worthington, I. (ed.) (1996) *Voice into Text. Orality and Literacy in Ancient Greece. Mnemosyne* Suppl. 157. Leiden.

Wright, M. R. (1981) *Empedocles: The Extant Fragments*. New Haven.

Zaslavsky, R. (1981) *Platonic Myth and Platonic Writing*. Washington.

引用篇目索引

一般索引

术 语 表

A

Achaeans	亚该亚人
Acheron	阿刻戎
Achilles	阿基里斯
Adeimantos	阿戴芒土斯
Adkins	阿德金
Aeschylus	伊斯奇鲁斯
Aesop	伊索
Aetius	艾修斯
Agamemnon	阿伽门农
Aidoneus	爱多纽
Ajax	埃阿斯
Akousilaos	阿古斯劳斯
Akragas	阿克拉加斯
Albertelli	阿尔贝特利
Alcestis	《阿尔刻提斯》
Alcibiades/ Alkibiades	阿尔喀比亚德
aletheia	真理
Alkmaeon	阿尔克迈翁
Alkman	阿尔克曼
Allan Silverman	艾伦·西尔弗曼
Alrtheia	《真理》
Amazons	马逊人
Amphiaraus	安菲阿拉俄斯
Amphion	安菲翁

Anakreon	阿那克瑞翁
Ananke	阿南刻
Anaxagoras	阿那克萨戈拉
Andokides	安东基德
Andrea Nightingale	安德烈·南丁格尔
Annas	安娜斯
Antaios	安泰俄斯
Antiope	《安提俄珀》
Antisthenes	安提斯泰尼
Aphrodite	阿佛洛狄忒
Apollo	阿波罗
Apology / Ap.	《申辩篇》
aporiai	困惑混乱
Ares	阿瑞斯
arete	德行
Argives	阿吉威斯
Argos	阿各斯
argument	论证
Aristophanes	阿里斯托芬
Athena	雅典娜
Athenian Stranger	雅典客人
Athenians	雅典人
Atlantis	亚特兰蒂斯亚特兰岛
Atlantis myth	亚特兰蒂斯神话
Atreus	阿特鲁斯
Austin	奥斯丁

B

Bacchae	《酒神》
Bacch	巴凯
Badham	巴德姆
Ballew	巴罗

Barnes 巴尔内斯
Birds 《鸟》
Birth of Tragedy 《悲剧的诞生》
Blank 布兰克
Blundell 布伦戴尔
Böhme 伯梅
Boreas 波瑞阿斯
Brague 布拉格
Brillante 布里兰特
Brisson 布里松
Burger 伯格
Burkert 布尔克特
Burnet 柏奈特
Burnyeat 伯恩伊特

C

Calame 卡拉姆
Campbell 坎贝尔
Celsus 西尔撒斯
Centaurs 半人马
Chairephon 凯勒丰
Chance 查恩斯
charioteer 驭手
Chiron 喀戎
Choice of Herakles 《赫拉克勒斯的选择》
Christian Wildberg 克里斯蒂安・维尔德贝格
Christopher Gill 克里斯托弗・吉尔
Christopher Rowe 克里斯托弗・罗伊
Classen 克拉森
Clement 克莱门特
Clio 克利俄
Clouds 《云》

Coby	科比
Cole	科尔
collection and division	综合与划分
Compton	康普顿
Cornford	康福德
Correct Diction	《正确的修辞》
Cosenza	科森扎
cosmology	宇宙论
Couloubaritsis	库鲁巴瑞西斯
Coxon	考克森
Cratylus/ Crat.	《克拉底鲁篇》
creation	创世
Critias/ Criti.	《克里底亚篇》
Crito	《克利陀》
Crito	克利陀
Culler	卡勒

D

daimon/ daimonion	命运之神
daimones	精灵
David Blank	戴维·布兰克
David Morgan	戴维·摩根
Davies	戴维斯
Dawson	道森
Deborah Boedeker	黛博拉·波德科
De Caelo	《论天》
Decleva Caizzi	德克来瓦·凯志
Defence of Palamedes	《巴拉美德的辩护》
De Gen. et Corr	《生灭论》
Deianeira	得伊阿尼拉
Deichgräber	戴西格雷伯
Delphi	德尔斐

Delphians	德尔斐人
Delphic command/ Delphic Oracle	德尔斐神谕
de Man	德曼
Demeter	得墨忒耳
Demiurge/ demiourgos	造物主
Demokritos	德谟克里特
de Romilly	德罗米里
Derrida	德里达
Desjardins	德斯贾丁
Detienne	德蒂恩内
Deukalion	丢卡利翁
dialectic	辩证法
dialectic context	辩证法语境
dialectical enquiry	辩证探究
Diel	代尔
Diels	第尔斯
Dihle	迪勒
Dike	狄凯
Diogenes Laertius	第欧根尼·拉尔修
Diomedes	狄奥墨德斯
Dion	狄翁
Dionysos	狄奥尼索斯
Diotima	狄奥提玛
discursive categories	论证类别
discursive mode	论证模式
discursive status	论证地位
Diskin Clay	迪斯金·克莱
divine nature	神性
divine providence	神的旨意
Dodds	多兹
dokos	感觉
Dorter	多尔特

Dover	多佛
Doxa	意见/《意见》
Doxai	信念
Dunbar	邓巴

E

Eagleton	伊格尔顿
Edmunds	爱德蒙兹
educational paramythia	教育类神话
effluences	情波
Elea	爱利亚
Eleatics	爱利亚人
Eleatic Stranger	爱利亚客人
elements	元素
Elias	以利亚
Empedokles	恩培多克勒
Encomium of Helen	《海伦颂》
Epimetheus	厄庇墨透斯
epistemological	认识论的
Er	厄尔
Erato	埃拉托
ergon	行动
Erinyes	爱林尼
eschatological myths	末世论神话
eschatology	末世论
Eudaimonia	幸福女神
Eumaios	尤迈俄斯
Euripides	欧里庇得斯
Europa	欧罗巴
Eurybatos	尤瑞巴拓斯
Eurystheus	奥宇律斯透斯
Eustathius	欧斯塔修斯

Euterpe	欧忒耳珀
Euthydemos/ Euthydemus	攸狄底姆斯
Euthydemus/ Euthd.	《攸狄底姆斯篇》
Euthyphro	欧绪弗洛
Euthyphro/ Euthphr	《欧绪弗洛篇》

F

Fall of Troy	《特洛伊倾覆之际》
Fehling	斐林
Ferber	费伯
Finkelberg	芬克尔伯格
Flory	弗洛里
Ford	福特
Form(s)	型
form(s)	形式
formulation	表述
Fortenbaugh	福滕博
Frede	弗雷德
Friedlander	弗里德伦德
Frogs	《蛙》
Frutiger	弗鲁蒂格尔
FurleyFurley	弗利

G

Gadamer	伽达默尔
Gagarin	加加林
Gaia	盖亚
Galinsky	加林斯基
Gallop	加洛普
Gantz	冈茨
genealogy	谱系
genesis	创世纪

genetic myth	起源神话
Gerth	格特
Giants	巨人
Gill	吉尔
Glaukon	格老康
Glaukos	格老科
Goldberg	古德伯格
Golden Age	黄金时代
Goldschmidt	戈尔德施密特
good	善
Goody	古蒂
Gorgias	高尔吉亚
Gorgias/ Grg.	《高尔吉亚篇》
Griffith	格里菲斯
Griswold	格里斯沃尔德
Guthrie	格思里
Gyges	吉各斯

H

Hackforth	汉克福思
Hades	地狱
Hades	哈迪斯(神话怪物)
Halperin	哈尔珀林
Hatab	哈塔卜
Havelock	哈夫洛克
Hector	赫克托耳
Heidegger	海德格尔
Hekataios	赫卡泰
Helen	海伦
Heliades	赫利阿得斯
Helios	赫利俄斯
Henrichs	亨里克斯

Hephaistos	赫斐斯特
Hera	赫拉
Heraklean	赫拉克勒斯的
Herakleios	赫拉克略斯
Herakleitos	赫拉克利特
Herakles	赫拉克勒斯
Hermes	黑梅斯
Hermokrates	赫墨克拉底
Herodotos	赫罗多德
Hesiod	赫西俄德
Hess	赫斯
Hesykhios	赫斯格昂斯
Hippokrates	希波克拉底
Hippias	希比亚
Hippias Major	《大希比亚篇》
Hippias Minor	《小希比亚篇》
Hippodamia	希波达弥亚
Hofmann	霍夫曼
Homer	荷马
human nature	人性
Hyland	海兰德

I

Ideas	相
Iliad/ Il.	《依利亚特》
Ilissos	伊立苏河
immortality of the soul	灵魂不朽
incorporeal world	无形世界
Ineke Sluiter	伊内克·斯洛特
intelligibles	智性之物
Inwood	因伍德
Ion	《伊安篇》

Ion	伊安
Ionia	伊奥尼亚
ipsissima verba	原话
ipsissma praecepta	伊西斯玛箴言
is	存在
Isokrates	伊索克拉底

J

Jackson	杰克逊
J. A. Stewart	J. A. 斯图尔特
Jean	简
J. K. Davies	J. K. 戴维斯
John Ferrari	约翰・费拉里
John Philoponus	约翰・菲罗帕纳斯
Johnson	约翰生
Jowett	乔伊特周维德
Julian	朱利安
Justice	正义女神

K

Kahn	卡恩
Kakia	卡喀亚
Kallikles	卡利克勒
Kalliope	卡利俄珀
Kassel-Austin	卡塞尔-奥斯汀
Katharmoi	《净化》
Kathryn Morgan	卡萨林・摩根
Kebes	克贝
Kennedy	肯尼迪
Kephalos	柯法娄斯
Kerberos	科尔伯罗
Kerferd	凯费德

Khryes	克律塞斯
Kimon	客蒙
Kirke	喀耳刻
Kirk	柯克
Klinias	克利尼亚
Konstan	康斯坦
kouros	年轻人
Krates	格拉底
Kratinos	克莱提诺
Kratylos	克拉底洛
Kritias	克里底亚
Kronos	克洛诺斯
Kuhner	科耐
Kurke	库尔克
Kurt Raaflaub	库尔特·拉夫劳伯
Kypris	库波莉

L

Laches	《吕西斯篇》
Laches	李西斯
Lambert	兰伯特
Lamia	《拉米亚》
Lampsakos	朗普萨柯
Laws / Leg.	《法律篇》
Lenaia	勒奈亚
Lesher	莱舍
Lethe	勒忒
Lloyd	劳埃德
Logos/ Logoi	逻各斯
Lokroi	拉克罗伊
Long	朗
Loraux	劳拉

Louis	路易斯
lover	有情人
Lowry Sweney	洛瑞·斯威尼
Lysias	吕西亚斯
Lysistratus	吕西斯特拉图

M

MacDowell	麦克道尔
Mansfeld	曼斯菲尔德
Mark Griffith	马克·格里菲斯
Martin	马丁
M. I. Finley	M. I. 芬利
Mackenzie	麦肯齐
McCabe	麦凯布
Megaloprepeia	壮美
Megarian	麦加拉学派
Nem.	《涅墨亚颂歌》
Milesians/ Miletos	米利都学派
Meleager	墨利埃格
Meletos	美勒托
Melpomene	墨尔波墨涅
Menexenus Meno	《回忆苏格拉底》
Meno	美诺
	《美诺》
Metaphys/ Met.	《形而上学》
Methodos	方法
Metrodoros	梅特罗多洛
Meyerstein	迈耶斯坦
middle-period dialogues	中期对话
Miller	米勒
misology	厌恶论证
Moira	茉伊拉

monism	一元论
Montano	蒙塔诺
Montoneri	蒙托内里
Moors	莫尔斯
Morgan	摩根
Most	莫斯特
Mourelatos	莫雷拉托斯
Mousaios	穆塞
Muir	缪尔
Muse/ Muses	缪斯
Mycerius	孟卡拉
Mythesasthai	神话化
Myth of Er	《厄尔神话》
myth of judgement	审判神话
mythological creature	神话创造物
mythological material	神话素材
mythoi / mythos	秘所思

N

Nagy	纳吉
Narcy	纳尔西
Necessity	必然定数女神
Neleus	涅琉斯
Neoptolemos	尼奥普特雷默斯
Nestis	讷斯蒂
Nestle	奈斯尔
Nestor	涅斯托耳
Nietzsche	尼采
Nightingale	南丁格尔
Nikias	尼昔亚斯
Noble Lie	高尚的谎言
nomos	习俗

non-lover	无情人
ussbaum	努斯鲍姆

O

Odysseus	奥德修斯
Odyssey/ Od.	《奥德赛》
Okeanos	奥克安诺
Ol.	《奥林匹亚颂歌》
Olympia	奥林比亚
One	一
On Homer	《论荷马》
On Providence	《论天意》
On the State of Things in the Beginning	《论事物的原始状态》
On What Is Not Or On Nature	《论自然和非存在》
Or.	《俄瑞斯特斯》
Oreithyia	俄里蒂亚
Osborne	奥斯伯恩
O' Sullivan	奥沙利文
Ourania	乌拉尼亚
Ouranos	乌拉诺斯

P

Palamedes	巴拉美德
Panathenaia	泛雅典娜节
Panathenaicus	《泛雅典娜节演说辞》
Panegyricus	《泛希腊集会辞》
paramyth-stem	类神话体系
Paramyth-vocabulary	类神话词汇
Paris	帕里斯
Parmenides	巴门尼德
Patzer	帕兹

Pauline Hire	波林・海尔
Pausanias	鲍萨尼亚斯
Pegasus	佩加索斯
Peisistratos	比西斯垂塔斯
Peloponnesian War	伯罗奔尼撒战争
Pépin	佩潘
Perikles	柏里克勒
Peri Physeos	《论自然》
Perseus	珀尔修斯
Persian Wars	波斯战争
Phaedo	斐多
Phaedo/ Phd.	《斐多篇》
Phaedrus/ Phdr.	《斐德罗篇》
Phaiakians	斐亚克人
Phaidros	斐德罗
Phaithon	法厄同
Pherekrates	弗洛拉底
Pherekydes	费雷居德
Philippson	菲利普森
Philo	斐洛
Phil.	《菲罗克忒忒斯》
Philokhoros	菲洛赫若斯
Philostratos	菲洛斯特拉图
Philebus/Phlb.	《斐莱布篇》
Philip	菲利普
philosophia	哲学
philosophical discussion	哲学讨论
philosophical myth	哲学神话
philosophical presupposition	哲学预设
Phrynondas	福里翁达
Phthiotis	弗西奥蒂斯州
Physika	《物质》

Physis	自然
Pindar	品达
Plain of Truth	真理的大草原
Plt	《柏拉图全集》
Plutarch/ Plut.	普鲁塔克
politike arete	政治道德
politike techne	政治艺术
Polos	波卢斯
Polyhymnia	波林尼亚
Pontus	本都
Porphyry	蒲尔斐利
Porter	波特
Poseidon	波塞冬
Pratt	普拉特
Presocratics	前苏格拉底哲学家
Priam	普利亚姆
Principle	《礼法》
Proclus	普洛克鲁斯
Prodikos	普罗迪科
Prometheus	普罗米修斯
Prometheus Bound	《被缚的普罗米修斯》
Prometheus Lyomenos	普罗米修斯・吕美诺斯
Proppian	普罗普
Protagoras/ Prt .	《普罗泰戈拉篇》
Protagoras	普罗泰戈拉
Protarkhos	普罗塔库
Proteus	普罗托斯
Prytaneion	普吕坦内安
Psych	心智/精神
Pyth.	《皮托凯歌》
Pyrrha	皮拉
Pythagoras	毕泰戈拉

R

Rankin	兰金
rationalization/ rationalisation	理性化
Receptacle	容器
recollection	回忆
recollector	回忆者
reminders	备忘录
Republic/Resp.	《国家篇》
revolution	运行
Rhegion	莱吉翁
rhetorike	修辞学
Richard Martin	理查德·马丁
Richardson	理查德森
River of Forgetfulness/ River of Lethe	勒忒河
River of Heedlessness	阿米勒斯河
Robinson	罗宾逊
Romano	罗马诺
Ronald Stroud	罗纳德·斯特劳德
Roochnik	鲁克尼
Rosenmeyer	罗森迈耶尔
Rösler	罗斯勒
Rowe	罗伊
R. S. Stewart	R. S. 斯图尔特
Rutherford	卢瑟福

S

Sappho	萨福
Sarah Iles Johnston	莎拉·艾尔斯·约翰斯顿
Satyr	撒梯（羊人）
Sayre	塞尔
Schiappa	夏帕

Schibli	希布利
science	科学
Scott	司各脱
Sedley	塞得列
Segal	西格尔
Sicilia	西西里
Sicilian	西西里的
Simmias	西米阿
Simonides	西蒙尼德
Simplicius	辛普里丘
Sisyphos	西绪福斯
Sisyphos	《西绪福斯》
Skamandros	曼德罗斯
Skiron	斯基隆
Smyrna	西墨拿
Smyth/ Smith	史密斯
Snell	斯内尔
Solon	梭伦
Sophist/ Soph.	《智者篇》
Sophists	智者
Sophocles/ Soph.	索福克里斯
Sophos	智慧
Sprague	斯普雷格
Stanford	斯坦福
Statesman	《政治家篇》
Stephen Lambert	斯蒂芬·兰伯特
Stephen Todd	斯蒂芬·托德
Stephen Tracy	斯蒂芬·屈塞
Stesichorus	斯特西克鲁斯
Stesikhoros	斯特昔科鲁
Stesimbrotos	斯特西洛图
Stoic	斯多葛学派

Stokes	斯托克斯
Street	斯特里特
Strepsiades	斯瑞西阿德
Sutton	萨顿
Symposium / Symp.	《筵话篇》
Szegedy-Maszak	泽盖迪-马扎克

T

Tainaron	泰纳隆
Tartaros	塔塔洛斯
Tate	泰特
Tatian	塔蒂安
technai	技术
techne	技艺
Tedlock	特德洛克
Teiresias	泰瑞西阿斯
Temple of Apollo	阿波罗神殿
Teres	泰纳斯
Terpsichore	忒耳西科瑞
Tethys	德蒂斯
Thales	泰利士
Thalia	塔利亚
Thamos/ Thamus	萨姆斯
Thasos	萨索斯
Theagenes	塞阿戈奈斯
the Archaic period	古风时期
Theogony/ Theog.	《神谱》
the Archaic period	古风时期
the beloved	爱人
the corporeal world	物质世界
the Fates	命运三女神
the Guardians	卫士

the intellectual 有才智的人
the intelligible/ intellectual world/
the intelligible realm 理智世界
the Isles of the Blest 福地中的福岛
themis 正义
the river Okeanos 奥克安诺河
The Savages 《野蛮人》
the sensible world 感性世界
Theseus 德修斯
The Seventh Letter 《第七封信》
the Stranger 客人
Theaetetus /Tht. 《泰阿泰德篇》
Theaitetos 泰阿泰德
Theodoros 狄奥多罗斯
Theon 西昂
Thesmophoriazousai 《诗人和女人》
Theuth 塞乌斯
Thomas 托马斯
Thompson 汤普森
Thracians 色雷斯人
Thrasymakhos 塞拉西马柯
Thucydides 修昔底斯
Thyestes 泰斯提司
Timaeus/ Ti. 《蒂迈欧篇》
Timaios/Timaeus 蒂迈欧
Titan 泰坦
Titans 泰坦十二神
Tony Long 托尼·龙
Top. 《题旨》
topoi 传统主题（复数形式）
topos 传统主题
transmigration 轮回

Troy 特洛伊
Trojan Dialogue 《特洛伊的对话》
Trojan War 特洛伊战争
Turrini 图里尼
Typhon 堤丰
Tyndareus 廷达瑞俄斯

U

unity 统一/整一性/统一体
Untersteiner 温特施泰内尔

V

Verdenius 威登尼乌斯
Vernant 凡尔农
Veyne 贝内
Virtue 美德女神
Vlastos 弗拉斯托斯

W

Wallace 瓦勒斯
Wardy 沃迪
West 韦斯特
is-not 非存在
Whitaker 惠特克
Wiesner 威斯纳
William Wyatt 威廉·怀亚特
Winiarczyk 维尼阿齐克
Wipprecht 维普雷希特
Woodbury 伍德伯里
Works and Days 《田功农时》
Wright 赖特

X

Xenophanes 克塞诺芬尼

Xenophon 克塞诺封

Z

Zaslavsky 查斯拉夫斯基

Zeno 芝诺

Zethos 仄托斯

Zeus 宙斯

Zuni 祖尼人

译　后　记

凯瑟琳·摩根（Kathryn Morgan）是加州大学洛杉矶分校古典文学专业教授，研究兴趣为古希腊文学与文化、希腊学术史、柏拉图、品达，代表性著作有《从前苏格拉底到柏拉图的神话和哲学》《品达与公元前五世纪叙拉古君主政权的建立》等。曾任职于古典文学研究学会理事会和课程委员会。

《从前苏格拉底到柏拉图的神话和哲学》是“神话学文库”中的一册。本书探讨了前苏格拉底哲学家、智者和柏拉图时期神话与哲学之间相互融通的动态关系，认为二者之间相互融通的范围和程度比我们以往所认为的更加广泛和深刻。哲学与神话的关系就如同哲学与文学和社会传统的关系。本书提到的学者们想要重新阐述有关文化权威的普遍观念，他们通过操控神话达到这一目的。他们对神话的自觉运用产生了一种自我反思式的哲学思维，并引起人们对不同语言表征模式存在的固有问题的关注。许多接受希腊哲学的人责难神话是“非理性”的，这样的看法忽略了神话在希腊哲学中扮演的重要角色——它不只是一种陪衬，还是一种哲学思维方式。本书中的案例研究揭示了神话是方法论反思的结果，是哲学关怀的表现。

本书的翻译过程中，李元俏、何梦竹、闫美琪、杨亚飞、潘婷、姚瑶、尹彩虹等研究生参与了译稿的资料收集、术语查证和部分初稿的翻译工作；叶舒宪教授给予了悉心指导和帮助，对我们的翻译工作提出了许多宝贵意见；西安科技大学冯正斌教授，西安外国语大学聂羽西、张嘉瑶、熊华宁及孔祥杰等几位青年学者参与了书稿的部分校译工作；上海交通大学雷欣翰博士也对译稿提出了很多有益的建议，在此一并表示衷心的感谢！另外，本书的顺利出版离不开陕西师范大学出版总社工作人员的辛勤劳作和多方协调，在这里一并致谢！

古希腊神话和哲学是一个庞大而复杂的系统，涉及的时间范围长，空间跨度大。本书的作者旁征博引，常常用到古希腊语和拉丁语，部分文献在原著中无法查找到对应出处。对此，译者根据原著逐一进行了查证、还原，虽已竭尽全力，但因能力有限，难免有不足之处，敬请各位专家学者、广大读者批评指正。